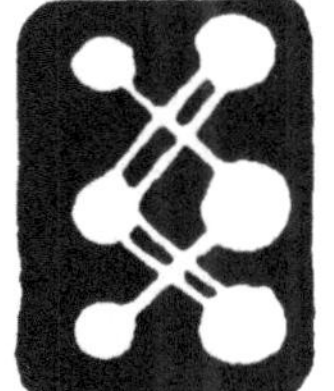

Bernhard Laum

HEILIGES GELD

Eine historische Untersuchung über den sakralen Ursprung des Geldes

mit einem Vorwort von
Christina von Braun

mit einem Nachwort von
Eske Bockelmann

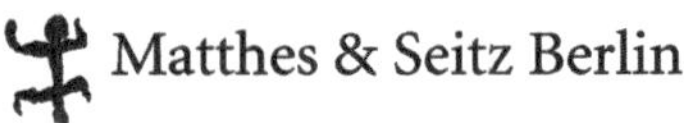
Matthes & Seitz Berlin

INHALT

VORWORT

Der Kult als Schöpfer normierter Entgeltungsmittel

Christina von Braun

1907 veröffentlicht Georg Simmel seine *Philosophie des Geldes*, in der er sich über die Abstraktheit des Geldes und die Materialisierungsmacht dieses Zeichensystems Gedanken machte. Im Geld habe die Fähigkeit, »das Körperhafte zum Gefäß des Geistigen zu machen«, ihre höchsten Triumphe gefeiert.[1] Zwanzig Jahre nach Simmel veröffentlicht der Altertumswissenschaftler Bernhard Laum ein Buch unter dem Titel *Heiliges Geld*, in dem er die Ursprungsgeschichte des Geldes aus dem Tempeldienst rekonstruiert.[2] Was haben das Geistige und das Heilige miteinander zu tun? Im Verlauf des 19. Jahrhunderts beginnen Aktie und Papiergeld – Schriftstücke also – massiv in den Handel einzugreifen. Damit hatte das Geld den Symbolcharakter angenommen, der schon seit seiner Entstehung in ihm angelegt gewesen war. Das Geld verdankt seine Heiligkeit einem Prozess der Entmaterialisierung, der prägend werden sollte nicht nur für die Ökonomie, sondern auch für die Geistesgeschichte des Abendlandes. Es war ein Prozess, der gelegentlich tiefe Ängste auslöste, die, wie in der Inflation der 1920er Jahre, durchaus konkret, greifbar, real werden konnten. In *Masse und Macht* hat Elias Canetti diesen Moment beschrieben: »Nicht nur gerät durch die Inflation alles äußerlich ins Schwanken, nichts ist sicher, nichts bleibt eine Stunde am selben Fleck – durch die Inflation wird er selber, der Mann, *geringer*. Er selbst oder was er immer war, ist nichts, die Million, die er sich immer gewünscht hat, ist nichts. *Jeder* hat sie. Aber jeder ist nichts. Der Prozeß der Schatzbildung hat sich in sein Gegenteil verkehrt. Alles Verläßliche des Geldes ist wie weggeblasen.«[3] Das Geld beruht auf einem Glaubenssystem. Verliert das Zeichen auf dem Geld seine Glaubwürdigkeit, entsteht die Katastrophe: Die gefühlte Sicherheit erweist sich als eine Illusion, als Schweben über einem bodenlosen Abgrund, einer gähnenden Leere, dem Nichts.

Bernhard Laums Buch über die Entstehungsgeschichte des Geldes macht verständlich, warum das Geld eine solche Macht über die existenzielle Erfahrung von Sicherheit oder Angst ausüben kann. Das Geld verdankt sich dem Opferkult, dem Tauschhandel mit den Göttern, die mit ihrer Annahme oder Ablehnung über Leben und Tod, über Macht und Ohnmacht entscheiden. Um seine Macht ausüben zu können, bedarf das nominalistische Zeichensystem Geld dieser Anbindung an eine höhere Gewalt. Sie verleiht dem Zeichen seine Glaubwürdigkeit. Verliert das Geld seine Glaubwürdigkeit, offenbart es sich als das, was es auch ist: ein reines Zeichensystem, eine wertlose Aktie, ein beschriebener Wechsel, ein Papier mit Wasserzeichen, ein einfacher Bit an der elektronischen Börse.

In Bernhard Laums *Heiliges Geld* tritt die Bedeutung der Zeichensysteme für die Geschichte der griechisch-christlichen Welt deutlich zutage. Die Entwicklung des Alphabets, dem Griechenland und in seiner Nachfolge der Okzident die Entstehung der Polis, der Demokratie, des Glaubens an die Vernunft und Logik sowie ein spezifisches Verständnis von Wissenschaft verdankt, war der Entstehung des Geldes nur um ein bis zwei Jahrhunderte vorausgegangen. Beide – das Alphabet wie das Geld – beruhen auf einer ähnlichen Denkstruktur; sie lässt sich als Tauschsystem zwischen Materie und Zeichen umschreiben. So wie beim Alphabet ein visuelles Zeichen, der Buchstabe, an die Stelle eines gesprochenen, »leibhaftigen« Lautes tritt, ersetzt auch das Geld ein materielles Gut. Ihre Ersatzfunktion können Buchstabe und Geld aber nur dann erfüllen, wenn ihr Bezug zur Materie – dem Körper, dem Gut – glaubwürdig erscheint. Im Falle des Alphabets führte diese Beglaubigung zur Gestaltung der gesprochenen Sprache nach den Regeln der Schrift. Das Geld beweist seine Macht über die Materie mittels einer höheren Instanz: dem Priester als Stellvertretern der Gottheiten oder dem Staat. Sie garantieren, dass das Zeichen jederzeit in materielle Wirklichkeit umgewandelt werden kann. »Man hat längst gesehen«, so schreibt Laum, »dass aus theologischen Spekulationen das begriffliche Denken, die Wissenschaft entstanden ist; hier wird offenbar, wie im Kult auch das wirtschaftliche Denken entsteht.«[4]

Die ältesten Münzen stammen etwa von 650 vor Christus; sie treten zuerst im Bereich des östlichen Mittelmeerbeckens auf. Es gab zwar prämonetäre Formen – Edelmetalle, deren Reinheit und Gewicht durch ein Siegel des Herrschers beglaubigt wurden. Aber sie waren, anders als Münzen, nur beschränkt brauchbar für den Tauschhandel. Auch das in vielen Gesellschaften verbreitete Muschelgeld (und andere Formen von Währungen wie Salz) unterscheidet sich vom Geld, das auf der reinen Zahl, einem nominalistischen System, beruht. Mitte des 7. Jahrhunderts: Das ist die Folgezeit der homerischen Epen, sagt Laum.[5] Es ist damit auch die Zeit, in der Griechenland von der Oralität in die Schriftlichkeit übergeht. Als positivistischer Wissenschaftler, der sich auf seine Objekte konzentriert, berücksichtigt Laum den engen Zusammenhang zur Geschichte des Alphabets leider nicht. Umso präziser aber sind seine Ausgrabungen: die konkreten Funde, die er seinen Lesern vor Augen führt. Ohne es laut zu sagen, erzählt er eine Mediengeschichte: ein Zeichensystem rückt an die Stelle, an der sich vorher materielle Wirklichkeit – das Opfer, das die Götter gnädig stimmen soll – befand. Man wird die moderne Macht des Geldes, die darauf beruht, Zeichen als materielle Wirklichkeit erscheinen zu lassen, nach der Lektüre dieses minutiösen und kenntnisreichen Berichts eines Altertumswissenschaftlers besser verstehen, der als Archäologe begann und sich zunehmend der Wirtschaftsgeschichte zuwandte. Er blieb zeitlebens ein Wissenschaftler zwischen den Stühlen – aber eben diese Transdisziplinarität macht seine Arbeiten heute so interessant.

Schritt für Schritt entwickelt Laum eine Geschichte, die sich manchmal liest wie ein archäologischer Kriminalroman: Eine

Schicht nach der anderen wird abgetragen, bis schließlich eine Kette von Ereignissen sichtbar wird, die alle zusammen das bewirkten, was man wohl die große Illusion der Moderne nennen kann. (Vielleicht sollte man sich endlich darauf einigen, die Moderne in der Antike beginnen zu lassen, warum nicht?) Nur manchmal, wie in den Momenten der großen Inflation, gibt sich das Geld zu erkennen – »Alles Verläßliche des Geldes ist wie weggeblasen« – doch meistens bewahrt es das Geheimnis, auf dem seine suggestive Macht beruht. Und das ist gut so, denn die modernen Gesellschaften sind auf dem dunklen Geheimnis der Geldillusion errichtet. Das macht ihre Potenz – und ihre Fragilität – aus.

Das Geld, so Laum, wurde geschaffen als ein Wertmesser, der das klassische Objekt der Wertbemessung – in homerischer Zeit das Rind – ersetzte. Dass das Rind, dessen Besitz Adel und Königen vorbehalten blieb, zu einem Wertmesser wurde, hing mit seiner Rolle für das sakrale Opfer zusammen. Das Staatswohl verlangte, dass die den Staat schützenden Gottheiten durch Zuteilung der ihnen zukommenden Gaben zufriedengestellt wurden. Wurden Hühner und andere Kleintiere als Opfergaben auch von Familien oder Einzelnen dargebracht, so stellte das Rind, vor allem der Stier, ein kollektives Opfer der Gemeinschaft dar. »*Νόμος*, womit später ganz allgemein das staatliche Gesetz bezeichnet wird, bedeutet ursprünglich die ›Verteilungsordnung‹ […] Im sakralen Nomos liegen die Anfänge der staatlichen Währung«.[6]

Den Wandel der Opfergaben – vom Realen zum Symbol – begleitete ein Abstraktionsprozess der Gottheit selbst. Mit der Hebräischen Bibel war ein Gott entstanden, der sich der sinnlichen Wahrnehmung entzog, der Tempeldienst Griechenlands verzeichnet eine Gottheit, die »ein rein geistiges Wesen geworden [ist], das kein Wohlgefallen mehr an materiellen Gaben hat«.[7] Der griechische Wandel der Gottheit nimmt die Entstehungsgeschichte des Christentums vorweg. Er hängt mit den spezifischen Eigenschaften des griechischen Schriftsystems zusammen, das eine andere Denkweise hervorbrachte als das semitische Alphabet. Das volle griechische Alphabet, das im Gegensatz zum semitischen Alphabet auch die Vokale schreibt, ist ein Zeichensystem, das einerseits die völlige Abstraktion von der Materie, andererseits aber auch die Materialisierung des Abstrakten einfordert. Beide Vorgänge finden sich in der Entstehungs- und Entwicklungsgeschichte des Geldes wieder. Bei der überwiegenden Zahl von Weihgeschenken, so Laum, spielte die Vorstellung eine wichtige Rolle, »dass das Abbild als etwas Bleibendes gewissermaßen eine Verewigung des oft vergänglichen Originalgeschenkes sein, die flüchtige Erscheinung, an der Gott Wohlgefallen gefunden, zu seiner dauernden Ehrung festgehalten werden solle«.[8] Wenn solche Opfergaben zunehmend bildhaften, symbolischen Charakter annehmen konnten, so deshalb, weil Griechenland nach der Entstehung des Alphabets allmählich nicht nur in symbolischen Kategorien zu denken begonnen hatte – das tat auch Ägypten mit seinen Hieroglyphen –, sondern auch in Form von Zeichen, deren bildhafter Ursprung nicht mehr zu sehen war. Ohne diese Denkweise hätte das reale Tieropfer, das realen Göttern dargebracht wurde, nicht durch ein Symbol und dann durch eine Zahl ersetzt werden können. Der Buchstabe Alpha hatte sich aus einer bildlichen Darstellung des Stiers in eine abstrahierte, als Piktogramm kaum mehr zu erkennende ›Kurzform‹ entwickelt.[9] Ebenso nimmt auch das Opfersymbol, aus dem sich das Geld entwickelte, eine zunehmend abstrakte Form an. Dass in beiden Fällen der Stier/das Rind zur Symbolgestalt dieses Vorgangs wurde, zeigt deutlich, wie eng die Geschichte des Geldes und die Geschichte der Schrift miteinander verknüpft sind. Der sakrale Ursprung des Geldes erhielt sich sowohl im Wort (die Bezeichnung für die gängigsten Münzeinheiten leiteten sich bei den Griechen wie bei den Römern von »Bratenfleisch« ab[10]) als auch in den Symbolen, die den Münzen aufgeprägt wurden. Die Symbole bestanden oft aus einem Doppelbeil oder einem Stierkopf. In Sparta war es die eiserne Sichel, das Messer, mit dem das Opfertier geschlachtet wurde. In allen Fällen war mit dem Prägebild das Stieropfer gemeint. »Zunächst ist es das Beil, mit dem der Priester das Opfertier niederschlägt; dann wird es Symbol der Stiergottheit und ist als solches Kultgegenstand und

Weihegabe.«[11] Das Prägen der Münze ersetzte das Schlachten des Opfertiers, aber die Symbolik hat sich bis heute erhalten – ob im Symbol des Stiers an der Börse oder in den beiden Strichen, die die Dollarnote ($), das Englische Pfund (£) oder den Euro (€) kennzeichnen. Laut Alfred Kallir sind diese Striche Relikte der Stierhörner. Der Buchstabe Alpha (von *eleph*, Stier) wie das Geld verweisen also auf ihre Ursprünge aus dem Stieropfer.[12]

Dem Geld war der Abstraktionscharakter, den es später mit dem Papiergeld oder dem elektronisch notierten Geld entwickeln wird, von Anfang an inhärent. »Die wichtigste Eigenschaft der Symbole besteht für uns darin, dass sie nur einen Funktionswert, keine realen Werte repräsentieren. Ihr Wert liegt nicht in ihrem materiellen Gehalt, sondern nur in der Funktion, die sie im Verkehr zwischen Gott und Mensch erfüllen«, schreibt Laum.[13] Simmel konstatierte für eine Epoche, die rund zweieinhalb tausend Jahre später liegt: »Man macht sich im Allgemeinen selten klar, mit wie unglaublich wenig Substanz das Geld seine Dienste leistet.«[14] In eben dieser Substanzlosigkeit, so sagt er, sei auch die Seelenverwandtschaft von Geld und Geist zu suchen. »Dadurch, daß man es von allen Gütern am meisten dem Anderen unsichtbar und wie nicht vorhanden machen kann, nähert es sich dem geistigen Besitz.«[15] Die Geistigkeit des Geldes bildet also die Grundlage für seine Macht – eine Macht, die mit der eines Gottes zu vergleichen ist, der die Materie ex nihilo beziehungsweise durch das Wort zu erschaffen vermag. »Wie der, der das Geld hat, dem überlegen ist, der die Ware hat, so besitzt der intellektuelle Mensch als solcher eine gewisse Macht gegenüber dem, der mehr im Gefühle und Impulse lebt.«[16] Simmel spricht nicht von einem Gott, aber er begreift das Geld als die Voraussetzung für einen Abstraktionsvorgang, der den Intellekt in ein Dominanzverhältnis zum Leiblichen – oder zum Gefühl – versetzt.

Das 8. und 7. Jahrhundert bildeten den Höhepunkt einer »Entmaterialisierung des Götterkultes«.[17] Bei diesem Prozess bildete die Priesterschaft »das erste Handelskollegium«.[18] Oder in den Worten von Ernst Curtius, der schon 1869 zu diesem Thema vor der Preußischen Akademie der Wissenschaften vortrug: »Die Götter waren die ersten Kapitalisten in Griechenland, ihre Tempel die ersten Geldinstitute.«[19] Zunächst beruhte die »Kaufkraft der Idole« noch auf materiellen Werten – Naturalien oder Edelmetallen – doch allmählich entwickelte sich ein Tauschgeschäft, bei dem der Gläubige immer weniger den rein materiellen und immer mehr den ideellen Gehalt bezahlte.

Die runde Form der Münze leitete sich von den Opferkuchen ab, die »metallene Nachbildung, die den originalen Kuchen ersetzte, erhielt den gleichen Namen«.[20] Hier präfiguriert die Entstehungsgeschichte des Geldes ganz deutlich die christliche Symbolik: Jochen Hörisch hat auf die Ähnlichkeit der Gestalt von Münze und Hostie im Christentum hingewiesen.[21] Die Analogie ist von Anfang an in der Entstehung der Münze aus dem Opferkult angelegt. Die Münze war, anders als das verderbliche Fleisch und anders als der Opferkuchen, beständig und umlauffähig. Sie konnte als Zahlungs- und Tauschmittel von Hand zu Hand wandern. Ihr Wert war begründet in der Tatsache, dass sie ein Stück Fleisch repräsentierte, das mit hoher Bedeutung beladen war. Der frühe Obolos war zu verstehen als »eine primitive Form von ›notalem Geld mit Deckung‹«,[22] das seine Glaubwürdigkeit aus dem sakralen Ursprung bezog.

Schon in Rom wird der sakrale Ursprung des Geldes deutlich zurückgedrängt. Dort untersteht die Glaubwürdigkeit der Münze nicht den Priestern, wie in Griechenland, sondern dem Staat. Lassen sich die Tempel Griechenlands noch als »die ersten Bankinstitute« bezeichnen,[23] so setzt sich in Rom eine weltliche Macht an diese Stelle: Hier zeigt die Münze das Herrscherbild. Nicht der Priester, sondern der Kaiser verleiht dem Geld seine Glaubwürdigkeit. Die Verlagerung vom Tempel zum Staat hatte schon mit Alexander dem Großen begonnen und trat in der Münzprägung zutage: Alexander war der erste, der das Porträt der Gottheit durch das eigene ersetzte, die römischen Kaiser taten es ihm nach. An den Münzen ist die allmähliche Anthropomorphisierung der Gottheiten zu erkennen, die parallel zur Profanisierung der Macht verläuft. Zeigten die frühen Münzen noch »Stiere mit menschlichen Gesichtern und anderen Zwischenbildungen«[24], so wurde das Symbol der Gottheit schließlich durch die Darstellung eines Gottes in Menschengestalt und schließlich durch göttliche Herrscher abgelöst. Diese Anthropomorphisierung der Gottheiten bildete die Grundlage für die Sakralisierung der weltlichen Macht. Wenn Gottheiten auf den römischen Münzen zu sehen waren, so nur mit dem Ziel, die Unterscheidung zwischen einzelnen Münzen von unterschiedlichem Wert zu erleichtern: Jede Münze erhielt einen bestimmten Götterkopf. »Also der Römer benutzt religiöse Bilder zu praktischen Zwecken; das wäre in Griechenland unmöglich.«[25]

Die römischen Herrscher legen die »Maske von Göttern« an.[26] Diese Sakralisierung des Herrschers durch die Gottheit sollte für lange Zeit bestimmend bleiben im Abendland und sich im christlichen Reich erhalten. In seinem Buch *Die zwei Körper des Königs* hat Ernst Kantorowicz detailliert die christologischen Elemente beschrieben, die im Mittelalter und der frühen Neuzeit der Legitimierung der Könige dienten.[27] Das Abbild des Herrschers auf der Münze bildete einen Teil dieser Sakralisierung. Dabei verlieh das Gesicht des Königs der Gesichtslosigkeit des Geldes seine Glaubwürdigkeit. Denn das Staatseigentum, der Fiskus, galt nicht nur als unsterblich,[28] ihm wurde auch eine gottähnliche Gesichtslosigkeit und Allgegenwärtigkeit zugewiesen. Der Rechtsgelehrte Baldus, der in Florenz und Perugia im 14. Jahrhundert römisches und kanonisches Recht lehrte, schrieb, dass »man vom Fiskus nie sagen könne, er sei vom Reiche abwesend«, und zog daraus den Schluss: »Der Fiskus ist allgegenwärtig und hierin Gott ähnlich.«[29] Auch hier also eine Gleichsetzung von Geld mit einem gesichtslosen und allgegenwärtigen Gott, die sich bis in die moderne Kapitalismuskritik erhalten hat. Von dem durch den Herrscher beglaubigten Geld leitet sich bis ins 20. Jahrhundert die Gewohnheit ab, die Münze mit der Abbildung des Staatsoberhauptes zu versehen – auch dann, wenn der Herrscher keine Gottheit repräsentieren soll, sondern höchstens Oberhaupt der Religionsgemeinschaft ist, etwa im Fall der anglikanischen Kirche. Auch in der Demokratie verleiht das Abbild des gewählten Staatsoberhaupts der Münze und dem Zeichensystem Geld seine Kreditwürdigkeit.

Will man die existenzielle Bedeutung des Geldes für den modernen Menschen begreifen, so muss man in der Geschichte noch einen Schritt weiter zurückgehen. Laum tut es, wenn auch kursorisch: Das Opfertier – das Rind, das schließlich durch das Symbol auf der Münze substituiert wird – stellt seinerseits ein Substitut für das Menschenopfer dar. »In Ägypten stellte ›das Siegel, mit welchem die Opfertiere bezeichnet wurden [d. h. zur Opferung freigegeben wurden, weil sie als rein galten], einen knieenden Mann dar, der mit auf den Rücken gebundenen Händen an einen Pfahl befestigt ist, und dem das Messer an der Kehle sitzt‹. Darin kommt zum Ausdruck, dass das Vieh Stellvertreter des Menschen ist; das Siegel stellt die Verbindung her zwischen dem Original- und dem Ersatzopfer. Die gleiche Idee liegt den ältesten Münzbildern zugrunde.«[30] Das Geld substituiert das Tieropfer, das seinerseits an die Stelle des Menschenopfers getreten ist. Beim Geld geht es also um ein Tauschgeschäft, mit dem ursprünglich *das menschliche Leben selbst* gemeint war. Die exiszentielle Bedeutung dieses Tauschgeschäftes tritt zutage, wenn man sich vergegenwärtigt, dass das Stieropfer nicht die einzige Form von Substitut für das Menschenopfer bildete. Ein anderes Substitut hieß Hierodulie, sakrale Prostitution. Auch sie war, laut Laum, »ein Ersatz des Menschenopfers; anstatt den Göttern geschlachtet zu werden, verrichtet der Geweihte Tempeldienste.«[31] Es gibt also zwei Formen von Substitut: Im einen Fall tritt das Tieropfer, das später durch das Geld ersetzt wird, an die Stelle des Menschenopfers. Im anderen Fall substituiert die sakrale Prostitution – die Überlassung des geschlechtlichen Körpers – das Menschenopfer. Beiden liegt der Gedanke der Stellvertretung zugrunde. Dennoch unterscheiden sich Geld und Prostitution. »Aus dem Menschenopfer wird das Tieropfer, aus dem Tieropfer entwickelt sich die Zahlung von Tieren als Wergeld. Wergeld ist Lösegeld, mit dem der Mensch sein Leben erkauft. Lösegeld ist also Opferersatz; wer

Lösegeld gibt, befreit seinen eigenen Leib vom Geopfertwerden.«[32] Das Geld impliziert also den Freikauf vom Opferstatus. Diesen Freikauf gibt es für die Prostitution nicht. Im Gegenteil: Sie wird zu einem Teil des Tauschhandels zwischen Zeichen und Leib, und dient auch hier der Beglaubigung des Geldes. Da sich das Geld nie von seinem Ursprung aus dem Opfer freikaufen kann - mit dem Verlust seines sakralen Ursprungs verlöre es seine, Glaubwürdigkeit - bedarf es einer Bindung an die Materie, an den menschlichen Körper, an die Ursprünge aus dem Menschenopfer. Dem käuflichen sexuellen Körper wurde die Funktion zugewiesen, dem Geld seine Deckung zu verleihen: dem körperlosen Zeichen eine Verankerung in der Leiblichkeit zu verschaffen. Die Geschichte des Geldes ist nicht nur eng mit der Geschichte des Alphabets verbunden; sie spiegelt sich auch im Verhältnis der Geschlechter wider - am deutlichsten in der Geschichte der Prostitution, die zeitgleich mit dem Heiligen Geld den Tempelbezirk verlässt, um sich in der profanen Welt niederzulassen. Durch die gesamte Geschichte des christlichen und post-christlichen Abendlandes hindurch wird die käufliche Sexualität zu einem Indiz für die Materialisierungsfähigkeit der Zeichen. Je abstrakter das Geld, desto wichtiger der prostituierte Körper, die lebende Münze. Laum erzählt diesen Teil der Geschichte nicht, aber wer will, kann sie erkennen zwischen den Zeilen dieser großartigen Untersuchung über den Beginn unseres monetären Systems.

EINLEITUNG

In der Wissenschaft vom Gelde[1] herrscht die Theorie. Seitdem es eine rein theoretische Ökonomik gibt, also seit David Ricardo, ist gerade das Geld ein bevorzugter Gegenstand der theoretischen Forschung. Die Berücksichtigung historischer Geldformen trat mehr und mehr in den Hintergrund. Natürlich bilden die Vertreter der historischen Schule der Nationalökonomie (Bruno Hildebrand, Röscher und Knies) eine Ausnahme, sie haben die geschichtlichen Tatsachen in weitestem Umfange gesammelt und verwertet (vor allem Röscher); aber die historische Betrachtung des Geldes war nur Episode, die Tendenz zur Theorie wirkte weiter. Gerade in der Gegenwart ist die Emanzipation von den Tatsachen größer als je. Höhepunkt der rein theoretischen Einstellung ist das bekannte Buch von Georg Friedrich Knapp, *Staatliche Theorie des Geldes*[2]. Knapp steht auf dem Standpunkte, dass die Form, in der das Geld historisch erscheint, nicht entscheidend sei für die Erkenntnis seines Wesens. Werkzeug der Wesenserkenntnis ist nach ihm lediglich das logische Denken; was auf logischem Wege als Geld erkannt wird, ist Geld, ob es in der Wirklichkeit vorhanden war, ist oder sein wird, ist Nebensache; denn nur ein Bruchteil der begrifflich möglichen Formen gelangt zur Verkörperung in der Erscheinungswelt.

Das vorliegende Buch steht methodisch in Opposition zu den dort angesprochenen Grundsätzen. Von den Tatsachen, von den historischen Geldformen ausgehend sucht dies Buch die Erkenntnis des Wesens des Geldes zu fördern. Dieser Gegensatz verlangt eine methodologische Vorbemerkung. Wir müssen kurz Stellung nehmen zu der Frage, ob sich Deduktion und Induktion gegenseitig ausschließen, oder ob sie nebeneinander bestehen können, und wie sich in letzterem Falle das Verhältnis beider Methoden zueinander gestaltet. Vom Historiker aus gesehen ist dies Problem eng verwandt mit der Frage: Wie steht der Historiker zur Theorie? – oder auf unser spezielles Gebiet beschränkt: Wie hat sich der Wirtschaftshistoriker zur ökonomischen Theorie zu verhalten? Es gibt im Grunde genommen nur die beiden Möglichkeiten: Entweder ignoriert der Historiker die Theorie und ihre Ergebnisse, oder er berücksichtigt sie.

Den ersten Standpunkt nehmen die Historiker ein, die den Zweck der Geschichtswissenschaft darin sehen, zu beschreiben, »wie es eigentlich gewesen ist«. Geschichtsschreibung dieser Art ist schon öfter mit dem Film verglichen worden. Wie das Filmband die Begebenheiten genau verzeichnet und vor uns abrollen lässt, so nimmt der beschreibende Historiker möglichst jedes Ereignis in seine Schilderung auf. Was die moderne Wirtschaftskunde für die Wirtschaft der Gegenwart, das wäre eine so orientierte Wirtschaftsgeschichte für die Wirtschaft der Vergangenheit. Es gibt eine große Anzahl von wirtschaftshistorischen Darstellungen, die diesen filmartigen Charakter haben; sie sind sicherlich notwendig und nützlich, fördern aber, da sie naturnotwendig mehr in die Breite als in die Tiefe gehen, die eigentliche Problemstellung nur wenig. Dieser Weg mag zur Not für den Wirtschaftshistoriker, der die Wirtschaft einer Epoche oder eines Volkes in ganzem Umfange darstellt, gangbar sein; unmöglich aber ist er für den, der eine einzelne Erscheinungsform des wirtschaftlichen Lebens historisch zu erforschen sucht. Gewiss könnte man nach dem obigen Rezept eine historische Geldkunde schreiben, aber mehr auch nicht; denn bei der Untersuchung einer solchen speziellen Form, wie es das Geld ist, erhebt sich sofort mit gebieterischer Notwendigkeit die Frage nach der begrifflichen Definition der Erscheinung, in unserem Falle also die Frage: Was ist Geld? Man müsste unter allen Umständen zuvor wenigstens einen allgemeinen Begriffsinhalt feststellen, um unter den zahllosen Erscheinungsformen bestimmte Gebilde als Geld zu erkennen. Ohne begriffliche Klarheit würde die historische Untersuchung im Dunkeln tappen. Die begriffliche Definition zu geben ist Sache der Theorie. Also muss der Historiker die Theorie berücksichtigen.

Wie aber hat sich der Historiker in positivem Sinne der Theorie gegenüber zu verhalten? Gäbe es nur eine allgemein anerkannte Definition des Geldes, so wäre die Frage leicht zu beantworten. Der Historiker würde die Auswahl der historischen Formen nach dem Maßstab dieser Definition vornehmen. Nun aber gibt es Geldtheorien fast so zahlreich wie der Sand am Meere, und sie zeigen oft sehr beträchtliche Unterschiede. Der Historiker steht ratlos vor dieser Fülle; es ist ihm unmöglich, aufgrund eines eigenen Urteils eine bestimmte Theorie, von der er ausgeht, auszuwählen. Führer bei der Auswahl ist meist die Mode, das heißt die Theorie, welche gerade en vogue ist, wird akzeptiert, mit ihren begrifflichen Termini arbeitet der Historiker, in deren Systematik werden die geschichtlichen Tatsachen eingeordnet. Wer als Historiker in dieser Weise vorgeht, der muss die Priorität der Theorie anerkennen; denn in diesem Falle hat die Theorie die Herrenrolle, der Historiker ist Diener, Handlanger, der das Material beibringt und ordnet, um die Richtigkeit der Theorie zu erweisen. Reine Theoretiker, zum Beispiel Knapp selbst, sehen wirklich darin den Sinn der Wirtschaftsgeschichte; mir scheint das in den Arbeiten seiner Schüler zutage zu treten; denn sie nehmen alle die Richtigkeit der Theorie ihres Lehrers als gegebene Basis und verwerten das geschichtliche Material nur als Stütze, die Auswahl erfolgt nur nach diesem Gesichtspunkt. Es hat den Anschein, als ob auch Eberhard Gothein diesen Standpunkt teile. In einem Vortrag, den er auf dem ersten Wirtschaftsarchivtag 1913 in Köln gehalten hat, äußert er sich: »Ich prophezeie Ihnen, nachdem wir mit Knapps neuer Geldtheorie zu einer neuen Auffassung von Geld- und Währungswesen gekommen sind, muss auch wieder die leidlich geordnete Geschichte des Geldwesens von Grund aus revidiert und ganz von neuem gemacht werden.«[3] Auch hier wird die Führerrolle der Theorie stark hervorgehoben.[4]

Der Historiker wird in dem Verhältnis zwischen historischer und theoretischer Wirtschaftswissenschaft der Theorie die Führerrolle nicht einräumen können; nicht etwa aus egoistischen Motiven, sondern aus der klaren Erkenntnis heraus, dass die Vorherrschaft der Theorie notwendig eine Vergewaltigung der Geschichte bedingt; denn die modernen Geldtheorien sind aus den Erscheinungen der Gegenwart abstrahiert. Die Begriffe, mit denen sie arbeiten, gelten also zunächst nur für die Gegenwart. Die Anwendungsmöglichkeit theoretischer Termini in historischen Arbeiten hätte die Gleichheit der Erscheinungen in Vergangenheit und Gegenwart zur Voraussetzung. Das aber widerspricht der Tatsache der historischen Entwicklung. Man kann Begriffe, die von Erscheinungen einer späteren Entwicklungsstufe abstrahiert sind, nicht auf die Erscheinungen einer früheren ausdehnen.[5] Diese Erwägung führt dahin, zwischen Theorie und Geschichte einen scharfen Trennungsstrich zu machen, so wie Hildebrand es tut: »Schließlich gipfelt ja doch alle Erkenntnis in diesem Reichtum konkreter Vorstellungen, nicht aber in der Armut abstrakter Begriffe.« Und Max Weber scheint eine ähnliche Forderung aufzustellen, »die Wirklichkeit nicht in abstrakte Gattungsbegriffe einzuschachteln, sondern in konkrete genetische Zusammenhänge von stets und unvermeidlich spezifisch individueller Färbung«[6]. Dieser Forderung wird sich der Historiker ohne Bedenken anschließen; begrifflicher Schematismus kann Gift sein für den Historiker, weil die reine Abstraktion notwendig die lebendige Individualität vernichtet. Andererseits aber muss betont werden, dass auch individuelles Leben ohne klare Begriffe nicht veranschaulicht werden kann. Gothein hat meines Erachtens mit Recht darauf hingewiesen, wie die wirtschaftsgeschichtliche Forschung gerade durch die Nichtbeachtung der Theorie in die Irre geht und wichtige Tatsachen und Zusammenhänge übersieht.[7] Also steht auf der einen Seite die Forderung: Der Historiker soll sich von der Theorie emanzipieren,[8] auf der anderen Seite die Behauptung: Wirtschaftsgeschichte ohne Kenntnis der Theorie ist unmöglich. Wo liegt die Wahrheit?

Es ist allgemein zugegeben, dass jede Wissenschaft mit Begriffen arbeitet; auch die historische Forschung kann ohne Begriffe nicht existieren, wenn sie sich auch vielfach über den Inhalt benutzter Termini keine Rechenschaft gibt, obwohl es notwendig wäre. Jedenfalls aber muss, wer Ursprung und Entwicklung einer historischen Erscheinung behandelt, sich klar werden über den Inhalt des Begriffes, mit dem die betreffende Erscheinung bezeichnet wird. Aber die aus der hochentwickelten Gegenwart abstrahierten und zudem untereinander stark abweichenden modernen Theorien sind ohne Weiteres nicht zu gebrauchen. Der Historiker muss durch Vergleichen der speziellen Theorien den allgemeinen Begriff zu eruieren suchen; er baut in gewissem Sinne die Theorien nach rückwärts ab, bis eine Form gefunden ist, die alle Theoretiker unterschreiben können. So gewinnt man einen Urtypus, einen weiten Begriff, der nur allgemeine Merkmale enthält.[9] Für diesen embryonalen Begriff sucht der Historiker in den geschichtlichen Erscheinungen den äquivalenten Inhalt; damit ist der Anfang der Entwicklung gefunden.

Um diesen Ausgangspunkt festzulegen, hat der Historiker die Theorie unbedingt notwendig. Von da an aber geht seine Forschung ihre eigenen Wege; nicht, dass der Historiker sich jetzt ganz von den Theorien emanzipiere, vielmehr ist Kenntnis der Theorien sehr erwünscht; aber sie soll nicht Maßstab bei der Auswahl historischer Tatsachen sein, sondern höchstens Möglichkeit bedeuten, Erscheinungen so oder anders zu interpretieren. Die Theorie schärft lediglich den Blick, lässt historische Zusammenhänge erkennen, die dem theoretisch nicht Geschulten verborgen bleiben; aber die Arbeitsweise des Historikers selbst, die in der Aufdeckung und Verknüpfung kausaler Zusammenhänge besteht, steht als solche jenseits aller Theorie. Ist für den Theoretiker die Theorie das Prius und die historischen Tatsachen nur Anhängsel, so muss für den Historiker der historische Befund und seine Erkenntnis an erster Stelle stehen. Die Beherrschung der Theorie erhöht die Aussicht auf die Gewinnung neuer Tatsachenzusammenhänge und diese neuen Erkenntnisse können nun ihrerseits wieder Anregung und Ausgangspunkt zu neuen theoretischen Schöpfungen werden. Die Möglichkeit, dass sich die beiden Wissenschaften wechselseitig fördern, ist sehr groß. Gothein, der über das Verhältnis beider zueinander beherzigenswerte Worte gesprochen hat, sagt ganz richtig: »So bleibt das Band zwischen theoretischer Nationalökonomie und wirtschaftshistorischer Forschung außerordentlich eng. Wir geben und nehmen fortwährend wechselseitig.«[10]

Die methodische Vorfrage ist damit erledigt. Es verbleibt noch eine Bemerkung über das Stoffliche. Aus welchen Quellen schöpft das Buch seine Erkenntnisse? Wir legen, wie der Untertitel angibt, eine *historische* Untersuchung vor. Damit ist gesagt, dass die ethnologischen Geldformen zurücktreten. Ethnologie ist keine historische Wissenschaft. Trotzdem die Ethnologie die historische Forschungsmethode übernommen hat, kann sie der Geschichtswissenschaft nicht zugerechnet werden. Die Begründung für die Scheidung beider Wissenschaften hat Eduard Meyer gegeben. Ziel der Geschichtswissenschaft ist Erkenntnis der Vorstufen und Grundlagen für die Gegenwartskultur. Nur jene Kulturen sind historisch bedeutsam, die unmittelbaren Einfluss auf die Gegenwart gehabt haben. Zu ihnen gehören aber die primitiven Kulturen nicht. Wohl kann ihre Kenntnis wichtig werden für das Verständnis frühgeschichtlicher Perioden, insofern ethnologische Parallelen vorgeschichtliche Zustände vielfach eindringlich illustrieren. Analogieschlüsse dagegen, die die Gleichheit der Entwicklung zur Voraussetzung haben, sind nicht bindend. Die »vergleichenden« Wissenschaften (wie vergleichende Religions- oder Rechtswissenschaft), so notwendig und nützlich sie an sich sind, haben durch kritiklose Übertragung die Erkenntnis des Wahren oft eher verhindert als gefördert. Natürlich lässt sich nicht leugnen, dass der menschliche Geist auf primitiver Stufe uniformer ist, auf früher Stufe der Entwicklung die Lebensformen einheitlicher sein müssen als später. Das ist richtig; aber wo setzt die Eigenentwicklung ein, wo hört das Recht der Analogie auf? Und ist es nicht ebenso wahr, dass jedes Kind bereits bei der Geburt ein Individuum ist, und so auch jedes Volk von seinen Anfängen an ein eigenes, individuelles Leben führt? Die Münze ist nur einmal in der Weltgeschichte erfunden, ihre Entstehung lässt sich also nur und ausschließlich aus der Eigenart des Volkes, in dessen Mitte sie erzeugt wurde, verstehen. Das gilt allgemein. Jede Kulturform ist zunächst als ein Produkt des Volkes, in dem sie zuerst entsteht, zu begreifen und ihre Entwicklung aus der Eigengesetzlichkeit des betreffenden Volkskörpers heraus zu verstehen. Natürlich wird diese Art Isoliermethode, die zwar die erste sein muss, selten genügen, das Werden und Wesen einer Kulturform restlos zu erklären. Geschlossene Kulturen hat es nie gegeben. Auch in den frühesten Stadien der Entwicklung haben Beziehungen zwischen den Völkern bestanden, und diese Beziehungen haben auf die aus der Eigenart erwachsenen Formen Einflüsse ausgeübt. Der Grad dieses Einflusses ist selbstverständlich bei den verschiedensten Völkern verschieden. Die antike Kultur stellt einen spezifischen Typus eigengesetzlicher Kulturentwicklung dar; aber auch hier haben Einwirkungen von außen nicht gefehlt. In den Mittelpunkt stellt dies Buch die griechisch-römische Kultur, weil in ihrem Bereich die Erschaffung der typischen Geldformen erfolgte. Aber die Betrachtung muss oft über die Grenzen der antiken Kultur hinausgehen, um eigenes Produkt und Übernahme fremden Gutes zu scheiden. Aber diesem Übergreifen auf andere Völker ist doch selbst wieder eine Grenze gesetzt. Notwendige Voraussetzung ist einerseits Stammesverwandtschaft und andererseits örtliche Nachbarschaft, mit anderen Worten: nur die indogermanischen Stämme und die altorientalischen Völker sind berücksichtigt. Dagegen ist es prinzipiell vermieden, an Stellen, wo die Überlieferung versagt, durch Analogien von Primitiven[11] oder anderen Völkern die Lücken zu schließen, obwohl der Anreiz dazu oft genug stark war. Gelegentliche Hinweise auf primitive Geldformen dienen lediglich der Illustration.

Unter den antiken Quellen, die herangezogen sind, steht die Münze obenan; sie ist für den, der den Ursprung des Geldes historisch begreifen will, ein fester Punkt. Durch die Erfindung der Münze wird nämlich die Entstehung des Geldes zu einem gewissen Abschluss gebracht; denn sie stellt einen Normaltypus des Geldes dar, der für alle Folgezeit als solcher in Geltung bleibt.[12] Die Münze tritt um 650 vor Christus im Bereich des östlichen Mittelmeerbeckens zuerst auf. Nun ist die Münze nicht das älteste Geld; es sind ihr andere Geldformen vorausgegangen. Dies prämonetäre Geld ist also vor 650 vor Christus entstanden, und zwar muss es dort ausgebildet worden sein und gegolten haben, wo später die Münze erfunden wurde. Daraus ergibt sich, dass die Quellen, aus denen wir die Entstehung der prämonetären Geldformen erschließen können, in die Zeit vor 650 vor Christus fallen und in eben jenem Kulturkreis verwurzelt sein müssen, aus dem heraus die Münze entstand. Beide Voraussetzungen erfüllen die homerischen Epen. Sie sind also der gegebene Ausgangspunkt.

I. KAPITEL

Der Kult als Schöpfer normierter Entgeltungsmittel

Homer kennt die Münze noch nicht. Was dient in homerischer Zeit als Geld? Dass die Münze Geld ist, folgt unter anderem daraus, dass sie noch heute eine typische Geldform ist. Ein solches äußeres Merkmal gibt es für die Erkenntnis der prämonetären Geldformen nicht. Der Historiker kann aus sich heraus eine Scheidung zwischen dem, was in dieser frühen Zeit Geld und was nicht Geld ist, nicht vornehmen. Er hat die Theorie notwendig. Die Frage nach der ältesten historischen Geldform ist ohne vorherige Festsetzung des allgemeinen Begriffes »Geld« nicht zu beantworten. Welches sind die Merkmale, an denen wir ein Ding als Geld erkennen? Die Definitionen, welche die Theoretiker geben, sind stark abweichend. Knapp nennt das Geld ein Geschöpf der staatlichen Rechtsordnung; das Wesen des Geldes liegt nach seiner Meinung darin, dass es rechtlich gültiges Zahlungsmittel ist. Der Stoff, aus dem das Geld besteht, ist nebensächlich; auf den »Nennwert«, den der Staat dem Geldstück beilegt, kommt alles an. Der nominalistischen Theorie (ihren Namen hat sie von dem »Nennen« des Wertes durch den Staat) steht die metallistische beziehungsweise realistische Theorie gegenüber. Sie leitet das Geld vom Tausche her; Geld ist nach ihr ein Geschöpf des Marktes, seine wesentlichste Eigenschaft die des allgemeinen Tauschmittels. Um allgemeines Tauschmittel sein zu können, muss es Eigenwert haben, das heißt aus edlen Stoffen bestehen. Wir lassen den Streit der Theoretiker einstweilen beiseite, suchen vielmehr den Punkt, wo die Theoretiker einig sind. Ob man nun im Gelde vornehmlich das Zahlungsmittel oder das allgemeine Tauschmittel sieht, in beiden Fällen ist es auch Rechnungseinheit beziehungsweise Wertmesser.

Darin sind die Theoretiker, obwohl auch in dieser Beziehung wie so oft Finessen und Nuancierungen einen klaren Entscheid nicht ermöglichen, einig. Geld ist Wertmesser beziehungsweise Rechnungseinheit. Ob wir damit die primitivste Eigenschaft des Geldes gefunden haben, das steht hier noch nicht zur Diskussion. Jedenfalls werden wir davon auszugehen haben, weil hier ein Einspruch der Theorie nicht möglich ist, hier also eine elementare Eigenschaft des Geldes vorliegt.

Wertmesser in der homerischen Zeit ist das Rind. Wo in der *Ilias* und *Odyssee* Güter abgeschätzt werden, da wird stets das Rind als Maßstab genommen; andere Wertmesser finden sich nicht. Wie ist das Rind zu dieser Stellung des alleinigen Wertmessers gelangt? Die Theorie wird darauf antworten: Wertmesser können nur beim Tausche entstehen; nur auf dem Markte, wo Güter gegen Güter ausgetauscht werden, können sich Wertmesser bilden, weil nur dort Güter verglichen und so ihr Wertverhältnis festgestellt wird. Als Maßstab fungiert das auf dem jeweiligen Markte am häufigsten getauschte beziehungsweise das begehrteste Gut. Dieses Gut wird zum Wertmesser, an dem alle anderen gemessen, und zum allgemeinen Tauschmittel, mit dem alle anderen erworben werden. Ist nun das Rind in homerischer Zeit auch auf diesem Wege zum Wertmesser geworden, mit anderen Worten war das Rind damals die »marktgängigste« Ware?

Der Theoretiker wird aus der Tatsache, dass es alleiniger Wertmesser ist, diesen Schluss ohne Bedenken ziehen; haben doch auch die Historiker ohne Ausnahme diese Ansicht vertreten.[1] So eng sind die Begriffe Wertmesser und allgemeines Tauschmittel miteinander in der Vorstellung verknüpft. Und trotzdem stimmt dieser Schluss nicht. Der Beweis für diese Behauptung ist die Grundlage für alle späteren Ausführungen; deshalb müssen wir ihn eingehend führen.

Die sprachliche Form, in der der Wertmesser in den Epen erscheint, setzt eine lange und andauernde Übung des Wertemessens voraus; der Akt muss so häufig erfolgt sein, dass schließlich der gemessene Wert zu einer Eigenschaft des gewerteten Gegenstandes wurde, das heißt, der Wert wurde in adjektivischer Form dem Substantiv beigefügt (z. B. Il. 2, 449). Wir können nicht von einem »*hundertmarkigen*« Gegenstand reden, der homerische Grieche aber gebraucht die adjektivische Form ohne Weiteres. Der Wert ist aufs Engste mit dem gewerteten Gegenstand verbunden. Die enge Verbindung ist nun nicht von vornherein ein Beweis für rechnungsmäßiges Operieren mit der Einheit »Rind«; aus den Stellen, wo die Wertmesser vorkommen, ist zunächst nur zu entnehmen, dass für bestimmte Güter feste Werttaxen, die in Rindern ausgedrückt wurden, existierten. Wir sehen in den Epen, wie Gegenstände abgeschätzt werden. Einen Dreifuß schätzten die Achäer als einen »zwölfrinderigen«, ein Weib als ein »vierrinderiges« (Il. 21, 703 ff.). Je häufiger derartige Schätzungen erfolgten, umso mehr fixierte sich der Wert bestimmter Objekte. Das Endergebnis sind feste Wertskalen. Sobald diese vorhanden sind, werden Zahlungen nur in einer Anzahl von Wertmaßeinheiten normiert, die Güterart, in der Zahlung geleistet wird, unterliegt freier Vereinbarung. Für Sklaven gibt man *ἐεικοσάβοια* [Zwanzigrinderiges] (Od. 1, 431) beziehungsweise *ἑκατόμβοιον* [Hundertrinderiges] (Il. 21, 79); das heißt nicht, dass der Käufer dem Verkäufer 20 beziehungsweise 100 wirkliche Rinder gibt; die Gegengabe besteht vielmehr aus Besitzstücken des Käufers (*κτέατα*; vgl. Od. 1, 430) im Werte von 20 Rindern. So versprechen die Freier Od. 22, 57 dem Odysseus als Sühneleistung eine *τιμὴ ἐεικοσάβοιος* [hundertrinderige Schätzung], die sie in Erz und Gold ausbezahlen wollen.

Die Frage, ob das Rind als Wertmesser aus dem Tausche entstanden ist, wird durch diese Betrachtung nicht berührt; sie zeigt lediglich, wie der Wertmesser sowohl bei Kauf und Verkauf von Sklaven wie bei der Zahlung von Kampfpreisen und Sühnegeld in Anwendung kommt; also sowohl beim Gütertausch wie bei der Leistung von Zahlungen tritt er in Funktion; wo der Wertmesser »Rind« entstanden, ist aus den angeführten Stellen nicht zu ersehen.

Gegen die Herleitung des Wertmessers aus dem Handel sprechen zunächst allgemeine Erwägungen. Das Rind nimmt unter den Gütern homerischer Zeit einen hohen Rang ein. Rinderbesitz ist auf Adel und Könige beschränkt, der einfache Mann besitzt nur Ziegen und Schafe. War das Rind allgemeines Tauschmittel, so waren die Tauschvorgänge notwendig auf einen kleinen Kreis beschränkt; nur Könige und Fürsten konnten tauschen, da nur sie im Besitz des allgemeinen Tauschmittels waren. Weiter war der Tausch wegen des hohen Wertes des allgemeinen Tauschmittels auf wenige Gegenstände beschränkt, das heißt, da es ein unteres Nominal nicht gab, konnten nur Dinge, die ein Rind und mehr wert waren, getauscht werden. Aus diesen beiden Gründen ist also Gütertausch selten; diese Seltenheit steht aber in scharfem Widerspruch zu der hohen Entwicklung des Wertmessers. Ist das Rind im Homer »Rechnungseinheit«[2], so ist höchste Intensität der Tauschvorgänge notwendige Voraussetzung; denn nur langdauernde und stetige Übung kann nach Ansicht von Theoretikern[3] bewirken, dass sich das am häufigsten getauschte Objekt als allgemeines Tauschmittel und Wertmesser durchsetze. Die Macht der Fürsten hätte die Geltung des Rindes als Tauschmittel und Wertmesser nicht aufoktroyieren können, da das Volk nicht im Besitze des Tauschmittels war, also mit ihm auch nicht tauschen konnte.

Nun wird man einen Ausweg aus dieser Schwierigkeit finden und sagen: Zwar konnte das Rind im Binnenhandel zwischen Griechen nicht allgemeines Tauschmittel werden, wohl aber im Handel, den die homerischen Fürsten bekanntlich mit dem Auslande pflegten. Hier stellt sich sofort eine andere Schwierigkeit in den Weg. Dieser Handel ging über See, und so entsteht sofort die Frage, ob für einen überseeischen Handel das Rind ein praktisches oder überhaupt mögliches Tauschmittel war. Vieh in geschlachtetem Zustand zu transportieren war wegen der langen Seefahrt unmöglich, und der Transport lebenden Viehes scheiterte an technischen Schwierigkeiten.[4]

Es ist also im höchsten Grade unwahrscheinlich, dass sich der Handel über See eines so unbequemen Tauschmittels jemals bedient hat.

Diese allgemeinen Bedenken werden durch die Betrachtung des homerischen Handels selbst nur noch vermehrt. Die Frage ist nämlich, ob wir in homerischer Zeit überhaupt von einem allgemeinen Tauschmittel, aus dem der Wertmesser hätte entstehen können, sprechen dürfen. Hat der Handel bereits eine solche Stufe der Entwicklung erreicht? Aus der Betrachtung der Tauschvorgänge beziehungsweise der Handelsszenen, die in den Epen geschildert werden, wollen wir die Antwort auf diese Frage zu geben suchen.[5]

Den Griechen vor Troja führt Euneos, Fürst von Lemnos, Wein zu (Il. 7, 472 ff.). Von den Griechen werden ihm als Gegenwerte für den Wein mancherlei Güter gegeben, so Erz, Eisen, Felle, Sklaven; auch Kinder befinden sich darunter. Aber von einer Messung der getauschten Güter nach Rindern ist nicht die Rede; das Rind ist Tauschgut neben vielen anderen, keineswegs aber allgemeines Tauschmittel. Die Güter stellen Kriegsbeute dar (Krieg führen war in der Zeit vielfach nur Raub von Vieh),[6] die auf diese Weise gegen begehrtere Güter umgesetzt wird. Es liegt hier durchaus ein einmaliger und rein persönlicher Akt der Freundschaft vor, wie die Sondergabe an die beiden Fürsten, Agamemnon und Menelaos, beweist. Die Scholien BT[7] bezeichnen den Vorgang richtig als eine Choregie, das heißt eine Unterstützung der stammverwandten Griechen.

Dann kommt aus der *Ilias* die Stelle in Betracht, wo erwähnt wird, dass Hirt und Ackersmann sich ihren Eisenbedarf für Geräte aus der Stadt holen (Il. 23, 834 f.). Bewiesen wird dadurch ohne Weiteres ein Tauschverkehr zwischen Stadt und Land; der Landmann deckt seinen Eisenbedarf in der Stadt und muss dafür offenbar landwirtschaftliche Produkte hergeben. Aber von einer Regelmäßigkeit dieses Verkehrs, sodass sich daraus feste Wertmesser hätten ergeben können, kann nicht die Rede sein. Der Dichter sagt, der Eisenfladen, der als Preis ausgesetzt sei, werde dem Gewinner auf fünf Jahre seinen Eisenbedarf decken; selbst wenn man darin eine starke poetische Übertreibung sieht, so wird man immerhin aus der Fassung der Stelle schließen können, dass ein entwickelter Güterverkehr nicht vorhanden war. Eine *ἀγορά* kennt das Epos natürlich; aber sie ist der Ort, wo sich das Volk versammelt (*ἀγείρεται*; daher der Name); von einem Verkauf auf der Agora hören wir im ganzen Epos nichts. Maß und Gewicht, die Voraussetzungen geregelten Güterverkehrs, fehlen; wären sie vorhanden gewesen, so hätte der Dichter die Schwere des Eisenfladens angegeben.

Der primitive Charakter des Güteraustausches, den wir für die *Ilias* feststellten, liegt in der *Odyssee*, obwohl sie jünger ist und eine starke Verbreitung des Handels gegenüber der *Ilias* zeigt, ebenfalls vor. An zahlreichen Stellen werden Tauschvorgänge geschildert, aber nirgendwo ist von einer Messung der ausgetauschten Waren die Rede. Rinder werden nicht einmal als Tauschgut erwähnt. Was die Griechen für die Metallgegenstände als Gegengabe darbieten, wird vom Dichter mit dem allgemeinen Ausdruck *βιοτός* bezeichnet (z. B. Od. 15, 446 und 456); das heißt zunächst Lebensmittel, kann aber, wie Büchsenschütz richtig bemerkt hat,[8] ganz allgemein »Güter« bedeuten; darunter können natürlich Rinder gewesen sein; aber sie haben jedenfalls nicht jene bevorzugte Stellung, dass sie hätten zum Wertmesser werden können. Die Handelsformen sind auch in der *Odyssee* noch ganz primitiv; es findet sich noch der stumme Tausch, der gerade für den frühesten Handel typisch ist (Od. 15, 459 ff.).

Der Trieb, fremde Güter zu erlangen, ist natürlich vorhanden; diese Sucht nach Gütermehrung äußert sich an vielen Stellen der Epen, und die großen Vorratsräume in den ausgegrabenen Palästen geben die Bestätigung. Unter den Erwerbsmöglichkeiten steht an erster Stelle die Gewalt; Krieg gilt als legitimes Mittel, fremdes Gut in seinen Besitz zu bringen. Oft schließen sich mehrere Fürsten zu gemeinsamem Beutezug zusammen; was der Zug an Gütern einbringt, das wird am Schluss wie bei einer Erwerbsgesellschaft geteilt. Jeder erhält entsprechend seiner Stellung beziehungsweise seiner Leistung seinen Anteil. Diese Verteilungen gehen nie ohne heftigen Streit der Berechtigten untereinander vor sich; jeder will mehr oder andere Güter haben.[9] Die Handlung der *Ilias* ist auf dieses Motiv aufgebaut, und an vielen Stellen der Epen finden sich ähnliche Schilderungen. Dem Kriege gegen Fremde folgt der Zank im Innern. Das ist typisch für die homerische Gesellschaft. Dies Verhalten beweist die subjektive, rein gefühlsmäßige Einstellung den Gütern gegenüber; objektive Maßstäbe fehlen noch vollständig.

Auch der friedliche Handel, der dieser Zeit natürlich nicht ganz fehlt, kennt sie noch nicht. Der Handel ist in jener Zeit vielfach Liquidation der im Kriege eroberten Güter; es kann kein Zweifel sein, dass der Umsatz der Kriegsbeute eine wichtige Wurzel für die Entstehung des Güteraustausches ist. Unter der Beute werden sich immer Güter befinden, die man selbst nicht gebrauchen kann, die man darum gern gegen andere eintauscht. Vor allem wird man lebende Gegenstände, deren Bewachung und Unterhaltung schwierig, und die in größerer Zahl (zum Beispiel die Gefangenen) direkt gefährlich werden konnten,[10] gern gegen andere Güter eingetauscht haben.[11] So ist offenbar der Sklavenhandel entstanden, der zunächst nichts anderes ist als die Hingabe einer nicht verwertbaren Kriegsbeute gegen andere Güter. Der Weinkauf der Griechen vor Troja hat keinen anderen Sinn; er zeigt zudem, dass ein Tausch dieser Art nicht etwa ein Handelsgeschäft, sondern Wechselgabe von Gastgeschenken war. Jedenfalls ist der Fürst von Lemnos nicht als Geschäftsmann, sondern mehr als Gastfreund in das Lager der Griechen gekommen.

Auf den Geschenktausch als Quelle des Handels hat Bücher bereits mit Nachdruck hingewiesen;[12] er hat auch Beispiele aus den Epen beigebracht, die sich natürlich leicht vermehren ließen. Das Geschenk ist ein Entgelt für gegenwärtige und zukünftige Gastfreundschaft; in seinem ursprünglichen Sinn mag es Lohn für gewährtes Asyl oder Kaufpreis für den eigenen Kopf sein (denn im fremden Land war man vogelfrei). Gastfreundschaft ist Grundlage für den friedlichen Erwerb von Gütern im Ausland. Die *Odyssee* vor allem zeigt, wie sich der Handel auf dieser Basis entwickelt. Aber es wäre durchaus falsch, wenn man annehmen wollte, dass nun dieser Güteraustausch bereits feste Formen angenommen hätte. Jede Handelsfahrt ist ein einmaliger besonderer Akt. Eine solche Fahrt dauert oft ein ganzes Jahr. Auch die Begriffe, mit denen diese Vorgänge bezeichnet werden, zeigen, dass von einem Handel, der feste Normen kennt und verwendet, nicht die Rede sein kann.[13] Träger des Mittelmeerhandels in homerischer Zeit sind fremde Völker, vor allem die Phöniker.[14] Der Grieche selbst ist durchaus passiv gewesen; ein Güteraustausch zwischen Griechen, also ein griechischer Binnenhandel, hat nicht existiert. Im homerischen Griechenland ist der Typus der geschlossenen Hauswirtschaft nahezu verwirklicht; nur Metalle und phönikische Luxusgüter wurden eingeführt. Ein regelmäßiger und geregelter Güteraustausch existiert nicht.[15] Es fehlen bestimmte Maßstäbe der Gütermengen (Maß und Gewicht) wie des Güterwertes (Wertmesser), und es fehlt, da der Güteraustausch nicht rationalisiert ist, auch ein allgemeines Tauschmittel. *Es ist also unmöglich, dass der Wertmesser »Rind« aus dem Handel entsprungen ist. Er muss in einer anderen Sphäre entstanden sein.* Diese gilt es nunmehr festzustellen.

Wir werden zunächst aus den Stellen selbst, wo Werte festgesetzt beziehungsweise Wertbegriffe gebraucht werden, die Lösung zu finden suchen.

Il. 2, 447 ff. wird die Aegis der Göttin Athena beschrieben; sie ist weithin geschätzt, sie altert nicht, ist vielmehr unsterblich und dann heißt es:

τῆς ἑκατὸν θύσανοι παγχρύσεοι ἠερέθονται,
πάντες ἐϋπλεκέες, ἑκατόμβοιος δὲ ἕκαστος.[16]*

In dieser Verbindung tritt nicht klar zutage, dass ein Wertbegriff vorliegt, der aufgrund einer Schätzung des Wertes gewonnen wurde. Diese Tatsache wird jedoch durch die anderen Belege außer Frage gestellt. Bei der Darstellung der Leichenspiele für den toten

* »Von der hängen hundert Quasten ganz von Gold herab,/ alle gut geflochten und jede hundertrinderig.«

Patroklos (Il. 23, 703 ff.) schildert der Dichter die Abschätzung der Kampfpreise; dort heißt es:

> τῷ μὲν νικήσαντι μέγαν τρίποδ' ἐμπυριβήτην,
> τὸν δὲ δυωδεκάβοιον ἐνὶ σπίσι τῖον Ἀχαιοί
> ἀνδρὶ δὲ νικηθέντι γυναῖκ' ἐς μέσσον ἔθηκεν,
> πολλὰ δ' ἐπίστατο ἔργα, τίον δὲ ἑ τεσσαράβοιον.[17]*

Die verschiedensten Gegenstände erscheinen als Kampfpreise und werden als solche nach Rindern gewertet: Dreifüße und Weiber hier, Becken an einer späteren Stelle (Il. 23, 885). Auch Metalle werden mit diesem Maßstabe gemessen; an der genannten Stelle die goldenen Troddeln an der Aegis der Athena, in der *Odyssee* (22, 57) Erz und Gold.

Das Wertemessen nach Rindern erfolgt nicht zum Zwecke des Tausches. Eustathios, ein Homererklärer des 12. Jahrhunderts, dessen Erläuterungen zumeist auf gute Quellen zurückgehen, hebt das in seiner Anmerkung zu Il. 23, 703 mit Recht hervor; er scheidet dort *τιμή ἐνὶ σφίσι* [Schätzung untereinander] und *τίμημα ἐπί τινι συναλλάγματι* [Schätzung bei einem Austausch]. Die erstere *τίμησις* liegt hier vor; das heißt, innerhalb der Gemeinschaft werden Leistung und Gegenleistung gegeneinander abgeschätzt und das Gut, mit dem entgolten wird, mit dem Wertmesser »Rind« gemessen. Vielleicht kann man scheiden zwischen einem intrasozialen und einem intersozialen Wertmesser. Das Rind ist dann ein intrasozialer Wertmesser. Wie weit man bei diesen intrasozialen Gutsübertragungen beziehungsweise Ausgleichsakten Tauschvorgänge sehen kann, wird unten zu erörtern sein. Jedenfalls ist das Rind nicht aus dem handelsmäßigen Güteraustausche zum Wertmesser geworden beziehungsweise für diesen Tausch geschaf-

* »für den Siegreichen einen großen ins Feuer zu stellenden Dreifuß,/ den schätzten die Achaier unter einander zwölfrinderig;/ für den besiegten Mann aber stellte er eine Frau in die Mitte,/ sie verstand sich auf viele Arbeiten, die schätzten sie vierrinderig.«

fen worden.[18] Nun liest man oft, das Rind sei aus dem Grunde zum allgemeinen Wertmesser geworden, weil es der liebste Besitz war; aber auch dieser Weg der Erklärung scheint mir nicht gangbar. Dass das Rind sehr geschätzter Besitz war, ist ohne Weiteres zuzugeben; denn an den zahlreichen Stellen, wo die homerischen Helden ihre Reichtümer aufzählen, stehen die Herden an erster Stelle. Sie fehlen jedenfalls nie;[19] die Begriffe *πολύαρνις, πολύμηλος* und vor allem *πολυβούτης* [reich an Lämmern, Schafen, Rindern] bedeuten »reich, begütert«. Das alles ist ganz klar; aber ich muss gestehen, dass ich nicht sehe, wie nun das Rind, weil es liebster Besitz war, Wertmesser werden konnte. Die Ausbildung eines Gutes zum Wertmesser hat Vergleichen gerade dieses Gutes mit anderen Gütern beziehungsweise Leistungen zur Voraussetzung; da der Wertmesser in den Epen bereits eine ganz prägnante Form zeigt, so ist ein derartiges Vergleichen von schärfster Intensität und langer Dauer anzunehmen. Ich sehe nicht, wodurch ein derartiges Messen lediglich des Besitzes untereinander in der geschlossenen Hauswirtschaft damaliger Zeit bedingt war.[20] Und nimmt man etwa an (wofür jeder quellenmäßige Beleg wie jede sachliche Möglichkeit fehlt), dass innerhalb der geschlossenen Hauswirtschaft Leistungen so abgegolten worden seien, so wäre das Rind, eben weil es das kostbarste Gut war, für diesen Zweck denkbar ungeeignet; man hätte dann das Gut, das in der Wertskala der Güter die unterste Stelle einnahm, als Werteinheit genommen und nicht das kostbarste.

Richtig ist, dass der Wertmesser im intrasozialen Verkehr, das heißt in der geschlossenen Hauswirtschaft entstanden sein muss, nachdem wir seine intersoziale Entstehung, das heißt durch den Handelsverkehr, abgelehnt haben; aber dass er aus dem liebsten Besitz (einfach, weil es der liebste Besitz war) erwachsen wäre, das ist schwerlich richtig.

Die neue Herleitung, die hier vorgetragen wird, geht von einer erklärenden Bemerkung in den A-Scholien zu Il. 2, 449 aus, wo zu *ἑκατόμβοιος* [hundertrinderig] gesagt wird, dass die Alten das Rind aus vielen Gründen hochgeschätzt hätten, und auch weil es heilig sei. In der Tat ist das Rind im alten Griechenland stets ein heiliges Tier gewesen, aber in keiner Epoche so ausgeprägt wie gerade innerhalb der homerischen Kultur. Gerade die obersten Gottheiten stehen in engster Verbindung mit dieser Tiergattung. Die argivische Hera heißt die »kuhäugige« Göttin, und der kretische Zeus wird als »Stiergott« verehrt; nur aus diesem Grunde »spielt das Bild des Stieres oder der Kuh in der mykenischen Kunst eine so bezeichnende Rolle«.[21] Auf Altären und sonstigen Kultbauten erscheint das Hörnersymbol;[22] Stierköpfe aus Edelmetall sind in Gräbern und sonst gefunden. Auch die auf zahlreichen Bildern dargestellten Stierspiele sind nicht rein sportlicher Natur, sondern längst als religiöse Spiele erkannt. Der Stierfang auf dem Becher von Vaphio gehört hierher wie auch die zahlreichen Szenen, wo Männer und Frauen über Stiere springen.[23] Die hohe sakrale Bedeutung des Rindes in homerischer Zeit tritt aus den Denkmälern deutlich zutage. Nun ist die Frage: Kann das Rind aus diesem Grunde zum Wertmesser geworden sein? Ich glaube die Frage bejahen und den Beweis führen zu können, dass die Eigenschaft des Rindes als Wertmesser in der Tat aus seiner sakralen Verwendung entsprungen ist.

Das Rind ist in den Epen vornehmstes Opfertier, und aus dieser Eigenschaft erwächst seine Benutzung als Wertmesser unmittelbar. Das scheint mir folgende Beobachtung bindend zu beweisen: In den Epen erscheinen folgende Zahlen von Rindern als Wertmesser: 100 (*ἑκατόμβοιος*; vgl. Il. 2, 449; 6, 236; dazu 21, 79), 20 (*ἐεικοσίβοιος*, vgl. Od. 1, 431; 22, 57), 12 (*δυοδεκάβοιος*, vgl. Il. 23, 703), 9 (*ἐννεάβοιος*; vgl. Il. 6, 236), 4 (*τεσσαράβοιος*; vgl. Il. 23, 705); der Wert von einem Rind (Il. 23, 885) ist in diesem Zusammenhang irrelevant. Nun finden sich die entsprechenden Zahlen bei den Opfern wieder: *Ἑκατόμβοιος* ist als Adjektiv von *ἑκατόμβη* (Opfer von 100 Rindern) abgeleitet; von Hekatomben ist in der *Ilias* und *Odyssee* oft die Rede; die Hekatombe ist auch später noch das eigentliche Staatsopfer.[24] Das Fest, an dem die Hekatombe geopfert, und der Monat, in dem das Opfer dargebracht wurde, haben vielfach ihren Namen daher empfangen (*Ἑκατόμβαια*, *Ἑκατομβαιών*,

Ἑκατομβεύς). Man sieht, wie tief dieser Begriff im religiösen Leben des Staates verwurzelt ist. Weiter:

Ein Opfer von *zwölf* Rindern wird Od. 13, 182 dargebracht und Il. 24, 93 gelobt; das Scholion in T bemerkt zu der Stelle: »δώδεκα· θυσία ἐστὶ καὶ παρὰ τοῖς Αττικοῖς« [zwölf: ein Opfer, das auch bei den Attikern besteht].[25] Ein Opfer von *neun* Rindern erscheint zunächst in der *Odyssee* 3, 8; dann in der *Ilias* 6, 174. Dort wird von einer neuntägigen Gastfreundschaft erzählt, bei der neun Rinder geschlachtet wurden. Das öffentliche Mahl für Gastfreunde galt als Opfermahl; denn die Bewirtung von Gästen war ein Opfer.[26] Also zählt auch dieses Beispiel als Beleg. Nun berichtet der Dichter wenige Zeilen später (Il. 6, 215 ff.) von der zwanzigtägigen Bewirtung eines Gastfreundes; zwar ist hier eine Rinderschlachtung nicht erwähnt, aber sie versteht sich von selbst, sodass wir also auch die *ἱέρευσις* [Opferung] von 20 Rindern belegen könnten. Nur das Opfer von 4 Rindern fehlt, und ich will auch nicht versuchen, es etwa aus Od. 8, 59 ff., wo Opfer von 12 Schafen, 8 Schafen und 2 Rindern geschildert werden, zu erschließen; denn auch wenn die Rechnung nicht restlos aufgeht, die Parallelität der Zahlen 100, 12, 9 und etwa noch 20 genügt, um die enge Verbindung zwischen den Quantitäten der Opfertiere und der Werteinheiten zu demonstrieren.[27] Sowohl die Einheit Rind wie die Anzahl der Einheiten (100, 12, 9) finden sich beim Opfer wie bei den Wertmaßen. Der Schluss, dass zwischen den Wertmaßen und den Opfern eine innere Beziehung besteht, ist bindend.

Nun gilt es, die Frage zu klären, woher dieser Zusammenhang stammt. Es ist natürlich, dass von diesen beiden das Opfer das Ursprüngliche ist, und dass aus dem Kult heraus die Wertmaßstäbe erwachsen sind. Das Opfer ist deshalb die Grundlage, von der wir auszugehen haben. Es gilt das Wesen des Opfers zu begreifen, um den Weg zu erkennen, auf dem die Wertmesser geworden sind.

Im Opfer findet das Verhältnis des Menschen zur Gottheit seinen sichtbaren Ausdruck. Dieses Verhältnis ist auf früher Stufe wesentlich durch wirtschaftliche Motive bestimmt; es ist durchaus materiell. Der Mensch will seine Existenz erhalten; zunächst rein physisch. Ihn beherrscht der Trieb zu essen und zu trinken, sich zu schützen vor Krankheit und äußerer Gefahr. Moralische Erwägungen fehlen noch vollständig. »Nicht gut oder böse, sondern schädlich oder nützlich sind die Unterschiede«[28]. Dem primitiven Menschen fehlt die Einsicht in die ihn umgebende Natur; er erkennt die kausale Verknüpfung ihrer Kräfte noch nicht. Er sieht nur die Wirkungen, und von den Wirkungen machen die den stärksten Eindruck auf ihn, welche seine Existenz bedrohen. Er beobachtet, wie Hagelschlag oder Sonnenbrand die wachsende Saat vernichtet, wie eine Krankheit seine Herden schlägt, wie er selbst von Krankheiten ergriffen wird und daran zugrunde geht. Überall und immer fühlt sich der Mensch von Gefahr umgeben. Er lebt in dauernder Furcht, und diese Furcht ist »Anfang und Grund aller Gottesverehrung«[29]. Aus dieser Furcht erwächst der Wunsch, den Schaden abzuwenden und auf diese Mächte, von denen er sich abhängig fühlt, einen Einfluss zu gewinnen.

Auf der ersten Stufe herrscht die Abwehr vor; das Mittel der Abwehr ist der Zauber, dessen mannigfache Formen hier nicht besprochen werden können. Erst auf einer höheren Stufe versucht der Mensch einen positiven Einfluss auf das Wirken der Kräfte zu erlangen. Nicht nur Abwehr des gegenwärtig bevorstehenden Unheils, sondern Einwirkung auf den Urheber des Übels (also entweder Besänftigung des bösen oder Belohnung des guten Geistes) ist nun das Ziel. Alle Handlungen, die diesem Zweck dienen, kann man Kulthandlungen nennen. Die Entstehung des Kultes hat zur Voraussetzung, dass der Mensch an ein göttliches Wesen glaubt. Das göttliche Wesen gestaltet der Mensch nach seinem eigenen Ebenbilde. Der Mensch denkt sich die Gottheit »mit Willen und Bewusstsein begabt, einfach, weil er sich die Dinge denkt nach dem, was ihm zunächst liegt, nach sich selbst«[30]. Es ist nun eine einfache Folge dieses Anthropomorphismus, dass der Mensch der Gottheit gegenüber dasselbe Mittel anwendet, das er bei seinen Nebenmenschen benutzt, um ihren Zorn zu besänftigen oder ihre Gunst zu erwerben: Er bringt ihnen Gaben dar.[31] So entsteht das Opfer.

Das Opfer ist also eine Verkehrsform, die aus der *societas humana* in die sakrale Sphäre übertragen worden ist. Nur folgt daraus nicht, dass die Weiterentwicklung des profanen und des sakralen Gabenverkehrs parallel verlaufen sei. Der Elementargedanke des Opfers stammt aus dem menschlichen Verkehr, sodass am Ausgangspunkt beide übereinstimmen. Aber der Kult geht früh seinen eigenen Weg, und zwar gelangt das Verhältnis zwischen Gott und Mensch früher zur Regelung und festen Form. Wie die Gottheit nicht ein einfacher »Abklatsch des Menschen, sondern ein höheres Wesen ist«[32], so ist auch das Opfer eine höhere Form des Gabenverkehrs. Als Analogie kann man auf den Unterschied zwischen der menschlichen Wohnung und dem Hause Gottes hinweisen. Als der Mensch die Gottheit nach seinem Ebenbilde geformt hatte, da schuf er für sie die gleiche Hausform, in der er selbst wohnte. Die ältesten Gotteshäuser sind einfache Megara gewesen; sicherlich genau in der gleichen Form, wie wir sie im Troja der II. Schicht wiedergefunden haben. Vom Augenblick der Übertragung ab geht aber die Tempelarchitektur ihre eigenen Wege; sie hat ihre eigenen Formen und festen Maßstäbe. Kultbau und Profanhaus gehen ihre eigenen Wege. Das Wohnhaus der Menschen ist eine freie Schöpfung, der Kultbau dagegen unterliegt bestimmten Regeln und Gesetzen, er ist ein Typus in viel höherem Maße als der Profanbau.

Die gleiche Beobachtung machen wir bei den Götterbildern; während die Darstellung des Menschen zu ständig fortschreitender Individualisierung aufsteigt, geht die Entwicklung des Götterbildes den umgekehrten Weg zu idealtypischer Form. Alle sakralen Formen scheinen diesen Weg zu nehmen, der Kultus nicht ausgenommen. Der Kultus, der zunächst noch individuelle Züge gehabt haben mag, wächst schließlich in das feste und starre Schema des Ritus hinein. Wohl ist die Elementarform und der ursprüngliche Sinn des Opfers aus anthropomorpher Übertragung genommen, aber der Kultus hat von dem Augenblick der Übertragung an eine eigene Entwicklung, wie Kultbild und Sakralbau sie gehabt haben. Eine Parallelität zwischen sakraler und weltlicher

Entwicklung ist nicht anzunehmen. Natürlich ist die Durchdringung beider Sphären in der Antike besonders stark; aber die Religion dominiert durchaus, von ihr gehen die stärksten Einflüsse aus. Diese prinzipielle Feststellung war schon hier vorauszuschicken, um dem Einwand, den der Leser der folgenden Darlegung machen könnte, nämlich, dass der Wertmesser im profanen Verkehr entstanden und von dorther in den Kult eingedrungen sei, zu begegnen.

Wir haben nunmehr zu betrachten, wie im Gabenverkehr zwischen Gott und Mensch Wertung und Typisierung von Gütern ihren Anfang nehmen. Auf früher Stufe besteht der Kult in einer ungeheuren Güterverschwendung. Zerstörung großer Mengen von Gebrauchsgütern ist der Grundzug alles primitiven Kultus. Karl Bücher hat eine große Anzahl von Beispielen bei primitiven Völkern gesammelt.[33] Was Bücher bei primitiven Volksstämmen der ganzen Welt beobachtet hat, findet sich in der frühen Antike ebenfalls. Im Totenkult ist die Güterzerstörung besonders stark;[34] aber im Götterkult ist sie nicht minder in Übung gewesen, wie die mächtigen Aschenschichten, die an alten Kultstätten gefunden worden sind (zum Beispiel in Olympia, auf Thera und sonst), beweisen. Die Vergeudung wirtschaftlicher Güter im frühen Kult ist eine allgemeine Beobachtung. Wie ist sie zu erklären? Man hat die Vernichtung der als Opfer dargebrachten Güter für ein dem Opfer wesentliches Element gehalten. Das ist an sich durchaus möglich; denn es ist klar, dass bei frühen Opfern noch Elemente des Zaubers mitwirken (die Vernichtung spielt ja im Zauber eine große Rolle). So konnte der Glaube entstehen, dass die Güter, welche man dem göttlichen Wesen darbringen wollte, ihm nur durch Zerstörung zugeführt werden konnten. Das ist nun zwar eine Erklärung für die Zerstörung der Opfer an sich, nicht aber für die Vernichtung der großen Mengen. Bücher hat aus Beobachtung primitiver Völker heraus eine sogenannte vorwirtschaftliche Stufe erschlossen.[35] Die Menschen kennen auf dieser Stufe ein Vorsorgen für die Zukunft, ein Zuratehalten, ein Disponieren mit wirtschaftlichen Gütern noch nicht; wie die Tiere leben sie nur für den Augenblick, eine Vorratswirtschaft ist ihnen nicht bekannt. Sind große Gütermengen vorhanden, so sättigt man sich im Übermaß; der Rest verkommt, und man erleidet eher bitteren Hunger, als dass man die Güter vor der Zerstörung rettet.

Dieser Mangel an ökonomischem Sinn ist letzten Endes auch der Grund für die Vergeudung der großen Gütermengen beim Kult; aber nicht allein. Jedenfalls erfährt der Güterverbrauch beim Kult eine Übersteigerung durch Motive, die mehr in der Religion selbst als in dem Fehlen wirtschaftlicher Begabung zu suchen sind. In der Mehrzahl der von Bücher angeführten Beispiele spielen abergläubische Motive mit; daran ist kein Zweifel.[36] Aber es ist natürlich, dass, wenn das wirtschaftliche Denken entwickelt gewesen wäre, jene Motive nicht so stark hätten die Oberhand gewinnen können. Der Einfluss der Religion auf die Wirtschaft tritt also deutlich in die Erscheinung.

Die maßlose Güterverschwendung im primitiven Kult ist veranlasst durch den hohen Grad der Furcht vor jenen unheimlichen Wesen. Je stärker die Angst, umso größer die Mittel, die man anwenden zu müssen glaubt, um sich von jener Angst zu erlösen. Je gewaltigere Gütermengen vernichtet werden, umso eher glaubt man die finsteren Mächte besänftigen zu können. Es fehlt die Möglichkeit der Begrenzung, weil die Furcht selbst grenzenlos ist. Erst die fortschreitende Einsicht in das Wesen jener überirdischen Kräfte schränkt die Furcht ein; der Drang des Erkennens formt die gestaltlosen Mächte zu persönlichen Wesen um. Die Götter sind Gestalten bestimmter Prägung. Der Endpunkt dieser Entwicklung liegt in dem Götterstaat vor uns, in dem jedes Glied seine feste Stelle, jeder Gott seinen bestimmten Rang hat. In den homerischen Epen steht dieser Götterstaat bereits fertig vor uns;[37] er hat dann die Ausbildung der griechischen und auch der römischen Götterwelt bestimmend beeinflusst.

Nach dem Wesen der Gottheit richtet sich die Form des Kultus; der Kultus besteht vornehmlich in Opfern, das heißt in Darbringung von Gaben. Die Gaben richten sich nach der Persönlichkeit des Gottes, dem sie dargebracht werden; aus der großen Fülle von möglichen Gaben werden also bestimmte Dinge als Opfer »ausgeschieden«. »Scheiden« heißt *κρίνειν*; es ist ein Scheiden des Geeigneten vom Ungeeigneten; was »auserlesen« ist, wird als *κεκριμένον* bezeichnet, ein Ausdruck, der oft in Kultgesetzen wiederkehrt. Die Opfergaben bestehen in wirtschaftlichen Gütern; im Kult vollzieht sich also ein Beurteilen, ein Werten wirtschaftlicher Güter; das »auserlesene« Gut gilt als Opfergabe, durch die *κρίσις* [Auserlesung] wird also der Normaltypus eines Gutes geschaffen. Wie aus der großen Menge unbestimmter göttlicher Wesen klare und festumrissene Götterpersönlichkeiten entstehen, so werden aus der *rudis indigestaque moles* [rohen und ungeordneten Masse, dem Chaos (Ovid)] der Güter bestimmte Arten und Typen geschieden.[38] Man hat längst gesehen, dass aus theologischen Spekulationen das begriffliche Denken, die Wissenschaft entstanden ist; hier wird offenbar, wie im Kult auch das wirtschaftliche Denken entsteht.

Wir haben nunmehr zu betrachten, welche Güter als Opfer dargebracht wurden, und wie sich im Einzelnen die wertende Beurteilung vollzieht. Die Opfergaben, die als charakteristisch für die griechische Religion (allerorts und allezeit) angesehen werden können, sind agrarischer Herkunft. Antike Philosophen behaupten generell, »dass der Ackerbau den Grund zu aller Götterverehrung gelegt habe«[39]. Die Götter sind Schöpfer und Schützer des agrarischen Segens; das ist der Ausgangspunkt des Götterkultus, seitdem die Menschen sesshaft geworden sind. Die Gottheit gibt die Feldfrucht, lässt die Herden wachsen und gedeihen und empfängt dafür als Gegengabe agrarische Produkte, Korn und Vieh. Vielleicht wird jemand sagen, dem Menschen hätten auf dieser Stufe andere Güter als Gegengaben nicht zur Verfügung gestanden; deswegen habe er nur diese geben können. Das trifft nicht zu. Das gegebene Gut steht in Wechselbeziehung zum empfangenen. Der Sondergott, der die Herden gedeihen ließ, empfängt Herdentiere, und Demeter, die als Geberin der Getreidefrucht galt, erhielt Korn als Gegengabe. Die Gabe ist zunächst bestimmt durch den Wirkungskreis des Gottes. Gabe des Menschen und Gabe der Gottheit entsprechen sich in ihrer Art; nur in der Menge konnten sie natürlich nicht gleich sein; der Mensch gab jeweils nur einen Teil von den empfangenen Gütern an die Gottheit zurück. Man brachte die Erstlinge der Feldfrucht und Herde dar (*ἄπαργμα* beziehungsweise *ἀπαρχή* [Erstlingsopfer]) oder einen festen Teil; häufig wird der Zehnte als Opfer an die Gottheit gegeben.[40]

Diese Relation zwischen Gott und Gabe war generell von vornherein nicht durchzuführen; denn der Mensch erbat von der Gottheit ja nicht nur Nahrungsmittel, sondern auch Hilfe und Schutz in Krankheit und Gefahren. In solchen Fällen war eine spezifische Opfergabe nicht möglich; wohl hat man dem Heilgott später Abbildungen der geheilten Glieder dargebracht; aber der Sinn, der diesen Weihungen zugrunde liegt, ist wesentlich verschieden von dem Charakter der Opfergaben, von denen wir hier sprechen. In reiner Form können wir die Stufe der allgemeinen Relation zwischen Gott und Gabe nicht mehr feststellen. Die Religion der Epen zeigt die Götter zumeist losgelöst von ihrem ursprünglichen Wirkungskreis. Die verschiedensten Götter werden bei den verschiedensten Gelegenheiten angerufen. Sie sind nicht mehr agrarische Götter. Um Lebensgüter brauchen die homerischen Helden die Götter nicht zu bitten. Sie erflehen von ihnen Hilfe in den Gefahren des Krieges. Das hat zu einer Lockerung jener Beziehung geführt. Die Opfergaben begreifen nicht mehr den ganzen Kreis agrarischer Güter; nur noch Tieropfer werden dargebracht; vornehmlich Rinder, Ziegen, Schafe und Schweine. An das Getreideopfer findet sich nur noch eine Erinnerung, indem das Haupt des Opfertieres mit Mehl bestreut wird. Nun spielt beim Tieropfer sicher noch ein anderes Moment mit. Es ist sehr zweifelhaft, dass man Tiere nur deswegen opferte, weil man sie als Gaben erhoffte und den einzelnen Göttern gerade die Tiere darbrachte, welche man von ihnen empfangen wollte. Weder der homerische Kult noch die Opferübung der späteren Zeit fordern diese Erklärung. Das Tieropfer ist jedenfalls nicht ausschließlich Gabenopfer wie etwa die *ἀπαρχή* vom Getreide. Dem Rinderopfer liegt auch ein sakramentaler Sinn zugrunde. Das Rind ist Erscheinungsform,

Inkarnation der Gottheit; der kretische Zeus wird in einem Stier, die argivische Hera in einer Kuh vorgestellt. Das Tier, in dem die Gottheit gegenwärtig ist, wird als Opfer dargebracht und von der Gemeinschaft der Opfernden verzehrt.[41] Dass das Tieropfer im griechischen Kult die große Rolle gespielt hat (Tieropfer sind die typischen Opfer in Griechenland[42]), geht auf die sakramentale Bedeutung zurück. Vor allem erklärt sich die zentrale Stellung des Rindes im Kultus nur so; das Rind ist als Inkarnation der obersten Gottheiten vom Staat zum vornehmsten Opfertier erwählt. Mag der Privatmann kleinere Tiere schlachten, der Staat opfert in der Regel Rinder. Die Opfer kleinerer Tiere sind natürlich stets in Übung geblieben, aber es dominiert, wenigstens im öffentlichen Kult, das Rind durchaus. Das Rind ist also das vom Staate als Opfer festgesetzte Gut, und zwar hat das Rinderopfer allgemeine Geltung, das heißt, Rinder können allen Göttern, sofern sie einen Staatskult genießen, dargebracht werden. Das Opfergut wird also vom Staate vereinheitlicht;[43] aber innerhalb dieser Einheit bleibt die Beziehung zum Empfänger doch gewahrt. Waren die Motive der Inbeziehungsetzung in früher Zeit rein materieller Natur, so offenbart sich jetzt in der Relation, die der Kult zwischen Gott und Gabe schafft, die geistige Durchdringung der Religion, indem das Wesen der Gottheit durch das Opfer symbolisiert wird.

Die Götter zerfallen in die beiden großen Klassen der himmlischen und chthonischen Gottheiten. Jenes sind lichte, dieses düstere Wesen. Dieser Charakter kommt in der Farbe der Tiere, die ihnen geopfert werden, zum Ausdruck. Es war Regel, »den oberen Göttern hellfarbige, den unterirdischen und den Toten schwarze Tiere zu opfern«[44]. Der Sonnengott erhält nur hellfarbige Tiere, weil er ein lichter Gott ist, und die Toten, die im dunklen Hades weilen, nur schwarze Tiere.[45] Die Gottheiten scheiden sich weiter in weibliche und männliche. In dem Geschlecht der Tiere, die als Opfer gebracht werden, wird das Geschlecht der empfangenden Gottheit angedeutet. Es war im griechischen Kult »sehr gewöhnlich, Göttern männliche, Göttinnen weibliche Tiere darzubringen«[46]. Dass diese Regel nicht generell gilt, ist hauptsächlich auf den konservativen Charakter des Kultes zurückzuführen; mit dem Wandel der Götterpersönlichkeit hielt die Kultform nicht gleichen Schritt; so ist es natürlich, dass im Kult Rudimente fortleben, die in einem früheren Entwicklungsstadium der Gottheit begründet sind. So entsteht oft ein Widerspruch zwischen dem Charakter der Opfergabe und des Gottes, der sie empfängt. Jedenfalls ist aber die Tendenz vorhanden, durch Farbe und Geschlecht das Wesen der empfangenden Gottheit anzudeuten.[47]

Nun ist diese Relation für uns minder wichtig; denn sie ist für die wirtschaftliche Wertung der Tiere irrelevant. Ungleich bedeutender ist in diesem Zusammenhang die Beobachtung, dass nun nicht alle Tiere, die die Erfordernisse der Farbe beziehungsweise des Geschlechtes erfüllten, ohne Weiteres als Opfertiere genommen werden konnten. Bei jedem Tiere mussten vielmehr bestimmte Bedingungen von vornherein erfüllt sein, ohne die es für das Opfer nicht geeignet war.[48] Die Qualitätsprüfung der Tiere (das ist die *krisis*, von der wir oben sprachen), war ein höchstwichtiger Akt; vielfach waren bestimmte Beamte damit beauftragt. »Die Opfertiere mussten von der besten Beschaffenheit sein. … es eigneten sich nur gesunde und fehlerlose Tiere«[49]. Das Opfertier musste ausgewachsen sein; daher wird von *ἱερεῖα τέλεια* und *τελήεσσαι ἑκατόμβαι* [vollendete Opfertiere und Hundertopfer] gesprochen. Erforderlich war ein bestimmtes Alter, das natürlich je nach der Tiergattung wechselte; fünf Jahre war für Eber und Stier, drei Jahre für den Widder erforderlich; ein Schwein musste 19 Monate alt sein.

Andere Voraussetzungen treten dazu. Das Rind muss eine breite Stirn haben, es darf nicht den Pflug gezogen haben.[50] Tiere, die diese Erfordernisse[51] erfüllten, wurden aus der Herde ausgeschieden; daher wird in den Epen und später sehr oft von *ταῦροι κεκριμένοι* (z. B. Od. 13, 181) und *ἔκκριτα ἱερεῖα*[52] beziehungsweise *hostiae eximiae* gesprochen [ausgewählte Stiere und Opfertiere].

Die Auswahl des geeigneten Opfertieres aus der Herde ist der erste Akt wirtschaftlichen Denkens. Tiere derselben Gattung werden miteinander verglichen und aus dem Vergleich ihrer Merkmale ein Normaltypus geschaffen, der nun als qualitative Norm gilt. Es ist ein großer Schritt vorwärts von der rein gefühlsmäßigen, subjektiven Güterverschwendung im frühen Kult; dort Gütermassen, nicht in Beziehung gesetzt und gewertet, als Opfergaben, hier für die Opfergaben auf wertendes Urteil gebaute, festumrissene Normen, die sich in den Kultordnungen immer mehr objektivieren. Ich glaube schon hier den allgemeinen Satz aussprechen zu dürfen, dass *im Kultus, nicht im Handel, der keinerlei Typisierung kennt, sondern rein individuell ist, die Güterwertung ihren Anfang genommen hat.* Jedenfalls ist durch die Festsetzung des Opferritus zuerst der Normaltypus eines Gutes und damit die Möglichkeit der Stellvertretung geschaffen worden. Diese Entwicklung ist bereits in homerischer Zeit so gut wie abgeschlossen.

Es entsteht sofort die weitere Frage, ob nun der Kultus auch bereits Wertrelationen unter den Gütern selbst erzeugt hat; das würde für unseren spezifischen Fall bedeuten, ob im Kult das Wertverhältnis zwischen den Opfertieren festgelegt worden ist. Das ist nicht der Fall. Der Grund liegt klar zutage. Die Gottheit erhielt ein bestimmtes Opfertier; ein anderes, als das in der Kultordnung festgelegte, konnte ihr nicht dargebracht werden. Also stand die Frage gar nicht zur Diskussion, welche anderen Opfertiere etwa an die Stelle des Rindes treten konnten. Aus diesem Grunde wird man in der Feststellung solcher Wertrelationen große Vorsicht walten lassen müssen. Man ist versucht, sie in den Fällen, wo mehrere Tiere verschiedener Gattung zu einem größeren Opfer vereinigt sind, zu finden. So schlachtet Alkinoos Od. 8, 59 ff. zwölf Schafe, acht Schweine und zwei Rinder; es liegt nahe, aus der Stelle eine Wertrelation zu konstruieren: 1 Rind = 4 Schweine = 6 Schafe; aber irgendein Beweis für die Richtigkeit ist nicht zu erbringen. Und dass die Zusammenstellung der großen Opfer, der Hekatomben (die ja schon im Homer nicht mehr bloß aus Rindern bestanden) nicht nach bestimmten Wertskalen erfolgte, das beweist so ganz evident die Bemerkung des Eustathios zu Od. 11, 130, wo er über das Dreiopfer (*τριττύς* beziehungsweise *τριττύα*) schreibt: »ἡ ἐκ τριῶν ζώων θυσία, οἷον δύο μήλων καὶ βοὸς ὡς Ἐπίχαρμος, ἢ βοος καὶ αἰγὸς καὶ προβάτου, ἢ κάπρου καὶ κριοῦ καὶ ταύρου.«* Eine Wertrelation von 1 Rind = 2 Schafen, die man aus der ersten Bemerkung ableiten würde, wird durch die folgenden Ausführungen illusorisch. Es bleibt dabei: Eine Stellvertretung der im Kult festgesetzten Gaben durch andere ist nicht möglich. Wir werden weiter unten zu betrachten haben, wie und unter welchen Umständen hier ein Wechsel eintritt, wie das Opfer durch das Anathem [Weihegabe] abgelöst wird, und wie hier nun die Wertung der Anatheme nach den Opfern erfolgt, die sie ablösen.

Die Qualität der Opfergaben war also durch die Kultordnung genau festgesetzt. Die Quantität stand durchweg im Belieben dessen, der das Opfer darbrachte; doch spielen heilige Zahlen bei der Festsetzung der Höhe eine Rolle. Die größten Opfer brachte natürlich der Staat dar. Von den privaten Opfern unterscheiden sich die staatlichen Opfer (*δημοτελεῖς θυσίαι*) »lediglich durch die Menge der Tiere, ein größeres Gepränge und die Zahl der Teilnehmer«[53]. Aber dazu kommt nun ein Unterschied, der mir wesentlich zu sein scheint: Der Staatskult nimmt als Opfertiere vornehmlich Rinder. Das Rind hat schon im öffentlichen Kult der homerischen Epen diese bevorzugte Stellung, und es hat diese Rolle im staatlichen Kult der späteren Zeit durchweg beibehalten. Natürlich hat es auch hierin Abweichungen gegeben; aber bestehen bleibt, dass das Rind im Kult des Staates normales und offizielles Opfergut ist. Tatsachen, die das beweisen, lassen sich eine große Zahl anführen. Zunächst sagt der Name *ἡκατόμβη*, dass das »Hundertopfer« ursprünglich aus Rindern beziehungsweise Stieren (*βοῦς* kann sowohl Rind wie Stier und Ochse bezeichnen) bestand. Ferner tritt diese Tatsache deutlich in sprichwörtlichen Redensarten in die Erscheinung; Sprichwörter wie *μηδὲν κατὰ βοὸς εὔξῃ* [Nichts wirst du mit dem Opfer eines Rindes erflehen] beziehungsweise *εὐξάμενος καθ᾽ ἑκατόμβης* [erflehend mit einem Opfer von hun-

* »Das Opfer von drei Tieren, zwei Schafen und einem Rind, wie Epicharmos sagt, oder einem Rind, einer Ziege und einem Schaf, oder einem Eber, einem Widder und einem Stier.«

dert Rindern] zeigen, dass das Gebet von Rinderopfern unterstützt war.[54] Endlich legen auch die offiziellen Monatsbezeichnungen (Hekatombaion, Bukatios und so fort) Zeugnis ab.

Aus den Monatsbezeichnungen ergibt sich, dass die staatlichen Opfer zu festgesetzten Zeiten stattfanden. Auch darin liegt ein Unterschied zwischen öffentlichen und privaten Opfern; die letzteren werden nach persönlichem Bedürfnis dargebracht, da das Verhältnis des einzelnen zur Gottheit rein individuell ist. Die Staatsopfer dagegen müssen einen festen Termin haben. Der Festlegung der Opfer- und Festzeiten diente der Kalender, der also in erster Linie religiöser Natur war. Der öffentliche Kult muss notwendig normativen Charakter tragen.

Daher sind Qualität und Quantität der Opfergüter sowie Art und Zeit der Darbringung festgelegt. Das Staatswohl verlangt, dass die den Staat schützenden Gottheiten durch Zuteilung der ihnen zukommenden Gaben zufriedengestellt werden. »Verteilen, Zuteilen« heißt *νέμειν*, das zugehörige Substantiv ist *νόμος*. *Νόμος*, womit später ganz allgemein das staatliche Gesetz bezeichnet wird, bedeutet ursprünglich die »Verteilungsordnung«[55] und zwar ist speziell das Kultgesetz *νόμος* genannt, weil es die Zuteilung der Opfergaben ordnet.[56]

Im sakralen Nomos liegen die Anfänge der staatlichen Währung; denn hier zuerst setzt der Staat ein Gut fest und leistet Gewähr für seine Qualität, und dies vom Staate bestimmte und gewährleistete Gut dient als gültiges Entgeltungsmittel. Das Verhältnis des Staates zu seinen Göttern ist ein Rechtsverhältnis; also ist das vom Staat bestimmte Gut rechtlich gültiges Zahlungsmittel. Zunächst gilt das Opfergut nur im Verkehr zwischen Staat und Staatsgottheiten; es fragt sich, ob seine Gültigkeit darauf beschränkt war. Die Kultgesetze geben darauf die Antwort; denn sie enthalten nicht nur Bestimmungen über die Verteilung an die Götter, sondern auch Angaben über die Anteile der priesterlichen Beamten und der Staatsbürger überhaupt. Also verwendet der Staat das Opfergut auch zur Abgeltung von Verbindlichkeiten anderer Art; die Priester haben als staatliche Beamte Anspruch auf Entlohnung, die Bürger als Glieder des staatlichen Verbandes Anrecht am Staatsvermögen; beide Rechtsansprüche befriedigt der Staat durch Teilnahme am Opfergut; also ist das Opfergut auch hier rechtsgültiges Zahlungsmittel.

Bevor wir diese Eigenschaft des Opfergutes eingehender behandeln, ist zunächst eine andere Frage zu besprechen. Ist das Opfergut als solches Zahlungsmittel oder Tauschmittel? Die Beantwortung kann nur aus einer Betrachtung des Verhältnisses von Gott und Mensch zueinander gewonnen werden. Je nachdem es ein festes Rechtsverhältnis ist oder den Charakter freier Gegenseitigkeit hat, ist das Opfergut Zahlungsmittel oder Tauschmittel.

Wir gehen wieder von den homerischen Epen aus. Der Verkehr zwischen Menschen und Göttern vollzieht sich auf der Grundlage der Gegenseitigkeit des Gebens und Nehmens. Mensch und Gott sind Tauschpartner, die Darreichung der Opfergaben Anfang beziehungsweise Abschluss eines Tauschaktes. Der rein geschäftsmäßige Charakter dieses Verkehrs wird in den Epen oft mit (für unser Empfinden) erschreckender Deutlichkeit zum Ausdruck gebracht. Natürlich bittet der homerische Held nicht um Gewährung von Ackerfrucht und Herdensegen; Nahrung hat er genug. Er will Schutz und Hilfe in den Gefahren und Bedrängnissen des Krieges und diese Arbeitsleistung erkauft er von den Göttern durch Hingabe von Gütern. Als der vorstürmende Diomedes Troja heftig bedrängt, da wendet sich Hektor um Hilfe an Athena; er lässt ihr das schönste und größte Gewand, das in seinem Palaste vorhanden ist, auf die Knie legen und verspricht ihr zwölf Rinder, jährige, ungezähmte zu opfern,

> »wenn sie der Stadt sich
> Und der troischen Frau'n und zarten Kinder erbarmet,
> Wenn sie des Tydeus' Sohn von der heiligen Ilias abwehrt« (Il. 6, 90 ff.).

In dem Gebete, mit dem die Athenapriesterin Theano das Gewand auf die Knie der Göttin niederlegt (Il. 6, 305 ff.) erscheint der

Tauschcharakter der Opferhandlung besonders deutlich ausgesprochen; sie betet:

»Pallas Athene voll Macht, Stadtschirmerin, edelste Göttin!
Brich doch jetzo den Speer Diomedes'; aber ihn selber
Laß auf das Antlitz gestürzt vor dem skäischen Tore sich wälzen!
Dass wir jetzo sofort zwölf stattliche Küh' in dem Tempel,
Jährige, ungezähmte, dir heiligen: wenn du der Stadt dich
Und der troischen Frau'n und zarten Kinder erbarmest!«

Athena lehnt die Hilfe ab. Sie erhält also das Opfer der zwölf Rinder nicht, aber das Kleid bleibt ihr Eigentum. Das Kleid ist in gewissem Sinne ein Geschenk, mit dem die Verhandlungen eröffnet werden; die *ὑπόσχεσις* [Versprechen] dagegen ist ein Geschäft, die Darbringung der versprochenen Gaben hat die Erfüllung der Bitte zur Voraussetzung. Hier liegt also Schenkung und Tausch nebeneinander. Reine Tauschakte zwischen Göttern und Menschen sind in den Epen mehrfach nachzuweisen. Diomedes betet Il. 10, 284 ff. zu derselben Athena und bittet sie um Beistand und Schutz; er schließt sein Gebet mit dem Versprechen eines Rinderopfers. Noch charakteristischer bringt das eine Stelle in der *Odyssee* zum Ausdruck. Athena begleitet, in der Gestalt des Mentors verkleidet, den Telemach auf einer Fahrt nach Pylos zu dem greisen Nestor. Sie finden die pylische Männerversammlung beim Mahle zu Ehren des Meergottes Poseidon. Die Gäste werden aufgefordert, dem Gotte zu spenden. Athena betet Od. 3, 55 ff.:

»Höre mich, Poseidaon, Umuferer, achte zu groß nicht,
Uns Anbetenden hier ein jegliches Werk zu vollenden!
Nestor vor Allen den Greis, und die Söhn ihm schmücke mit Ehre;
Drauf den Anderen auch gewähr' huldreiche Vergeltung,
Allem Pyliervolk, der herrlichen Festhekatombe.«

Die Hilfe des Gottes wird hier einfach als eine Wechselgabe (*ἀμοιβή* [Vergeltung]) für die geopferte Hekatombe betrachtet. Wer den Göttern also Opfer dargebracht, der darf auf ihre Hilfe hoffen. Gerät man in Not und Gefahr, so beruft man sich auf die in der Vergangenheit geleisteten Opfer, wie es an vielen Stellen der *Ilias* geschieht (zum Beispiel Il. 1, 40, 65, 98; 12, 6; 15, 372; 22, 169; 24, 33). Versäumnis der Opfer gilt als Ursache für Unglück und Widerwärtigkeit, die dem Menschen zustoßen (so Il. 23, 863 und oft). Das Verhältnis zwischen Göttern und Menschen ist ein dauerndes Vertragsverhältnis. Nicht nur, wenn man die Götterhilfe gerade braucht, bringt man Opfer dar; es müssen auch in homerischer Zeit periodische Opfer dargebracht worden sein, da sonst die Hinweise auf die durch frühere Opfer erworbenen Verdienste keinen Sinn hätten.[57]

Ethische Gesichtspunkte fehlen der homerischen Religion gänzlich. Auch eigentliche Sühnopfer kennt der homerische Kult nicht, wenn man nicht die Opfer, welche einer beleidigten Gottheit in der Absicht, sie wieder gnädig zu stimmen, dargebracht werden (zum Beispiel Il. 1, 443, I 499 und 526) als solche bezeichnen will; aber sie sind von den Gabenopfern nicht wesentlich verschieden. Götter und Menschen verkehren also als gleichgestellte Partner miteinander. Nur selten kommt es vor, dass der Gott als der freiere, der überlegene Kontrahent, der Mensch als der gebundene Teil erscheint.[58]

Diese Parität im Verhältnis zwischen Göttern und Menschen scheint nun ein Merkmal der griechischen Gottesverehrung überhaupt zu sein. Die Gottheit ist hier nicht »als fremde oder gar furchtbare Majestät, als Autorität, sondern komparativisch als Gleiches zu Gleichem« gefasst worden.[59] Dieser Auffassung ist gewiss eine andere vorher und auch späterhin parallel gegangen; aber sie hat nur in den unteren Volksschichten Geltung gehabt. Jedenfalls tritt uns die typische Auffassung bereits in den Epen in voller Ausprägung entgegen. Sie ist natürlich ein Produkt der jonischen Aufklärung, herausgewachsen aus der freien Geistigkeit und hohen Kultur der homerischen Zeit; aber sie hat für alle Folgezeit Geltung gehabt. Nach Pindar haben Götter wie Menschen von einer Mutter Leben und Atem empfangen, die Götter sind sozusagen die Archetypen der Menschen, sind die Patriarchen und Stammesheroen.[60] Götter und Menschen sind also gleichberechtigt. Das Opfer ist kein Geschenk in unserem Sinne; jedes *δῶρον* [Gabe] erfordert vielmehr ein *ἀντίδωρον* [Gegengabe]. Der Verkehr des griechischen Menschen mit der Gottheit ist ein kaufmännisches Geschäft.

Das hat auch zu Platos Zeit noch Geltung. Im *Euthyphron* 14e steht zu lesen: »Ἐμπορικὴ ἄρα τις ἂν εἴη, ὦ Εὐθυφρον, τέχνη ἡ ὁσιότης θεοῖς καὶ ἀνθρώποις παρ' ἀλλήλων«*. Zwar tadelt der Philosoph diese äußerliche Auffassung; aber sicher ist, dass im Allgemeinen das Verhältnis des Menschen zu seinem Gott durchaus in jenem geschäftsmäßigen Sinne aufgefasst wurde: »Man schließt eine Art Vertrag mit dem Gott; erhält er, was er zu fordern hat, so ist er auch verpflichtet, zu leisten und zu geben, was der Mensch bedarf«.[61]

Der Äußerung des Philosophen entspricht die Wirklichkeit. Man könnte manche Belege aufzählen. Hier soll nur ein Beispiel stehen, das zeitlich mit Plato zusammenfällt. Ich meine die Berichte über die Heilungswunder aus dem Asklepieion von Epidauros. Sie sind auf Stein erhalten und fallen in ihrer großen Zahl in die letzten Jahrzehnte des 5. Jahrhunderts vor Christus. Epidauros ist ein bekannter Wallfahrtsort. Kranke aus allen griechischen Gauen pilgerten zum heiligen Bezirk des Asklepios, um bei dem Heilgott Erlösung von ihren Gebrechen zu finden. Der Kranke legte sich im Heiligtum zum Schlafe nieder; der Gott erschien ihm im Traum und nahm die Krankheit von ihm.

Aber wie der profane Arzt nicht umsonst praktiziert, so vergisst auch der göttliche Arzt nie den Geheilten an die Zahlung zu erinnern. Ohne jeden Skrupel fordert der Gott den Patienten auf, die Entrichtung des Entgelts für die Heilung nicht zu ver-

* »Eine Art händlerische Fertigkeit ist also, Euthyphron, wechselseitig das göttliche Recht/die Frömmigkeit bei Göttern und Menschen«.

gessen. Auf dem Stein ist das getreulich mitverzeichnet.[62] Die Gottheit erkundigt sich (natürlich durch den Mund der Priester) ganz ungeniert: »Was wirst du mir geben, wenn ich dich gesund machen werde?«[63]. Jemand hat sich über die Heilungswunder lustig gemacht. Das könnte die Frequenz des Heiligtums verringern; so wird ihm für die Heilung ein besonders hohes Entgelt abverlangt; er muss ein silbernes Schwein an das Heiligtum geben.[64] Überaus bezeichnend für die reine Geschäftsmäßigkeit, die im Tempel des Asklepios waltet, ist ein anderer Bericht. Ein Blinder war durch den Gott sehend gemacht worden; als er keine Zahlung leistet, zieht auch der Gott seine Leistung zurück, das heißt, er schlägt ihn erneut mit Blindheit.[65] Deute ich die Quellen richtig, so ist die Zahlung in zwei Raten erfolgt: Die Anzahlung war das Voropfer (*προθυσία*), die Restzahlung nach der Heilung das Nachopfer (*ἀποθυσία*); durch Erlegung der *ἀποθυσία* war dann die Schuld »abgegolten«.

Aus der gleichen Zeit stammt die Inschrift aus dem Amphiaraion von Oropos,[66] in der von den Priestern sogar Taxen für die Heilung festgesetzt werden.[67] Zunächst betrug der Satz eine Drachme, dann wurde er um 50 Prozent auf 9 Obolen erhöht; es wird ausdrücklich gesagt, dass die Münze echt sein muss. Diese Taxe stellt das Minimum dar, und da die Zahlung in Gegenwart des *νεωκόρος* [Tempelaufseher] und zwar vor der Heilung zu leisten war, so wurde sie sicherlich häufig überschritten.

Auffällig ist, dass überhaupt feste Taxen für eine Leistung des Gottes verlangt werden. In Epidauros finden sich solche Festsetzungen nicht; hier hat die Priesterschaft, wenigstens äußerlich, an dem Charakter der freiwilligen Gegenseitigkeit, der in Griechenland für das Verhältnis zwischen Gott und Mensch bezeichnend ist, festgehalten; denn die Religion der Griechen kennt, wenigstens auf dem Höhepunkt der Entwicklung, weder Zwang noch Bindung des Menschen an die Gottheit. Jenseits des staatlichen Kultus, an dem sich der Bürger natürlich beteiligen muss, ist sein Verhalten der Gottheit gegenüber keiner Regelung unterworfen. Ganz anders war es in Rom.

»Zwischen dem Römer, dem einzelnen sowohl wie der Gemeinde, und der Gottheit besteht ein fester Rechtsverkehr, der sich nach den Sätzen des vom ius humanum streng geschiedenen ius divinum vollzieht; dieses ius divinum greift sowohl in öffentliche wie in private Rechtsverhältnisse ein; da aber der Staat nicht nur im Namen der Gesamtheit zur Gottheit in Beziehung tritt, sondern auch den Einzelverkehr seiner Bürger mit ihr regelt und beaufsichtigt, so bildet das ius sacrum einen Teil des ius publicum«[68]. »Der Staat oder der Einzelne gehen in rechtsverbindlicher Form Verpflichtungen zu einmaligen oder wiederkehrenden Leistungen ein; durch deren gewissenhafte Einhaltung wird auch die Gottheit an die Erfüllung der mehr oder weniger ausdrücklich ausbedungenen Gegenleistungen für gebunden erachtet.« Die Rechtsform ist das Votum; darin wird genau bestimmt: 1. Was der *vovens* von der Gottheit erhalten will; 2. was er dagegen zu leisten sich verpflichtet, wenn die Gottheit ihm seine Bitte erfüllt.

Ist das Gelübde feierlich ausgesprochen, so ist der Inhalt bindend; das heißt, wenn das, was der Gelobende erbeten hat, eintritt, ist er zur Erfüllung der Gegenleistung verpflichtet, und zwar rechtskräftig verpflichtet, als ob er durch einen Prozess zur Zahlung verurteilt wäre.

Vota spielen im öffentlichen wie privaten Leben der Römer eine große Rolle. Ihre streng rechtliche Regelung unterscheidet sie grundsätzlich von den Gelübden in der griechischen Religion.[69]

Recht und Religion stehen auch in Griechenland in enger Wechselbeziehung. Einerseits ist »der sittliche Charakter der Religion fortwährend für den Staat und seine Bürger ein erwünschtes Mittel, um durch sie und die Furcht, aus welcher sie hervorgegangen war, den bürgerlichen Satzungen und Vereinbarungen einen größeren Gehorsam zu sichern«[70]; also die Religion ein Mittel der Rechtsordnung. Anderseits aber ist auch hier das Recht ein Mittel für die Religion gewesen. Es gab auch in Griechenland Rechtssatzungen, die das Verhältnis der Staatsbürger zur Gottheit betrafen. Der Besitz der Gottheit stand unter staatlichem Schutz, und auch die richtige Durchführung der Opfer und sonstiger gottesdienstlicher Bräuche wurde staatlicherseits überwacht. Aber niemals ist in Griechenland das persönliche Verhältnis zur Gottheit rechtlichen Normen unterworfen worden. Wer einem Gotte ein Gelübde gemacht hatte, wurde vom Rechte nicht gezwungen, die versprochenen Gaben nun auch darzubringen; ob er es tat oder nicht, war freier Entschluss. So ist das Opfer in Griechenland nie eine Zwangsleistung gewesen in dem Sinne, dass das Gesetz die Erfüllung des Opferversprechens befahl.[71]

In Rom dagegen vollziehen sich auch die privaten Kulthandlungen in den streng vorgeschriebenen Formen eines Rechtsgeschäftes; von dem privaten weicht dieses Rechtsgeschäft allerdings in einem wichtigen Punkte ab: »Vota sind durchweg einseitige Rechtsgeschäfte, indem bei den sakralen Verträgen (Votum) und Eigentumsübertragungen (Dedikation) von den beteiligten beiden Rechtssubjekten nur das eine eine Erklärung abgibt, während vonseiten der Gottheit keinerlei Äußerung des Beitritts oder der Annahme erfolgt und eine solche für das Zustandekommen des Rechtsgeschäftes auch nicht für erforderlich erachtet wird.«[72] Allerdings herrscht die Zuversicht, dass »der Beitritt der Gottheit zu dem Rechtsgeschäft gesichert« ist, wenn die Abgabe des Votums sich streng an die vorgeschriebenen Formen hält. Aber auch so ist die Bindung letzten Endes einseitig; jener freie Zug, den der ionisch-griechische Kultus zeigt, fehlt in dem Verhältnis des Römers zu seinen Gottheiten ganz.

Die römischen Opfer sind schuldige Tribute, die Griechen fassen das Opfer mehr als freiwillige Leistung. Jene Auffassung ist die ältere; das wird klar, wenn man den Zauber, der überall dem Opfer vorhergeht, betrachtet. Auf dieser Stufe fühlt sich der Mensch den Geistern überlegen; die magischen Handlungen sind das unfehlbare Mittel, mit dem er die unsichtbaren Kräfte zu bändigen glaubt. Dann aber kam der Zweifel. »Der Mensch konnte sich nicht darüber täuschen, dass seine Macht in vielen Fällen versagte. Je mehr er geistig erwachte und seine eigene Ohnmacht begreifen lernte, um so gewaltiger mussten ihm die Geister erscheinen, die seiner Schwäche spottend in den überwältigenden Erscheinungen der

Natur eine drohende und vernehmliche Sprache redeten. Es kam der Tag, da er vor ihnen niederfiel und sie anbetete«.[73]

Der Gott ist also der Herr, der vom Menschen das Opfer als Tribut fordert. Erst der weitere Fortschritt der Erkenntnis verwandelt das tributäre Verhältnis zum Tausch. Aber in einer Beziehung bleibt der Zwang bestehen. Der Mensch ist gebunden an die Opfernormen; das heißt, wenn er opfert, so muss er die vom Kultgesetz vorgeschriebenen Güter opfern; sie bleiben die einzig gültigen Entgeltungsmittel. Die Normen werden geschaffen von den Führern der Gemeinschaft, das heißt den Priestern. Sitte, Gewohnheit oder Übung spielen gewiss eine Rolle, wenn auch ihre Bedeutung vielfach überschätzt wird. Die Norm erwächst aus dem Zwang; aber was ursprünglich im Sinne eines Tributes gegeben wurde (natürlich erwartete der Opferer auch in diesem Falle eine Gegenleistung), das wird bei Lockerung des Zwangsverhältnisses zum Tauschmittel.

In Griechenland herrscht also zwischen Gott und Mensch ein freies Tauschverhältnis. Das Gleiche gilt auch für andere historische Religionen. Ich will nur kurz auf die indische Religion der *Veden* hinweisen. Die Frage der Abhängigkeit beziehungsweise der inneren Beziehung zwischen griechischem und indischem Kult steht hier nicht zur Debatte. Ich führe die indischen Verhältnisse nur als Parallele an, da dort die Quellen ein umfassendes und klares Bild geben, das zahlreiche Ähnlichkeiten mit dem klassischen Opferkult aufweist.[74]

Das Opfer ist auch im alten Indien ein Tauschakt zwischen Mensch und Gott. Zwar betet man: »Indra, sei kein Händler gegen uns«; aber damit will man den Gott nur mahnen, aus dem fairen Tauschgeschäft keinen Wucher zu machen wie ein weltlicher Händler; der Gott soll die Opfergaben freigebig und reichlich vergelten. »Man ist also froh, wenn Indra die Rolle eines Händlers übernehmen will und die Tränke und Lieder umtauscht«[75]. Das Gelübde ist weiter nichts als ein Kreditgeschäft, »ein Bittopfer mit verschobenem Zeitpunkt«[76], und es gibt Gebete, die »einen Ton ruhiger Geschäftsmäßigkeit, dem jede innere Bewegung fern lag«[77], zeigen. Die Vorstellung von den Göttern ist natürlich analog. So ist »die wohlwollende Natur eines Gottes wie Indra selbstverständlich durchaus gedacht im Sinn und in den Grenzen menschlichen Wohlwollens, das Gegenseitigkeit verlangt«[78].

Diese Gegenseitigkeit kommt auch in den Tauschobjekten zum Vorschein. Der Mensch erbittet von der Gottheit mannigfache Gaben. Es sind lange Listen,[79] die in den Gebeten immer wieder erscheinen: Langes Leben, Reichtum, angesehene Stellung, günstige Witterung, schließlich etwa noch Himmelswohnung. Aber der stereotype Wunsch in den Gebeten ist, Reichtum an Rossen und vor allem an Rindern zu erlangen. Das Ross ist die Grundlage, das Rind aber der Gipfel des Besitzes.[80] So nimmt auch unter den Opfergaben das Rind einen hohen Rang ein; vor allem wurden dem Indra Hekatomben von Stieren geopfert.[81] Das Rind war neben dem Pferd das offizielle Opfertier. Im privaten Kult wurden auch andere Tiere verwendet. Man wählte für bestimmte Opfer bestimmte Gattungen aus.

Auch im indischen Ritus herrscht die »Tendenz, dem einzelnen Gott eine seinem speziellen Wesen entsprechende Nahrung zu bieten«[82]. Die Individualisierung der Götter ist in Indien längst nicht so entwickelt wie in Griechenland;[83] aber ein Streben dahin zeigt sich doch in der Scheidung der Opfergaben. Im Opferritual unterschied man fünf Arten von Opfertieren in dieser Reihenfolge: Rinder, Rosse, Menschen, Ziegen und Schafe.[84] Die Klassifikation erwächst aus dem Kult, ist für ihn geschaffen worden. Gerade in Indien ist deutlich zu erkennen, wie der Kult Erkenntnis und Scheidung der Güter (das heißt zunächst der Tierwelt) in Gruppen gefördert hat; dort wurden sie aufgrund bestimmter Merkmale in Klassen zerlegt. Der *Rigveda* betont das an einer Stelle mit eindeutigen Worten: »Aus dem Opfer entsprossen die Pferde und die anderen Tiere, welche oben und unten Schneidezähne haben; Kühe, Ziegen, Schafe entsprangen aus ihm.«[85] Als Opfergaben werden also die Tiere in zwei Klassen eingeteilt; an der mitgeteilten Stelle nach den Zähnen, an einer anderen nach den Füßen.[86]

Das indische Opferritual bestimmt also zunächst die Tiergattung, die für jedes Opfer erforderlich ist; aber auch in Indien war nicht jeder Vertreter der Gattung zum Opfer geeignet, mit anderen Worten: Auch der indische Kultus hat den festen Typus innerhalb der Klasse geschaffen; er scheidet sich in charakteristischer Weise von dem griechischen. Während bei den Griechen der Normaltypus einmalig war und für alle Kulte galt (höchstens gab es für einzelne Kulte Ausnahmen), scheint im indischen Ritual die Qualitätsforderung je nach dem Opfer gestaffelt worden zu sein. Dieser Unterschied zeigt, wie in Indien der größere Nachdruck auf die Individualisierung des Ritus, in Griechenland auf die Individualisierung der Götterpersönlichkeiten gelegt worden ist. So wird beim »Spießrindopfer«, einem größeren Opfer, das speziell zur Erlangung von Reichtümern dargebracht wurde, verlangt, dass das Rind »das beste der Herde sein soll, weder aussätzig noch gesprenkelt, nach ›einigen‹ (Priestern bzw. Ritualbräuchen) schwarz gefleckt, evtl. auch schwarz mit einer Neigung ins Kupferbraune«.[87]

Dann gibt es Opfer, bei denen streng darauf gesehen wird, dass Hörner und Augen des Opfertieres von Mängeln frei sind. Ferner spielt bei der Festsetzung des Typus die Farbe eine große Rolle. Für diese Gottheit werden weiße, für jene nur teilweise hellgefärbte, für eine andere rote Rinder als Opfer gefordert; auch zwei- und vielfarbige werden verlangt, ohne nähere Angabe der Farben beziehungsweise Farbenmischung. Die Ritualbücher enthalten gerade in Bezug auf die Farbe eingehende Bestimmungen, die darauf schließen lassen, dass der Charakter der Gottheit für die Wahl der Farbe entscheidend war.[88]

Das indische Opfer steht dem griechischen nahe; nicht nur in den zuletzt besprochenen allgemeinen Zügen, sondern vor allem in der Auffassung des Opfers als eines Tauschvorganges.

Die alten Germanen scheinen vom Verhältnis zwischen Gott und Mensch ähnlich gedacht zu haben. Nach Eugen Mogk werden die Opfer dargebracht in dem Gedanken: »Ich spende dir dies, damit du mir im folgenden Jahre wiederspendest.«[89] Charakteristisch ist vor allem ein altnordischer Spruch, der lautet: »Besser ist gar nicht zu beten als zu viel zu opfern. Gabe sieht stets auf Vergeltung.« Es ist nicht zu ersehen, ob dies die allgemeine Auffassung bei den Germanen war; die Quellen sind zu spärlich, um mehr sagen zu können.[90] Die enge Verwandtschaft des germanischen Kultus mit dem der übrigen indogermanischen Stämme ist aber auch trotzdem deutlich.[91]

Nur eine Tatsache muss herausgehoben werden, weil sie für uns in diesem Zusammenhange von entscheidender Bedeutung ist: *Der Begriff* Geld *stammt aus dem Kult; er ist zuerst und ursprünglich in der sakralen Sphäre angewendet worden.* Das Opfer an die Götter heißt im Althochdeutschen »gelt«, im Angelsächsischen »gild«; »gild« bedeutet nach Kluge »Vergeltung, Ersatz, Opfer«;[92] Gilde, ein Begriff, der im deutschen Mittelalter die Zünfte bezeichnete und heute noch in England in Gebrauch ist, stammt aus derselben Wurzel und bedeutet zunächst die »Opfergemeinschaft«. Die Grundbedeutung der germanischen Wortsippe »gelten« (das in weiterem und späterem Sinne »zurückzahlen, zahlen, kosten, wert sein, vergelten, entschädigen« ist) ist »etwas erstatten, entrichten«, und es wird, wie Kluge ausdrücklich betont, »besonders auf religiöse Opfer bezogen«[93]. Also ist Geld in seinem frühesten Begriffsinhalt »die der Gottheit zu entrichtende Abgabe« (das Opfer), und diese Tatsache, dass der Begriff »Geld« aus der sakralen Sphäre stammt, ist (darin wird der Leser mir ohne Bedenken zustimmen) ein bindender Beweis dafür, dass unsere Untersuchung über den Ursprung des Geldes auf dem rechten Wege ist.

II. KAPITEL

Übertragung der im Kult ausgebildeten Normen in das profane Leben

Das Opfer heißt »gelt«. Als Opfer gilt ein Gut von bestimmter Art und Qualität. Dies aus der Menge der übrigen Güter hervorgehobene Gut dient als Lösungsmittel beziehungsweise Zahlungsmittel, wenn man das Verhältnis zwischen Gott und Mensch als ein Schuldverhältnis fasst; es dient als Tauschmittel, wenn das Opfer ein Tauschakt ist. Das offizielle Opfergut ist bei Griechen, Römern, Indern und Germanen das Vieh. Folglich hat das Vieh die Eigenschaft des Geldes, es ist Geld. Jedoch ist seine Geltung einstweilen nur für den Verkehr zwischen Göttern und Menschen erwiesen; nur in der religiösen Gemeinschaft ist das Vieh Zahlungs- beziehungsweise Tauschmittel. Hat nun das Vieh die gleiche Rolle auch im menschlichen Verkehr gespielt, ist auch in der *societas profana* das Vieh Geld gewesen? Das ist die Frage, deren Beantwortung wir uns nunmehr zuwenden.

Der Gottesdienst ist in seinen Anfängen eine Privatangelegenheit der Familie. Der Vertreter der Familiengemeinschaft, der Hausvater, bringt die Opfer dar und erbittet den Schutz der Götter für die materielle Wohlfahrt seiner kleinen Gemeinde. Das Opfergut wird aus dem privaten Besitz genommen, wie ja das erbetene Gut wieder diesem zufließen soll. In größeren Gemeinschaften (Geschlechtsverbänden, Stämmen, Staaten) übernimmt eine Familie die Führung; ihr Haupt ist zugleich König. Nur der Umfang der Gemeinschaft, über der ein solcher König steht, ist größer geworden; im Übrigen ist sein Verhältnis zu dieser genau das gleiche, wie es zu der kleineren Gemeinschaft war. Auch in Bezug auf den Gottesdienst.

Ulrich Kahrstedt hat das Priestertum des archaischen Staates richtig charakterisiert: »Den Kultus nimmt der König wahr, indem er von einem ihm gehörigen Feld Erträge an einem ihm gehörigen Altar opfert – er nimmt ihn offenbar als Privatmann wahr, nicht im Namen oder im Auftrage des Staates, sondern nach eigenem, sich eventuell nach den Ratschlägen opferkundiger Männer freiwillig richtenden Gutdünken, aber zum Besten, *ὑπέρ*, des Staates«.[1] Aus jenen »opferkundigen Männern« entwickelt sich der Priesterstand. Alle indogermanischen Stämme kennen in der Urzeit »noch keine gottesdienstlichen Personen, welchen die Darbringung der Opfer usw. oblag«[2], sondern Vollzieher der Opfer sind die Hausväter, Häupter der Sippen und Stämme und weiterhin die Fürsten.

Die Ausbildung eines besonderen Priesterstandes ist bei den einzelnen Stämmen in verschiedener Form und Schnelligkeit erfolgt. Indien marschiert an der Spitze. Die Quellen gestatten hier einen genauen Einblick in die Entstehung des Priestertums. In Indien gibt es bereits in sehr früher Zeit Familien und Sippen, die in den Augen der anderen Stammesgenossen eine besondere Fähigkeit im Verkehr mit den göttlichen Wesen haben; diese kennen die wirksamsten Zauberformeln, wissen um die erfolgreichsten Opferzeremonien und Gebete. Diese Gaben erben sich vom Vater auf den Sohn fort, und schließlich steht die Familie in dem Rufe besonderer Heiligkeit. Derartige heilige Sippen sind im *Rigveda* viele genannt; jede hatte zunächst wohl ihren Spezialgott, für den sie einen besonderen Kult, einen speziellen Ritus entwickelte; aber dann ist eine Zusammenlegung erfolgt, sodass der Kultus unifiziert wurde.

Die früher getrennten Priesterfamilien schließen sich zusammen; so entsteht die Priesterkaste. Sie vereinigt nun ihr ganzes Interesse auf die Ausgestaltung des Opferritus. »Der Kultus wurde mannigfaltiger, die Zahl der Feierlichkeiten mehrte sich, der Erfolg der Opfer wurde immer mehr abhängig gemacht von der richtigen Begehung derselben als von der Gesinnung der Opfernden«.[3] So konnte schließlich kein Opfer mehr dargebracht werden ohne den Priester, weil nur er den Ritus so kannte, wie es notwendig war, um den Erfolg zu sichern. Der Priester ist unentbehrlich für den Verkehr des Menschen mit der Gottheit.

In einem religiösen Volke, wie die Inder es waren, verlieh ihm diese Tatsache eine große Macht. Wir würden von einem Monopol reden. Der einzige Konkurrent war zunächst noch der König, zu dessen angestammten Funktionen auch die Opferhandlung gehörte. Ihn musste man also auch davon überzeugen, dass nur der Priester die Opfer richtig und daher wirkungsvoll darbringen könne. Gerade mit dem Argument haben sie geschickt operiert, dass dem König ohne Zuziehung eines Priesters der materielle Erfolg versagt bleibe.[4] So tritt also ein Purohita, ein Opferpriester, in den Dienst des Königs; denn »Die Götter essen nicht die Speise eines Königs, der keinen Purohita hat. Will also ein König opfern, soll er einen Brahmanen zum Purohita machen, damit die Götter seine Speise essen.« So hat ein Brahmana die Notwendigkeit eines königlichen Hauspriesters dargetan.[5]

Sein Amt aber war durchaus privater Natur; der Eintritt in den Dienst des Königs machte ihn nicht etwa zum staatlichen Opferbeamten; denn Indien kannte im Gegensatz zu Griechenland und vor allem zu Rom keinen Staatskult.[6] Jedes Opfer war ein Privatopfer. Infolgedessen war auch die Regelung der Verbindlichkeiten zwischen dem Auftraggeber, der das Opfer veranstaltete, und dem Priester, der das Opfer durchführte, rein privater Natur. Der Opferherr wählte sich den Priester frei aus und betraute ihn mit der Darbringung des Opfers. Es war ein einfaches Dienstverhältnis. Der Auftraggeber nahm ausdrücklich den ganzen materiellen Erfolg des Opfers für sich in Anspruch. »Eine Anzahl von Sprüchen, die der Opferherr spricht, bringen zum Ausdruck, dass der durch das Opfer zu erreichende Gewinn der seine ist. Beispielsweise ein Spruch an den Opferaltar: »Lass aus dir für mich, den Opferer, herausmelken, was ich mir wünsche!« Über Opfergaben spricht er die Worte: »Durch dieses (Opfer) mögen wir die sonnenreichen Welten gewinnen. Indras Freundschaft, Unsterblichkeit möge ich erlangen.« Und die Regel wird aufgestellt: »Jede Bitte, die beim Opfer die Priester tun, gehört allein dem Opferer«.[7]

Nahm so der Opferherr das gesamte Ergebnis des Opfers für sich in Anspruch, so war es natürlich, dass der Priester seine Dienste nicht unentgeltlich zur Verfügung stellte; im Gegenteil gab ihm seine Monopolstellung eine beispiellose Macht, die er nach heftigen Kämpfen auch unumschränkt zur Geltung brachte.[8] Die Priester beanspruchen eine hohe Vergütung und haben sie auch erhalten. Zunächst tragen die Entgelte noch durchaus den Charakter von Geschenken; sie sind freiwillige Gaben, in ihrer Art und Höhe nicht bestimmt. »Mit der Ausbildung der brahmanischen Hierarchie wurde die Freigebigkeit gegen die Priesterkaste Verpflichtung; der Lohn (*dakṣiṇā*), den ein Priester für seine Tätigkeit bei Opferfeierlichkeiten zu fordern hatte, war für jeden speziellen Fall fest und bestimmt«.[9]

Womit wird nun die Dienstleistung des Priesters entgolten, welches Gut dient als Zahlungsmittel? Das *Rind*! Und zwar ist das Rind *Opferlohn für die Priester, weil es Opfergabe für die Götter war.* Dieser enge Zusammenhang kommt in den Sprüchen, mit denen die Brahmanen die Dakshinas empfangen, deutlich zum Ausdruck; sie bezeichnen darin die Gottheiten als die wirklichen Empfänger auch der Opferlöhne. Was dem Priester dargebracht wird, das ist der Gottheit selbst gegeben. Um diese These den Opferherren recht eindringlich vor Augen zu führen, geben sich die Priester in den Opferbüchern große Mühe, die jeweiligen Opferlöhne dem inneren Charakter des Opfers, für dessen Darbringung sie gezahlt werden, möglichst anzugleichen, zum Beispiel besteht das Honorar »in fünfjährigen verschiedenfarbigen Stieren und dreijährigen, noch nicht gedeckten Färsen von fünf verschiedenen Farben, mit Flecken wie Lotusblüten, mit Flecken ähnlich frischer Mutter, rötlich und so fort«[10]. Der Opferherr kann 7, 21, 60 bis zu 1000 Rinder geben; in einem anderen Falle wird mit 24, 36, 48 Rindern entlohnt. Werden die Eigenschaften der Rinder, die als Opferlohn dienen können, nach Analogie der für das Opfer verwendeten Tiere festgesetzt, so wird man auch für die Zahlen keinen profanen Ursprung annehmen; auch sie entstammen der religiösen Sphäre. Die Silbenzahl der Metra in den das Opfer begleitenden

Gebeten und andere zauberische Mittel haben dienen müssen, die Menge der Dakshinas zu bestimmen; es sind heilige Zahlen.[11] Für die Brahmanen sind die Dakshinas die materielle Grundlage der Existenz; es war natürlich, dass sie sehr darauf bedacht waren, den Eingang sicherzustellen. Nur diesem Zwecke hat offenbar die enge Verknüpfung der Entlohnung mit dem Opfer gedient. Das für uns wichtige Ergebnis ist, dass *auf diesem Wege die für den kultischen Verkehr geschaffene Norm in den privaten Verkehr übergeht. Das Gut, das im Kult als Entgeltungsmittel dient, wird auch im privaten Verkehr als solches anerkannt und verwendet.*

Bei den Iraniern hat der Priesterlohn ebenfalls in Herdentieren bestanden; der *Avesta* bestimmt, dass nach vollzogener Reinigungszeremonie der Priester Anspruch auf eine Anzahl Viehstücke habe. Einzelheiten über die Entlohnung kultischer Handlungen erfahren wir nicht, wohl aber gibt uns der *Avesta* genaue Kunde über die Bezahlung der ärztlichen Tätigkeit, die ebenfalls von den Priestern ausgeübt wurde; denn der erste Arzt ist der Zauberer, weil alle Krankheit zunächst als das Werk böser Dämonen gilt. Der Lohn, der »anscheinend nur nach gelungener Kur erlegt werden muss«, ist genau festgesetzt. Die ärztlichen Taxen des *Vendidad* unterscheiden sich beträchtlich von den Dakshinas der *Veden*. Hier ist die Zahlungseinheit das Rind, und die Höhe des Entgelts kommt lediglich in einer größeren Zahl von Einheiten zum Ausdruck. Dort dagegen gelten alle Haus- beziehungsweise Herdentiere als Entgeltungsmittel, nur ist ihr Wert in einer Rangordnung festgelegt, und diese richtet sich nach dem Range dessen, für den die Hilfe des Arztes in Anspruch genommen wird. »Für die Heilung eines Hausherrn, eines Dorfobersten, eines Vorstehers der Gemeinde und eines Gaufürsten soll je ein Esel, ein Ochse, ein Pferd oder Kamel und ein mit vier Rossen bespannter Wagen erlegt werden. Für Frauen hat man ihrem Range gemäß die entsprechenden weiblichen Tiere, eine Eselin, eine Kuh, eine Stute oder ein Kamelweibchen zu bezahlen … Für die Heilung eines Haustieres erlegte man immer das nächst Wertvolle: für ein Pferd eine Kuh, für einen Ochsen einen Esel, für einen Esel ein Schaf, für ein Schaf endlich lieferte man etwas Brot und Milch«[12]. Diese Tarifierung erinnert, vor allem in der Relation der Geschlechter, an die Beziehung zwischen Gottheit und Tier beim Opfer, sodass Einfluss von dorther durchaus möglich ist. Die iranischen Priester haben natürlich auch für ihre anderen religiösen Handlungen Entlohnungen empfangen; Gebete und geistliche Bußübungen, die der Priester im Auftrage des Gläubigen verrichtete, wurden honoriert;[13] aber wir wissen nicht, worin die Entlohnung jeweils bestand, und ob sie wie die ärztliche Taxe irgendwie tarifiert war. Wenden wir uns nunmehr nach Griechenland!

Indien ist ein reiches Land; in den großen Zahlen der Rinder, die als Opferlöhne gegeben worden sind, spricht sich das deutlich aus. Die Lieder, in denen die Empfänger die Großherzigkeit der Spender preisen, sprechen oft von Tausenden;[14] an einer Stelle werden sogar 240 000 Kühe als Honorar festgesetzt.[15] An Indien gemessen, ist Griechenland ein armes Land; wir werden uns also von vornherein auf ganz kleine Maßstäbe einzustellen haben. Die Hundertzahl ist die höchste, die als Opfer vorkommt,[16] und auch die ist an den meisten Stellen nur ein Begriff, dem der Inhalt nicht entspricht. Suchen wir hier nach Priesterlohn, so werden wir zunächst weit bescheidenere Zahlen erwarten. Aber es ist zuerst die Frage, ob die Entwicklung in Griechenland überhaupt analog wie in Indien verlaufen ist. Da ist ein grundsätzlicher Unterschied festzustellen. In Indien ist jedes Opfer eine Privatangelegenheit, in Griechenland steht neben den Privatopfern ein staatlicher Kult, der die Formen des Geschlechtskultes, aus dem er entstanden ist, dauernd beibehält. Der die Opfer vollziehende Priester ist Beauftragter der Gemeinschaft, also Staatsbeamter. Seine Stellung ist infolgedessen eine grundsätzlich andere als die der indischen Priester; für die indische Hierarchie ist in Griechenland nicht Raum. Selbständiger Vermittler zwischen Göttern und Menschen ist der Priester in Griechenland nie gewesen, er war stets nur Organ, das im Auftrage eines Höheren handelte.

In den Epen vollzieht der König die Opfer und andere Kulthandlungen, wie es bei den Indogermanen überhaupt rechtens war. Assistenz leisten dabei die Herolde. Wenn auch späterhin die Opferhandlung von eigentlichen Priestern vollzogen wird, so liegt die Leitung und Verantwortung nicht bei ihnen. In Sparta sind die Könige, in Athen der *ἄρχων βασιλεύς* [herrschender König] die oberste kultische Behörde. Alle großen Staatsfeste und Staatsopfer werden von Staatsbeamten, die nicht Priester sind, geleitet. Festsetzung von Ritual und Opferordnung ist nicht Angelegenheit der Priester, sondern Sache des Staates und wird durch die entscheidenden staatlichen Instanzen (Volksversammlung und so weiter) bestimmt. Der Priester hat als staatlicher Beamter einen bestimmten Aufgabenkreis; für die Erfüllung dieser Aufgaben steht ihm eine Entlohnung zu. Es ist zu untersuchen, worin sie bestand.

Oldenberg bemerkt über das indische Opfer: »Es ist ein wesentlicher Zug, den das indische Opfer mit dem vieler Völker gemein hat, dass neben dem Gott einen Teil der Opferspeise auch die Menschen genießen … Nach dem Vortrag einer Litanei genießen die Priester und der Opferveranstalter ihren Anteil an der heiligen Speise.«[17] Dieser Ritus sakramentalen Speisegenusses ist auch in Griechenland lebendig. Das Opfer ist im Homer eine Mahlzeit (Il. 11, 727 sehr deutlich ausgesprochen; und sonst oft), und man darf hinzufügen: Jede Mahlzeit ist im Grunde genommen ein Opfer (zum Beispiel Il. 18, 558 und T-Schol. zu Il. 23, 30). Die Gottheit gehört zur Familie, und da sie nach ursprünglicher Auffassung der Speise und des Trankes bedarf, so nimmt sie als Familienmitglied auch an der Mahlzeit teil.[18] Die Götter empfangen in homerischer Zeit ihren bestimmten Teil. Die Schenkelknochen werden in Fett eingehüllt und samt einigen Fleischstücken auf dem Altar verbrannt (Il. 1, 460; 2, 423; Od. 12, 360). Eumaios, der göttliche Sauhirt, hat einen Eber geschlachtet, er zerlegt ihn, schneidet aber von jedem einzelnen der großen Stücke etwas ab, um es den Göttern zu opfern (Od. 14, 435 f.). Diese Sitte ist im Homer noch durchaus lebendig; erst später erstarrt sie zu reiner Form.

Der religiöse Charakter ist nun vor allem bei den *offiziellen* Mahlzeiten gewahrt. Das Mahl besteht aus Brot und Fleisch. Das Fleisch ist das vornehmere Gericht, und nur von diesem bekommen die Götter ihren Teil, nicht vom Brot. Deshalb gilt auch nur das Rind, das für das Mahl geschlachtet wird, als Opfer; das kommt deutlich darin zum Ausdruck, dass das Schlachten beziehungsweise Herrichten des Rindes, überhaupt der ganze Akt, als *ἱερεύειν* = Heiligen, Weihen bezeichnet wird (vgl. Il. 6, 174 und oft). Die Götter erhalten also ihren Teil von dem Rind. Was übrig bleibt, und das ist natürlich der Hauptteil, wird unter die Teilnehmer am Mahle verteilt. Die Verteilung ist eine sehr wichtige Angelegenheit; das äußert sich schon in der Tatsache, dass dieses öffentliche Mahl *δαΐς*, das heißt Verteilung genannt wird und dieser Name eben für das öffentliche Mahl reserviert ist, während andere Mahlzeiten auch andere Namen trugen.[19] Dieses Mahl war eine Staatsangelegenheit und der wichtigste Akt das Zerlegen des Opferbratens (sehr deutlich Od. 14, 433); denn in dem Stücke, das der einzelne Teilnehmer empfängt, kommt seine Wertschätzung zum Ausdruck, das heißt, der gesellschaftlichen Rangordnung entspricht eine Rangordnung der Bratenstücke; jeder erhält das Stück, das seiner Stellung entspricht.

Das Zerlegen des Bratens und Zuteilen der Stücke ist Aufgabe dessen, der das Mahl veranstaltet; das ist also der König. Achill und Patroklos bewirten Nestor und Odysseus, die zu ihnen gekommen sind, um Achill zum Eingreifen zu bewegen. Man will die Rücken eines Schafes und einer fetten Ziege braten. Der Dichter schildert die Zurichtung in folgender Weise (Il. 9, 209 ff.):

> »Aber Automedon hielt, und es schnitt der edle Achilleus;
> Wohl zerstückt er das Fleisch und steckt es alles an Spieße.«

> Und als das Fleisch fertig gebraten ist, da
> »Teilte Patroklos das Brot in schöngeflochtenen Körben
> Rings um den Tisch, und das Fleisch verteilete selber
> Achilleus.«

Bei der Mahlzeit, die Achill dem Priamos herrichtet (Il. 24, 625), ist das Vorgehen genauso; nur dass der Diener Automedon, der dort die Tierrücken hält, während Achill schneidet, hier das Brot verteilt. Die Technik dieses Aktes ist für eine spätere Darlegung von Wichtigkeit; deshalb müssen wir sie hier noch kurz betrachten. Das Fleisch wird in rohem Zustande zerlegt und die einzelnen Stücke an Spieße gesteckt und gebraten. Das Braten eines ganzen Tieres oder eines größeren Teiles (etwa des Rückens) an *einem* Spieße und ein Zerlegen nach dem Braten ist nicht bekannt; sondern der einzelne Teil wird für sich gebraten und, nachdem er gebraten ist (Il. 9, 215), auf Borde geschüttet und dann verteilt. Ob man das gebratene Stück vom Spieß herunternahm oder es noch am Spieße steckend verteilte, ist nicht sicher zu gehen. Bestehen bleibt, dass jeder Teilnehmer am Mahle ein am Spieße gebratenes Stück Fleisch empfing.

Diese Art, das Fleisch am Spieße zu braten, ist die älteste und beliebteste. Wir finden sie bei den Indern,[20] bei den alten Römern,[21] bei den Kelten[22]. Von den keltischen Gelagen erzählt derselbe Poseidonios: »Früher pflegte es zu geschehen, dass, wenn Schinken aufgesetzt war, der Mächtigste den Schenkelknochen ergriff. Machte ihm ein anderer diesen streitig, so erhoben sie sich zum Zweikampf auf Tod und Leben.« Diese Stufe der Gewalt ist in der homerischen Kultur bereits überwunden; aber wie schwer der Übergang von der Gewalt zu fester Ordnung war, das scheint auch in den Epen noch durch. Jeder Teilnehmer ist mit Eifer darauf bedacht, den ihm zustehenden Anteil vom Braten zu erhalten. In seinen Reden betont der Gastgeber immer wieder, dass die Verteilung die Begierde (*θυμός*) befriedigen werde (zum Beispiel Il. 1, 468; 2, 431; 7, 320; 9, 225 und sonst oft), weil sie eine gleichmäßige sei; *εΐση* [gleich, gerecht] ist stehendes Beiwort zu *δαΐς*. Es hat nicht den Sinn einer rein mechanischen, sondern eher die Bedeutung einer verhältnismäßigen Gleichheit.[23]

Nach Ehre und Verdienst ist der Anteil abgestuft.[24] Wenigstens die bevorzugten Personen erhalten eine besondere Gabe;[25] so der König zunächst selbst. Er wird geehrt, wie es Il. 8, 162 heißt, durch den Sitz, durch die Fleischportion und durch mehr Becher Weines. Er bekommt ein besonderes Stück Fleisch; das ist sein Ehrengeschenk (*γέρας*; Od. 4, 65).[26] Dann wird der Gastfreund, für den stets ein öffentliches Mahl gerichtet wird, durch ein besonderes Stück Braten geehrt. Der Rücken war ein sehr geschätzter Teil; daher wurde er vornehmlich als *γέρας* gegeben. So ehrt (*γεραίρει*) Eumaios mit dem langen Rückenstück von der Sau den Odysseus (Od. 14, 437 mit dem wichtigen Scholion), so wird Ajas geehrt und viele andere. Auch die Götter erhalten ein auserlesenes Stück; das Opfer ist für sie ein *γέρας* (Il. 24, 69 mit Schol. BT), und hauptsächlich dieser materielle Umstand, die Bevorzugung des Fürsten bei Verteilungen, wird Anlass gegeben haben zu dem Wort, dass der König wie ein Gott geehrt werde unter seinem Volke.

In diesen öffentlichen Mahlzeiten liegt der Keim der öffentlichen Finanzwirtschaft, sie stellen die primitivste Form des öffentlichen Haushaltes dar. Aus diesem Grunde sind die Formen, die sich hier bilden, auch für die Entstehung des Geldes von großer Bedeutung. Der König ist die Verkörperung des Staates. Sein persönlicher Haushalt ist vom staatlichen noch nicht geschieden. Wohl erhält seine Wirtschaft indirekt aus seiner fürstlichen Stellung Zuwachs (ihm fließt aus der Kriegsbeute ein größerer Anteil an beweglichem und unbeweglichem Gut zu); aber laufende Einnahmen aus festen Abgaben der Untertanen besitzt er nicht. So bestreitet er die Ausgaben aus seinen persönlichen Einkünften, nicht nur die Ausgaben für rein persönliche Zwecke, sondern auch alle öffentlichen Aufwendungen. Dazu gehören in erster Linie die Kosten für die staatlichen Opfer. Nur soweit die Opfer öffentliche Mahlzeiten sind, interessieren sie uns hier; denn die Anteilnahme an der Mahlzeit stellt die Entlohnung dar für Dienste, die dem Staat geleistet werden, und alle Verpflichtungen, die der Staat sonst hat, werden durch die Zuziehung zur königlichen Tafel entgolten.

Der König lädt zunächst sein ganzes Gefolge zum Mahle. In der *Odyssee* ist sehr anschaulich geschildert, wie Nestor im Kreise seiner Söhne und Gefährten zu Tische sitzt (Od. 3, 30 ff.; vgl. das Schol. zu 32). Zum Gefolge des Königs gehört auch der Sänger, der mit seinem Gesange das Mahl verschönt; auch er erhält für seine Leistung ein Stück vom Braten, oft ein bevorzugtes Stück, je nach dem Ansehen, das er genießt; so Demodokos, der im Palaste des Alkinoos bei dem großen Mahle singt (Od. 8, 471).

Der König beruft die Greise zusammen, um mit ihnen eine öffentliche Angelegenheit zu beraten. Das ist ein Dienst für den Staat, der entlohnt werden muss. Sie erhalten dafür ihr *γέρας*, und dieses besteht in der Anteilnahme am Mahl. Wir würden hierfür wohl eine Erklärung geben, die rationalistischer ist, nämlich die, dass man bei einem Stück Braten und Glase Wein wichtige Angelegenheiten am besten besprechen kann. Aber sie trifft nicht den Kern. Das Stück Braten ist der Lohn, der dem, der Arbeit für den Staat leistet, zusteht; es ist eine *τιμή* [Schätzung, Ehrung], wie ausdrücklich betont wird (Il. 4, 343 mit dem ABT-Scholion), und das Mahl ist eine *δαΐς*, nicht ein *δόρπον* [Mahl], das heißt, es findet eine geordnete Verteilung statt, es ist kein Mahl, bei dem man sich einfach satt isst (der Unterschied ist deutlich charakterisiert Il. 9, 66 und 70).

Gastfreunde werden durch ein öffentliches Mahl geehrt.[27] Solche Gastmähler finden an vielen Stellen der Epen statt. Odysseus erhält auf seinen Irrfahrten an vielen Stellen eine *δαΐς* zugerichtet. In der *Ilias* ist ebenfalls oft davon die Rede.

Anteilnahme am Mahl ist Dienstentlohnung schlechthin. Die Schiffsmannschaft aus Lemnos, welche den Griechen Wein zuführt, erhält ein Mahl zugerichtet (Il. 7, 475). Für die Ausführung eines Kundschafterganges wird Teilnahme an Gastmählern verheißen. Das Stück Braten ist also Entgeltungsmittel für dem Staate geleistete Arbeit; natürlich finden sich im Homer auch andere Güter (Wagen, Pferde, Edelmetall) als *μισθός* [Lohn] beziehungsweise *τιμή* verwendet; aber die Teilnahme am Mahle ist das typische Entgeltungsmittel. Man könnte also in der Terminologie Knapps sagen: Der Staat leistet seine apozentrischen Zahlungen durch das öffentliche Mahl; das vom Staate verwendete gültige Zahlungsmittel ist das am Spieß gebratene Stück Fleisch.

Die Entlohnung, die wir in den Epen finden, ist auch für die folgenden Jahrhunderte noch bezeugt. Was Herodot 6, 56 f. über die Ehrengaben an die spartanischen Könige erzählt, das weicht von dem homerischen Brauch nicht wesentlich ab. Nur, dass die *γέρατα* [Ehrengeschenke] hier genau bezeichnet sind. Von allen Opfern erhalten die Könige Fell und Rückenstück und bei allen öffentlichen Opfermahlen doppelte Portion. Man sieht, wie auch hier die staatliche Entlohnung in der Kultsphäre verankert bleibt. Diese enge Verbindung ist für Griechenland charakteristisch. Weil das Rind die typische Opfergabe ist, deswegen ist es gültiges Entgeltungsmittel. Aber es ist keine Zahlungseinheit in dem Sinne, dass nun mit dem Mehrfachen des »Rindes« gezahlt und gerechnet worden wäre. Vielmehr wird den engen wirtschaftlichen Verhältnissen entsprechend die große Einheit in Teilstücke zerlegt; es werden kleinere »Nominale « geschaffen, um die Höhe des Entgeltes je nach der Leistung abstufen zu können. Diese Stückelung und die Angleichung der empfangenen Quote an die Leistung beziehungsweise Stellung des Empfangsberechtigten illustrieren die zahlreichen auf Stein erhaltenen Kultordnungen, und diese *νόμοι* zeigen zugleich die enge Verbindung des staatlichen Zahlungswesens mit dem Kult.

Ich nehme als Beispiel eine Inschrift aus Epidauros vom Jahre 410 vor Christus.[28] Dort ist von zwei Rindern die Rede, die verteilt werden. Die Verteilung erfolgt so: »Vom ersten Rind erhält den einen Schinken die Gottheit, den anderen die Hieromnemonen; vom zweiten Rind erhalten den einen Schinken die Sänger, den anderen die Wachmannschaften.« Der Schinken gilt als das beste Stück; hier bekommt jede Partei (auch der Gott) denselben Anteil.[29] Regel war die Abstufung der Teile, wie die zahlreichen Kultgesetze deutlich zeigen. Die Größe des Anteils der verschiedenen Beamten (anteilberechtigt waren zunächst alle an der Darbringung aktiv beteiligten Personen vom Priester abwärts bis zum geringsten Diener) richtet sich nach der Stellung beziehungsweise Leistung. Der Priester erhält vom Opfertiere die besten Stücke, Schenkel und Fell oder wenigstens eines von beiden. Den Schenkel erhält er fast durchgehends, das Fell dagegen wird öfters dem Gotte zugesprochen, das heißt, es wird im Interesse der Tempelkasse verkauft.[30] Auch Schultern, Schwanzstücke, Zungen bekommen sie vom Opfertier zugewiesen. Dass sie außerdem noch mancherlei Naturalbezüge anderer Art haben, interessiert uns hier nicht. Jedenfalls steht fest, dass der regelmäßige, typische Priesterlohn in einem Anteil am Opfertier besteht. Und das Gleiche trifft bei allen Gehilfen und Dienern des Priesters, den Hieropoioi und so fort zu. Herolde, Sänger, Tempelwachen werden so entlohnt. Der Lieferant des für die Darbringung des Opfers erforderlichen Holzes (*ξυλεύς*) in Olympia, Flötenbläser, Schmied und Töpfer, die bei dem Festopfer in Kos beschäftigt wurden, alle empfangen ihre Entlohnung in Anteilen am Opfertier. Was der Handwerker anderwärts für seine Arbeit empfing, war individuell, nur die Entlohnung für seine Mitwirkung am Opfer war durch das Kultgesetz geregelt.

Nun ist der Kreis der Teilnehmer am Opferbraten damit nicht erschöpft.[31] Nicht nur die an der Opferdarbringung unmittelbar Mitwirkenden erhalten ihr Entgelt in Teilen des Opfertieres, jedes Anrecht auf Entlohnung wird vom Staate durch Opferfleisch abgegolten, ein anderes staatliches Entgeltungsmittel existiert zunächst nicht. Neben den *ἱεραὶ μοῖραι* [heilige Anteile] stehen *partes profanae* [profane Anteile][32], das sakrale Entgeltungsmittel tritt also in die profane Sphäre ein. Staatliche Behörden und Kollegien, Geschlechter und Einzelpersonen, die sich um die Gemeinschaft ein Verdienst erworben, werden durch ein Stück Braten entlohnt. Das Gesetz über die Feier der Panathenäen verordnet,[33] dass bei der Fleischverteilung die Prytanen fünf Teile, die Archonten drei, die Schatzmeister, Strategen, Taxiarchen auf ihre bestimmten Anteile empfangen sollen. Vor allem lebt die ursprüngliche Entgeltungsform in der Speisung im Prytaneion weiter; die Prytanen, die oberste Staatsbehörde, empfangen von allem, was geopfert wird, den zehnten Teil.[34]

Was vom Opferfleisch übrig bleibt, nachdem die bevorzugten Teilnehmer ihre Portion erhalten haben, wird an die Bürgerschaft verteilt. Die athenischen Kultinschriften schließen die Verordnung über die Fleischverteilung in der Regel mit der stereotypen Wendung: *τὰ δὲ ἄλλα κρέα Ἀθηναίοις μερίζειν*[35] oder *τὰ δὲ ἄλλα κρέα τᾶς πόλιος* [die übrigen Fleischportionen an die Athener/die Alten verteilen][36]. Man mag zunächst eine rein wirtschaftliche Erwägung für diesen Brauch anführen: An den großen Festen wurden oft so viele Tiere zum Opfer gebracht, dass man gezwungen war, das Fleisch zu verteilen, um es nicht verkommen zu lassen. Der entscheidende Grund ist aber sicherlich ein anderer: Jeder Bürger hatte ein Anrecht auf ein Stück vom Opfertier, der Empfang des Opferanteils war ein äußeres Symbol des Bürgerrechtes. Ob und inwieweit dieses Anrecht auf die sakramentale Gemeinschaft der das Opfer darbringenden *societas* zurückgeht, ist hier nicht zu untersuchen. Jedenfalls ist der Rechtsanspruch letzten Endes darin begründet; aber dieser Ausgangspunkt ist in historischen Zeiten nicht mehr erkenntlich. Aus den vorhandenen Quellen gewinnt man durchaus den Eindruck, dass das Opfer lediglich Anlass war, um einmal gut zu essen, und dementsprechend wurde die Zahl der Opfertiere nicht etwa nach religiösen Gesichtspunkten bestimmt, sondern sie richtete sich nach der Zahl der Festteilnehmer.[37] Erhalten bleibt jedoch der Gedanke, dass das Stück Fleisch Entgelt für eine Leistung ist. Teilnahme an der Prozession beziehungsweise Anwesenheit beim Fest war Bedingung für den Empfang.

Derartige *κρεανομίαι* [Fleischverteilungen] haben wohl bei allen Staatsfesten stattgefunden. Die Reihenfolge der Verteilung richtet sich, wie die Inschriften zeigen, nach der Rangordnung der Empfangsberechtigten.[38] Am schwierigsten war die Austeilung an die Volksmenge. Einzelheiten über diese Organisation erfahren wir nicht; nur aus Athen hören wir, dass dort zum Beispiel das Fleisch bei den kleinen Panathenäen demenweise, und zwar nach der Zahl der Teilnehmer an der Prozession, verteilt wurde,[39] und dass bei den großen Panathenäen jeder Bürger, der bei dem Feste auf der Burg anwesend war, seine Portion erhielt).[40] Da die Verteilung im Rahmen der Opferhandlung erfolgt, so wird sie meist von den Organen, die das Opfer zurichten, mitbesorgt; die Epimeleten, der Archon und so fort sind auch für die Fleischverteilung verantwortlich. Es kommt jedoch auch vor, dass für diesen Zweck spezielle Beamte bestellt werden. Ihr Name ist von ihrer Tätigkeit hergenommen; sie heißen *κρεωδαίτης, κρεωπώλης, κρεουργός, κρεωδότης* [Fleischzerleger, -verkäufer, -hauer, -verteiler].[41]

Die athenische Behörde der *κωλακρέται* gehört ebenfalls in diesen Zusammenhang. Ihren Namen tragen sie von dem Amt des »*κῶλα ἀγείρειν* = Schenkel sammeln«[42]. Die Kolakreten sind die Leiter der athenischen Finanzen; das staatliche Budget rechnete in Einnahmen und Ausgaben mit dem Fleisch der Opfertiere, dessen bevorzugter Teil die Schenkel waren. Die kleisthenische Staatsreform von 509 vor Christus hat den Titel abgeschafft und ihn durch den blassen Begriff *ἀποδέκται* = Empfänger ersetzt, da ja die Finanzbehörde schon längst mit gemünztem Metallgeld rechnete. Erhalten hat sich der alte Name in sakraler Sphäre noch lange,[43] während er unter den staatlichen Behörden nicht mehr erscheint. Darin kommt eine gewisse Trennung von Kultusetat und profanem Etat zum Ausdruck. Ursprünglich kennt der Staat nur den ersteren; denn der Kult der Götter ist die einzige Staatsaufgabe, die zu ihrer Durchführung materielle Mittel erfordert. Was der Staat einnimmt und wieder ausgibt, sind die Opfertiere, und außer diesen gibt es kein Finanzbudget; die staatliche Geldschöpfung kann also nur in diesem Rahmen erfolgt sein; ihr Mittelpunkt ist der Tempel.

Ob der Name *ταμίας* [Verteiler?], mit dem der leitende Finanzbeamte im alten Griechenland ganz allgemein bezeichnet wird, in dieser Zeit der Naturalentlohnung entstanden ist, ist nicht zu beweisen, aber immerhin möglich; denn das Zerschneiden und Zerlegen des Opfertieres war ein wichtiger Akt. Doch scheint der technische Ausdruck dafür nicht *τέμνειν* [verteilen], sondern *δαΐζειν* gewesen zu sein; daher der Zerleger *δαιτρός* [44] oder *κρεωδαίτης*[45], der Verteilungsakt selbst, das ist die Mahlzeit, *δαΐς*[46] genannt wird.

Die Technik der Verteilung bedarf noch einer kurzen Betrachtung. Zwischen den Anteilen des Priesters beziehungsweise der sakralen Beamten auf der einen und denen des Volkes auf der anderen Seite besteht ein charakteristischer Unterschied, wenigstens in der frühen Zeit. Die ersteren erhalten einen ganz bestimmten Teil vom

Opfertier (Schenkel, Fell und so fort). War der Kreis der Anteilberechtigten klein, so war diese Teilung ohne Weiteres möglich. Die Technik des Zerlegens war aufs Feinste ausgebildet (vgl. S. 98); man brauchte also nur darauf zu achten, dass der Schnitt an der rechten Stelle geführt wurde.[47] War die Zahl der Anteilberechtigten größer (nahm die Bürgerschaft zum Beispiel teil), so war es technisch unmöglich, jedem ein bestimmtes Stück zu geben. Wohl bekam in solchen Fällen der Priester *den* Teil vom Opfertier, der ihm von alters her zustand, angewiesen, den Rest aber musste man in gleiche Teile zerlegen, konnte also die Rangordnung der Anteilberechtigten nur noch in der Anzahl der unter sich gleichen Teile ausdrücken, das heißt, die Quantität trat an die Stelle der Qualität, mit anderen Worten, wer früher ein bevorzugtes Stück erhalten, der empfängt jetzt lediglich eine größere Zahl Anteile.[48]

»Einteilen« heißt *μερίζειν*[49], der Anteil *μερίς* oder *μοῖρα*. So drückt also jetzt *διμοιρία* das Anrecht auf zwei Portionen aus.[50] Statt *διμοιρία* kommt auch *δίκρεας* [51] vor. *Κρέας* [Fleisch] beziehungsweise *σάρξ* [Fleisch] bezeichnet nunmehr die Fleischportion, und man spricht infolgedessen von *δύο κρέα, τρεῖς σάρκας* [zwei, drei Fleisch(portionen)] und so fort[52] *κρέας τρίτον* ist in Sparta der dritte Teil vom Fleisch, und dementsprechend findet sich in Halikarnass der vierte Teil der *σπλάγχνα* [Innereien] als Anteil (*τεταρτημορίς*).[53]

Ein solches Verteilungssystem hat zur Voraussetzung, dass man die Teile unter sich gleich groß machte. Auf welche Weise wurde das erreicht? Wir haben keine positive Nachricht darüber, kommen also über Vermutungen nicht hinaus. Die Annahme liegt nahe, dass man das Fleisch nach dem Gewicht verteilte. Es gibt in der Tat Fälle, wo bei der Fleischverteilung das Gewicht zur Anwendung kam. So wird in einer Kultinschrift von Lesbos Fleisch im Gewichte von fünf Minen als Anteil bestimmt;[54] in dem bekannten Kultgesetz von Aigiale auf Amorgos wird verordnet: »διδότωσαν δὲ [οἱ] ἐπιμεληταὶ τῶν ἐφήβων ἑκάστῳ αὐτῶν ὑὸς κρεῶν μνᾶν.«*[55]

* »Es sollen die Aufseher der jungen Männer jedem von ihnen eine Mine Schweinefleisch geben.«

Sind hier die Anteile auf ein bestimmtes Gewicht normiert, so findet sich auch die Bestimmung,[56] dass der Anteil nicht unter einen gewissen Gewichtssatz heruntergehen darf (*λήψεται τοῦ βοὸς κωλεὸν ἕλκοντα μὴ ἔλαττον μνῶν δέκα* [wird vom Rind Schinken bekommen, der nicht weniger wiegt als zehn Minen]); dazu vergleiche die Angabe in einer Kultinschrift von Keos: »κρεῶν σταθ[μ]ὸν κατὰ τὸν ἄνδρα ὠμὰ ἱστάντα μὴ ἔλαττον: MM.«*[57] Alle Belege sind aus späterer Zeit (keiner ist älter als das 3. Jahrhundert) und die geringe Zahl (gemessen an der großen Menge derartiger *κρεανομίαι*, von denen wir genaue inschriftliche Kunde besitzen, ist sie verschwindend klein) genügt nicht, diese Methode als allgemein geübt anzunehmen. In homerischer Zeit kann sie nicht verwendet worden sein, da ein festes Gewichtssystem unbekannt war (vgl. S. 157); aber auch später, als der weltliche Verkehr sich des Wägens allgemein bediente, wird man die Anwendung von Gewicht und Waage in der sakralen Sphäre nicht für wahrscheinlich halten. Die Begriffe, mit denen die Abgaben an die Gottheit bezeichnet werden (*ἀπαρχή*, *ἀκροθίνιον* [Erstlingsopfer] und so fort) sind ganz allgemeiner Natur, und selbst die Dekate ist nicht immer durch das Gewicht (etwa bei Getreidespenden) festgestellt worden.[58]

Natürlich ist ohne Weiteres zuzugeben, dass, je mehr diese *διανομαί* [Verteilungen] verweltlicht wurden, umso stärker auch die exakten Methoden des profanen Verkehrs eindrangen; aber die frühe Art der Zuteilung darf nur aus den in der Kulthandlung selbst gegebenen Elementen hergeleitet werden, und ich bin der Ansicht, dass das möglich ist. Das Fleisch wurde an der Stelle, wo das Tier geopfert worden war, das heißt also am Tempel beziehungsweise auf dem Festplatz, verzehrt. Nur selten erscheint in den Kultinschriften die Erlaubnis, die Portion nach Haus mitzunehmen;[59] viel häufiger ist das ausdrückliche Verbot, Fleisch von der Stelle wegzutragen (*ἀποφέρειν* beziehungsweise *ἐκφέρειν*).[60]

* »Gewicht an Fleisch für den einzelnen Mann, der es roh abwiegt, nicht weniger: MM.«

Also mussten die zugeteilten Stücke an Ort und Stelle zum Essen hergerichtet werden. Zu diesem Zwecke waren Köche (*μάγειροι*) bestellt, die auch zu den sakralen Beamten gehörten.[61] Das Fleisch wurde gebraten, Kochen war nicht so häufig. Wie war die Technik des Bratens?

In homerischer Zeit wurde das Fleisch am Spieße gebraten, und diese Sitte ist in späterer Zeit beibehalten worden.[62] Auch bei den Opfermahlzeiten ist die Herrichtung des Fleisches in dieser Weise vor sich gegangen; das beweist, wie ich glaube, die Tatsache, dass in den Inventaren des Tempels und in den Tempelfunden der Obelos beziehungsweise Obeliskos so oft erscheint. Wie die Mahlzeit zum Opfer gehörte, so die Obeloi zum Opferrequisit.

Das Spießbraten ist noch heute in vielen südlichen Ländern in Übung. Nicht nur in Griechenland und Italien, sondern auch in Spanien[63] und den Balkanländern wird das Fleisch vielfach am Spieße gebraten. In Deutschland findet man die Sitte vereinzelt bei Volksfesten; Fische und Hähnchen werden auf der Münchener Oktoberwiese so hergerichtet. Heute werden, zumal in großen Gasthäusern, vielfach ganze Tiere am Spieße gebraten. Im Altertum wurde das Tier vorher zerlegt und die Stücke dann am Spieße gebraten. So wird es beim homerischen Mahl gehalten (vgl. oben S. 66 f.), und dass man in späterer Zeit nicht anders verfuhr, das zeigen Vasenbilder, die Opferszenen darstellen.[64] Da steht ein Jüngling am Altare, der ein an der Spitze des Bratspießes aufgespießtes Fleischstück in die Flammen hält. Nun bezeichnet der Grieche den am Spieß gebackenen Kuchen *ὀβελίας*; konnte die Fleischportion nicht ebenfalls von dem Instrument, an dem sie zubereitet wurde, den Namen empfangen und *ὀβελός* [Spieß] genannt werden? Ich sehe nichts, was dagegenspräche. Natürlich wird man wohl kaum annehmen dürfen, dass bei den großen *διανομαί* späterer Zeit jede Portion an einem besonderen Spieß gebraten worden sei. An sich wäre auch das möglich, und man könnte dafür sogar eine moderne Parallele anführen. In einem Briefe aus Belgrad (von Anton Rippel) las ich vor Kurzem Folgendes: »… hinunter nach dem Belgrader Stadtwald Topcider, wo abends Belgrads Bürger bei Zigeunermusik

Erholung suchen. Wir essen das köstliche ›Resnitschi‹ – kleine Fleischstückchen auf Drahtstäbchen aufgespießt und so über Holzkohlenfeuer gebraten – eine Schale mit den Drahtspießen und den Fleischstückchen daran kommt auf den Tisch«[65]. Hier ist die Portion Braten wirklich gleich einem *ὀβελός*. Ob in der Antike eine ähnliche Technik der Verteilung bestand, lässt sich, soweit ich die Quellen übersehe, nicht erweisen. Dass aber der Begriff *ὀβελός* aus dieser Sphäre stammt und ursprünglich die Fleischportion ist, die an ihm gebraten wurde, das erscheint mir auch so sicher.

Nach dieser Abschweifung müssen wir noch einmal auf die Empfänger des Opferanteiles zurückkommen; denn es fehlt in der Aufzählung noch eine Gruppe, nämlich die Sieger in öffentlichen Wettkämpfen. Ein wichtiger Teil des Opfers beziehungsweise des Opferfestes war der Wettkampf; bei jedem größeren Feste fanden auch Agone statt. Welch große Bedeutung die agonale Tätigkeit bei Griechen und Römern hatte, brauche ich hier nicht zu schildern; die Tatsachen sind bekannt.[66] Der Agon ist unmittelbar aus dem Kult erwachsen, ist deshalb ein integrierender Bestandteil des sakralen Aktes; die Kampfspiele hatten religiöse Bedeutung.[67] Uns interessieren in diesem Zusammenhange vor allem die beim Agon üblichen Entgeltungsmittel, das heißt die ausgesetzten Preise. Die Teilnehmer am Agon üben eine sakrale Funktion aus, nicht anders als Priester und sonstige Kultbeamte, das heißt, man fasst sie als solche, welche einen öffentlichen Dienst leisten und dafür eine Entlohnung zu beanspruchen haben, und dieser Lohn ist eben der Kampfpreis. Dass er nicht nur eine Auszeichnung, ein Ehrenpreis ist, das zeigt sich deutlich darin, dass allen Teilnehmern, sowohl Siegern wie Besiegten, Entgelte gegeben werden (so ist es wenigstens im Homer); natürlich empfängt der Sieger das größere Gut; aber dass auch der Besiegte ein Entgelt erhält, beweist, dass der Preis als Lohn gilt. Welches Gut dient nun zur Entlohnung?

Da Teilnahme am Wettkampf eine Dienstleistung sakraler Art war, so wird man nach den vorhergehenden Darlegungen geneigt sein, den Kampfpreis wieder in einem sakralen Gut zu suchen. Das trifft nun in der Tat zu. Bei vielen Agonen erhielt der Sieger einen Anteil am Opfertier als Prämie.[68]

In Pergamon und Olympia, in Attika, auf Keos und Amorgos erhalten die Sieger in den verschiedensten Arten von Wettkämpfen Stücke vom Opferfleisch, Diese Sitte war, worauf Puttkammer bereits hinweist, so sehr in Übung, dass nach der Sage Thespis, der erste Sieger im szenischen Agon, als Kampfpreis ein Opfertier (einen Bock mit Rücksicht auf Dionysos, den Gott des dramatischen Spieles) empfing. Ein ganzes Tier als Preis kommt auch sonst vor,[69] und diese Art der Entlohnung scheint bei größeren Agonen, bei denen natürlich entsprechend größere Güter gegeben wurden, um stärkere Anreize zu schaffen, in Übung gewesen zu sein. So war es bei den Panathenäen in Athen. Da erhielt die Mannschaft, die im Waffentanz, der Pyrrhiche, siegreich geblieben war, als Preis ein Rind, und beim *ἀγὼν εὐανδρίας* [Wettkampf einer Menge von »guten« Männern], bei der jede Phyle eine Anzahl auserwählter Männer, welche durch Größe, Kraft und Schönheit hervorragten, in den Wettbewerb führte, erhielt die stattlichste Schar wieder ein Rind als Preis. Die Rinder dienten dann als Opfertiere und wurden in öffentlicher Mahlzeit verzehrt.[70]

In den homerischen Epen tritt der sakrale Charakter der Kampfpreise zurück; dort wird die Auswahl sehr stark mitbestimmt durch das Interesse der Kämpfer. Man gibt dem Sieger als Preis ein Wertobjekt, das gerade seinen Interessen entspricht, mit anderen Worten: der Preis richtet sich nach der Art des Kampfes, in welchem der Betreffende Sieger geworden ist, jeder bekommt ein spezifisches Gebrauchsgut: der Sieger im Diskuswurf einen Diskus, der Sieger im Einzelkampf eine Rüstung, der Bogenschütze *πελέκκεα* [Axtstiele], die er benutzt, um dadurch seine Pfeile zu schießen und so fort. Diese Relation findet sich nur in der *Odyssee*, in der *Ilias* dagegen werden die mannigfachsten Gegenstände als Preise verteilt: Dreifüße, Becken, Schalen, Mischkrüge, Sklavinnen, Gold und so fort. Unter den Preisen in der *Ilias* befindet sich einmal auch das Rind, und vielleicht wird man sich ursprünglich auch Becken und Dreifüße, bevor sie zu reinen Schmuckstücken wurden und aus dieser Eigenschaft ihre Wertschätzung herleiteten, mit Opferfleisch gefüllt denken müssen. Ein einheitliches Gut, aus dem die Preise durch Multiplikation gebildet worden wären, ist nicht nachzuweisen; ob ein solches Einheitsgut als agonales Entgelt je vorhanden war, wer möchte es sagen? Jedenfalls, wenn ein einheitlicher Kampfpreis in Gebrauch war, so war es das Rind; denn dass das Rind unter den Kampfpreisen eine größere Rolle gespielt hat, das tritt evident in einer anderen Tatsache hervor. Zwei von den in der *Ilias* erwähnten Preisen (Dreifuß und Sklavin) werden mit dem Wertmesser »Rind« gewertet. Das kann seinen Grund nur darin haben, dass dem Sieger ursprünglich ein oder mehrere Rinder gegeben wurden. Bei der großen Bedeutung, die das Rind im kretisch-mykenischen Kult gespielt hat, ist das durchaus möglich. Ja, ich halte die Erklärung nicht für unmöglich, dass der Stierfang, den wir so oft auf Denkmälern dieser Zeit finden, der einzige oder jedenfalls wichtigste Agon war. Der Siegespreis mag dann der Stier selbst gewesen sein, der aber dann zugleich auch als Opfertier verwendet wurde.

Das Rind hat also auch im Agon eine zentrale Stellung gehabt; einen Reflex zeigt noch die *Ilias* in der Wertbemessung nach Rindern. Denn als man dazu überging, den Siegern Güter anderer Art als Preise zu geben, da mussten diese natürlich zu dem ursprünglichen Gut in Wertrelation gesetzt werden. Das ursprüngliche Gut wird so zum Wertmesser des Gutes, das an seine Stelle tritt, also das Rind zum Wertmesser für Dreifuß, Becken, Sklavin und so fort.

Aus der Stellvertretung sehen wir den Wertmesser erwachsen. Die Schätzung der goldenen Troddeln an der Aegis der Göttin Athena auf hundert Rinder kann durchaus auf demselben Wege erfolgt sein. Die ursprüngliche Gabe an die Gottheit war ein Opfer von Rindern; als man dazu überging, Anatheme (Schmuck und so fort) zu weihen, da wurde der Wert der die Stelle der Opfer vertretenden Weihegaben nach diesen geschätzt. Die Abschätzung ist nun auch in den profanen Verkehr übergetreten, das heißt: Gegenstände, deren Wert in der sakralen Sphäre auf eine bestimmte

Anzahl Rinder festgelegt worden war, behielten diesen Wert auch im privaten Leben bei. Auf diese Weise erklärt sich, wie ich glaube, die Wertung der Schilde des Glaukos und Diomedes nach Rindern (Il. 6, 230 ff.), die ich oben bei der Besprechung der Tauschvorgänge in den Epen übergangen hatte.

Die Situation ist folgende: Glaukos und Diomedes treffen sich auf dem Schlachtfelde, erkennen sich als alte Gastfreunde wieder und wechseln ihre Rüstungen gegeneinander aus. Dieser Rüstungswechsel zwischen Freunden, der auch sonst vorkommt,[71] ist ursprünglich weiter nichts als ein Beweis der friedlichen Absicht. Man tauschte die Waffen, um zu beweisen, dass man nichts Böses »im Schilde führe«. Jedenfalls ist Waffentausch kein Tausch im eigentlichen Sinne, das heißt kein Tausch in der Absicht, mit dem eigenen Gut ein anderes zu gewinnen; es ist vielmehr ein gegenseitiges Bürgschaftgeben, ein äußeres Symbol des freundschaftlichen Verhältnisses.[72] Deshalb braucht auch die Schätzung der Schilde nach Rindern nicht aus dem Tauschvorgange entstanden zu sein, wenn sich eine andere Erklärung finden lässt, und diese zu geben ist nicht schwer. Schilde sind nämlich schon in kretisch-mykenischer Zeit Weihegaben gewesen, wie die Denkmäler zeigen,[73] und als Kampfpreise erscheinen sie noch in späterer Zeit sehr oft, zum Beispiel bei den Heraia in Argos.[74] Man maß also auch den Wert der geweihten Schilde an der Gabe, die man ursprünglich darreichte, das heißt an Rindern. In der sakralen Sphäre ist also der Wert festgestellt worden und bleibt nun so eng mit dem gewerteten Objekt verwachsen, dass er auch jenseits des Kultus im privaten Verkehr in Geltung bleibt. Die sakrale Taxe galt auch im profanen Leben, und so konnte der Dichter den Glaukos tadeln, dass er beim Tausch seinen Vorteil nicht wahrgenommen.[75]

Auch in Indien ist der Wertmesser aus der Stellvertretung im Kult entstanden; auch hier ist die Wertmessung nichts weiter als die Gleichsetzung von bestimmten Einheiten des ursprünglichen Gutes mit dem an dessen Stelle tretenden Gute, und zwar erfolgt diese Stellvertretung sowohl beim Opferlohn der Priester wie im Kultus selbst. Das Rind ist, wie wir sahen, der typische Opferlohn; aber das Rind ist nicht das einzige Gut, das den Priestern als Lohn gegeben wird. Es kommen auch andere vor; es werden Schafe, Rosse, Elefanten, Diener, Kleider und manches andere Gut als Entgelt gegeben; auch Gold kommt vor, während Silber nicht verwendet wird.[76] Diese Mannigfaltigkeit scheint aber nicht ursprünglich zu sein. Jedenfalls war in vedischer Zeit den Priestern verboten, Rosse, Menschen und Schafe als Opferlohn zu nehmen.[77] Hier war also das Rind alleiniges Entgeltungsmittel, und als später ein Teil des in einer bestimmten Anzahl von Rindern festgesetzten Lohnes in anderen Gütern gegeben und empfangen wurde, da musste also bestimmt werden, wie viel an Zahl beziehungsweise Menge notwendig war, um die Rinder zu ersetzen. Auf natürlichem Wege wird also auch hier in Indien das Rind zum Wertmesser für andere Güter.[78] Die indischen Quellen sind, was die Frage der Dakshinas anbelangt, noch nicht eingehend durchforscht worden (das betont Hildebrandt ausdrücklich[79]); eine derartige Untersuchung würde vermutlich noch mehr Belege bringen. Aber auch so fehlt es daran nicht.

Für ein gewisses Opfer haben die Priester als Lohn einen Wagen mit vier Rossen bestimmt; jedes der vier Rosse soll 100 Kühe wert sein.[80] Für den Wagen fehlt eine Wertfestsetzung; wohl, weil der Wagen als Opferlohn auch in Verbindung mit Rindern erscheint, also gewissermaßen ein fester Bestandteil der in Vieh bestehenden Dakshina war.

In dem Ritual für das Pferdeopfer wird festgesetzt, dass das zum Opfer auserwählte Ross »tausend Rindern gleich« sein muss; also wird hier der Wert des Pferdes an Rindern gemessen.[81] Wie hoch hinauf das Rind als Wertmesser geht, das zeigt eben diese Verwendung beim Pferdeopfer ganz evident; denn das Pferdeopfer ist »einer der ältesten Bestandteile der indischen Liturgie«[82]. Ein Pferd ist also gleich tausend Rindern. Das heißt nun natürlich in diesem Zusammenhange nicht, dass beim Pferdeopfer das Pferd durch 1000 Rinder vertreten, dass an Stelle des Pferdes 1000 Rinder geopfert werden konnten. Der Opferritus stand fest und war unabänderlich, und der festeste Punkt des Rituals war das Opfertier von bestimmten Eigenschaften. Stellvertretung durch ein anderes Gut wäre deshalb ganz unmöglich gewesen; sie geht dem Opferakt voraus. Der Hergang ist vielleicht folgender (quellenmäßige Unterlagen fehlen für diese Rekonstruktion): Der König bringt das Pferdeopfer dar; ihm liegt als Opferherr die Beschaffung des Opfertieres ob. Das Ritual schreibt ganz bestimmte Eigenschaften vor; es soll sein: »drei- oder vielfarbig, schnell, mit einem dunklen Zeichen versehen oder dem Zeichen des Wagens, vorn schwarz, hinten weiß oder auch schwarzscheckig«[83]. Ob der König ein Pferd, das alle die Erfordernisse erfüllt, im Stalle hat, ist nicht wahrscheinlich; er wird es erwerben müssen. Dem Besitzer gibt er gegen ein derartiges Ross 1000 Rinder; das Ross ist also 1000 Rindern gleich. Ob der Hergang so erfolgt ist, wer mag das sagen? Jedenfalls aber machen andere Tatsachen, die uns die Ritualliteratur mitteilt, ihn immerhin wahrscheinlich.

Das Rind findet sich nämlich als Stellvertreter anderer Güter (man kann vielleicht sogar von Tauschmitteln sprechen) in indischen Kulthandlungen. Bei der Feier der Feueranzündung wird eine Kuh verlost. Vom Priester werden dem Opferer 100 Würfel übergeben mit den Worten: »Spielt um die Kuh für Reis …«. Dann wird für diese Kuh Reis gekauft, zugerichtet und den Festgenossen gegeben, die ihn verzehren.[84] Dieser Akt ist ein Teil der Kulthandlung. An anderer Stelle erscheint eine ähnliche Handlung ganz eng mit dem Opfer selbst verknüpft; ich meine den Somakauf beim Somaopfer. Der Kauf ist der erste größere Akt des Opfers. Ein Brahmane fungiert als Somahändler. Auf einem roten Stierfell liegen die Somaschossen ausgebreitet. »Eine Kuh von gewissen Eigenschaften steht als Kaufpreis bereit.« Ein fingierter Austausch findet statt; die Schossen der Somapflanze werden gemessen, dann um sie gefeilscht, aber schließlich dem Händler der ganze Kaufpreis wieder fortgenommen. »Wir haben hier eine dramatische, dem Opfer einverleibte Darstellung von der Gewinnung des Göttertrankes aus den Händen der Gandharven«[85] vor uns. Die Annahme liegt nahe, dass die Elemente dieser Handlung aus dem profanen Leben stammen, dass also das Rind auch im weltlichen Handel Kaufpreis gewesen sei. Dass das Rind schließlich diese Rolle gespielt hat, wird nicht zu leugnen sein; es kommt nur darauf an festzustellen, wo der Ursprung liegt, und da scheint mir auch diese Stelle eher für als gegen die sakrale Herkunft zu sprechen. Die Kuh ist als Kaufpreis für das Soma herangeführt; dann wird »die letzte ihrer Fußstapfen, wenn man sie sieben Schritte vorwärts leitet, mit einem Kreis eingeschlossen, mit Butter opfernd überzogen und ein Drittel der dort ausgehobenen Erde nördlich vom Gārhapatya vergraben, ein Drittel nördlich vom Ābavanīya, ein Drittel erhält die Frau«[86]. Ein profaner Kaufpreis wäre wohl kaum in dieser Weise in das Ritual hineingezogen worden. Das Rind war zunächst Opfertier, und als solches ist es dann, und zwar zunächst in sakraler Sphäre, Tauschmittel und Wertmesser für andere Güter geworden. Reis und Soma wird gegen Rinder eingetauscht; das haben wir gesehen.

Nun ist auch der Mensch käuflich um Rinder gewesen. Für das Menschenopfer, dessen Ritual in vielen Stücken mit dem Pferdeopfer übereinstimmt, wird ein Brāhmana oder Kṣatriya um den Preis von 100 Rossen und 1000 Kühen gekauft.[87] Der Kaufpreis ist offenbar an seine nächsten Verwandten gegangen.

Der Mensch rangiert im indischen Ritual auf der gleichen Stufe wie die anderen Opfertiere; wie das Pferd durch Rinder erkauft wird, so auch der Mensch; nur nimmt er in der Wertskala die höchste Stufe ein. Aber Opfertier ist er wie dieses und wird für das Opfer um Rinder gekauft.

Nun erhebt sich sofort die Frage: Ist auch sonst Menschenkauf um Rinder bezeugt, das heißt Stellvertretung des Menschen durch Rinder? Diese Frage führt uns unmittelbar auf das *Problem des Wergeldes*. Wergeld bedeutet wörtlich Mannsgeld; es ist Sühnezahlung für einen Mord. Wir finden es in höchster Ausprägung in Indien. Jolly berichtet, dass »in der vedischen Epoche für einen getöteten Mann ein Wergeld von 100 Kühen an seine Verwandten als Entschädigung gezahlt wurde. Baudh. I 19, 1 schreibt für die Tötung eines Kṣatriya, Vaiśya oder Śūdra eine in 1000, 100 oder 10 Kühen und einem Stier bestehende Buße an den König vor. Für eine Frau ist im Allgemeinen die gleiche Entschädigung wie für einen Śūdra zu leisten, ebenso für ein Rind, (ausgenommen Milchkuh und Zugstier), sowie für einen Schwan, Pfau und andere Tiere. Nach Bühlers wahrscheinlicher Vermutung behielt der König diese Bußen nicht für sich, sondern zahlte sie an die Familie des Erschlagenen aus. Das Wergeld von 100 Kühen erinnert an die 100 Kühe, die als Kaufpreis für einen adoptandus und als Brautpreis zu entrichten sind.«[88] Es ergibt sich also: 1. das Wergeld bestand in Rindern; 2. die Anzahl der zu entrichtenden Rinder ist nach dem Stande des Erschlagenen gestaffelt; 3. das Wergeld geht an die Familie des Erschlagenen.

Eine große Rolle hat das Wergeld auch bei den Germanen gespielt; in den drei Punkten, die ich als wesentlich heraushob, stimmen das indische und germanische Wergeld miteinander überein. In Griechenland und Rom ist die Entwicklung in vielen Stücken anders verlaufen.

Welches ist der Sinn des Wergeldes? Wie ist man dazu gekommen, der Familie des Erschlagenen Rinder zu geben? Ist diese Rindergebung nichts anderes als ein Schadenersatz für den materiellen Verlust, den die Familie durch die Tötung eines Mitgliedes empfangen hat? Diese rationalistisch-wirtschaftliche Auffassung ist heute vielfach vertreten; sie hat bereits geherrscht, als die Wergeldinstitution noch bestand (vor allem bei den Germanen galt das Wergeld vielfach als Ersatz der verlorenen Arbeitskraft). Den ursprünglichen Kern der Institution trifft sie gleichwohl nicht; er liegt wesentlich tiefer. Wir wollen versuchen, ihn bloßzulegen.

Die Pflicht zur Blutrache lag bei der Sippe beziehungsweise dem Stamm, dem der Erschlagene im Leben angehört hatte; aber nicht alle Sippengenossen waren in gleicher Weise verpflichtet, der Grad der Verpflichtung war vielmehr nach dem Grade der Verwandtschaft abgestuft. An erster Stelle steht der Sohn des Erschlagenen; ist ein Sohn nicht da, so ist der nächstälteste Bruder zur Blutrache verpflichtet und so fort. Diese Abstufung der Rachepflicht ist wichtig für die Erkenntnis des Wesens der Blutrache. Die Abstufung ist dieselbe wie bei der Leistung der Totenopfer. Die

Blutrache ist ein integrierender Bestandteil der religiösen Pflichten gegenüber dem Toten. Der Ermordete will die Sühne, ohne die er nicht zur Ruhe kommt. Da er selbst die Rache nicht nehmen kann, so müssen die Überlebenden für die Befriedigung sorgen. Nicht Stammesehre oder andere ideelle Momente, sondern die Angst vor dem Toten ist das ursprüngliche Motiv der Blutrache. Das Erschlagen des Mörders ist also zunächst ein Totenopfer für den Ermordeten.[89] Beweise lassen sich dafür eine ganze Anzahl anführen. Vor allem ist das Streben des Rächers beachtenswert, den Mörder auf dem Grabe des Ermordeten umzubringen. Wilda gibt Belege für diesen Brauch bei den Germanen;[90] auch bei den Griechen hat er in früher Zeit offenbar geherrscht; die homerischen Epen zeigen ihn noch lebendig. Achill schlachtet auf dem Grabe des Patroklos zwölf troische Jünglinge; das ist die Erfüllung der Blutrachepflicht für den erschlagenen Freund; sie steht hier in engster Verbindung mit dem eigentlichen Totenopfer, ist also ein Opfer wie die anderen Handlungen auch.[91]

Nun ist gerade dieses Opfer Achills aus einem anderen Grunde wichtig. Nicht den Mörder selbst erschlägt Achill, sondern an seine Stelle treten zwölf Stammesgenossen. Wir sehen, dass die Stellvertretung auch in der Blutrache gilt. Die Sippe haftet solidarisch; das heißt, wenn der Rächer des Mörders selbst nicht habhaft werden kann (natürlich wird er zunächst mit allen Mitteln versuchen, ihn in seine Gewalt zu bekommen), so nimmt er statt seiner ein anderes Sippenmitglied oder Volksgenossen. Der Rächer begnügt sich also mit einem Ersatz. Die Idee der Stellvertretung, die wir hier aus dem Zwang der Tatsachen selbst erwachsen sehen, führt schließlich dahin, dass der Totschlag des Menschen durch Zahlung von Rindern abgelöst wird. Diese Ablösung ist nur aus der sakralen Sphäre zu begreifen. Ich glaube, der Weg lässt sich noch aufzeigen.

Setzen wir folgenden Fall: Der Bluträcher hat den Mörder nicht in seine Gewalt gebracht, statt seiner aber ein Mitglied seiner Sippe erschlagen. Für den Toten ist das gleich; er hat Menschenblut empfangen und ist versöhnt; also ist auch für den Bluträcher und seine Sippe die Angelegenheit damit erledigt. Was aber macht die andere Sippe mit dem eigentlichen Mörder, wenn statt seiner ein Sippengenosse erschlagen ist? In solchen Lagen konnte leicht der Gedanke entstehen, dass der Mörder Anlass zu der Ermordung des eigenen Sippenmitgliedes gewesen, also eine Schuld auf sich geladen habe. Daraus ergibt sich die Forderung der Sühne, deren Durchführung eine innere Angelegenheit der Sippe ist. Daraus entwickelt sich die Blutgerichtsbarkeit, die nun auch die Motive der Tat (ob freiwilliger oder unfreiwilliger Mord) berücksichtigt. Dies Blutgericht ist zunächst rein religiöser Natur. Der Mord verunreinigt den Menschen, der von diesem Makel befreit werden muss. Zunächst kennt man keinen anderen Weg, als den Mörder selbst umzubringen. Um Land und Gemeinde von der Befleckung zu lösen, wird der Mörder getötet. Die Vollziehung der Todesstrafe ist ein Menschenopfer.[92]

Das Opfer des Menschen wird später abgelöst; die Schuld wird vom Haupte des Täters auf einen anderen Gegenstand abgeleitet, der nun statt des Menschen geopfert wird. An die Stelle des Menschen treten Tiere; unter ihnen spielt das Rind wieder eine Hauptrolle. In Indien zum Beispiel wird ein Stier den Brahmanen ausgehändigt, damit er als Schuldopfer geschlachtet werde. Der Stier ist in Indien der typische Stellvertreter des Menschen.

In Griechenland und Rom ist der Stier gleichfalls Vertreter des Menschen und wird statt seiner geopfert. Für Athen zum Beispiel hat Hans von Prott aus dem Zeremoniell der Buphonien diese Stellvertretung erschlossen; er schreibt: »Der Stier ist an die Stelle eines Menschen getreten … In alter Zeit ist dem Stadtschirmer Athens ein Mensch erschlagen und in eine Grube geworfen worden. Der Priester muss mit Blutschuld beladen fliehen, die Tat wird im Prytaneion untersucht. … Als für das Menschenopfer wie in so vielen Fällen das Tieropfer eintritt, dauert die alte Sitte in Athen fort, der Stier wird als Mensch behandelt«[93]. Statt des Stieres wird anderwärts eine frischmelkende Kuh genommen, auch Bock und Schwein werden als Stellvertreter, auf deren Haupt man die menschliche Schuld ablenkte, geopfert. Demnach tritt in diesem kultischen Zusammenhang an die Stelle des Menschen ein Tier, in Indien ein Stier, in Griechenland Stier oder Kuh. Es liegt also Ablösung eines Menschenopfers durch ein Tieropfer vor.[94]

Das Tier ist den Toten zunächst wirklich geopfert worden. Stieropfer am Grabe sind zum Beispiel in Griechenland vielfach bezeugt. Die Messenier schlachten dem Aristomenes an seinem Grabe einen schwarzen Stier (Paus. IV 32, 3). Ein gleiches Opfer bringen die Platäer alljährlich den im Perserkrieg Gefallenen dar (Plut. Arist. 21). Die Thessaler opfern jedes Jahr nach Troja hinüberfahrend dem Achill zwei Stiere am Grabe (Philostr. her. 19, 741).[95] Wie gebräuchlich solche Opfer waren, das geht deutlich daraus hervor, dass Solon ein Verbot erließ: *βοῦν ἐναγίζειν* [ein Rind als Totenopfer darbringen] (Plut. Sol. 21). Wer eines gewaltsamen Todes gestorben war (in den genannten Beispielen handelt es sich um solche, die in der Schlacht gefallen sind), dem wird ein Stier dargebracht, und dieser Stier ist offenbar zunächst nichts anderes als der Stellvertreter der Feinde, die den Held erschlagen, deren man aber nicht habhaft werden kann. Erst eine spätere Zeit, die den ursprünglichen Sinn nicht mehr begriff, hat darin ein typisches Heroenopfer gesehen.[96]

Das Verbot der Stieropfer durch Solon scheint wirtschaftlichen Erwägungen entsprungen zu sein (es ist ein Teil seiner Gesetzgebung, die Einschränkung des Luxus bezweckte); denn die Totenopfer wurden vernichtet; es durfte von dem Fleisch der den Unterirdischen geopferten Tiere nichts gegessen werden. Dem Ermordeten wurden also keine Stiere mehr geschlachtet. Wird nun damit der Mörder, der den an seine Stelle tretenden Opferstier zu stellen hatte, von dieser Leistung befreit? Nein! Der ursprünglich zum Opfer bestimmte Stier wird in eine Buße verwandelt, die an die Sippe oder Familie, der der Ermordete angehörte, zu zahlen war. Der Stier ist nunmehr Ersatz des Schadens, den die Sippe durch den Mord ihres Mitgliedes erlitten hat. Leist hat bereits darauf hingewiesen, dass der Sühnestier »schließlich bei den Indern gar nicht mehr geopfert, sondern von den Brahmanen als gute Prise behalten worden ist«.[97] Nur trennt Leist die sakrale

Buße (eben den Opferstier) von der weltlichen Buße, dem Wergeld, das an die Verwandten zu zahlen war, und leugnet für dies letztere die Herkunft aus der sakralen Sphäre. Ich muss gestehen, dass ich einen grundsätzlichen Unterschied nicht finde. Ursprünglich sind sie beide sakrale Sühnegaben, und beide sind zu weltlichen Bußen geworden. Das Wergeld ist zunächst ein Opfer für den Toten, dann ein ablösendes Entgelt für die Angehörigen des Toten. Der *fredus* (wenn man ihn mit den *präyaçitta* in Parallele setzt, wie Roth und zweifelnd Leist es tun), ist zunächst Sühnopfer für die das Recht schützenden Götter, dann eine öffentliche Abgabe an den König oder das Volk.

Grimm hat »den Zusammenhang beider, der Bußen und Strafen, mit altheidnischen Opfern«[98] geahnt; aber er glaubt ihn nicht mehr nachweisen zu können. Gewiss. Unsere Kenntnis der altgermanischen Opfer ist zu dürftig, um die direkte Verbindung herzustellen; aber in Indien liegt dieser Zusammenhang vor, und ich glaube auch für das germanische noch ein wichtiges Zeugnis beibringen zu können. Es ist bekannt, dass vom König beziehungsweise Volk nicht nur die Wergeldsätze, das heißt die Zahl der zu leistenden Tiere, sondern auch die Qualität festgestellt wurde; das Vieh musste ein bestimmtes Alter haben, es musste unbeschädigt an Hörnern, Schwanz, Euter und Klauen sein.[99] Der Leser wird sich unmittelbar an die Vorschriften für die Opfertiere erinnern; auch dort waren bestimmte Eigenschaften festgesetzt, ohne die ein Tier nicht als Opfer galt. Also Normaltypen beim Opfer wie beim Wergeld. Aber diese Tatsache allein ist für den Zusammenhang beider nicht beweisend; denn es ist natürlich, dass jede Verordnung über Entgeltung, mag sie sakraler oder profaner Art sein, auch die Qualität des Entgeltungsmittels bestimmen, das heißt einen Normaltypus schaffen muss. Die Art der Qualitätsfestsetzung dagegen braucht bei beiden nicht gleich zu sein; die erforderlichen Eigenschaften können verschieden sein.

Im weltlichen Verkehr entschieden wirtschaftliche Gesichtspunkte über die Eignung (Alter und Unversehrtheit der Glieder sind die wesentlichsten Erfordernisse); im kultischen Verkehr kamen andere dazu. Wir sahen oben S. 43 f. und 57, dass die Farbe als symbolischer Ausdruck des Charakters der Gottheit, der das Opfer galt, eine große Rolle spielte. Nun hat Grimm eine ganze Anzahl von altertümlichen Bußen beziehungsweise Strafen angeführt, wo fahles und buntes Vieh (Ochsen, Kühe, Ziegen) als Normaltyp bestimmt wird; er schreibt dazu: »Warum immer fahles oder buntes Vieh geliefert werden soll? weiß ich nicht genügend zu erläutern; erhöhte die Seltenheit dieser Farbe den Wert?«[100] Derartige Bestimmungen über die Farbe sind nicht selten. Grimm sagt, wo er von den Viehbußen spricht, selbst, dass »oft mit Stücken von ausgezeichneter Färbung und Größe vergolten werde, vielleicht weil es so hergebracht war, ungefähr wie Geldstrafen in veralteter seltener Münze vorkommen«.[101] Das ist schon richtig; aber der eigentliche Sinn der Farben ist damit nicht ergründet. Nun sagt Grimm: »Der *Zusammenhang der Buße und Sühne mit dem Opfer* lässt nicht zweifeln, dass auch Beziehungen zwischen den Sühn- und Opfertieren der Griechen und Römer und unseren Wergeldern in Vieh oder Getreide vorhanden sind.«[102] Das ist die Lösung. Der Normaltyp des Wergeldes scheint letzten Endes mit dem kultischen Normaltyp identisch zu sein. In altertümlichen Wergeldbestimmungen kommt der religiöse Charakter in den genauen Festsetzungen der Farbe noch deutlich zum Ausdruck.[103] Je mehr sich das Wergeld von seinem Ursprung entfernt, umso häufiger fehlen diese Bestimmungen; nur die wirtschaftlichen bleiben. Besonders bei den nordischen Germanen scheint dieser Übergang früh erfolgt zu sein.

Auch in den homerischen Epen ist das Wergeld verweltlicht. Zwischen Mörder und Hinterbliebenen wird ein sachliches Abkommen getroffen; der Getötete scheidet aus. Das ist der Standpunkt des ionischen Individualismus.[104] In den nächsten Jahrhunderten erfolgt unter dem Einfluss Delphis eine Reaktion gegen diese Auffassung; die Ansprüche des Toten, die in der Volksreligion noch lebendig waren, brechen wieder durch. In Athen scheinen jene beiden Anschauungen einen Kompromiss eingegangen zu sein, indem hier sowohl die Gemordeten wie die Nachkommen befriedigt werden. Die Sühne des Toten erfolgt durch Darbringung von Opfern, den Nachkommen wird ein Wergeld gezahlt. Dies bestand zunächst in Rindern, war aber zu Drakons Zeit schon durch andere Güter abgelöst; das Rind war nur noch Wertmesser für die Güter, die an seine Stelle getreten waren.[105]

Das Rind löst also das Schuldverhältnis zwischen Mörder und Verwandten des Ermordeten; das Menschenleben wird in gewissem Sinne mit Rindern erkauft. An die Stelle der gewaltsamen Selbsthilfe tritt die friedliche Ablösung durch Wergeld. Ein analoger Vorgang liegt beim Übergang vom Brautraub zum Brautkauf vor. Da der Verkehr zwischen den Stämmen in der frühen Zeit noch nicht geregelt ist, so ist der einzige Weg, eine Frau aus anderem Stamme in seine Gewalt zu bringen, der Raub. Frauenraub ist auch bei den indogermanischen Völkern in Übung gewesen.[106] Die Sagen wie die vom Raub der Sabinerinnen spiegeln geschichtliche Tatsachen wider. Der Brautraub ist ein Gewaltakt wie die Blutrache. Und in gleicher Weise wie dort wird dieser Raub als eine Schuld gefasst, die entgolten werden muss. Frauenraub gilt zum Beispiel bei den Germanen als ein gegen den Muntwalt der Frau begangener Friedensbruch.[107] Die erste Form der Vergeltung ist natürlich die Selbsthilfe. Raub wird durch Raub vergolten. Dauernde Fehden zwischen den Stämmen, deren vornehmste Beute immer wieder Weiber sind, sind die Folge. Es ist das gleiche Bild wie bei der Blutrache, und auch der Wechsel dieses Zustandes ist ähnlich; auch hier tritt allmählich an die Stelle des Wiederraubes die Leistung einer Entschädigung, und diese besteht wie beim Blutgeld in Rindern. Zwar lässt sich hier nicht bindend nachweisen, dass sich die Ablösung des Raubes durch Zahlung eines Entgeltes unter der Einwirkung des Kultes vollzogen hat. Es scheint vielmehr das Vieh als Kaufpreis für die Braut unmittelbar aus seiner Geltung als Wergeld entstanden zu sein. Im Germanischen ist dieser Zusammenhang ganz eindeutig.[108]

Raub der Frau war ein Friedensbruch, Verletzung des Mundiums; darauf setzte die Rechtsordnung eine Buße. Diese ging an den Brautvater; sie war nichts anderes als das Wergeld, das ebenfalls an die Verwandten ging. Durch die Zahlung der Buße wurde die Fehde gelöst, sowohl beim Mord wie beim Frauenraub. Die Buße wurde an den Brautvater weitergezahlt, auch als die öffentliche Gewalt den Raub längst ganz unterdrückt hatte. Der Bräutigam, der bei dem Brautvater um die Tochter warb, gab als Entgelt dasselbe Gut, das er beim Raub hätte zahlen müssen. Aus der Buße, dem Sühngeld, wird der Kaufpreis; die Übereinstimmung der Art und Höhe des Zahlungsmittels in beiden Fällen beweist den Zusammenhang.[109] Zahlungsmittel ist das Vieh, die Zahlung also »eine Lösung durch Vieh«, wie der alt-germanische Ausdruck »Vihulosinus« für diese Bußzahlung andeutet.[110] Daneben aber kommen früh andere Lösungsmittel auf, in Germanien Edelmetall in Form von Ringen, wie der Ausdruck *reipus* besagt.

In Indien ist das ursprüngliche Gut, wie es scheint, länger in Übung geblieben; typisches Entgelt scheinen 100 Rinder zu sein, die an zahlreichen Stellen als Brautpreis erwähnt werden. Ein Rindergespann als Brautpreis bei den Indern bezeugt Strabo. Später tritt an die Stelle des Rindes ein anderes Gut; Gold, Juwelen, Schmuck, Stoffe, Elefanten, Pferde, Wagen und so fort werden genannt.[111] Wie aus der ursprünglichen Buße allmählich eine Scheinbuße wird, so wird aus dem Kauf ein Scheinkauf; das heißt, die vom Bräutigam gegebenen Güter gelten als Geschenke, die nun vom Brautvater in die Hände der Braut gelegt, also letzten Endes an den Bräutigam zurückgegeben werden. Daraus entwickelt sich die Ausstattung, die nun ebenfalls in Rindern besteht. Das Rind als Teil der Brautausstattung findet man heute noch vielerorts in Geltung. Ich kenne das Fortleben aus dem westlichen Westfalen, wo die Braut noch heute die beste Kuh aus dem Stall des Vaters in die Ehe bringt; es ist die Ehrenkuh, die während der Hochzeitsfeier, einen Kranz um die Hörner gelegt, den obersten Platz im Stalle innehat.

Das homerische Epos kennt beides, den Brautkauf und die Ausstattung. Der Thraker Iphidamas hat seine Frau gekauft von ihrem Vater (Il. 11, 243 f.):

»Hundert Rinder schenkt' er zuerst, und gelobte dem Schwäher
Tausend Ziegen und Schaf aus seinen unzähligen Herden.«

Vielleicht darf man damit Nachrichten von Herodot (5, 6) und Xenophon (an. VII 2, 38) zusammenstellen und daraus schließen, dass gerade bei thrakischen Volksstämmen der Frauenkauf in Übung war. Die allgemeine Geltung der Sitte, ursprünglich wenigstens, folgt aus dem Beiwort, mit dem die Schönheit von Jungfrauen bezeichnet wird; *ἀλφεσίβοια*, das sich in den Epen wie in den homerischen Hymnen findet, bedeutet »Rinder einbringend«; also je schöner die Tochter, umso mehr Rinder erhielt der Vater als Gegengabe. Die Scholiasten haben längst das Wort mit dem Brautkauf um Rinder zusammengebracht. Die Bedeutung des Wortes ist im Homer verblasst. An die Stelle des Brautkaufs ist die Ausstattung der Braut durch den Brautvater getreten; die Bezeichnungen für »Mitgift« tragen zwar noch die alte Form (das heißt, sie bedeuten »den für die Braut gezahlten Kaufpreis«[112]); aber ihr Sinn ist ein anderer geworden. Die Mitgift ist eine Zugabe; sie ist ihrer Natur nach ganz individuell und keiner rechtlichen Regelung unterworfen; das tritt in der Art der Mitgift deutlich in die Erscheinung. Es wird kein Gut von bestimmter Qualität und Quantität gegeben wie beim Frauenkauf (100 Kühe in den *Veden* wie im Homer); was die Braut als Mitgift erhält, steht im Belieben des Vaters. Agamemnon will seiner Tochter, wenn Achill sie nehmen will, sieben Städte mitgeben (Il. 9, 149 ff.). Altes, der Fürst der Leleger, hat seiner Tochter, als sie die Gemahlin des Priamos wurde, Erz und Gold mit in die Ehe gegeben. In anderen Fällen finden sich andere Güter. Jedenfalls fehlt hier jede Normierung; es ist der gleiche ionische Individualismus hier wie beim Wergeld.

Aus dem Wergeld und dem Brautkauf entwickelt sich die Vorstellung, »dass der Leib des Menschen einen bestimmten Geldwert, d. h. Wert an Kühen darstelle«[113]. Die Auffassung geht nach Schrader bis in die Urzeit zurück. Daraus resultiert einerseits die Schuldknechtschaft (das heißt, wer Schulden gemacht hat, bezahlt sie, wenn ihm andere Lösemittel nicht zur Verfügung stehen, mit seinem Leibe ab), die uns hier nichts angeht, andererseits Kauf und Verkauf von Menschen.

Die Sklaverei entsteht sowohl aus intra- wie intersozialen

Bedingungen. Die wirtschaftliche Entwicklung bringt Mitglieder der Sippe in Verarmung; daraus erwächst wirtschaftliche Abhängigkeit, die schließlich zur Schuldknechtschaft führt; der Schuldknecht wird Sklave. Im intersozialen Verkehr werden durch Raub und Krieg Menschen zu Sklaven. Menschenraub zu dem Ende, um den Menschen als Ware weiter zu veräußern, ist nicht indogermanisch, sicher nicht griechisch. Das zeigen die Epen ganz deutlich. Verkauf der Gefangenen ist schon die zweite Stufe. Ihr geht die Tötung voraus. Es war das Recht des Siegers, alle Feinde, die in seine Hand fielen, zu töten. Es ist in den Epen nicht mehr klar zu erkennen, ob diese Tötung ursprünglich mehr war als ein reiner Racheakt. In der nachfolgenden Zeit kommen vielfach Menschenopfer in engster Verbindung mit Schlacht und Krieg vor.[114] Die Hinmordung der Gefangenen kann ursprünglich ein Sühn- oder Dankopfer an die Gottheit gewesen sein. Im Homer ist dieser Gedanke jedoch ganz verblasst; dass er zunächst lebendig war, scheint der Begriff *ἄποινα*, das »Lösegeld«, anzudeuten; *ἄποινα* hängt eng mit *ποινή*[115] zusammen; *ποινή* ist Ablösung des Mordes, das heißt das Gut, mit dem man sein Leben erkauft. Den gleichen Sinn hat *ἄποινα*. Der Gefangene hat sein Leben verwirkt; aber er kann es lösen[116] durch Gaben (*ἄποινα*), wenn der Sieger sie annimmt. Auch der Leichnam musste gelöst werden.[117]

Es erscheint deutlich, dass der Akt der Lösung keinen religiösen Charakter mehr hat. Es ist ein freier Austausch von Gut gegen Gut ohne irgendeine rechtliche Sanktion. Das kommt zunächst darin zum Ausdruck, dass die Güter, die zur Lösung dienen können, ganz verschiedener Art sind. An vielen Stellen kommen Metalle vor: Gold, Erz und Eisen.[118] Außerdem finden sich Gewänder, Teppiche, Dreifüße, Becken und Becher. Ist die Art der Lösemittel willkürlich, so ist auch die Menge ganz individuell. In dem stehenden Beiwort *ἀπερείσια* (unermesslich) zeigt sich besonders deutlich, dass eine feste Norm fehlte, dass Leistung und Gegenleistung subjektivem Ermessen anheimgestellt war.[119]

Überblicken wir unsere Darlegungen, so lassen sich in gewissem Sinne zwei Kreise des Güterverkehrs scheiden. Der eine Kreis umschließt den profanen Güterverkehr; in ihm herrscht vollkommene Freiheit. Art und Größe der gegeneinander getauschten Güter und Leistungen unterliegen keinerlei Bindung. Der Tauschakt ist auf rein gefühlsmäßiger Grundlage basiert; feste Regeln existieren nicht. Dahin gehören die geschilderten Vorgänge des Loskaufs der Gefangenen. Dieser Loskauf, wie wir ihn eben darstellten, ist die Vorstufe des eigentlichen Sklavenhandels. Stand dem Sieger der Gütergewinn höher als die Befriedigung der Rache, so war der Wunsch, den Gefangenen gegen Gut zu tauschen, gegeben. Hatten der Gefangene oder dessen Eltern das Lösegeld nicht, so gab vielleicht ein Fremder die gewünschte Gegengabe. So gibt Achill den gefangenen Lykaon an Jason nach Lemnos (Il. 21, 40), von dem ihn dann sein Gastfreund Eëtion, Fürst auf Imbros, erlöste, indem er »vieles gab«. Das Kriegsgut war durch Gewalt erworben; es ist natürlich, dass die Methoden, wie man es gegen andere Güter umtauschte, nicht sehr friedlich waren. Krieg führen galt als Arbeitsleistung; die Beute war der Lohn für die Mühen. Dass der Krieger das erworbene Gut hoch einschätzte, ist selbstverständlich, und dass Streit und Feilschen beim Umtauschen nicht gefehlt haben, ebenfalls. Die Epen enthalten ja viele Schilderungen von Streitigkeiten bei der Beuteverteilung. Die Ursache ist natürlich darin zu suchen, dass jeder die Güter nur gefühlsmäßig und egoistisch wertet, dass feste Maßstäbe für die Wertung fehlen.

Von diesem weltlichen Kreis des Güterverkehrs hebt sich der Güterverkehr, der in der religiösen Sphäre erfolgt, charakteristisch ab. Die Religion schafft Bindung und Normalisierung. Das Gut wird in seinem Werte geschätzt; an erster Stelle natürlich das Gut, das der Gottheit dargebracht wird. Dies Schätzen heißt *τίειν*; zum selben Stamme gehört *τίμᾶν; τιμή* [Schätzung] ist ursprünglich weiter nichts als die Übergabe des abgeschätzten Gutes an den berechtigten Empfänger, also zunächst an die Gottheit. Die *τιμή*, die die Gottheit empfängt, ist anfänglich rein materieller Art; erst später wird sie vergeistigt.

An vielen Stellen der Epen heißt es, dass der König *θεὸς ὥς τίετο δήμῳ* [vom Volk wie ein Gott geehrt wird]. Auch er empfängt wie die Gottheit seine *τιμή*, sein in Art und Größe fixiertes Gut. Also in dem sakralen Bereich der Gemeinde erfolgt zuerst Abschätzung und Wertung von Gütern. Evident tritt das vor allem in den Agonen in die Erscheinung. Die Kampfpreise werden *ἐνί σφισι* [untereinander], also innerhalb der Gemeinschaft, auf einen bestimmten Wert veranschlagt. Es kommen die gleichen Güter als Wettpreise vor, die auch als Lösegeld erscheinen. Dort unterliegen sie einer festen Wertfestsetzung, hier ist von einer Schätzung nicht die Rede. Nur eine Ausnahme gibt es, die zeigt, dass nun die in der sakralen Sphäre geschaffene Norm ihren Bereich erweitert, ihre Geltung auch auf den weltlichen Kreis ausdehnt.

Lykaon fällt zum zweiten Mal dem Achill in die Hände. Als er das erste Mal von ihm gefangen wurde, hat Achill ihn nach Lemnos verkauft, von wo ihn ein Gastfreund freikaufte. Lykaon erinnert den Achill daran, dass er ihm damals Güter im Werte von 100 Rindern eingebracht habe (*ἑκατόμβοιον δέ τοι ἦλφον* [Hundertrinderiges brachten sie dir ein], Il. 21, 79). Es ist auffällig, dass sich nur hier und an keiner Stelle sonst, obwohl die Lösungsszenen nicht selten sind, die Wertbestimmung nach Rindern findet. Das muss einen besonderen Grund haben; ich glaube, er lässt sich aufdecken. Zwischen Achill und Lykaon besteht ein sakrales Rechtsverhältnis. Lykaon weist Achill mit Nachdruck darauf hin, dass er ihm gegenüber ein *ἱκέτης*, ein Schutzflehender sei und als solcher Schonung beanspruchen könne. B-Schol. zu dieser Stelle legt das eingehend dar: »ἴσος ἱκέτῃ εἰμί· ἱκέταο δὲ τοῦ εἰς τὴν ἑστίαν ἥκοντος καὶ ἱκετεύοντος· πιθανὴ δὲ ἡ ἐπανάληψις ὁ γὰρ αἰχμάλωτος ἱκέτην ἑαυτόν φησιν ..., ... ὁ δὲ τῷ ὁμωρόφιος γεγονέναι καὶ τροφῆς μετεσχηκέναι εἰς τὸ τῶν ἱκετῶν δίκαιον ἑαυτὸν τάττει«*. Als *ἱκέτης* (das heißt als Bittsteller) steht er unter

* »gleich einem Schutzflehenden bin ich: ›Schutzflehender‹, da er an den Herd kam und um Schutz flehte; die Aufnahme ist glaubwürdig, denn der Gefangene nennt sich selbst Schutzflehender ..., ... dadurch, dass er unter demselben Dach gewohnt und das Mahl geteilt hat, stellt er sich unter das Recht der Schutzflehenden«.

dem Schutze der Götter und in einem sakralen Rechtsverhältnis zu dem Herrn des Herdes, bei dem er Schutz gesucht hat. Der einfache Kriegsgefangene ist rechtlos, er verspricht dem Sieger *ἀπερείσια ἄποινα* [unermessliche Lösung], weil ohne Rechtsverhältnis keine Norm existiert. Lykaon dagegen bietet dem Achill ein bestimmtes Lösegeld an, dessen Art und Höhe aus sakraler Sphäre stammt. Ich zögere nicht, von einem Wergeldsatz zu sprechen. Wie der Mörder, der zum Herde geflohen ist, um Schutz zu suchen, sich durch eine Buße loskauft, nach dieser Analogie will Lykaon sein Leben von Achill erkaufen. Er benutzt also denselben Wertmesser, der bei der Ablösung der Blutrache gebraucht wird; denn auch hier erfolgt ja eine Wertung und Schätzung.[120] *Τίσις* stellt sich zu *τιμή*, beide gehören zum Verbum *τίειν; τίσις* bedeutet zwar auch Rache, aber vor allem Abschätzung der Güter, die die Rache ablösen.[121] *Τίσις* ist also auch die Bestimmung des Wergeldes; diese erfolgt durch die sakrale Rechtsordnung.

Also innerhalb der sakralen Rechtsgemeinschaft ist ein fester Wertmesser geschaffen; die Rechtsordnung hat aus der großen Gütermenge ein bestimmtes Gut herausgehoben und es zum Entgeltungsmittel für die innerhalb der betreffenden Gemeinschaften vorhandenen Verbindlichkeiten und Schuldverhältnisse bestimmt. Das sakrale Gut »Vieh« hat sich als rechtsgültiges Zahlungsmittel allgemein durchgesetzt, die Vertretbarkeit durch Vieh ist allgemein anerkannt. Ich führe zum Beweise noch einige wichtige Tatsachen an. Mit Vieh wird in Indien die Beleidigung der Brahmanen gebüßt (Sätze von 100 und 1000 Stück werden genannt[122]), Vieh dient überhaupt als Abgeltungsmittel einer Schuld; denn »eine Schuld abtragen« wird ausgedrückt durch »Vieh zusammentreiben«[123]. Im frühen Italien bestehen alle Multen in Vieh.[124] Ob in Griechenland die Geltung ebenso allgemein war, ist nicht sicher. Immerhin scheint das, was Pollux IX 61 über die drakonischen Viehbußen überliefert, durch eine frühe Inschrift aus Olympia eine gewisse Bestätigung zu finden.[125] Dort wird die Entweihung des Heiligtums *βοΐ τελείαι* [mit einem vollendeten Stier] gebüßt, also mit einem Opfertier. Die Strafzahlung ist ja nichts weiter als ein Sühnopfer, das Zahlungsmittel eben das Opfertier;[126] das ist ja natürlich; denn die Gemeinschaft hat nur die Vergehen gegen die Götter öffentlich gesühnt. Die Buße ist also ein Opfer, die Zahlungen gehen an das Heiligtum.[127] Die ältesten Richter sind die Priester, und da der Prozess als ein Agon gilt,[128] so steht den Richtern eine Entlohnung zu.

Das *sacramentum*, das den Pontifices von der unterliegenden Prozesspartei zu geben war, bestand nach Mommsen in früher Zeit in Opfervieh; bei kleinen Prozessen waren fünf Schafe, bei größeren fünf Rinder darzubringen.[129] Richterlohn ist also ursprünglich Vieh gewesen. Die homerischen Epen zeigen auch in dieser Hinsicht einen fortgeschrittenen Standpunkt. Auf dem Achillesschild ist an die Stelle des ursprünglichen Gutes bereits Gold getreten; aber in der *Odyssee*[130] ist wenigstens noch ein Anklang an den früheren Zustand erhalten, und für die Frühzeit Athens lässt er sich aus den Quellen erschließen. Den römischen *sacramenta* entsprachen in Athen *τὰ πρυτανεῖα*. Diese Prytanengelder wurden von den Vorstehern der Gerichte an die Kolakreten gegeben; »sie nahmen die Ehrengeschenke an, welche in den ältesten Zeiten die Könige, dann die Archonten und Prytanen als Richter für die Rechtspflege erhielten«[131]. Worin diese Ehrengeschenke, die die Kolakreten einsammelten, bestanden, sagt ihr Name. Es waren Rinderschenkel. Diese haben sie im Prytaneion zubereitet[132] und, wie in der *Odyssee*, bestand also auch im alten Athen der Richtersold in einer Mahlzeit. Verwalteten die Kolakreten nach Boeckhs Ausspruch »alles, was damals an Finanzwesen da sein konnte«[133], so ist im Prytaneion die staatliche Gehaltszahlung konzentriert. Hier empfingen die geschäftsführenden Beamten ihre Remuneration in Form eines Mahles; hier speisten Gesandte[134], Bürger, welche sich um den Staat verdient gemacht hatten, Sieger in den großen Wettkämpfen und siegreiche Feldherren erhielten hier ihr *γέρας* [Ehrengeschenk].

Rom hat seine Feldherren großzügiger geehrt; aber im Prinzip ist der Lohn hier wie dort der gleiche. Livius erzählt uns wiederholt,[135] dass tüchtige Leistungen im Felde mit Rindern abgegolten wurden (einmal sind es zehn, einmal dreißig, einmal hundert Stück), und wenn P. Decius außer mit hundert Rindern noch »eximio uno albo opimo auratis cornibus« geehrt wird, so kann kein Zweifel bestehen, dass die geschenkten Rinder oder wenigstens dies eine als Opfer bestimmt war. Wie die Sieger in den Agonen, so weiht auch der siegreiche Feldherr (denn Krieg ist ja nichts anderes als ein Agon) die als Lohn gegebenen Rinder den Göttern. Es zeigt sich evident, dass sich das gesamte Zahlungswesen um einen religiösen Mittelpunkt dreht;[136] sowohl die apozentrischen wie die epizentrischen[137] Zahlungen (um mit Knapp zu reden), die der Staat leistet beziehungsweise empfängt, erfolgen in sakraler Sphäre.

Dürfen wir nun aufgrund der aufgeführten Tatsachen auch von einer *Viehwährung* sprechen? Ich denke, nichts wird daran hindern. »Unter Währung versteht man im allgemeinen das in einem Staat gesetzlich bestehende Geldsystem«[138]. Staaten wird man die Gemeinschaftsgebilde ohne Bedenken nennen können. Der sakrale Nomos, in dem die geltende Norm geschaffen wird, ist die ursprünglichste Form des Gesetzes. Auch das dritte Merkmal findet sich. Das Gut, das gesetzliche Zahlungskraft hat, ist bereits zu einer gewissen Systematik ausgebaut. Die Einheit ist das Rind bestimmter Qualität; diese oberste Einheit wird nun in untere Nominale zerlegt. Kopf, Fell, Schenkel, Zunge und die anderen Teile sind bestimmte Zahlungseinheiten.

Wie fest sie durch die lange Übung geworden sind, das offenbart eine interessante Tatsache, auf die Schrader hingewiesen hat.[139] Die Indogermanen besitzen eine überraschend große Kenntnis der Anatomie und haben für jeden Körperteil einen besonderen Begriff ausgebildet. Dafür gibt es nur die eine Erklärung: »Die schon in der Urzeit sehr sorgfältige Unterscheidung der einzelnen inneren und äußeren Teile« kann nur beim Schlachten der Opfertiere gewonnen worden sein. Hier kam es auf genaue Erfüllung der rituellen Vorschriften an; daher war große Sorgfalt erforderlich. Die dauernde Übung hat dann die »Stückelung der Währungseinheit« zu einem System gemacht. Was dieser Währung fehlt, das ist die Wertrelation der einzelnen Nominale unter sich und in Bezug auf die Währungseinheit. Es ist in diesem System nicht bestimmt, wie viele Teile der unteren Nominale auf das Einheitsstück gehen. Also eine Währung, in der und mit der man rechnen kann, liegt nicht vor. Das hat seinen Grund aber in der rituellen Gebundenheit. Wie den Göttern bestimmte Teile des Opfertieres gegeben werden, so auch den Priestern und den übrigen sakralen und staatlichen Beamten. Eine Vertretung des fixierten Stückes durch ein anderes verbietet natürlich der Ritus, sodass es zu einer Wertrelation nicht kommen kann. Diese Wertrelation, die innerhalb der Viehwährung nicht vorhanden ist, setzt erst ein, als das Vieh abgelöst wird durch andere Güter, die nun an seiner Stelle Entgeltungsmittel werden. Das alte Zahlungsmittel wird zum Maßstab für das neue. Diese Entwicklung hat die Viehwährung nicht ganz zerstört; aber sie ist jetzt auf die Kultsphäre beschränkt und wird auch hier von der neuen Währung mannigfach zersetzt und eingeengt. In abgelegenen Gegenden hat sie sich noch bis in die hellenistische Zeit hinein gehalten.

So hat Hiller von Gaertringen vor dem Kriege in Arkadien (Megalopolis) eine Inschrift gefunden, auf der Beiträge offenbar für kultische Zwecke eingetragen sind.[140] Da ist nun sehr merkwürdig, dass auf der Vorderseite die gestifteten Summen in der geltenden Währung (Statere werden genannt) aufgeführt sind, auf der Rückseite dagegen ist gesagt, dass jeder Stifter den Preis eines Rindes beitragen soll (*ὑπὲρ ἑκάστου τιμᾶν βοός*). Die Urkunde gibt uns, wie es scheint, unmittelbaren Einblick in den Übergang von der Viehwährung zur Metallwährung; die Summen werden in Vieh angesetzt, aber in Metall bezahlt. Die Geldsumme stellt den Preis des Viehes (*τιμὰ βοός* [Schätzung eines Stiers]) dar. Ob der Preis des Rindes einer bestimmten Münze gleichgestellt worden ist, können wir hier nicht mehr konstatieren, wohl aber scheint es nach dem Bericht des Pollux IX 61 bei der delischen Festgesandtschaft der Fall gewesen zu sein; dort verkündete der Herold, dass an die Stelle eines Rindes, das als Lohn beziehungsweise Geschenk (offenbar für Sieger in Agonen) gegeben wurde, jedes Mal ein attisches

Didrachmon trat. Wie weit sonst der Wert des Viehes mit einem bestimmten Metallgewicht gleichgesetzt wurde, ist nicht festzustellen. Jedenfalls ist die Ansicht Ridgeways, dass »the gold unit everywhere the value of a cow«[141] gewesen sei, stark übertrieben.[142] Die Festsetzung einer fixen Relation war besonders in der sakralen Sphäre von großer Wichtigkeit, und auf diesem Gebiete scheint man, wie die Preisfestsetzungen für Opfergegenstände[143] und vieles andere zeigen, vor allem tätig gewesen zu sein. Solon hat hier ein besonders großes Verdienst.[144]

III. KAPITEL
Entwicklungsgeschichte der Opfergaben

Der Ablösung der Blutrache durch das Wergeld liegt die Idee der Stellvertretung zugrunde. An die Stelle des Menschen tritt das Tier. Das substituierte Tier wird dem Erschlagenen zunächst als Opfer dargebracht, dann aber den Verwandten des Getöteten übergeben. Aus dem Menschenopfer wird das Tieropfer, aus dem Tieropfer entwickelt sich die Zahlung von Tieren als Wergeld. Wergeld ist Lösegeld, mit dem der Mensch sein Leben erkauft. Lösegeld ist also Opferersatz; wer Lösegeld gibt, befreit seinen eigenen Leib vom Geopfertwerden.

Die Idee der Stellvertretung, die wir bei der Entstehung des Wergeldes wirken sehen, ist in der Sphäre des Kultes heimisch. Das ist zunächst auffällig; denn bei dem konservativen Charakter des Kultus würde man ein starres Festhalten an den einmal festgesetzten Opfergaben erwarten. Nun ist zwar die einzelne Kultordnung in sich konstant; das heißt, die für eine bestimmte Gottheit oder bei einem bestimmten Fest verordnete Opfergabe kann nicht durch andere ersetzt werden. Dagegen ist das Opfer selbst einer Entwicklung unterworfen; was heute als Opfergut gilt, an dessen Stelle tritt morgen ein anderes. Aber diese Ablösung bedeutet nicht etwa Bruch, ist keine völlige Neuerung. Im Gegenteil: der konservative Grundzug des Kultus offenbart sich gerade darin, dass sich die ablösende Opfergabe möglichst eng an die vorhergehende anlehnt. Der »rekurrente Anschluss« (um mit Knapp zu reden) kann nicht bindender sein als gerade in der Opferablösung. Aus dieser Tatsache erklärt sich die Entstehung des Wertmessers ungezwungen.

Wir betrachten im Folgenden diese sakrale Stellvertretung[1] zunächst in allgemeinen Umrissen, um am Schluss die stellvertretenden Symbole einer speziellen Betrachtung zu unterziehen.

Wir knüpfen an den altindischen Kultus an, der die Entwicklung am klarsten zeigt.[2] »Die Götter nahmen anfangs den Menschen als Opfertier, da wich von ihm der *medha* (die Opferfähigkeit) und ging in das Ross; da entwich von diesem die Opferfähigkeit und ging in das Rind. Und so fort vom Rind auf das Schaf vom Schaf auf die Ziege«[3]. Die Reihe zeigt, dass die Entwicklung von einem höheren, kostbareren Gut zu einem geringeren hinabsteigt, bis schließlich die Opferfähigkeit von der Ziege auf die Bodenfrucht geht. Den Anstoß zur Ablösung haben offenbar rationale Erwägungen gegeben.[4] Auch spielten humanitäre Gründe eine Rolle; seinesgleichen zu opfern, widerstrebte dem erwachenden Menschlichkeitsgefühl. So suchte man das Leben des zum Opfer bestimmten Menschen zu erhalten. Die Hierodulie ist ein Ersatz des Menschenopfers; anstatt den Göttern geschlachtet zu werden, verrichtet der Geweihte Tempeldienste.[5] Eine ähnliche Idee liegt dem Ver sacrum zugrunde; die den Göttern geweihten Jünglinge ziehen außer Landes, um eine Kolonie zu gründen. Solche Ablösungen setzen wie jede kultliche Stellvertretung das Experiment voraus. Der Priester vollzog einmal aus dem Gefühl der Menschlichkeit heraus die substituierte Handlung; war der Erfolg derselbe, so hatte der Gott zur Ablösung seine Zustimmung gegeben. Der Bann war gebrochen, die Entwicklung ging ihren Weg.

Hierodulie und Ausstoßung erhielten zwar dem Menschen das Leben; aber der *sacrificandus* blieb gebunden im Dienste der Gottheit, er wurde nicht frei. Erst die Ersetzung des Menschen durch einen anderen Opfergegenstand bringt die volle Ablösung. Dieser Übergang ist in mannigfachen Variationen erfolgt.[6] An Stelle hervorragender Mitbürger nahm man »die schlechtesten Menschen, Verbrecher und Taugenichtse, die gar nicht wert waren zu leben«[7]. In Korinth sollten der Hera sieben Knaben und sieben Mädchen geopfert werden; die Ablösung geschah in der Art, dass die zum Opfer Designierten einen einjährigen heiligen Dienst verrichteten und der Rest gewissermaßen durch ein Ziegenopfer abgelöst wurde. Anderswo und zu anderer Zeit fällt der heilige Dienst ganz weg. Das stellvertretende Tier ist vollgültiges Lösemittel. Rinder, Schafe, Ziegen und andere Tiere dienen als Menschenersatz; unter ihnen spielt das Rind eine besonders große Rolle, wie wir oben sahen.

Der »rekurrente Anschluss« an das vorhergehende Opfer wird ängstlich hergestellt. Wo man die Ablösung nicht unmittelbar mit einer Willensäußerung der Gottheit rechtfertigte,[8] da suchte man wenigstens rein äußerlich die Anknüpfung an das Menschenopfer herzustellen. Wenn Pelopidas statt der blonden Jungfrau, die er opfern sollte, ein blondes Fohlen schlachtet, so ist die Ähnlichkeit der ursprünglichen und ablösenden Opfergabe sehr oberflächlich. Im Allgemeinen suchte man den Stellvertreter mit dem Originalopfer in Bezug auf die äußere Form in engste Verbindung zu setzen. Ein typischer Fall dieser Art ist uns von Tenedos überliefert. Dort soll ein Kind geopfert werden; man nimmt stattdessen ein Kalb, dem man Kleider und Schuhe anlegt und es so als Kind maskiert. Die Ablösung muss den Schein wahren.[9] Diese Tendenz bewirkt, dass bei den stellvertretenden Opfern mehr und mehr der innere Gehalt zurücktritt; nur die Form ist wichtig, während das Material, aus dem sie besteht, gleichgültig ist.

Eine Mittelstellung zwischen dem realen Ersatzopfer und dem reinen Symbol nehmen die Opferkuchen in Tierform ein. Ob die Opferkuchen in Indien als Tiere gestaltet waren, ist nicht zu erkennen; aber dass das Kuchenopfer dem Tieropfer an Wirkung unmittelbar gleichsteht, das sagt der oben angeführte Brahmanen-Text deutlich. Die Opferfähigkeit geht nämlich von der Ziege in die Erde hinein: »Da durchgruben sie diese suchend und fanden die Opferfähigkeit als Reis und Gerste. Drum so viel Kraft in allen jenen fünf Tieren war; so viel Kraft ist hier in diesem [aus Reis beziehungsweise Gerste bestehenden] Opferkuchen.« Der Zweck dieser Legende ist, wie Weber darlegt, offenbar der, zu zeigen, dass die Darbringung eines Opfer*kuchens* dieselbe Wirksamkeit habe als die Darbringung von Opfer*tieren*.[10] Und zwar scheint die indische Spekulation diese Wirkung auf den Inhalt zu gründen.

In Griechenland steht die Form an erster Stelle. Es wird ausdrücklich betont, dass die Kuchenopfer *εἰς ζώων μορφὰς τετυπωμένα* [in der Gestalt von Tieren geformt] dargebracht wurden.[11] Derartige Kuchentiere als Opferersatz sind in Griechenland sehr verbreitet gewesen. Vor allem sind aus Athen mehrere Beispiele überliefert. Den verschiedensten Gottheiten wurden Kuchentiere als Ersatz dargebracht. Im Totenkult herrschte die gleiche Sitte. Rinder, ursprünglich den Toten in natura dargebracht, wurden schließlich durch Nachbildungen in Kuchen ersetzt. Statt Teig nahm man auch Früchte, die man nun gleicherweise in Form brachte. Herakles erhält im Demos Melite zu Athen als Opfer Äpfel, in die man aber, um ein Rind daraus zu machen, kleine Hölzchen steckt, die Beine und Hörner darstellen. Die Böoter brachten ihm ein ähnliches Opfer. Die Lokrer haben Gurken in dieser Weise als Göttergabe hergerichtet. Im römischen Kult kommen Kuchen als Opfergaben ebenfalls vor, und welche große Rolle sie in der germanischen Religion gespielt haben, das zeigen die Formen des Festgebäckes auf dem Lande noch heute.[12]

Die Ablösung, die wir bis hierher betrachteten, bringt keinen grundsätzlichen Wechsel der Opfergabe; es tritt zwar eine Verschiebung des materiellen Gehaltes (Kuchen statt Fleisch; Verkleinerung der Originale) ein, aber der sakramentale Charakter bleibt erhalten; auch der Kuchen ist Träger des göttlichen Fluidums, wie es das Tier war, und wird wie dieses auch als Sakrament verzehrt.

Von dieser Form der Ablösung ist nun die Stellvertretung durch reines Symbol durchaus verschieden. Der Stoff, aus dem das Symbol besteht, ist gleichgültig; nur die äußere Form ist wichtig. Das Material, aus dem es geformt, ist meist dauerhafter Art (Ton, Stein, Holz, Metall und so fort). Diese Art, das Opfer zu ersetzen, braucht beim Menschenopfer nicht erst den Umweg über das Tier zu nehmen. Das Bild ist Stellvertreter des realen Menschen; statt seiner wird es der Gottheit dargebracht. In Rom sind oft Puppen Ersatz für wirkliche Menschen gewesen.[13] Und in Athen wurden zum Beispiel am sogenannten Schaukelfest Puppen an Bäume aufgehängt; das ist offenbar Ablösung eines Menschenopfers, das ursprünglich durch Erhängen vollzogen wurde. Auch das Tieropfer wird durch Darbringung von Tiernachbildungen ersetzt.

Diese Substitution ist für uns von großer Bedeutung, weil hier an die Stelle von realen, wertvollen Gütern imaginäre, wertlose Dinge treten,[14] die aber als Tausch- beziehungsweise Zahlungsmittel im Verkehr zwischen Göttern und Menschen die gleiche Geltung wie jene haben. Der Übergang vom Realopfer zum Symbol scheint also für die Entstehung des »chartalen« Geldes von Wichtigkeit zu sein; wir müssen daher unsere allgemeinen Bemerkungen über Ersatzopfer noch durch eine spezielle Betrachtung der Symbolformen ergänzen.

Die deutschen Ausgrabungen in Olympia haben große Massen von rohen Tierbildern zutage gefördert (insgesamt etwa 15 000 Stück). Diese Funde gehören »ganz ausschließlich der tiefsten und ältesten Schicht von Olympia an«[15]. Die Datierung dieser Tierfiguren bis ins 8. Jahrhundert hinauf ist gesichert. Das Material, aus dem sie hergestellt sind, ist entweder Ton oder Kupfer beziehungsweise Bronze; die Terrakottafiguren überwiegen in der untersten Schicht, in der oberen finden sie sich nur noch selten, dort sind die Figuren aus Bronze oder Kupfer in der Mehrzahl. Die Technik der Herstellung ist ganz roh. Die meisten Stücke sind gegossen; eine Anzahl ist geformt aus dünnem Blech, in das die Extremitäten eingeschnitten und dann zusammengebogen wurden, sodass das Tier zwar inwendig hohl, aber von oben und von den Seiten genau wie die gegossenen Tiere aussah.

Welches ist nun der Sinn dieser primitiven Tierbilder? Sie sind speziell an den Altarplätzen gefunden, wodurch ihr sakraler Charakter erwiesen wird. Das wird zudem bestätigt durch analoge Funde an anderen heiligen Plätzen des frühen Griechenlands. Im Heiligtum der argivischen Hera sind ebenfalls Hunderte von Tierbildern in Ton oder Bronze gefunden. In Dodona wurden ähnliche Funde gemacht. Das Kabirion bei Theben ergab mehr als 500 Figuren in Bronze und Blei; weiter sind derartige Stücke zutage getreten auf der Akropolis von Athen, in Eleusis, in den zum Kult benutzten Grotten auf Kreta (der diktäischen zum Beispiel), in Delphi,

Delos, Korinth und an anderen heiligen Orten.[16] Der kultische Charakter wird weiterhin auch durch die Gattung der Tiere bewiesen; es sind meist dieselben Tiere, die auch als Opfertiere vorkommen, und es überwiegt, wenn man den Durchschnitt nimmt (nicht nur in Olympia, sondern auch an anderen Kultstätten), durchaus das Rind. So finden sich in Olympia nur Rinder und Pferde, und zwar ist das Verhältnis so, dass in der ältesten Schicht das Rind, später das Pferd überwiegt.[17]

Diese Tiernachbildungen stellen Gaben an die Gottheit dar, sind also wie die Tiere selbst Opfer. Wie der Opfernde durch Schlachtung eines lebenden Tieres die Gegengabe von der Gottheit erreichen will, so der Dedicans durch Darbringung einer Nachbildung. Die Absicht, das Ziel beider, des Opfernden wie des Dedikanten, ist offenbar das gleiche; nur das Mittel, mit dem sie ihr Ziel erreichen, ist verschieden: dort das reale Stück Vieh, hier eine Nachbildung, ein Symbol. Also ist innerhalb des sakralen Tauschaktes an die Stelle des realen Tauschmittels das symbolische getreten, und darin liegt die hohe Bedeutung dieser rohen Figuren.

Die Ablösung des realen Gutes durch ein Symbol ist im Kult erfolgt. An den Kultstätten, wo diese Tierbilder gefunden worden sind, haben wir beide Arten (Opfer wie Anathem) nebeneinander. In Olympia zum Beispiel sind viele schwarze Aschenschichten gefunden worden,[18] ganze Altäre aus Asche, die beweisen, dass der Gottheit auch Tiere geschlachtet und die für das Opfer bestimmten Teile verbrannt worden sind. Das waren die offiziellen Opfer. Die Tierfiguren sind zunächst und vor allem private Gaben, die von der großen Masse der Festteilnehmer der Gottheit dargebracht wurden. So wird man also zunächst versuchen, die Bedeutung dieser Figuren aus dem Milieu der Volksreligion heraus zu erklären.

Das Volk bedient sich des Zaubers, um auf die überirdischen Kräfte zu wirken. Nun vertritt im Zauber das Abbild das reale Objekt, Puppen vertreten wirkliche Menschen, oder, richtiger gesagt, die Puppe ist der reale Mensch, beide sind identisch.[19] Diese Gleichsetzung (reales Objekt = Symbol) liegt (daran kann kein Zweifel sein) auch den Tieridolen zugrunde. Die Totengaben, die bildlich an den Wänden ägyptischer Grabkammern erscheinen, sind Realitäten für den Toten,[20] und die Nachbildungen der Opfertiere sollen für die Götter ebenfalls wirkliche Tiere sein.[21] Es scheint also in der Tat im Zauber die Wurzel des symbolischen Opfers zu liegen. Die Darbringung solcher Weihegeschenke ist nämlich in dieser frühen Zeit auf das niedere Volk beschränkt. Homer kennt keine Anatheme, und auch die führenden Kreise und der Staat des 8. Jahrhunderts haben offizielle Weihegeschenke nicht dargebracht. Also ist diese Sitte von unten her erwachsen, und als sie dann von der führenden Schicht angenommen wurde, da ist ihr auch ein anderer Sinn unterlegt worden.[22]

Der Wechsel der Opfergabe wird mit dem Wechsel des Wesens der Gottheit erklärt, der das Opfer galt. Ursprünglich ist die Gottheit ein materielles Wesen, das wie der Mensch essen und trinken muss. Die Gottesvorstellung hat sich von dieser ursprünglichen Vorstellung immer weiter entfernt. Vor allem, nachdem die Religion Trägerin der Moral geworden, wird der Gottesidee jede materielle Beimischung genommen: »Truglos, wahrhaft, gerecht und gütig soll der Gott gedacht werden«.[23] So ist die Gottheit ein rein geistiges Wesen geworden, das kein Wohlgefallen mehr an materiellen Gaben hat. Also müssen sich auch die Opfergaben entmaterialisieren.[24] Aus der Opfergabe wird das Anathem. »Opfer und Gebet werden der derb realistischen Auffassung, die in älterer Zeit geläufig war, entkleidet, in zahlreichen Äußerungen aus der Zeit reifer Bildung einzig als äußeres Zeichen einer frommen Gesinnung, eines frommen, vertrauenden Sinnes gefasst, der von den Mächtigen, Gütigen ›zu dem Guten das Schöne‹ erfleht, wie es in jenem spartanischen Gebete hieß«[25].

Noch ein weiterer Grund für die Opferablösung lässt sich anführen. Die göttlichen Wesen waren zunächst nur Augenblicksgötter, und vergänglichen Göttern entsprachen vergängliche Gaben. Seitdem man der Gottheit dauernde Existenz substituiert, ja ihr ewiges Leben zuweist, da ergibt sich als natürliche Folge, dass man auch die Opfergaben in dauernde verwandelt. »Weitaus dominierend ist bei der überwiegenden Zahl von Weihgeschenken dieser Art die Idee, dass das Abbild als etwas Bleibendes gewissermaßen eine Verewigung des oft vergänglichen Originalgeschenkes sein, die flüchtige Erscheinung, an der Gott Wohlgefallen gefunden, zu seiner dauernden Ehrung festgehalten werden solle.«[26] Das Weihgeschenk wird zum Andenken, zum *μνῆμα*; »das bleibende heilige Geschenk soll den Gott beständig an die fromme Gesinnung des Gebers und die ihm aus dessen Gabe erwachsende Verpflichtung zu Schutz und Hilfeleistung gemahnen«.[27]

Die Motive, die der Opferablösung zugrunde liegen, sind im Vorstehenden gekennzeichnet; es verbleibt uns noch die Betrachtung der formalen Entwicklung dieser Symbole. Die Symbole halten zunächst die äußere Form des Originales fest. Die charakteristischste Ausprägung der Symbole liegt in den Nachbildungen von Tieren vor, die an zahllosen heiligen Stellen gefunden worden sind. Sie sind so roh geformt, dass sie oft weder das Geschlecht noch die Gattung erkennen lassen. Das ist zunächst in der Unbeholfenheit der Technik begründet; aber es kommt darin doch auch eine Beschränkung auf das Wesentliche zum Ausdruck, die dem Sinn dieser gewissermaßen durch Abstraktion gebildeten Formen entspricht.[28] Die Abstraktion tritt typisch in allen Verkümmerungsformen zutage. Man kann getrost schon die kleinen Votivfigürchen (von Olympia zum Beispiel) auch zu diesen verkümmerten Formen rechnen; aber die eigentlichen Repräsentanten dieser Klasse sind die Werkzeuge en miniature. Die Verkümmerung zeigt sich darin, dass sie als Werkzeuge nicht zu gebrauchen sind. Die äußere Form ist beibehalten, die Gebrauchsfähigkeit jedoch verringert oder aufgehoben. Dahin sind die zahlreichen kleinen Votivbeilchen ohne Tülle zu stellen.

In diese Klasse gehören auch die vielen Dreifüße, Becken und so fort, die geweiht worden sind. Ursprünglich haben sie gewiss als Kochtöpfe gedient, in denen von dem heiligen Opferfleisch gekocht wurde. Die Form war in alter Zeit bestimmt durch den praktischen Zweck, dem sie dienen sollten; als aus dem Werkzeug das Anathem wird, hört die Bindung auf, die Form kann sich frei entwickeln. An die Stelle des technischen Gesichtspunktes tritt der ästhetische, aus den ursprünglichen Gebrauchsstücken werden Schmuckstücke. Es fehlt hier der Raum, um den Übergang erstorbener Zweckformen zu Kunstformen zu erörtern. Der Dreifuß ist ein Musterbeispiel dafür. Schon in den Epen ist er vielfach Schmuckstück; auf den späteren Denkmälern (wozu auch die Münzen gehören) lässt sich die künstlerische Entwicklung in ihren einzelnen Etappen gut verfolgen.

Die Verwendung solcher verkümmerter Formen im sakralen Leben ist nicht etwa auf Griechenland und Rom beschränkt; sie findet sich in großem Stile auch im Totenkult Ägyptens und sonst. Bei der Besprechung solcher Votive wird sehr oft mit dem Begriff »Spielzeug« operiert;[29] das scheint mir in allen Fällen verfehlt zu sein. Es liegt immer und überall Ersatz für Originalgaben vor. Die Inschriften bestätigen diese Auffassung durchaus. An den Grabwänden Ägyptens findet sich nun auch die dritte Form der Ablösung: Die Abstraktion ist so weit fortgeschritten, dass das Original in der Nachbildung nicht mehr ganz erscheint, sondern die Darstellung eines Teiles muss genügen, um das Ganze zu vertreten.[30] Das beste Beispiel ist die Ersetzung des Viehes durch den Kopf. In ägyptischen Gräbern erscheint diese Form der Abstraktion oft; aus der kretisch-mykenischen Zeit gehören manche der gefundenen Stierköpfe hierher.[31] Auch aus den späteren Jahrhunderten lassen sich viele Belege dieser Art anführen.

In diesen Ochsenköpfen liegt eine doppelte Ablösung vor: eine qualitative und eine quantitative; denn sowohl die Menge wie die Materie selbst ist verändert. Eine rein qualitative Ablösung war die Ersetzung eines Rindes durch ein ganzes Bild. Eine nur quantitative Ersetzung kann im Kult ebenfalls eintreten; man reduziert die Quantität der Opfergaben, ohne ihre Qualität zu verändern. Ich führe nur ein Beispiel an, um den Charakter dieser Ersetzung zu veranschaulichen. Die Hekatombe bestand ursprünglich, wie ihr Name sagt, aus 100 Rindern. Schon in den homerischen Epen spricht der Dichter von Hekatomben, wenn 40 oder weniger Rinder geopfert werden. Soll man hier schon von Nennwert und wirklichem Wert sprechen? Man wäre versucht dazu, wenn man nicht wüsste, wie lax der Zahlengebrauch bei Homer ist. Die Scholiasten heben diese Tatsache richtig hervor.[32] Das gilt nicht bloß für Homer; auch späterhin schwankt die Zahl der Rinder, die als Hekatombe bezeichnet werden, sehr. In einer alten milesischen Inschrift besteht die *ἑκατόμβη* aus *τρία ἱερεῖα τέλεια* [drei vollendeten Opfertieren].[33] Auch kommt es vor, dass die Hekatombe trotz ihres Namens (*ἑκατὸν βοῦς* = 100 Rinder) nicht ganz aus Rindern besteht, sondern dass minder wertvolle Tiere beigegeben werden.

Die wichtigste Eigenschaft der Symbole besteht für uns darin, dass sie nur einen Funktionswert, keinen realen Wert repräsentieren. Ihr Wert liegt nicht in ihrem materiellen Gehalt, sondern nur in der Funktion, die sie im Verkehr zwischen Gott und Mensch erfüllen; diese Funktion besteht darin, Lösemittel eines Schuldverhältnisses zu sein. Dass der Wert dieser Symbole nicht in ihrem inneren Gehalt liegt, das zeigt der Stoff, aus dem sie hergestellt sind. In der ältesten Zeit bestehen sie aus Ton; den allgemeinen Brauch, die Votive in Ton herzustellen, bezeugen die von Kekulé von Stradonitz, Winter, von Rohden herausgegebenen Bände der antiken Terrakotten. Ton wurde auch später, als man längst andere Stoffe kannte und zu ihrer Herstellung verwendete, weiterbenutzt. Ein charakteristisches Beispiel befindet sich unter den Funden von Olympia. Dort ist eine in Ton geformte Lanzenspitze zutage getreten. Dass man an dem ursprünglichen Material festhielt, mag seinen Grund in dem kultischen Konservativismus haben; wir wissen, dass man in manchen Kulten, in denen ursprünglich irdenes Geschirr vorgeschrieben war, noch daran festhielt, als man in anderen Kulten längst Gefäße aus anderem Material benutzte. Aber die Entwicklung steht auch hier nicht still. In Olympia erscheinen neben den tönernen Votivtieren auch Tiere in Bronze. Noch findet sich hier kein Bild aus Edelmetall. Aber dass es in den Heiligtümern auch der frühen Zeit nicht gefehlt hat, das bezeugen einige Stellen in der *Odyssee*.[34] Tempelinventare würden das bestätigen, wenn wir sie für diese frühe Zeit hätten. Die Inventare der späteren Zeit zeigen ein reichliches Vorkommen von Edelmetall.

Natürlich ist das Edelmetall aus dem Orient gekommen. Ob es nur durch den Handel nach dem Westen gekommen ist, erscheint mehr als zweifelhaft; gewiss hat der Handel mit dem Orient große Mengen Edelmetall nach Griechenland gebracht, aber der Gütertausch ist nicht der einzige Vermittler. Das beweisen die Weihgeschenke, die vom Osten an griechische Heiligtümer gegeben wurden. Gyges, Alyattes und besonders Kroisos stifteten Silber und vor allem große Mengen lydischen Goldes nach Delphi und Olympia; andere Fürsten stifteten anderswohin.[35] Beachtenswert ist die Form der Weihgeschenke aus dem Osten. Zumeist wird das Metall zwar in gereinigtem Zustande, aber ohne bestimmte Form dargebracht (vielfach sind es Barren in Form von Ziegeln oder Rundkuchen). Daneben stelle man griechische Weihungen. Durchgehends ist das Edelmetall in künstlerische Form gebracht. Die Formgebung ist bestimmt durch den Gegenstand, der abgelöst werden soll; ich gebe einige Beispiele. Metapont, Myrina und Apollonia senden eine goldene Ähre nach Delphi, Selinus weiht einen goldenen Eppich.[36] Das in natura gegebene Opfer wird abgelöst durch eine Nachbildung aus Edelmetall. Die Ablösung des Naturalgutes durch Edelmetall hätte auch anders vor sich gehen können, und im Orient wäre sie wahrscheinlich anders vor sich gegangen. Das gelieferte Naturalgut wäre in eine bestimmte Gewichtsmenge Edelmetall umgerechnet und die betreffende Menge Edelmetall an das Heiligtum geschickt worden. Man muss sich diesen Hergang klarmachen, um die große Kluft zu begreifen, die sich zwischen Orient und Griechenland auftut. Dort Berechnung des Gewichtes und Beachtung der Qualität, hier der Drang zur Formgebung, der die Frage nach der Materie zunächst ganz zurückdrängt. Wer diesen Trieb zu künstlerischer Gestaltung,[37] der in den Griechen lebte, begriffen hat, der wird erst verstehen, warum gerade in Griechenland das Edelmetall die »morphische« Gestalt der Münze empfangen musste. Doch darüber später.

Nicht die Materie, sondern die Form ist beim Symbol das Entscheidende. Der Unterschied in dem Stoffe, aus dem das Anathem hergestellt ist, ist irrelevant; es kommt nur auf die Meinung an, die durch die Gabe ausgedrückt werden soll. Es ist also nicht so, dass sich nach dem Metallwert des Anathems die Leistungsgröße der Gottheit richte; oder umgekehrt ausgedrückt, dass je größer der Wunsch des Dedikanten, umso höher der Wert des Metalls sein müsse, aus dem das Anathem besteht. Die Wahl des Metalls ist in das Belieben des Dedikanten gestellt; im Metall kommt lediglich die soziale Stellung des Weihenden zum Ausdruck.[38] Könige stiften goldene und silberne Geschenke, der Arme begnügt sich mit einer Gabe aus Ton oder Bronze. Wenn Belagerte, denen das Opfervieh ausgeht, oder wer immer sich in Not befindet, statt der wirklichen Tiere Figürchen darbringen,[39] so ist das Symbol zwar ein richtiges Notgeld, nichtsdestoweniger aber ein gültiges Entgeltungsmittel im Verkehr mit der Gottheit. Auch die Philosophen, die wie Empedokles und Pythagoras sich aus religiösen Gründen weigern, das Leben der Tiere zu vernichten, haben diese Ablösung anerkannt und angewandt.[40]

Das 8. und 7. Jahrhundert scheinen Höhepunkt dieser Entmaterialisierung des Götterkultes gewesen zu sein. Nun ist der Aufstieg von der Materie zur Vergeistigung nicht auf die Opfergaben beschränkt. Wir treffen die gleiche Entwicklung zum Beispiel bei den Preisen, die bei den Agonen gegeben werden. In den homerischen Epen werden den Teilnehmern materielle Werte als Entgelt gegeben. Sie werden in den folgenden Jahrhunderten durch ideelle Entgelte abgelöst; Herodot 8, 26 sagt mit Recht »οὐ περὶ χρημάτων τὸν ἀγῶνα ποιεῦνται, ἀλλὰ περὶ ἀρετῆς« [nicht um der Preise, sondern um der Ehre willen veranstalten sie den Kampf]. Ruhm und Ehre waren die Triebfedern; die Preise hatten lediglich die Funktion, den Sieger als solchen kenntlich zu machen, jenseits dieses Zweckes waren sie wertlos. In Olympia bestand der Siegespreis aus einem Kranze. Auch in den pythischen Spielen wird 582 vor Christus statt der bis dahin gespendeten Wertgegenstände ein Symbol eingeführt; der Sieger erhielt einen einfachen Palmzweig, später einen Lorbeerkranz. Ähnlich war es bei den Spielen auf dem Isthmos von Korinth; nur dass hier ein Fichtenkranz beziehungsweise ein Kranz aus Eppich der Erteilung von Palmzweig und Lorbeerkranz vorangegangen war; bei den nemeischen Spielen war es nicht anders. Überall empfängt der Kämpfende also kein materielles Entgelt, sondern das ideelle Symbol ist höchster Lohn für den Sieger. In dieser Sphäre hat der Begriff *τιμή*, der ursprünglich einen rein materiellen Gehalt hatte, seinen ideellen Sinn erhalten; der Lohn wird nicht in Gütern ausbezahlt, sondern ist in Ruhm und Ehre bei Mit- und Nachwelt begründet.

Es fällt nicht leicht, sich in den Geist dieser Zeit zu versetzen. Auch in Griechenland ist sie nur vorübergehend. Der Kranz, der ursprünglich aus Zweigen und Blättern eines Baumes bestand, wird nun in Gold hergestellt, und dieser Kranz in Gold hat nicht nur im Kult (in den Tempelinventaren findet er sich oft), sondern vor allem im staatlichen Leben eine große Rolle gespielt. In dieser Zeit der *ἀγῶνες χρηματῖται* [Preiskämpfe] ändern auch die Anatheme für die Götter ihren Charakter wieder. Waren die materiellen Gaben der homerischen Zeit im 8. und den folgenden Jahrhunderten durch ideelle Symbole ersetzt worden, so tritt nun wieder der materielle Gehalt in den Vordergrund, das heißt, die ideelle Form wird mit Wertinhalt gefüllt. Wir sahen, wie das Symbol im Bereiche des Kultus als Entgeltungsmittel gilt, der Gottheit wie auch den Siegern in den Agonen gegenüber. Für uns ist die Frage von besonderer Bedeutung, ob das Symbol auch im profanen Verkehr eine Rolle gespielt hat. Darauf eine Antwort zu geben, ist sehr schwer, weil die Quellen fehlen, aus denen wir schöpfen könnten; nur auf indirektem Wege vermögen wir zu einigen Vermutungen zu gelangen.

In den großen Kultzentren dieser Jahrhunderte sind Tausende und abermals Tausende von Tiersymbolen gefunden worden. Die Funde stellen sicher nur einen Bruchteil der ursprünglich vorhandenen Mengen dar; das ist kaum zu bezweifeln; denn die Verwaltung des Heiligtums wird ganz alte Stücke haben wegräumen müssen, um für neue Platz zu schaffen. Es sind also im Laufe der Jahrhunderte gewaltige Mengen derartiger Figürchen niedergelegt worden. Wer hat sie hergestellt? Diese Frage hat die Archäologie zu beantworten; denn für sie handelt es sich darum, zu wissen, ob diese Kunsterzeugnisse am Orte selbst hergestellt worden sind, oder ob sie von auswärts kommen. Furtwängler hat diese Frage für die in Olympia gefundenen Idole untersucht; ich beschränke mich zunächst auf die olympischen Fundstücke, um die Antwort nicht zu komplizieren. Es kann kein Zweifel sein, dass die Votive an Ort und Stelle hergestellt worden sind; denn es finden sich im Guss verunglückte Exemplare[41] und Fund von Fehlgüssen beziehungsweise Fehlbrand ist immer bindender Beweis für Fabrikation an Ort und Stelle, da schlechte Stücke sicherlich nicht exportiert wurden. Also haben wir ein in Olympia heimisches Kunsterzeugnis vor uns.[42]

Wer war der Hersteller? Die Typen variieren, wie Furtwängler betont, mannigfach; daraus darf nicht geschlossen werden, dass verschiedene Werkstätten anzunehmen sind; die Tatsache spricht nicht für individuelle und gegen Massenherstellung. Die Mannigfaltigkeit der Typen ist lediglich durch die Primitivität der Technik bedingt; die Gussformen waren so schlecht, dass sie immer wieder erneuert werden mussten. Die Herstellung kann also durchaus in einer Hand gelegen haben. Ist die Vermutung zu gewagt, dass die Fabrikation in der Regie des Tempels beziehungsweise des Kultplatzes konzentriert war? Ich bin mir wohl bewusst, dass die Analogie ägyptischer Tempel mit ihren zahlreichen Werkstätten für Griechenland nichts beweist; aber immerhin steht so viel fest, dass der antike Tempel ein wirtschaftender Organismus größeren Ausmaßes war. Er hatte eigene Werkstätten und eigene Handwerker. Unter den Handwerkern müssen, wenn man Herstellung von Votiven durch den Tempel annimmt, vor allem Töpfer und Metallarbeiter vertreten gewesen sein. Nun erscheinen in dem großen Festkalender von Kos[43] neben den Kultbeamten auch *χαλκεῖς* [Schmiede] und *κεραμεῖς* [Töpfer] als Empfänger einer Sportel; also standen auch sie in enger Verbindung mit dem Tempel. Eine Töpferwerkstatt, die offenbar zum Heiligtum gehört, wird auch in einer Inschrift von Delphi erwähnt.[44] Nehmen wir also an, die Tempel hätten die Votive in eigener Werkstatt hergestellt.

Wie gelangten sie in die Hand dessen, der sie weihen wollte? Das ist eine Frage von allergrößter Bedeutung. Es ist kaum anzunehmen, dass sie ohne jedes Entgelt dem Gläubigen gegeben wurden, irgendein Äquivalent wird an den Hersteller dafür entrichtet worden sein. Münzen, die gegen diese Figuren hätten gegeben werden können, existierten nicht.[45] Es liegt also hier ein Tauschakt vor, bei dem gegen Naturalgüter irgendwelcher Art Idole eingetauscht wurden. Da es sich um große Mengen derartiger Symbole handelt, so ist ein reger Tausch beim Tempel vorauszusetzen. Bei diesem Tausch steht auf der einen Seite immer die Tierfigur; gegen sie werden andere Güter hergegeben. Es springt in die Augen, wie das Tieridol Werteinheit im Gütertausch werden konnte. Wer sich diesen Vorgang klargemacht hat, der wird begreifen, wie in Knossos und Gortyn auf Kreta Dreifüße und Becken (*τρίποδες* beziehungsweise *λέβητες*) Werteinheiten werden konnten (vgl. S. 140). Auch in Olympia sind in den tiefsten und allertiefsten Schichten kleine Dreifüße in so großer Zahl gefunden worden, dass sie neben den Tierfiguren das häufigste Weihgeschenk der ältesten Zeit sind. Wo der Dreifuß als Weihegabe dominiert, muss er zur Werteinheit werden, wie es auf Kreta geschehen ist.

Man kann also ohne Bedenken von einer Kaufkraft dieser Idole reden. Diese Kaufkraft mag zunächst in dem Material und der Arbeit begründet sein, die in ihnen investiert sind. Aber es ist durchaus wahrscheinlich, dass der Gläubige nicht nur den materiellen Gehalt bezahlte; die Funktion, die das Bild im Verkehr des Menschen mit der Gottheit erfüllte, wird seinen Wert sicherlich erhöht haben. Ja vielleicht darf man noch weiter gehen. Im *Ṛigveda* bietet der Besitzer eines Indrabildes sein Idol aus: »Wer kauft diesen meinen Indra für zehn Milchkühe? Wenn er die Feinde getötet hat, mag er ihn mir wiedergeben«[46]. Hier wird die Kraft, die in einem Symbol steckt, gegen reales Entgelt verliehen. Ich glaube, man wird, wenn man die Ärmlichkeit der Symbole in Betracht zieht, den Eigenwert möglichst gering anschlagen und den hauptsächlichen Wert in der Funktion sehen, die es in dem Verkehr zwischen Gott und Mensch erfüllt. Solange der Glaube lebendig ist, mit Hingabe dieses Bildes die Schuld gegen die Götter ablösen zu können, so lange werden dagegen Güter hergegeben.

Der Tempel erhält für diese Idole andere Güter,[47] sie sind also für ihn Tauschmittel; ob sie eine allgemeinere Tauschmittelgeltung hatten, ist nicht zu entscheiden. Die Theorie würde natürlich diesen Faden mit Leichtigkeit zu diesem Punkte weiterspinnen können. Man würde etwa sagen, dass der, welcher mit einem großen Gute zum Tempel kam, um dafür ein Idol zu kaufen, mehrere erhielt; wenn er nur eines brauchte, so gab er die übrigen oder eines an einen anderen gegen ein Realgut und so fort. So kam das Symbol in den allgemeinen Verkehr und wurde auf dem Markte des betreffenden Heiligtums zum allgemeinen Tauschmittel. Der Tempel war also die Ausgabestelle dieser Tauschmittel; nach der Zirkulation kamen sie wieder an den Tempel zurück. Dort dienten sie als Weihegabe an die Gottheit, wurden aber, nachdem die Aufgabe erfüllt war, erneut in Verkehr gebracht. Der Historiker wird eine solche Kombination nicht aufstellen dürfen; es fehlen dafür alle quellenmäßigen Belege.

Was hier über die Idole von Olympia und der anderen großen griechischen Kultstätten gesagt ist, war in der Form, in der es jetzt noch steht, niedergeschrieben, als mir die interessanten Angaben über den Vertrieb derartiger Idole an Wallfahrtsorten, die Richard Andree zusammengestellt hat,[48] zu Gesicht kamen. Dort sehen wir den Vorgang lebendig vor uns, während wir an den antiken Wallfahrtsstätten nur noch stumme Zeugen haben, denen keine schriftliche Überlieferung Leben verleiht. Die Übereinstimmung der Idoltypen ist überraschend; die gleichen primitiven Bilder hier wie dort; der Hergang der Ablösung[49] ist an beiden Stellen der gleiche (zuerst ein Teil des Realopfers oder Realopfer in nicht gebrauchsfähiger Form; dann einfache Nachbildung.[50] Irgendeine Verbindung oder Beeinflussung der hauptsächlich in Bayern, Tirol und den angrenzenden österreichischen Gebieten vom 15. Jahrhundert bis in die Neuzeit herrschenden Sitte von der Antike her ist wohl nicht anzunehmen; der Brauch ist an beiden Stellen spontan aus der Vorstellung erwachsen, dass der Gottheit beziehungsweise dem Heiligen gegenüber das Symbol den realen Gegenstand vertreten könne. Ob bei den modernen Votiven Ablösung ursprünglicher heidnischer Opfer vorliegt, ist nicht mehr festzustellen, immerhin aber möglich.

In diesem Zusammenhang ist besonders wichtig der Weg, den das Votiv von seiner Fertigstellung bis zur Dedikation durchläuft. Die Analogie, die sich ergibt, ist überraschend. Zunächst eine Abweichung. Wir hatten angenommen, dass die Votive in der Eigenwirtschaft des Tempels angefertigt wurden. Diese Annahme trifft bei den modernen Idolen nicht zu. Der Dedikant stellt es entweder selbst her,[51] oder er lässt es sich beim Handwerker[52] anfertigen. Aber das ist nicht der einzige Weg, um in den Besitz eines Votivs zu gelangen. Alle dargebrachten Votive bleiben Eigentum der Kirche, in der sie niedergelegt worden sind. So sammeln sich bald große Bestände an (1000 und mehr eiserne Pferde und Kühe sind keine Seltenheit[53]) und für den Priester beziehungsweise die Verwaltung des Heiligtums wird die Frage akut, was mit den Figuren geschehen soll. Die Priester haben einen ebenso einfachen wie sinnreichen Ausweg gefunden, der zugleich dem wirtschaftlichen Denken das beste Zeugnis ausstellt. Es ist wie eine Illustration zu der angeführten *Ṛigveda*-Stelle. Die Idole werden an die Wallfahrer gegen ein Entgelt abgegeben; nachdem das Symbol ihm den gewünschten Dienst erwiesen, gibt er es wieder an den Besitzer zurück. Andree hat diesen Brauch an den verschiedensten Wallfahrtsstätten beobachtet; ich gebe aus seinen anschaulichen Schilderungen einige Beispiele.

In Ganacker bei Landau an der Isar besitzt die Kirche des heiligen Leonhard, des Patrons der Haustiere, mindestens 1000 Stück eiserner Bilder, die in einer großen Kiste aufbewahrt werden.[54] »So viel Rosse und Kühe der Bauer daheim im Stalle hat, so viel Eisenfiguren wählte er, legte sie in seinen Hut, schritt dann durch die Sakristeitür in die Kirche, kniete vor dem Hochaltar, verrichtete dort sein Gebet und ging nun mit seinen Votivfiguren um den Altar herum. Dann warf er Geld in den Opferstock und schüttete die Tiere klirrend wieder in eine Kiste. So verbleiben sie der Kirche und können im nächsten Jahre dem gleichen Zwecke dienen.« In Kärnten[55], in Tirol[56], in Böhmen[57], in der Steiermark und Ungarn[58] ist der gleiche Hergang bezeugt. In Aigen am Inn, wo sich eine berühmte Wallfahrtskirche des heiligen Leonhard befindet, ist die Sitte bis ins 16. Jahrhundert zurückzuverfolgen.[59] Das Stiftsbuch vom Jahre 1529 enthält eine Verordnung über die Wallfahrt selbst, über die Kirche und vor allem über die Verwaltung ihrer Einkünfte. Zwei Paragraphen interessieren uns hier besonders.

In § 28 heißt es: »Wir vergönnen und lassen zue, das man den Kirichenferttern, und welche des Gotzhauß Eysenn Khue und Ros khauffen wellen, das pfundt umb zwen Khreutzer, oder aber umb Acht weiß pfennig, zukhauffen geb, doch das solch gellt von stundan jn den zynnsstockh gelegt, und sonnst Niemandt geanntbort werde.« § 30 ergänzt diese Bestimmung; er lautet: »Wer von dem Gotzhaus Eysenn oder Wachs Lösenn oder Khauffen will, dem soll man Es zuelassen, doch das Er das gellt jn das zinßstöckhl bezall, und das Eysen oder wachs wider bey der Khirichen laßen, und nit davon tragenn.« Der Urkundentext zeigt, dass hier ein Kaufakt vorliegt;[60] also gehen die Figuren in den Besitz des Dedikanten über; das war ja auch notwendig, weil das Opfer nur vom Eigentum entnommen werden kann. Die Darbringung selbst stellte aber das Idol wieder in den Besitz der Kirche zurück; das Letztere bringt der Schlusssatz den Gläubigen nachdrücklich in Erinnerung.[61] Der Kaufpreis ist meist normiert. Auch heute noch besteht in Aigen eine feste Taxe.[62] An anderen Wallfahrtsorten ist keine bestimmte Höhe festgesetzt.[63] Der Kaufpreis besteht in Münze; nur selten kommen Naturalgüter vor (so in Kärnten statt des Geldstückes Wolle und dergleichen[64]).

Der Wert der Idole wird also in Münzen ausgedrückt; wir kennen keinen Wallfahrtsort aus diesen Jahrhunderten, der die Münze nicht anwendete. Es ist nicht leicht, sich den Verkehr in reine Naturalwirtschaft zurückzuversetzen. Das Votiv mag dann wohl die Einheit gebildet haben, für das eine bestimmte Menge anderer Güter (Getreide, Wolle, Wachs und andere mehr) gegeben wurde. So oder jedenfalls ähnlich werden wir uns den Hergang an den altgriechischen Kultorten denken müssen. Ob man nun aus diesem Güterverkehr auch die Bildung von Wertbegriffen herleiten kann, lasse ich dahingestellt.[65] Jedenfalls aber ist auf diesem Wege die Wertrelation zwischen den einzelnen Gütern stark gefördert, und wieder zeigt sich, eine wie große Rolle das sakrale Leben in dieser Erziehung zum wirtschaftlichen Denken gespielt hat.

Mancher Leser wird sich sträuben, die enge Verbindung eines profanen Güterverkehrs mit den heiligen Stätten anzuerkennen. Aber diese Verknüpfung lässt sich, wenigstens für die frühe Zeit, nicht wegleugnen. Weil der Zweck der religiösen Handlung rein wirtschaftlich ist (und das ist er bei primitiven Menschen, wie wir sahen, durchaus), ist die Verknüpfung eigentlich selbstverständlich; denn wer bei der Gottheit Hilfe sucht, bringt ihr Güter dar, um seine Bitte zu unterstützen. Es ist naturgemäß, dass der Priester, der als Stellvertreter der Gottheit die Opfer entgegennimmt, mit den empfangenen Gütern wirtschaftet. Ich stelle zur vorläufigen Illustration einige diesbezügliche Angaben aus Andrees Buch hier zusammen.

In der Bretagne erhält der heilige Cornelius als Viehpatron »seine Opfer in Gestalt lebender Kühe, die man allerdings nicht mehr schlachtet, sondern zum Besten der Kirche verkauft. Die Stricke, mit denen diese Ochsen zur Kirche getrieben werden, verkauft man gleichfalls«[66]. Ähnlich wurden in Eggelsried »Pferde und Kühe nicht direkt als Opfer geschlachtet, sondern kamen der Kirche bzw. der Geistlichkeit zugute«[67], das heißt also: Sie wurden verkauft. Die Kirche wird so zum Ort, wo getauscht wird, und die Zeit, wo der Tausch am lebhaftesten ist, ist natürlich die Festzeit. Wir bezeichnen heute die großen Organisationen des Warenverkaufs als Messen; der Name stammt von der religiös-kirchlichen Handlung. Messe und Markt fanden zu gleicher Zeit und am selben Orte statt. Die Namen der periodisch wiederkehrenden Märkte werden vielfach von Heiligen hergenommen, an deren Festen sie stattfanden. Nürnbergs Märkte sind groß geworden durch den heiligen Sebaldus, Durham verdankt seinen Markt dem heiligen Cutberths, und Mekka ist nur wegen der Kaaba zu einem Handelsmittelpunkt für einen großen Teil der mohammedanischen Welt geworden. Die Verbindung zwischen Markt und religiöser Feier ist uralt.[68] Die Anfänge liegen in den Verkaufsbuden, die am Namensfeste der Patrone die Kirche umgeben, und die an großen Wallfahrtsorten sich allmählich zu kleinen Städten ausdehnen.

In der Antike ist die Verknüpfung zwischen Kultübung und Tauschhandel wahrscheinlich noch enger gewesen als im Mittelalter; denn die christliche Religion stand irdischem Geschäft im Prinzip ablehnend gegenüber (Christus hatte ja die Wechsler aus dem Tempel verwiesen). Aus den verschiedensten Quellen hören wir, dass am Tempel Märkte stattfanden.[69] Man hat für die Entstehung des Tausches beim Tempel vornehmlich zwei Gründe angeführt. Einmal die Tatsache, dass ein religiöses Fest große Menschenmengen zusammenführe. Wer also ein Produkt vertauschen wollte, hatte beim Tempel die größte Chance, einen Tauschpartner zu finden. Zudem sparte er, da er ohnehin zum Fest ging, Zeit und Arbeitsaufwand, wenn er die überschüssigen Produkte der Hauswirtschaft gleich mitnahm. Diese Erwägungen erhalten in den Quellen keine Stütze, sind auch zu rationalistisch.

Büchsenschütz lässt den Handel an Festplätzen entstehen aus der »Notwendigkeit, für die aus der Ferne Gekommenen, sich mit Opfertieren, Lebensmitteln und anderen für den augenblicklichen Gebrauch erforderlichen Gegenständen zu versehen«. Für die spätere Zeit trifft das sicherlich zu. Wir hören ja, dass man Opfertiere vom Priester kaufen konnte,[70] und natürlich wird man auch seinen Bedarf an Lebensmitteln für die Festtage am Ort selbst haben kaufen können. Aber Voraussetzung dafür ist die Existenz der Münze; denn sie erst ermöglichte beziehungsweise erleichterte die Bedarfsdeckung durch Kauf. Zur Zeit, als nur der Naturaltausch bekannt war, wäre der Weg umständlicher gewesen, da man ja doch die Gegengaben hätte transportieren müssen. Man konnte ebenso bequem das Opfertier und die notwendigen Lebensmittel gleich von Haus mitnehmen.

Man muss in Griechenland gereist sein und gesehen haben, wie der Bauer Schafe und Ziegen auf Esel oder Pferde bindet und sie stundenlang transportiert, und man muss weiter beobachtet haben, wie der Bauer noch heute, wenn er auf Wallfahrt geht, sich für die ganze Dauer mit Proviant versieht. Die Versorgung der Wallfahrer ist sicher nicht die Ursache für die Entstehung eines Marktes beim Heiligtum.

Besser ist ein anderer Grund, den ebenfalls Büchsenschütz anführt: »Die Unverletzlichkeit der heiligen Orte und der sichere Frieden der Festzeit, welcher durch besondere internationale Festsetzungen geschützt war, und die dadurch bewirkte Sicherheit des Reisens, die sonst nicht immer in Griechenland vorhanden war, was Krämer aller Art herbeizog, und indem der Handel sich in natürlicher Entwicklung über das augenblickliche Bedürfnis hinaus erweiterte, gaben jene Festversammlungen die Gelegenheit zur Abhaltung ordentlicher Messen.«[71]

Diese Erklärung setzt wie die erste den Tausch selbst als bestehend voraus. Nun hat Bücher bekanntlich für die Antike die geschlossene Hauswirtschaft, das heißt die tauschlose Wirtschaft proklamiert; ich hatte ihm oben mutatis mutandis für die homerische Zeit seine These zugegeben. Wenn wir nun einerseits im 5. und 4. Jahrhundert bei den antiken Tempeln einen Markt bestehen sehen und andererseits für seine Entstehung die rationalistischen Gründe von Büchsenschütz nicht gelten lassen wollen, so sind wir gezwungen, die positiven Gründe, die den Tausch beim Tempel veranlasst haben, anzuführen. Ich glaube damit ein wichtiges Moment für den Ursprung des Handels überhaupt beizubringen.

Die Opfergaben sind, wie wir sahen, von ganz bestimmter Art. Dem Gott werden nur gewisse, meist wirtschaftlich minderwertige Teile vom Opfer gegeben; der Rest wird unter das Kultpersonal geteilt. Vor allem erhält der Priester ganz bestimmte Gefälle. Nehmen wir einmal an, er bekommt von jedem Tier Fell und Schinken, so laufen in seinen Besitz dauernd Güter derselben Art zusammen. Sie alle für den eigenen Konsum zu verwerten, ist natürlich ausgeschlossen; er braucht für sich selbst nur einen kleinen Teil davon. Was geschieht mit dem Rest? Da der Priester naturgemäß auch andere Bedürfnisse hat, so wird sich bei ihm das Bestreben entwickeln, mit dem Überschuss an Fellen und Schinken sich die anderen Güter, deren er bedarf, zu verschaffen.[72] Man sieht, wie sich gerade am Tempel der Gütertausch entwickeln muss. Das Heiligtum wird mit Naturnotwendigkeit eine Keimzelle des Tauschhandels und die Priesterschaft das erste Handelskollegium. Wir haben für diesen Güterumsatz beim Tempel eine ganze Anzahl Zeugnisse. Ich wähle als treffendstes Beispiel die Neuordnung des Zehentwesens in Eleusis[73] vom Jahre 423/22 vor Christus.

Die Athener und die Bundesgenossen leisten an die Göttin eine feste Getreideabgabe. Ein Teil von auserlesener Qualität wird für die Zubereitung von Opferkuchen verwendet; ein anderer Teil wird verkauft und von dem Erlös Opfertiere erworben, der Rest soll von den *ἱεροποιοί* [Opfervorsteher] unter Assistenz des Rates verkauft und vom Erlös nach Anweisung des Volkes Weihgeschenke für die Göttinnen aufgestellt werden. Der Arbeitslohn für die Reparatur der Priesterinnenwohnungen und andere mehr wird in Korn bezahlt. Die Tatsache, dass das Priestertum verkauft beziehungsweise verpachtet wird,[74] überhebt mich der Anführung weiterer Belege; denn die Versteigerung des Priestertums setzt voraus, dass es wirtschaftlichen Gewinn brachte, und dieser Gewinn kann nur in dem Umsatz von Sporteln seinen Grund gehabt haben.[75] Die Anteile, die dem Staat zufallen, werden ebenfalls verkauft; so ist der Erlös aus den Fellen der Opfertiere (*τὸ δερματικόν*) in manchen Staaten (vor allem in Athen) ein wichtiger Posten im Budget.[76]

Der Trieb, den Überschuss der geopferten Güter umzusetzen, ist ja natürlich, da es sich um leicht vergängliche Dinge handelte; »elles demandent à être negociées et realisées«[77]. In großen Heiligtümern, wo ein zahlreiches Personal zu versorgen war, konnten die Opfergüter verteilt und verzehrt werden; aber weder Griechenland noch Italien kennen so riesige sakrale Verwaltungsapparate wie der alte Orient; deswegen war hier der Wunsch des Umsetzens besonders rege, und vielleicht hat diese Tatsache auch mitgesprochen bei der Umwandlung der Naturalopfer in Anatheme. Die Tempelbehörde nahm von dem Naturalopfer so viel, als sie für den eigenen Bedarf notwendig hatte; der Rest wurde für den Erwerb eines Anathems benutzt; so war das vergängliche Gut in ein wertbeständiges verwandelt.[78] Der Tempel wurde so eine Sammelstelle für Güter,[79] die Priester waren reiche Leute, schon in homerischer Zeit. Der Apollopriester Chryses kann dem Agamemnon *ἀπερείσι' ἄποινα* [unermessliche Lösung] bringen (Il. 1, 13), um die Tochter zu lösen, und Maron, Priester auf Ismaros, gibt dem Odysseus glänzende Geschenke aus Wein, Silber und Gold (Od. 9, 197 ff.).[80]

In der wirtschaftlichen Verwertung der Opfergefälle beziehungsweise des gesamten Tempelgutes liegt die letzte Ursache für die Entstehung des Handels bei den Heiligtümern. Hier erwachsen allmählich Märkte, deren Organisation dann in den Kultgesetzen geregelt wird. Derartige Marktordnungen, die durch die Tempelverwaltung erlassen und oft mit Unterstützung der staatlichen Behörden durchgeführt wurden, kennen wir aus einer ganzen Reihe von Städten.[81]

Die Priester weisen zum Beispiel in Andania den Platz an und behalten sich die Marktgerichtsbarkeit vor; die Überwachung erfolgt durch staatliche Agoranomen. In Tegea ist die Ordnung ganz ähnlich.[82] Kauf und Verkauf waren gebührenfrei.[83] Doch spielen Einzelheiten in diesem Zusammenhange keine Rolle. So viel steht jedenfalls fest: Wo Tempel und Priesterschaft bestehen, ist Tausch vorauszusetzen.[84] Selbst wenn man eine Periode geschlossener Hauswirtschaft annimmt, so ist der Tempel naturnotwendig ausgenommen; er muss vielmehr, weil die Einnahmen dauernd der gleichen Art sind, mit innerer Notwendigkeit zur Tauschwirtschaft kommen. Es ist nur die Konsequenz aus dieser Tatsache, dass nun auch die Entstehung des Geldes, sofern es Tauschmittel ist, im Bereich der Tempelwirtschaft erfolgt ist, der Ursprung des Geldes also ganz generell in sakraler Sphäre begründet liegt.

IV. KAPITEL
Die prämonetären Geldformen

Der Begriff »Geld« »zeigt ursprünglich religiösen Hintergrund in der Bedeutung Opfer«[1]. Das germanische Opfer heißt »Geld«, weil es Leistungen der Götter entgilt. Der Begriff wird in den christlichen Kultus übernommen. Der Kirchenzehnte ist ein »gotes gelte«. Grimm hat bereits vermutet, dass »mit dem religiösen Gebrauch der Gebrauch im Rechtsleben (war ja der Priester zugleich der Rechtskundige) ursprünglich zusammenhängen wird; zuerst vielleicht als Wergelt«. Wir haben diese Vermutung bewiesen; nicht nur der Begriff, auch das Entgeltungsmittel der Rechtsordnung stammt aus dem Kult. Der Begriff »Wergelt« erweitert sich dann zu dem von Schadenersatz überhaupt.[2] Ganz früh erscheint »Geld« auch im Sinne von Abgabe, Leistung an den Herrn. Diese Verwendung hat, wie Grimm betont, »mit dem religiösen Gebrauch einen ursprünglichen Zusammenhang«[3]. Die weitere Entwicklung des Begriffes geschah im Gemeinde- und Verkehrsleben. Abgaben jeder Art, Steuern und Gebührnisse, jedweder Lohn heißen »Geld«, weil sie Gegenleistung für einen Dienst darstellen. Auch die Hergabe von Ware ist ein Dienst; daher der Preis ebenfalls »Geld« ist, und deswegen heißt sowohl kaufen wie kosten im Mittelalter »gelten«. Aus dem Zahlungsmittel wird das Tauschmittel, und dieses heißt ebenfalls »gelt«. Die Herübernahme des Begriffs in das Geschäftsleben ist nach Grimm deutlich als eine Fortsetzung aus dem Wergeldwesen zu erkennen.[4] Dieser Zusammenhang ist heute nicht mehr lebendig. Geld ist heute so ausschließlich ein Instrument der Wirtschaft geworden, dass der rechtsgeschichtliche Untergrund oft vergessen wird. Das ist ja das Schicksal so mancher Begriffe, dass der Inhalt sich immer weiter verschiebt und sie schließlich nur noch hohle Schalen sind, aus denen das Leben gewichen ist. Diese wieder mit ihrem einstigen Inhalt zu erfüllen, ist eine wesentliche Aufgabe der historischen Wissenschaft überhaupt.

Suchen wir die antiken Begriffe für Geld auf ihren ursprünglichen Inhalt zurückzuführen. Der Begriff *χρῆμα* ist kein spezifischer Ausdruck; er bezeichnet jedwedes Gebrauchsgut, und da Geld reines Konsumtivgut ist, so ist es aus diesem Grunde ipso iure auch *χρῆμα*.[5] Ein spezieller Begriff für »Geld« ist *νόμισμα* [allgemein gültige Einrichtung; Münze]; das Wort bezeichnet das, »was gilt«[6], deckt sich also inhaltlich weitgehend mit der deutschen Bezeichnung »Geld«. Ob die Münzen einmal allgemein *νόμοι* [(Plural von) das Zugeteilte, Festgesetzte] hießen, ist zweifelhaft, weil wir nur wenige Belege haben.[7] An sich wäre es möglich, denn die Münze löste, wie wir sogleich näher betrachten werden, den Fleischanteil ab, und so wäre also von der *κρεανομία* [Fleischzuteilung] her der Begriff *νόμος* an dem Edelmetall haften geblieben. Aber es erscheint doch richtiger, *νόμοι* mit *νόμισμα* zusammenzustellen.[8] In den Begriffen kommt also zum Ausdruck, dass das Geld auch in Griechenland ein Geschöpf der Rechtsordnung war.

Die Römer kennen einen analogen Begriff nicht; das ist auffällig; denn wir werden nachher zu betrachten haben, wie die römische Münzprägung viel stärker als die griechische eine staatliche Schöpfung repräsentiert. Geld heißt bei ihnen *pecunia*, und es ist oft dargelegt worden, wie es seinen Namen von der ursprünglichen Viehwährung hat. Hat diese Viehwährung nicht nur in Rom, sondern auch in Griechenland gegolten, wie oben zu beweisen versucht wurde, so ist anzunehmen, dass auch in Griechenland die Reminiszenz daran nicht ganz verlorengegangen ist. Wie bei den Römern in *pecunia* der ursprüngliche Zustand noch durchschimmert, so ist zu erwarten, dass auch in Griechenland Begriffe und Formen weiterleben, deren Ursprung in die Zeit der Viehwährung zurückgeht. Das ist in der Tat der Fall. Wir erhalten damit die Brücke von der Viehwährung zur Münze. Auch auf dieser Zwischenstufe bleibt der sakrale Charakter des Geldes erhalten. Die prämonetären Geldformen sind die Vorläufer der Münze. Münznamen stellen die Verbindung dieser Stufe mit der Münze her. Von ihnen wollen wir ausgehen.

Die bekannteste griechische Münzeinheit ist der Obolos. Die ursprüngliche Form des Wortes ist *ὀβελός*[9]. *ὀβελός – ὀβολός* bedeutet »Spieß«. Die Form der Obeloi haben uns Tempelfunde kennen gelehrt. Es sind dünne Eisenstäbe. Dass die in den Tempeln gefundenen Eisenstäbe wirklich *ὀβελοί* [Spieße] sind, das beweist die schriftliche Überlieferung. In den Tempelinventaren erscheinen *ὀβελοί* beziehungsweise *ὀβελίσκοι* [kleine Spieße, Zinken] sehr oft, und für Argos speziell, in dessen Heratempel besonders viele Eisenstäbe gefunden worden sind, bezeugt die Überlieferung die Dedikation derartiger Spieße durch den König Pheidon. Die Identifikation dieser Eisenstäbe mit den *ὀβελοί* der Überlieferung ist natürlich längst erfolgt. Es fragt sich also nur noch, worin der Geldcharakter begründet liegt, wieso diese Eisenstäbe Vorläufer der Münze sein konnten.[10]

Man nimmt heute allgemein an, dass die Geldeigenschaft in dem Metall begründet gewesen sei.[11] Man weist, um das zu illustrieren, auf die bekannte Stelle in der *Ilias* (Il. 23, 832 ff.) hin, wo gesagt wird, dass der Bauer sein Roheisen aus der Stadt hole. Er muss es dort natürlich gegen andere Güter eintauschen. Derartiges Roheisen, das im Tausche nach Länge oder Gewicht gewertet wurde, sollen auch die *ὀβελοί* gewesen sein. Gegen diese allgemein akzeptierte Deutung[12] spricht entscheidend die Form. Roheisen wird man in Kuchen beziehungsweise Barrenform[13] gießen. Ein dünner Stab wäre eine denkbar ungünstige Gussform für Roheisen. Zudem endigen die im Heraion gefundenen Obeloi in eine Spitze,[14] wodurch die Deutung als einfaches Rohmaterial unbedingt ausgeschlossen wird. Der Obelos ist ein Werkzeug; der Wert liegt nicht in dem Material, sondern in der Gebrauchsfähigkeit. Welcher Art war nun die Verwendung?

Das Beiwort *βουπόρος* [rinderdurchbohrend], das in Verbindung mit *ὀβελός* erscheint, zeigt die Richtung, in der die Erklärung zu suchen ist. Thilenius will den *ὀβελός βουπόρος* mit der Vara, einem Stachel, mit dem spanische Hirten die Rinder vor Pflug und Wagen vorwärtstreiben, identifizieren.[15] Das ist kaum möglich. Der Rinderstachel heißt *κέντρον*, niemals *ὀβελός*, und *βουπόρος* heißt wirklich »rinderdurchbohrend« und würde zu *κέντρον* nicht passen.[16] Obelos ist (das Lexikon gibt die eindeutige Auskunft) Bratspieß. Dass der Obelos immer *βουπόρος* war,[17] das heißt so groß, dass man ein ganzes Rind daran stecken konnte, widerlegen die Funde; sie beweisen im Gegenteil, dass so große Bratspieße Ausnahmen waren. Die gefundenen Exemplare sind im Durchschnitt wesentlich kleiner.[18] Nun erinnern wir uns an die Ausführungen auf S. 66 ff., wo dargelegt wurde, dass das am Spieß gebratene Stück Fleisch Entgeltungsmittel war. Der am Spieß gebackene Kuchen hieß *ὀβελίας* beziehungsweise *ὀβελίτης*. Konnte nicht die am Spieß gebratene Fleischportion ebenfalls vom Spieß den Namen erhalten, vielleicht sogar selbst *ὀβελός* heißen? Die Herleitung des Münznamens Obolos aus diesem Milieu, die oben S. 76 f. bereits ausgesprochen wurde, muss hier erneut besprochen werden.

Wir wollen von der Zubereitung des Fleisches ausgehen (ich muss den Leser bitten, mir einen kleinen Umweg zu gestatten). Braten war die vornehmere Herrichtung (vor allem in homerischer Zeit), seltener, wenn natürlich auch bekannt, ist das Kochen. Nun war es in alter Zeit Sitte, das rohe Fleisch vor dem Braten durch Mehl zu rollen, das heißt zu panieren; das nannten die Griechen *παλύνειν* und das Produkt hieß *πέλανος*.[19] Ein solcher *πέλανος* bestand also aus Fleisch in einer Brothülle.[20] In ursprünglicher Form findet sich die Zubereitung noch im heutigen Orient. Stengel hat eine Stelle aus Moltkes Reisetagebüchern angeführt, die diese Herrichtung hübsch illustriert.[21] Moltke beschreibt eine Mahlzeit in Brussa: »Dann erschien auf einer hölzernen Scheibe der Kiebab oder kleine Stückchen Hammelfleisch am Spieße gebraten und in Brotteig eingewickelt, ein sehr gutes, schmackhaftes Gericht.«[22] Nun wird man nicht behaupten dürfen, dass *πέλανος* immer am Spieß gebratenes und in Teig gehülltes Fleisch, also ein *ὀβελίας*[23] beziehungsweise *ὀβελίτης ἄρτος* [*ἄρτος* = Kuchen][24] gewesen sei; aber die enge Verbindung zwischen *ὀβελός* und *πέλανος* wird noch aus anderen Tatsachen deutlich.

Der *πέλανος* ist hauptsächlich den Unterirdischen geopfert worden. Nun erscheinen in einer attischen Inschrift[25] als Totenopfer drei *ὀβελοί*. Schon von Prott hat diese *ὀβελοί* mit dem *ὀβελίας ἄρτος* = *πέλανος* zusammengestellt. Die Gleichsetzung ist evident. Sie ist zudem auch deutlich ausgesprochen in der bekannten Suidasstelle[26] s. v. »πέλανοι· πέμματα – – – εἰς θυσίαν ἐπιτήδεια – θεοῖς ἀπαρχαί τινες – – καὶ ὁ τῷ μάντει διδόμενος μισθὸς ὀβολός« [Pelanoi: Backwaren – zum Opfer verwendet – Ehrengaben für Götter – und der Obolos, der dem Priester als Lohn gegeben wird]. Also ist *πέλανος* nicht nur ein Opfer, sondern dient ebenfalls als Entlohnungsmittel für den Priester. So konnte also *πέλανος* ebenfalls Münzbezeichnung werden, wie es offenbar in Sparta auch der Fall gewesen ist.[27] Man hat den Namen von der Kuchenähnlichkeit der Eisenfladen herleiten wollen und zum Beweise auf die eisernen *lumps* und *bars*, die bei den englischen Ausgrabungen in Sparta zutage getreten sind,[28] hingewiesen.[29] Aber ebenso gut kann der Name von dem Opferkuchen herkommen; dann wären der Obolos in Athen und der Pelanos in Sparta im Grunde genommen nur verschiedene Namen für das gleiche Ding. Diese Deutung wird durch eine andere Tatsache bestätigt. Pelanos ist ursprünglich der Opferkuchen. Als das Naturalgut durch Münzen abgelöst wird, da heißt die Abgabe in Geld auch weiterhin *πέλανος*. Diese Übertragung hat Rudolf Herzog für das Asklepieion von Kos erwiesen;[30] aber auch anderwärts, zum Beispiel in Eleusis, Amorgos, Argos und Delphi[31], ist der Begriff von der Kuchenabgabe auf die Münzen übergegangen.

Der Übergang vom Opferkuchen zur Münze ist nicht in einem Akte erfolgt. Wir werden vielmehr noch eine Zwischenstufe annehmen müssen. Wie bei den übrigen Naturalopfern, so tritt auch hier die Ablösung durch ein Symbol, durch eine Nachbildung aus Ton und Metall, ein. Unter den Votiven, die in alten Heiligtümern gefunden worden sind, befinden sich sicherlich noch mancherlei symbolisierte *πέλανοι* oder andere Kuchen.[32] Vielleicht erhalten aus diesem Milieu heraus auch jene seltsamen *φθοῖδες χρυσίου* [*χρυσίου* = von Gold], die bisweilen in den athenischen Tempelinventaren erscheinen,[33] Licht. Man hat sich begnügt, diese *φθοῖδες* als »kleine runde Goldbarren« zu erklären und als Parallele die ringförmige Gestaltung des Rohgoldes in Vorderasien und Ägypten heranzuziehen.[34] Mir scheint eine andere Herleitung näher zu liegen; *φθοῖς* [Singular von *φθοῖδες*] war, wie die Lexica angeben, eine Kuchenart, und zwar ein sakrales Gebäck wie der *πέλανος*[35]; die metallene Nachbildung, die den originalen Kuchen ersetzte, erhielt den gleichen Namen.[36]

Wir kehren noch einmal zum Obelos zurück. Obelos ist nach unserer Deutung eine *μερίς* [Anteil] gebratenen Fleisches. Die Identifikation aus den Quellen selbst zu beweisen, ist nicht leicht. In den homerischen Epen sind natürlich zahlreiche Belege für das Braten des Fleisches am Spieß, aus der die Gleichsetzung entsprang, vorhanden; aber in späteren Denkmälern fehlen die unmittelbar beweisenden Zeugnisse; dass sie nicht vorhanden sind, hat seinen Grund hauptsächlich wohl darin, dass der Begriff restlos auf die Münze überging. Die Erinnerung an den ursprünglichen Zusammenhang war bald erloschen, zumal die Lautveränderung die Trennung der Begriffsinhalte beförderte, *ὀβελός* war der Bratspieß, *ὀβολός* die Münze.[37] Nur im Kult blieb das Ursprüngliche länger lebendig; in sakralen Urkunden schimmert zuweilen der alte Zustand noch durch. Aus attischen Kultgesetzen kommen zwei Stellen in Betracht. Die eine[38] zitierten wir bereits oben S. 129; die zweite, die in dem Dekret der Skamboniden steht,[39] aber leider sehr zerstört ist, lässt vielleicht eine ähnliche Deutung zu. Dort hat von Wilamowitz in Spalte C 5 *λεχ[σιν δύο ὀ]βολῶν ἐ[κάστοι Σ]καμβιονι[δῶν]* ergänzt und so interpretiert: »einen Anteil im Werte von zwei Obolen für jeden Demoten.« Die Inschrift handelt von der Fleischverteilung an den Panathenäen; jeder Demos, auch der der Skamboniden, bekommt seinen Anteil. Dass aber dieser Anteil nach dem Preis bestimmt worden sei, wie die Interpretation von Ulrich von Wilamowitz annimmt, passt kaum in die bei sakralen *διανομαί* geltenden Regeln.

Ist die Ergänzung von Ulrich von Wilamowitz richtig (und ich sehe nichts, was ihr entgegenstände), so kann sie nur so interpretiert werden, dass jeder Skambonide einen Anteil von zwei Spießen Fleisch, das heißt also einfach *δύο μερίδες* [zwei Anteile], bekommt. Gegen diese Deutung spricht nur eins; es steht nicht *ὀβελός*, sondern *ὀβολός* da. Kann *ὀβολός* nur die Münze und nicht auch den Spieß im Attischen bedeuten, so ist die Erklärung hinfällig, wenn man den Ausweg eines Verschreibens nicht beschreiten will.

Außerhalb Attikas ist *ὀβελός* in seiner ursprünglichen Bedeutung vielleicht in dem koischen Gesetz über den Verkauf des Priestertums[40] erhalten. Doch ist die Erklärung auch hier nicht über jeden Zweifel erhaben. Das Gleiche gilt von dem Bußsatz in der Hekatompedoninschrift[41]; auch dort können eiserne Obeloi gemeint sein, wodurch vielleicht die Schwierigkeiten, die sich in Bezug auf die Höhe der verschiedenen Strafmaße ergeben, gemildert würden.[42]

Eine definitive Entscheidung bringen alle die genannten Belege nicht. Nun hilft eine andere Beobachtung weiter, die meines Erachtens die gesuchte Verbindung zwischen dem Bratspieß und dem Münznamen bindend beweist. Die attische Drachme besteht aus sechs Obolen. An Teilstücken waren sicher ausgeprägt das Ein-, Zwei-, Drei- und Vierobolenstück. Nun findet sich auch der Begriff *τὸ πεντώβολον* [das Fünf-Obolon] bei Aristophanes und sonst[43] in einem Sinne gebraucht, als ob es sich wie beim *διώβολον, τριώβολον* [Zwei-Obolon, Drei-Obolon] (es ist an der Aristophanesstelle vom Heliastensold die Rede) um ein Teilstück der Drachme handele. Die Frage, ob das *πεντώβολον* ein bloßer Zahlenwert war, oder auch ausgeprägt wurde, ist umstritten. Die Belege, welche Hultsch für die Ausprägung anführt, sind zu unsicher und keineswegs ausreichend.[44] Jedenfalls sind die Beispiele so selten, dass von einer irgendwie nennenswerten Ausgabe eines derartigen Nominales nicht die Rede sein kann. Das Pentobolon passt nicht in die auf sexagesimale Stückelung aufgebaute attische Währung. Woher der Name stammt und wieso er Geldbegriff werden konnte, ist nicht schwer zu sagen.

In den homerischen Epen erscheint zweimal (Il. 1, 463 und Od. 3, 460) als Instrument zum Fleischbraten das *πεμπώβολον*. Hesych erklärt: »πεμπωβόλους· πέντε ὀβελίσκους ἐκ μιᾶς λαβῆς συνεχομένους τριαινοειδῶς« [Fünf-Obolen: fünf Zinken, wie beim Dreizack an nur einem Griff][45]. *Πέμπε* ist nach Eustathios zu Il. 1, 463 die äolische Form für *πέντε* [fünf], das *πεμπώβολον* ist also gleich dem ionisch-attischen Pentobolon. Archäologische Funde haben uns mehrere Stück dieses Küchengerätes beschert, sodass wir von der äußeren Form eine Anschauung gewinnen.[46] An einem eisernen Stiel, dessen Ende eine Tülle zur Aufnahme eines hölzernen Stiels hat, ist ein eiserner Ring befestigt, von dem in gleichen Abständen die nach aufwärts gekrümmten Zinken ausgehen. Die Frage, ob man mit einem derartigen Instrument nur gekochtes Fleisch aus den Töpfen holen, nicht Fleisch daran braten könne, ist für uns weniger wichtig. An sich ist die Scheidung von Engelmann[47] zwischen einem krummzinkigen Gerät für gekochtes Fleisch[48] und einem aus fünf geradlinigen Spießen bestehenden Pentobolon für das Braten (eben dem homerischen *πεμπώβολον*) durchaus möglich; nur ist vielleicht eine derartige Spezifizierung der Geräte zu weit gehend.[49]

Nun liegt eine Schwierigkeit darin, dass die Scholiasten (Eustathios, sowohl wie B und T) erklären, das Pembolon sei nur bei den Kymäern, also in äolischem Gebiet, zu Hause gewesen; das beweise das äolische *πέμπε* und der Fundbereich der Geräte scheint, wie Helbig anführt, die Scholiastennotiz zu bestätigen.[50] Gleichwohl zweifle ich nicht daran, dass das attische Pentobolon von dem Bratspieß mit fünf Zinken seinen Namen hat und als letzter Rest der vorangegangenen Währung in das Münzsystem hineinragt.[51]

In den genannten Scholien steht weiter zu lesen, dass die anderen Griechen »τρισίν ἔπειρον ὀβελοῖς, οἳ λέγοιντο ἂν τριώβολα« [mit drei Spießen aufgespießt haben, die Drei-Obolen genannt werden]. Ein solcher dreizinkiger Spieß erscheint in der großen Opferinschrift aus Kos.[52] Dort wird die Verteilung des Opferfleisches geregelt. Ein Opferdiener (*θυαφόρος*) erhält außer anderem als Anteil auch *αἱματίου ὀβελὸς τρικώλιος* [dreigliedriger Spieß mit blutigem Fleisch]. Hicks hat den *ὀβελός τρικώλιος* bereits mit dem *τριώβολον* der Scholien zusammengestellt und identifiziert.[53] Es braucht nach den obigen Ausführungen nicht ausdrücklich betont zu werden, dass die Erklärung evident ist. Der Anteil besteht also aus einer dreizinkigen Gabel voll blutigem Fleisch,[54] das sind drei Portionen; der *ὀβελός τρικώλιος* beziehungsweise *τριώβολον* bedeutet im Prinzip dasselbe, was in anderen Kultgesetzen durch *τρεῖς σάρκας* beziehungsweise *τρία κρέα* [drei Fleisch(portionen)] ausgedrückt wird,[55] und es könnte infolgedessen auch der Begriff *δίκρεας* [Zwei-Fleisch(-Portion)][56] mit *διώβολον* zusammengestellt werden. Eine eigentliche Schwierigkeit für diese Identifikation sehe ich nicht. Dann wäre also *τὸ διώβολον, τριώβολον, πεντώβολον* ursprünglich nichts anderes als zwei, drei, fünf Portionen Fleisch. Es ist sicherlich kein Zufall, dass in athenischen *κρεανομίαι* (zum Beispiel bei den kleinen Panathenäen) die Fünf- und Dreizahl eine größere Rolle zu spielen scheint;[57] obwohl von *μερίδες* [Anteile] die Rede ist, lebt hier das alte *τριώβολον* und *πεντώβολον* weiter.[58]

Nun glaube ich mit dieser Darlegung auch den Grund gelegt zu haben für eine zureichende Erklärung der kyprischen *ἄγκυραι* [Anker]. Hesych hat folgende Glosse: »ἄγκυρα … Κύπριοι δὲ τὸ τριώβολον· καὶ τὸ ναυτικὸν σκεῦος«*. Man neigt heute ziemlich allgemein dazu, die Erklärung von Svoronos gelten zu lassen; derselbe leitet die Bezeichnung *ἄγκυρα* von dem Anker, der gelegentlich auf kyprischen Prägungen der Seleukiden erscheint, her.[59] Überzeugend ist diese Deutung nicht. Stünde bei Hesych ganz allgemein *νόμισμα* statt *τριώβολον*, so würde man sie zur Not gelten lassen; da er aber ganz speziell *ἄγκυρα* = *τριώβολον* setzt, so ist sie unzureichend.[60]

Ich habe zunächst versucht, diese Hesychglosse mit einer anderen zu kombinieren und sie dadurch zu erklären. Einige Zeilen weiter schreibt Hesych: »ἀγκυροβόλῳ δείπνῳ· ἀγκυρόβολα Φοίνικες τὰ δεῖπνα, ἃ παρεσκεύαζον ταῖς τελώναις ἐκτὸς τῶν λιμένων· ἔστι δὲ καὶ μισθός· ἔπρασσον γὰρ ἐν τοῖς λιμέσιν ἐνόρμιον

* »Anker … (so nennen) Cyprer das Drei-Obolon; auch das Schiffsgerät«.

καὶ ἐνλιμένιον ὡς αἰσχύην ›Αἴσχυλος‹.«* Aus dieser Notiz könnte man vielleicht schließen, dass man die *ἀγκυρόβολα δεῖπνα* [ankerspießige Speisen] eines Tages in Münze ablöste und als *μισθός* [Lohn] ein *τριώβολον* einführte, das man nun *ἄγκυρα* nennen konnte, weil es wirklich ein »Ankergeld« war. Doch bezieht sich diese Glosse nicht speziell auf Cypern, sondern sie spricht ganz allgemein von einem Brauch der Phöniker, der natürlich auch auf Cypern in Übung gewesen sein kann.[61] Immerhin erscheint mir die Basis nicht sicher genug, um die Herleitung von *ἄγκυρα* = *τριώβολον* darauf aufzubauen. Wir werden also versuchen müssen, eine andere Erklärung zu finden; sie ergibt sich ungezwungen, wenn man von der Form ausgeht. Der Bratspieß mit drei Zinken (*τὸ τριώβολον*) ist in der äußeren Form dem Anker sehr ähnlich, wurde also aus diesem Grunde *ἄγκυρα*[62] genannt; als an die Stelle des Dreispießes das geprägte Stück Silber trat, ist der Name *ἄγκυρα* haften geblieben.

Die Münze trat also an die Stelle eines Spießes, das heißt einer Fleischportion am Spieß, und die Münze erhielt in »rekurrentem Anschluss« den Namen *ὀβολός*. Ob auch eine volle Wertgleichung zwischen beiden hergestellt wurde, und wie sie erfolgte, das wird schwerlich jemals festzustellen sein. Aber eine andere Frage drängt sich hier unwillkürlich auf. Die Münze ist umlaufsfähig, sie kann als Zahlungs- und Tauschmittel von Hand zu Hand wandern. Der Obelos, sofern er eine Portion Fleisch und sein Wert eben in diesem Gute begründet ist, kann, weil das Fleisch schnell verdirbt, nie Umlaufsmittel sein. Und doch ist der Obelos Kurant gewesen; das beweist, wie ich glaube, die Nachricht über die Erfindung der Münzprägung durch den König Pheidon von Argos ganz deutlich.[63] Er zieht die Obeloi ein (*ἀναλαμβάνει*) und weiht sie in den

* »mit ankerspießiger Speise: ›ankerspießig‹ nennen Phöniker die Speisen, die sie den Zolleinnehmern außerhalb der Häfen bereiteten; sie dienen auch als Lohn; denn in den Häfen forderten sie eine Gebühr für das vor Anker Gehen und das im Hafen Liegen der Schiffe als ›aischyē‹ ›Aischylos‹.«

Tempeln der Hera. Also liefen die Obeloi (ohne Fleisch natürlich) um und galten als Wertobjekte. Worin war nun der Wert jener *ὀβελοί* begründet?

Man wird zunächst sagen, in ihrer Gebrauchsfähigkeit. Der Besitzer konnte sie bei der Zubereitung der Speisen verwenden, sie waren ein *χρῆμα* wie zahlreiche andere Dinge auch. Als *δεκάτη τῶν χρημάτων* [zehnten Teil ihres Vermögens] weiht ja Rhodopis nach dem Bericht Herodots (II 135) *ὀβελοὺς βουπόρους πολλοὺς σιδηρέους* [viele eiserne Rinderspieße] an das delphische Heiligtum. Natürlich war der Gebrauchswert für Tempel groß; aber welches Interesse sollte ein Privatmann nach dem Besitz von mehreren Obeloi gehabt haben, wenn für ihn nicht doch etwas mehr als der reine Gebrauchswert in Frage kam. Man wird zunächst versuchen, die Umlaufsfähigkeit des *ὀβελός* auf eine reale Basis zu stellen. Man wird nach einer Deckung suchen und kann vielleicht auch etwas Ähnliches finden; ich sage ausdrücklich »kann«, weil ein strikter Beweis für die Vermutung, die im Folgenden ausgesprochen wird, nicht zu erbringen ist. Die Hypothese ist gewonnen aus der Art und Weise, wie in Athen der Richtersold (*μισθός δικαστικός*) ausbezahlt wird.

Boeckh schildert sie mit folgenden Worten: »Die Bezahlung des Richtersoldes, welche den Kolakreten oblag und von diesen selbst in denjenigen Fällen besorgt werden konnte, wo die Schatzmeister der Göttinnen das Geld zu liefern hatten, geschah bei jeder einzelnen Gerichtsversammlung, und zwar in folgender Gestalt. Außer dem Richtstabe erhielt jeder beim Eintritt in den Gerichtshof ein Täfelchen (*σύμβολον* genannt); nach Beendigung der Sitzung gibt er beim Herausgehen dieses dem Prytanis ab und empfängt dafür den Sold.«[64] Nun bestand der Richterlohn, wie bereits oben S. 97 besprochen, in Athen ursprünglich in einer Fleischportion. Diese Tatsache schimmert in der Methode der Auszahlung, wie sie im 5. Jahrhundert, als der Richter längst in Münze bezahlt wird, in Brauch ist, noch durch. Es werden nur bei der Auszahlung des *μισθός δικαστικός* Symbola ausgegeben.[65] Warum gab man dem in den Gerichtshof Eintretenden nicht sofort zusammen mit dem

Richterstabe auch die Münze, die ihm als Sold zustand? Eine Entfernung vor Schluss hätte sich wohl verhindern lassen. Dieser Zahlungsmodus bekommt meines Erachtens erst einen Sinn, wenn man ihn in die Epoche der Naturalwirtschaft zurückversetzt. Der Teilnehmer erhält beim Eintritt den beziehungsweise die zustehende Anzahl eiserner Spieße; nach der Sitzung bekommt er dann vom Prytanen die entsprechende Portion Fleisch. Der Wert der Obeloi war also in diesem Anspruche begründet, sie sind in gewissem Sinne Vorläufer der Tesserae. Man sieht den Weg, wie der Obelos zum Kurant werden konnte. Stofflich zwar wertlos, repräsentierte er doch einen Wert, der in dem Anspruch auf eine Portion Fleisch begründet war, und wenn die vorgetragene Vermutung fester begründet wäre als sie es ist, so würde ich kein Bedenken tragen, in dem Obelos eine primitive Form von »notalem Geld mit Deckung« zu sehen.

Aber mir scheint, wir tragen hier moderne Konstruktionen in die Antike hinein. Der Weg, auf dem der Obelos Kurant wurde, ist vielleicht doch einfacher gewesen. Die Symbolisierung der realen Werte im sakralen Leben des 8. und der folgenden Jahrhunderte scheint auch den Obelos entmaterialisiert zu haben. Ich glaube, das lässt sich in Argos, wo der Obelos wirklich als Geld umlief (vgl. S. 144 f.), noch nachweisen. Bei den amerikanischen Ausgrabungen sind kleine, in Ton nachgebildete Tische gefunden worden, auf denen Fleischstücke, Kuchen und andere Lebensmittel liegen, die ebenfalls in Ton geformt sind.[66] Außerdem befinden sich auf diesen Tischen »thin strips of clay, applied irregularly«. Die Herausgeber sehen darin Lebensmittel. Vielleicht lässt sich diese allgemeine Deutung dahin spezialisieren, dass diese dünnen Streifen Obeloi darstellen.[67] Die Symbolisierung ist beim argivischen Heraion sehr stark in Übung gewesen. Votivtiere sind in großer Menge gefunden worden. Vor allem aber beweisen die Knet- beziehungsweise Backformen,[68] dass der Ersatzgedanke das argivische Opferwesen ganz beherrschte. Die Votivfunde bestätigen das. Man wird also auch die zahlreichen Bratspieße, die die Ausgrabungen zutage gefördert haben,[69] nicht alle als Gebrauchsgegenstände erklären dürfen. Vielleicht lässt sich aus der Form der Symbolcharakter noch erschließen.

Es ist nämlich auffällig, dass manche Stücke Verdickungen zeigen; diese sind bei einem zum Gebrauch bestimmten Obelos unverständlich, ja sie heben die Gebrauchsfähigkeit direkt auf. Ist es möglich, dass diese mit Kügelchen besetzten Obeloi Nachbildungen von Bratspießen mit aufgereihten Fleischstückchen sind? Aus der Zahl der bei den verschiedenen Stücken vorkommenden Kugeln[70] irgendwelche Schlüsse zu ziehen, halte ich für bedenklich. Nun haben auch die zahllosen pfriemenartigen Nadeln, die als Gewand- oder Haarnadeln gedeutet werden,[71] diese Verdickungen. Man sieht darin eine bloße Verzierung, zumal diese Knubbeln wie Perlen geformt und dicht nebeneinander am oberen Ende angebracht sind. Ich bin geneigt, ohne die andere Deutung ganz abzulehnen, in diesen »pins« *ὀβελοί* zu sehen, die zu reinen Schmuckformen geworden sind; wir hätten dann bei den *ὀβελοί* die gleiche Entwicklung wie beim Dreifuß; das heißt, aus dem Gebrauchsgegenstand wird ein Schmuckstück. Ob man die ornamentalen *ὀβελοί* dann als Haarnadeln verwertete, bleibt durchaus möglich. Jedenfalls aber scheint mir die Urform dieser »pins« in den Obeloi zu liegen. Die Wertschätzung dieser Nachbildungen liegt in ihrer engen Verbindung mit dem Kult;[72] die *ὀβελοί*, die Pheidon einzog und durch Münzen ersetzte, sind offenbar ein funktionelles Geld gewesen, dessen Kredit im weltlichen Verkehr in seiner sakralen Geltung begründet war. In dieser Periode, wo der Obelos als reines Zeichengeld umlief, ist dann wahrscheinlich auch der Begriff *δραχμή* = »Handvoll Spieße« entstanden. Ob die Kugeln an den Spießen in dieser Zeit als Wertmarken gedeutet wurden (es liegt ja sehr nahe, diese *ὀβελοί* mit Kerbhölzern zu vergleichen), scheint sehr ungewiss; denn die Anzahl Kugeln wechselt, vor allem bei den »hair pins«, sehr stark, sodass irgendwelche Systematik kaum zugrunde liegt.[73]

Wir unterbrechen hier die Besprechung der griechischen prämonetären Geldformen, um einige sachlich sich hier einfügende Erscheinungen der römischen Münzgeschichte zu behandeln. Es ist bekannt, dass die römischen Münznamen wie die Terminologie des Zählens, kurz fast alle Begriffe des Geldwesens, vom Wägen und Gewicht (den gewogenen Mengen) des Erzes als des frühesten metallischen Tauschmittels herstammen. Nur *pecunia* fällt aus diesem Rahmen heraus; es geht auf die alte Viehwährung zurück. Nun glaube ich diesem Begriff noch einen Kameraden geben zu können.

Die Römer nannten das Grundnominal ihres Schwergeldes *As* (Genitiv *assis*). Man hat um die Bedeutung des Begriffes immer lebhaft gestritten, ohne zu einer Einigung zu gelangen.[74] Sprachliche und sachliche Schwierigkeiten standen im Weg. Mit aller Reserve soll hier der Versuch einer neuen Deutung vorgetragen werden. Kann *as, assis* mit *assus* »gebraten« (Substantiv *assum* = Stück Braten) zusammengestellt werden? Sachlich würde diese Verbindung ausgezeichnet passen; der römische Münznamen würde aus demselben Milieu stammen, aus dem der griechische Obolos herkommt. Über die sprachliche Möglichkeit hat mir Herr Prof. Sommer, Jena, freundlichst seine Meinung mitgeteilt; er ist der Ansicht, dass lautlich von vornherein nichts hindert, in *as, assis* und *assus* dieselbe Wurzel zu suchen. Schwierigkeiten, die hier nicht eingehend besprochen werden können, liegen in der Flexion. Also kann die Herleitung vorläufig nur Hypothese bleiben.

Wäre die Vermutung richtig, so hätten die Römer wie die Griechen die Bezeichnung der gangbarsten Münzeinheit vom »Bratenfleisch« hergenommen, an dessen Stelle sie trat; in beiden Fällen wäre der rekurrente Anschluss gesichert. Wahrscheinlich ist auch in Rom an die Stelle des Naturalgutes zunächst das Symbol getreten. Positive Beweise für diese Behauptung haben wir jedoch nicht. Die Bilder auf den Barren können eine derartige Zwischenstufe vielleicht andeuten; aber ein Symbolgeld als Vorstufe der Münze, wie wir es in Griechenland finden, können wir für Rom nicht nachweisen. Nur in der römischen Provinz Gallien taucht in der Kaiserzeit eine eigenartige Geldform auf, die zeigt, dass die Idee des Zeichengeldes nicht auf Griechenland beschränkt war. Es ist der sogenannte Schinkenschrötling von Nîmes. Wir hatten oben

S. 67 gesehen, wie auch bei den Kelten die Entgeltung beim Mahle erfolgte, und wie vor allem der Schinken sehr begehrt war. Nun findet sich in Nîmes, dem alten Nemausus, eine sehr merkwürdige Geldform. Der Schrötling besteht aus Kupfer und hat die Form »d'un jambon muni du pied du porc«[75], also das Symbolon eines Schweineschinkens. Auf diesen Schinken ist beiderseitig das Münzbild von Nemausus geprägt. Die Stücke gehören in die Kaiserzeit; das zeigt, wie fest die Verbindung des Schinkensymbols mit der Geldvorstellung war. Auch diese sonderbare Geldform fügt sich in das Bild, das hier von der Entstehung des Geldes entworfen wird, ungezwungen ein. Der Schweineschinken, den wir als begehrtes *γέρας* bei den keltischen Mahlzeiten finden, ist natürlich auch Opfergabe gewesen. Die Naturalgabe ist ersetzt worden durch das Symbol, und eben dieses erscheint hier in unmittelbarer Verbindung mit der Münze. Natürlich werden die Stücke kaum dem allgemeinen Verkehr gedient haben. Darin haben die zahllosen Interpreten, wie viel Falsches sie auch sonst behaupten mögen, wohl recht; es wird hauptsächlich im Kult verwendet worden sein, zumal die Mehrzahl der Stücke in einer Quelle gefunden worden sind. Das ändert natürlich an unserer Deutung nichts.

Wir kehren nach Griechenland zurück. Das Opferfleisch wurde in der Regel gebraten; das galt als die vornehmere Zubereitung; aber es ist nicht einzige Methode, das Fleisch genussfähig zu machen. Das Kochen ist ebenfalls bekannt und geübt worden. Der Kochtopf bestand aus einer halbkugelförmigen Schüssel, welche meistens auf drei Füßen ruhte, sodass man sie über offenes Feuer stellen konnte. Diese Schüssel hieß *λέβης* oder (mit dem dreibeinigen Untergestell versehen) *τρίπους* [Dreifuß].[76] *Λέβητες* und *τρίποδες* [Schüsseln und Dreifüße] dienten also zur Aufnahme von Fleisch. Dreifüße und Becken waren von verschiedener Größe und Fassungskraft; im Allgemeinen sind die *λέβητες* kleiner als die *τρίποδες*, wennschon auch unter ihnen solche gewesen sind, die ein ganzes Rind fassten.[77] Diese Gefäße konnten also bei der Austeilung der Fleischportionen verwendet werden und sind wahrscheinlich häufiger zu diesem Zwecke gebraucht worden, als wir es nachweisen können.[78] Jedenfalls scheint mir die Analogie sicher: Wie der *ὀβελός* ursprünglich das am Spieß steckende Stück Fleisch ist, so ist *τρίπους* beziehungsweise *λέβης* die im Kochtopf beziehungsweise Becken befindliche Portion. Es ist evident, dass die Begriffe aus derselben sachlichen Wurzel stammen. Und die Abstraktion, die Wegführung von dem materiellen Inhalt, die wir beim *ὀβελός* nur vermuten konnten, lässt sich bei den *τρίποδες* und *λέβητες* unmittelbar erweisen. Aus Gebrauchsstücken entwickeln sich Schmuckformen, die die Verbindung mit dem ursprünglichen Zweck verloren haben.[79] Die *τρίποδες* und *λέβητες*, mit Fleisch gefüllt, sind Entgeltungsmittel gewesen. Darin liegt der Grund, weshalb sie später, offenbar in ihrer Symbol- beziehungsweise Zierform, als Werteinheiten erscheinen. In Gortyn auf Kreta, in der Nähe der Stelle, wo das berühmte Recht von Gortyn entdeckt wurde, fanden die Italiener eine Inschrift aus dem 5. vorchristlichen Jahrhundert, auf welcher Strafverordnungen eingetragen sind. Die Strafsätze sind in *τρίποδες* und *λέβητες* normiert. Die Erklärungen der Interpreten weichen sehr voneinander ab; wir können sie hier nicht einzeln besprechen.[80]

Die kretischen *λέβητες* und *τρίποδες* sind den homerischen gleich; wenn sie auch dort als Ehrengeschenke und Kampfpreise,[81] hier als Bußen erscheinen, in beiden Fällen sind sie Entgeltungsmittel. Der Kochtopf ist Teil einer Währung, die unmittelbar aus der Viehwährung herauswächst und wie diese im Kult begründet liegt. Der Unterschied gegenüber der reinen Viehwährung liegt darin, dass an die Stelle des realen Gutes das Symbol getreten ist. Das Symbolon kann mannigfache Gestalt annehmen; aber immer hängt es mit dem Opfer (vornehmlich mit dem Rinderopfer) zusammen. Diese Verbindung ist in den besprochenen Fällen ganz deutlich. Wir wollen sehen, ob sich auch der Rest der prämonetären Geldformen in dieses Milieu einfügt.

In den homerischen Epen kommen einfache Beile und Doppelbeile als Siegespreis für Bogenschützen vor (Il. 23, 851 ff.). Man hat in diesen Beilen Geldformen gesehen[82] und die homerischen *πελέκεις* [Äxte] und *ἡμιπέλεκκα* [Halbäxte (mit nur einer Schneide)] illustriert beziehungsweise identifiziert mit den zahlreichen bronzenen und kupfernen Beilen, die aus archäologischen Funden stammen. Im Osten sind derartige Stücke gefunden auf Cypern, Kreta, Sardinien, Euboea und in der Argolis. Die größten Funde stammen von Hagia Triada, wo ein Depot von 19 Stück in 5 Reihen aneinandergelehnt in einem Raume gefunden wurde, und aus einem Meeresfund, der bei Kyme auf Euboea gemacht wurde (offenbar von einem untergegangenen Schiff stammend) und aus 17 Stück und einigen Fragmenten bestand. Das Verbreitungsgebiet dieser Beile reicht weit über die klassischen Länder hinaus; sie kommen unter deutschen, französischen und schweizerischen Funden ebenfalls vor.[83]

Was stellen nun diese Äxte dar? Es herrscht Übereinstimmung darüber, dass sie keine gebrauchsfähigen Werkzeuge sind; denn die Tülle fehlt und die Schneidefläche ist unbrauchbar. Also sind sie kein Gut, das etwa seiner Gebrauchsfähigkeit wegen zum allgemein beliebten und gern genommenen Tausch- beziehungsweise Zahlungsmittel geworden wäre.[84]

Es bleibt eine doppelte Erklärung möglich:

Zunächst kann der Wert der Stücke in dem Metall begründet sein, aus dem sie bestehen; es ist Rohmetall, das in beilartige Form gegossen ist. Diese Deutung ist durchaus möglich. Eine große Zahl der Stücke (zum Beispiel die bei Svoronos abgebildeten[85]) können recht wohl Luppen rohen Metalls sein. Das Gleiche gilt von den Barren, die in den Gemälden ägyptischer Gräber (vor allem im Rechmeregrab) vorkommen. Andere wie die auf Taf. IV und V würden dieser Deutung nicht widersprechen. Die so merkwürdig verlängerten vier Enden hätten dann den praktischen Zweck gehabt, die Umschnürung, an der sie getragen wurden, vor dem Abgleiten zu bewahren.[86] Nun scheint diese Auffassung der Schatzbeile als Rohmetall von anderer Seite eine Bestätigung zu erhalten. Hesych[87] und die Scholien zur *Ilias*[88] behaupten nämlich, *πέλεκυς* [Axt] beziehungsweise *ἡμιπέλεκκα* sei im Sinne einer Gewichtsmenge zu fassen, und zwar hätten die Begriffe auf Kreta (so Eustathios) und bei den Paphiern auf Cypern (so Hesych) diese Bedeutung gehabt. Nun herrscht aber sowohl in den Gewichtsnormen; die die Schriftquellen für *πέλεκυς* beziehungsweise *ἡμιπέλεκκον* [Halbaxt] angeben,[89] als auch in dem Gewicht der gefundenen *πελέκεις* ein so starkes Schwanken, dass man unmöglich in den Schatzbeilen Metallbarren von bestimmtem Gewicht sehen kann.[90] Wohl tragen verschiedene Exemplare Marken; aber diese Zeichen bedeuten weder eine Gewichtsangabe noch einen Hinweis auf die Qualität. Die Einschläge nennen den Herkunftsort, stimmen also in dieser Hinsicht mit dem gemarkten Rohsilber Altbabyloniens überein. Ob Einfluss von dort vorliegt, lässt sich nicht erweisen, zumal die Herkunft selbst (ob Cypern oder Kreta)[91] noch umstritten ist.

Nun betont bereits Svoronos, dass die Hochschätzung dieser Doppelbeile vielleicht in der Form selbst lag und unabhängig vom Gewicht war, sodass der Metallinhalt gleichgültig war.[92] Das Doppelbeil ist nach ihm eine alte Waffe; in dieser Werkform liegt ihr Wert. Später hat man nach seiner Meinung Rohmetall, das zur Herstellung von Doppelbeilen dienen sollte, sofort in eine Form gegossen, aus der heraus es leicht zur Waffe umgeschmiedet werden konnte. Diese Erklärung ist sehr wenig einleuchtend. Ausdrücklich lehnt Svoronos (in Übereinstimmung mit seiner allgemeinen Annahme vom Ursprunge des Geldes aus dem Tausche) die sakrale Bedeutung der Form ab.

Wir werden die Berechtigung dieser Ablehnung erneut zu prüfen haben. Um das Resultat vorwegzunehmen: Eine Herleitung aus dem Milieu, in dem wir die anderen prämonetären Geldformen entstehen sahen, ist durchaus möglich. Das Doppelbeil erscheint auf kretisch-mykenischen Denkmälern sehr oft als sakrales Symbol,[93] öfters isoliert als Kultobjekt (zum Beispiel auf dem Sarkophag von Hagia Triada), dann aber auch (und das ist für uns von besonderer Wichtigkeit) in Verbindung mit Stierköpfen; die gestielte Doppelaxt ist aufgerichtet zwischen den Hörnern eines Stieres, so zum Beispiel auf einem Goldblech aus dem 4. Schachtgrab von Mykene und auf einer Vase aus eben demselben Cypern,[94] wo auch die metallenen Doppelbeile beheimatet sind. Damit ist die gesuchte Beziehung des Doppelbeiles zum Stier und, wie wir schon hier sagen dürfen, zum Stieropfer gegeben. B. Schweitzer hat die enge Verbindung zwischen beiden gut herausgehoben; ich kann seine Worte einfach hierhersetzen[95]: »Ἁγνος, heilig nennt Pindar fr. 34 (Schröder) die Doppelaxt. Er konnte diesen Sinn noch den Kultgebräuchen seiner eigenen Zeit entnehmen. Der Stier war das geweihte Tier sowohl des vorderasiatischen Himmelsgottes wie des kretischen Zeus gewesen, sie selbst waren sicherlich einst in der Gestalt des Himmelsstieres gedacht worden, wie der Europamythos zeigt. Es ist vor allem das Stieropfer, das durch die Doppelaxt dargebracht wird. In dieser besonderen Bedeutung kann sie *βουπλήξ* [Stieraxt] heißen.«[96] Nachdem Schweitzer eine ganze Reihe von Belegen angeführt hat, schließt er seine Darlegungen mit den Worten: »Wo wir während der ganzen Dauer der griechisch-römischen Antike uns hinwenden, überall ist das Stieropfer mit dem Doppelbeil verbunden.«[97] Aus der sakralen Funktion erklärt sich also die Verehrung des Doppelbeiles. Zunächst ist es das Beil, mit dem der Priester das Opfertier niederschlägt; dann wird es Symbol der Stiergottheit und ist als solches Kultgegenstand und Weihegabe. Heimisch ist das Symbol im Vorderen Orient, auf Kreta und im frühen Griechenland;[98] von dort ist es in die griechische und römische Kultur eingedrungen.

Die enge Verbindung mit dem Stieropfer hat das Beil mit dem Obelos, dem *τρίπους* und *λέβητες* gemeinsam, und dass die Doppelaxt wie diese ein prämonetäres Geld gewesen ist, das beweist außer dem Münznamen *πέλεκυς* auf Cypern vor allem der Bericht des Pausanias (X 14, 1) über die Weihung des Periklytos von Tenedos. Er bringt Doppeläxte nach Delphi und hängt sie im Tempel als Weihegabe auf. Diese Dedikation von Doppeläxten durch Periklytos hat ihre Parallele in der Weihung der Spieße durch König Pheidon von Argos; man wird sich den Vorgang analog denken müssen, das heißt: Bevor es Münzen auf Tenedos gab, kursierten als Geld derartige Beile. Als Periklytos zur Münzung schritt, da zog er die Beile ein, die er nach Delphi weihte, und an ihre Stelle trat nun die Münze. Dass der Übergang zur Münzung in dieser

Weise erfolgte, das scheint das Prägebild zu bestätigen; das Münzwappen von Tenedos ist die Doppelaxt.[99]

Der rekurrente Anschluss der Münze an die prämonetäre Geldform liegt beim Doppelbeil sowohl im Münznamen (*πέλεκυς* als Münzbezeichnung auf Cypern) wie im Münzbild (auf Tenedos) vor. Diese doppelte Verknüpfung macht die Beziehung zwischen prämonetärem und monetärem Geld besonders fest und unabhängig von der Frage, ob nun alle oben besprochenen Metallbarren Doppelbeile darstellen oder nicht. Fimmen hat nämlich die Gleichsetzung der Kupferbarren mit den homerischen *πελέκεις* bestritten;[100] nach seiner Meinung haben »die Kupferbarren die Form ausgebreiteter Tierfelle ohne Kopf und manchmal auch ohne Prankenansätze«. Selbst wenn diese Kombination richtig ist,[101] so kann doch eine Beziehung zum Sakralwesen durchaus angenommen werden; denn die Felle des Opfertieres spielen (und zwar nicht bloß als priesterlicher Anteil) im Kult eine große Rolle. Dann träten also die Fellbarren, die wir auf kretischen Schrifttäfelchen dargestellt finden,[102] zu den Ochsenköpfen, die ebendort[103] erscheinen, in unmittelbare Beziehung; beides sind aus dem Kult erwachsene Symbole. Näheren Einblick in die Zusammenhänge geben die Quellen nicht.

Eine sehr interessante Art prämonetären Geldes ist das Eisengeld der Spartaner. Ulrich von Wilamowitz[104] und Frédérik Poulsen[105] haben die älteste spartanische Geldform mit Recht in den eisernen Sicheln wiedergefunden, die auf Inschriften der Kaiserzeit häufiger erscheinen. Dass diese Sicheln Geld sind, folgt aus ihrer Verwendung als Siegespreis und »Charongroschen«. Nun nehmen sowohl Poulsen wie von Wilamowitz in Anlehnung an Svoronos und Regling an, dass die Geldeigenschaft dieser Drepana in der Verwendung als Werkzeug (Schnittersichel beziehungsweise Waffe) begründet ist, dass also ein gewöhnliches »Gerätegeld« vorliegt. Soll unsere These, dass die prämonetären Geldformen ganz generell aus kultischem Zusammenhang entstanden sind, bestehen, so muss sich das spartanische Sichelgeld aus sakralem Milieu erklären lassen. Das ist durchaus möglich. Die Einzelheiten dieser Herleitung können an dieser Stelle nicht vorgelegt werden.[106] Ich gebe hier nur die Resultate. Das spartanische Eisengeld ist ursprünglich ein Opferrequisit genauso wie Obelos, Dreifuß und Doppelbeil. Die eiserne Sichel ist das Messer, mit dem das Opfertier geschlachtet wurde. Auf kretisch-mykenischen und etruskischen Denkmälern begegnet die Sichel als Opfermesser, und sie ist wie das Doppelbeil ganz eng mit dem Stieropfer verknüpft. Die spartanische Artemis ist eine *ταυροπόλος* [mit Stieren Verehrte/Stiere Erlegende] und mit ihrem Kult steht die Sichel in engstem Zusammenhang. Das sakrale Instrument ist dann zum Entgeltungsmittel bei den Agonen geworden genauso wie Dreifuß und Becken bei den homerischen Wettkämpfen. Die Verwendung als Grabbeigabe hat die Sichel mit dem Doppelbeil gemeinsam, und dass das Verbreitungsgebiet beider sich in überraschender Weise deckt, zeigt, dass beide der gleichen Wurzel entstammen, beide gehen auf vorgriechische Kulte zurück. Das Ursprungsland beider ist Kleinasien; sowohl Doppelbeil wie Sichelmesser sind Symbol der vorasiatisch-kretischen Stiergottheit.

Die prämonetäre Stufe hängt mit der Viehwährung unmittelbar zusammen, sie ist wie diese selbst in der kultischen Sphäre verankert. Aber nur die äußere Form des prämonetären Geldes stammt vom Viehgeld her; der Inhalt hat sich grundsätzlich verändert, und dieser Wechsel ist nur aus sakralem Milieu heraus zu verstehen. An die Stelle des Realgutes tritt das Symbol. Max Weber hat gelegentlich geäußert,[107] dass die Kultsymbole das älteste Papiergeld seien. Unsere Ausführungen erheben es zur Evidenz, dass die Wurzel des Nominalismus in der sakralen Sphäre liegt.

Nun sahen wir bereits, dass die Symbole (zum Beispiel Doppelbeil, Dreifuß) als Münzbilder wiedererscheinen. Die Münze wird dadurch als unmittelbare Fortsetzung der symbolischen Geldformen[108] charakterisiert. Wir kommen damit zur Frage der Entstehung der Münze.

V. KAPITEL
Entstehung und Wesen der Münze

Der sakrale Charakter der griechischen Münze ist aus den Prägebildern unmittelbar zu erschließen; der Schluss ist längst gezogen. Ernst Curtius hat die religiöse Natur der griechischen Münzen anhand der Bildtypen eingehend dargelegt.[1] Nun haben seitdem namhafte Forscher[2] diese Ansicht bekämpft. Sie deuten die Prägebilder als bildliche Reminiszenzen an den Naturaltausch, das heißt, jene Bilder stellen nach ihrer Meinung die Güter dar, die ursprünglich ohne Vermittlung von Geld gegeneinander ausgetauscht wurden (zum Beispiel Silphion, Korn und andere mehr)[3]; da derartige Gepräge gerade auf den ältesten Münzen erscheinen, so halten diese Gelehrten es für erwiesen, dass die Münzen ursprünglich nicht religiöser Natur waren. Dass sie später Bildnisse von Göttern tragen, geht nach ihrer Ansicht auf den starken Einfluss zurück, den die antike Religion auf das private und staatliche Leben überhaupt gehabt hat.

Dieser Behauptung gegenüber erhebt sich sofort die Frage: Warum setzt dieser religiöse Einfluss bei den Münzen erst so spät ein? Auf anderen Gebieten ist er um die Mitte des 7. Jahrhunderts, als die Münze entsteht, besonders groß und geht zum Beispiel im Rechtsleben von da an mehr und mehr zurück. Es müssten triftige Gründe angeführt werden, um diesen Unterschied zu erklären. Sie werden sich schwerlich finden lassen; denn es lässt sich in der Tat erweisen, dass die Münze eine parallele Entwicklung wie das Recht genommen, das heißt sich aus religiöser Bindung allmählich zu einem rein weltlichen Instrument entwickelt hat.

Zwar wird man sich nicht mit jener allgemeinen Formulierung, die Simmel in seiner *Philosophie des Geldes* (offenbar in Anlehnung an Curtius) vorträgt, begnügen können,[4] sondern eingehend zu betrachten haben:

1. aus welchen Elementen die Münze besteht,
2. ob die Münze in gradliniger Fortsetzung der prämonetären Geldformen entstanden ist,
3. wie sich Funktion und Substanz in der Münze zueinander verhalten.

Die Münze ist ein in Form gebrachtes Stück Metall, besteht also aus zwei Elementen, Materie und Form. Das Material ist Metall; Gold, Silber oder Kupfer sind die Regel, andere Metalle Ausnahmen. Die Form wird durch die Prägung gegeben. Die Münze ist eine Schöpfung griechischen Geistes; aber nur die Formgebung ist griechisch,[5] das Material stammt zunächst nicht aus Griechenland. Zwar finden sich in Griechenland Edelmetallvorkommen; aber sie sind, wie die Namen der Fundstellen beweisen,[6] zunächst von Semiten, das heißt Phönikern, ausgebeutet worden. Phöniker waren es ja auch, die die reichen Silberschätze Spaniens zuerst aufschlossen. Nun haben die Phöniker das Silber nicht ausschließlich für sich verwendet; die größere Menge haben sie sicherlich weitergegeben. Hauptabnehmer waren die Anwohner des Euphrat und Tigris. Gold und vor allem Silber ist hier schon im 3. Jahrtausend ein sehr begehrtes Objekt,[7] weil man für Silber alle anderen Güter erwerben konnte.

Worin besteht nun die Hochschätzung des Silbers, die es zum allgemein begehrten Gut machte? Als Material für Werkzeuge war es wegen seiner Weichheit ungeeignet; also ein im engeren Sinne wirtschaftlicher Wert wohnt dem Edelmetalle zunächst nicht inne. Die Schätzung ist darin begründet, dass es wegen seiner Farbe als Schmuck beliebt ist. Nun ist Schmücken ohne Zweifel ein primäres Bedürfnis des Menschen, sodass also die Gegenstände, die als Schmuck verwendet werden, wirtschaftliche Güter genannt werden können. Aber sie sind gleichwohl von den Gütern, die der Befriedigung rein vegetativer Bedürfnisse dienen (Nahrung, Kleidung, Wohnung) charakteristisch verschieden. Jeder Schmuck hat zunächst einen magischen Sinn; entweder soll er Apotropaion (das ist Mittel, um Dämonen abzuwehren) sein oder aber als Bindemittel des Trägers an eine höhere Kraft dienen.[8] Die Wahl des Schmuckmittels ist also naturnotwendig von magisch-religiösen Rücksichten bedingt.[9]

Auch beim Edelmetall hat dieser Gesichtspunkt eine Rolle gespielt. Alfred Jeremias hat in seinem *Handbuch der altorientalischen Geisteskultur* (1913) die Metalle als Symbole der babylonischen Himmelsgottheiten erwiesen.[10] Die Verteilung der Metalle unter die Gottheiten ist aufgrund der Farbenharmonie erfolgt. Gold war das Symbol der Sonne,[11] Silber Symbol des Mondes, Kupfer Symbol der Venus. Von der großen Rolle, die die Edelmetalle in der Religion spielten, leitet sich die Wertschätzung her, die sie auch im weltlichen Verkehr haben. Das beweist bindend, wie ich glaube, eine andere Tatsache. Das Wertverhältnis zwischen Gold und Silber betrug während der ganzen Antike und noch weit in Mittelalter und Neuzeit hinein 1:13⅓. Wir Modernen würden, um dies Verhältnis zu erklären, ohne Bedenken von Angebot und Nachfrage reden, damit aber völlig in die Irre gehen. Das Wertverhältnis stammt vielmehr, wie Lehmann-Haupt zuerst erwiesen hat, aus dem Verhältnis der Umlaufzeiten der betreffenden Gestirne zueinander; nur aus diesem Grunde steht Gold zu Silber wie 1:13½.[12]

Die Lösung ist überraschend, und über ihre Richtigkeit steht mir ein Urteil nicht zu. Aber wenn man bedenkt, dass ein so besonnener Forscher wie August Boeckh die Ausbildung von Maß- und Gewichtssystemen bereits mit astronomischen Beobachtungen der Priesterschaft in Verbindung bringt,[14] so wird man die Herleitung der Wertverhältnisse aus ähnlichen Maximen nicht von vornherein ableugnen wollen. Das Verhältnis ist also in außerwirtschaftlicher Sphäre entstanden; die von der Priesterschaft geschaffene Norm ist der stabile Pol, um den der Wert der beiden Edelmetalle später entsprechend dem schwankenden Mengenverhältnis pendelt.

Nun wird der Leser sagen: Gewiss, für das Edelmetall will ich den magisch-religiösen Ursprung zugeben; aber die Viehwährung ist, obwohl die Rolle des Viehes als Opfertier entscheidend mitgespielt hat, doch letzten Endes aus wirtschaftlichen Erwägungen entsprungen; denn das Vieh gab dem Menschen kostbare Nahrungsmittel (Milch, Butter, Käse) und diente selbst als Nahrung, es war also ein wirtschaftliches Gut. Nun leugne ich nicht, dass das Vieh ein wirtschaftliches Gut erster Ordnung war; wohl aber kann man mit guten Gründen bestreiten, dass diese rein wirtschaftliche Hochschätzung von allem Anfang an vorhanden war. Darauf muss hingewiesen werden, selbst auf den Vorwurf hin, dass mit dieser Ausschaltung alles Wirtschaftlichen der Bogen überspannt werde.

Manche Tiere sind für den primitiven Menschen anfänglich nur Kameraden, man hält sie als angenehme Gesellschafter, ohne zunächst ihren wirtschaftlichen Nutzen zu werten.[14] Vielfach sind es magisch-religiöse Momente, die den Menschen veranlassen, bestimmten Tieren besondere Hochschätzung zu erweisen. Nun hat vor allem Edmund Hahn nachdrücklich darauf hingewiesen,[15] dass auch die Wertschätzung des Rindes anfänglich aus dieser Wurzel und nicht aus wirtschaftlichen Motiven herstamme. Er hat viele Belege beigebracht, dass primitive Völker das Rind weder zur Arbeit noch als gewöhnliches Nahrungsmittel verwenden. Nur wenn ein Rind als Opfer dargebracht wird, isst die Gemeinde vom Fleisch des geopferten Rindes. Was wir hier bei den Primitiven finden, ist auch bei anderen Völkern zu belegen. So ist zum Beispiel in China, wie Max Weber in *Gesammelte Aufsätze zur Religionssoziologie* darlegt, »das Schlachten von Rindern selten (eigentlich nur zu Opferzwecken); Milchgenuss fehlte, und Fleischessen hieß so viel wie vornehm sein (weil es Teilnahme am Opferfleischgenuss, der den Beamten zukam, bedeutete.)«[16]. Ob auch in der frühen Antike diese Anschauung gegolten, werden wir nicht mehr feststellen können; immerhin scheinen die Stierspiele auf kretisch-mykenischen Denkmälern in diese Richtung zu weisen; denn nach Rodenwaldts[17] Meinung wird man »die sogenannten Stierspiele nicht als reinen Sport, sondern als religiöse Spiele deuten müssen.« (Vgl. auch oben S. 35). Was aus späterer Zeit für die sakrale Bedeutung des Rindes angeführt werden könnte, kann nicht einzeln aufgezählt werden. Jedenfalls steht fest: »Die Heiligkeit gewisser Zuchttiere (Kuh und Ochs vornehmlich) ist ein sprechendes Zeugnis für die außerhalb des Nutzwerts liegende Schätzung«.[18] Dass schon früh auch das wirtschaftliche Motiv eine Rolle spielt, ist deutlich im Homer und auch im indischen *Rigveda*[19] zu ersehen; aber am Anfang steht sowohl beim Vieh wie beim Edelmetall eine Wertschätzung aus magisch-religiösen Gründen.[20]

Der magische Sinn macht die betreffenden Dinge zu allgemein begehrten Objekten. Das Silber war im alten Babylonien ein derartiges Gut; jeder gab gern andere Güter hin, um dieses zu erwerben. So kann es zum allgemeinen Vermittler des Tausches werden, vorausgesetzt, dass die Grundlagen für eine Entwicklung des Tausches vorhanden sind.

Nun ist in Babylonien schon in den ältesten Epochen der Austausch von Gütern geübt worden; sobald die schriftlichen Quellen zu reden beginnen, berichten sie auch von Tauschvorgängen; ja die größte Menge von Urkunden handelt von Güterübertragungen. Altbabylonien zeigt in dieser Hinsicht eine ganz andere Physiognomie als Althellas. Hier zunächst der Wunsch, alle Bedürfnisse in eigener Wirtschaft zu decken; dort der Trieb, manche Bedürfnisse durch Tausch eigener gegen fremde Güter zu erwerben. Gründe für diesen Unterschied zwischen Altbabylonien und Althellas lassen sich eine ganze Reihe anführen. Der entscheidende ist wohl der Unterschied in der sozialen Struktur. In Altgriechenland herrscht Sippenverfassung; der Geschlechts- beziehungsweise Sippenverband ist ein auf dem Prinzip der Blutsgemeinschaft aufgebauter Sozialkörper, zu dessen Wesenheit die volle Unabhängigkeit von der Außenwelt gehört. Voraussetzung dieser Unabhängigkeit ist die wirtschaftliche Autarkie. Das bluthafte Gefühl ist stärker als wirtschaftliches Kalkül; entwickelte Tauschbeziehungen zwischen derartigen Verbänden sind nicht möglich. In Altbabylonien hat die Stammesverfassung ursprünglich wohl auch geherrscht; aber die Überlieferung reicht nicht bis in jene Zeit zurück. Die ältesten Urkunden zeigen bereits den zentralisierten Staat, in den die Sippenverbände aufgelöst und untergegangen sind.

Das Gebiet, das die Sippe innehat, ist durch ihre Größe gegeben. Die Ausdehnung des orientalischen Staates kennt keine Begrenzung; das erklärt sich aus dem Wesen jenes Staatsgebildes ohne Weiteres. Der Boden, welcher dort nur Mittel zum Zwecke war (Nahrungsspielraum), wird hier Selbstzweck; denn die Größe des Territoriums ist Symbol der Machtfülle; wie der Drang zur Macht bei den altorientalischen Königen unersättlich, so auch die Gier nach Landerwerb. Nun sind jene großen orientalischen Staatengebilde auch die Keimzellen für die Entwicklung des Handels gewesen; hier muss mit Naturnotwendigkeit sowohl ein Binnen- wie ein Außenhandel entstehen.

Der Binnenhandel erwächst aus den Bodenbedingungen. Der Geschlechterstaat hat wegen seiner Kleinheit uniformen Boden, alle Bürger erzeugen die gleichen Produkte; so ist Tausch untereinander nicht notwendig, weil alle dasselbe haben. Der Großstaat dagegen weist innerhalb seiner Grenzen natürlich verschiedene Bodenqualität auf, sodass sich der Austausch von selbst ergibt. Delitzsch hat die Entstehung des Handels in Babylonien aus der Verschiedenheit der Produktionsbedingungen in Süd- und Nordbabylonien hergeleitet.[21] In den Marschen des Südens gedeiht die Viehzucht, der Boden des Nordens ist für Getreidebau am besten geeignet; so tauschen beide ihre Spezialprodukte gegeneinander aus. Ist der Binnenhandel aus rein wirtschaftlichen Erwägungen entstanden, so kommt beim Außenhandel ein anderes Moment hinzu. Der Träger des Außenhandels ist der König.[22] Die Zwecke, die er verfolgt, sind zweifacher Natur.

Der Handel des Königs ist zunächst ein Mittel, das königliche Ansehen zu heben; er entspringt dem Trieb zu sozialer Höhergeltung. Die Handelsexpeditionen, die der Herrscher zur Gewinnung von Bauholz, Steinen und anderen ausländischen Materialien aussendet, sind den Untertanen Beweise seiner Macht. Der Hunger nach Gold, den die Amarnakorrespondenz zeigt, hat seine letzte Ursache darin, dass ein gefüllter Goldschatz Ansehen und Ruhm des Königs bedang. Von einem eigentlichen Außenhandel kann man nicht reden. Der Austausch war einmal durchaus auf die Fürsten beschränkt, vollzog sich zum Zweiten nicht in festen Formen; er war ganz individuell. Geschenke wurden gegeben und genommen, ohne dass Menge oder Art irgendwie normiert waren. Die Amarnakorrespondenz gibt uns von diesem Geschenktausch zwischen den fürstlichen Höfen des 2. Jahrtausends ein überaus lebendiges Bild. Wünsche werden vorgebracht, Klagen und Beschwerden folgen.

Der Binnenhandel dagegen wird eher zu festen Normen gelangen; denn um den inneren Frieden zu erhalten, wird die Rechtsordnung Stellung nehmen müssen. Zunächst scheint der Güterverkehr im Innern frei und ungebunden gewesen zu sein. Beliebige Güter werden gegeneinander getauscht; es herrscht der sogenannte Naturaltausch. Qualität und Quantität der zu tauschenden Güter scheinen in dem Belieben der Tauschpartner gestanden zu haben. Der Übergang zu festen Normen scheint auch in Altbabylonien vom Tempel ausgegangen zu sein. Güte und Menge der zu liefernden Abgaben wurde genau festgesetzt. Das Gleiche tat natürlich der König für die Abgaben, die an seine Vorratshäuser gingen. Diese religiös-staatlichen Normen, die vor allem Maß und Gewicht, aber auch Wertrelationen zwischen einzelnen Gütern regeln, werden in den privaten Verkehr übernommen.[23] In den Verträgen wird bestimmt, dass die zu leistende Menge im Tempelmaß zu liefern und von bester Qualität sein müsse. Aus der großen Zahl der gegeneinander getauschten Güter heben sich zwei heraus, die häufiger als die anderen im Verkehr erscheinen; es sind Getreide und Silber. Sie gelten als rechtliches Erfüllungsmittel bei Verbindlichkeiten jeder Art. Es ist, soweit ich die Quellen kenne, nicht zu entscheiden, ob diese beiden Güter aus dem Handel heraus diese zentrale Stellung erlangt haben, oder ob andere Gründe dafür bestimmend gewesen sind. Jedenfalls finden sich diese beiden immer wieder als Entgeltungsmittel in den Verträgen genannt.

Das Getreide scheint das ältere von beiden zu sein; das ist vielleicht daraus zu schließen, dass es die Grundlage ist für die Gewichtsnorm, nach der man das Silber zumaß. Die Gewichtseinheit, auf der das Gewichtssystem fußt, ist das Getreidekorn.

Von dieser Basis aus haben nun die Babylonier ein festes System geschaffen, das Grundlage und Ausgangspunkt für alle folgenden Gewichtsordnungen geworden ist. Neben dem Gewichtssystem zur Bestimmung der Menge traten Methoden zur Prüfung der Qualität. Für das Getreide war die Prüfung nicht notwendig; gleiche Bodenart und gleiches Klima garantierten ein gleichmäßiges Produkt;[24] daher lesen wir in den Urkunden einfach: »Vom heilen und wahren (Getreide) haben sie genommen.« Schwieriger war die Prüfung der Qualität beim Metall. Diese Kunst haben die Babylonier zur höchsten Feinheit ausgebildet. Wie das Wägen und das Gewichtssystem ist auch die Metallprüfung nach dem Westen gewandert; die Bezeichnungen für das Metallprüfen stammen alle aus dem semitischen Sprachschatz.[25] Durch »Waschen, Kochen und Läutern« suchte man das Rohsilber von seinen unedlen Bestandteilen (Blei, Zinn, Kupfer) zu reinigen.[26] So fordert man denn in den Urkunden als Zahlungsmittel »feines«, »extrafeines«, »vollwertiges« »geläutertes« Silber und weist »minderwertiges« zurück;[27] man sieht, dass Silber verschiedener Güte im Verkehr war.

Hat man die Qualität des Metalls durch irgendein äußeres Kennzeichen unterschieden? In den Urkunden kommt »mit einem Stempel versehenes« (kanku) Silber vor. War das, wie Meissner vermutet, eine Stempelung, die »Gewicht und Reinheit des Metalls garantierte«?[28] Eigentlich und ursprünglich sicherlich nicht. Die Stempel sind zunächst nur Herkunftsstempel, nichts mehr. Alle Stempel, die sich finden, enthalten entweder Ort oder Person, von wo das betreffende Metallstück herstammt. In Urkunden aus der Zeit der ersten babylonischen Dynastie werden Silberstücke »mit einem Stempel von Babylon«, andere aus der »Stadt Zaban« und »Grossippar« genannt.[29] Der einzige königliche Name, der auf Silber in dieser Zeit erscheint, ist der des »Bar-Rekub, Sohn des Panammu«. Auch andere Personennamen fehlen nicht.

Wo die Stempelung des Metalles ihren Ausgang genommen hat, das lässt sich, wie es scheint, aus Privatbriefen noch feststellen. Bei den großen Entfernungen konnten Käufer und Verkäufer nicht immer persönlich den Austausch von Ware und Preis vollziehen; man schickte also beauftragte Vertreter. Nun werden diese nicht immer das Vertrauen des Auftraggebers gerechtfertigt, sondern öfter an die Stelle des ihnen übergebenen Gutes ein minderwertiges untergeschoben haben, um den Zwischengewinn einzustecken. Um das zu verhindern, steckte der Absender den Gegenstand in eine schützende Hülle (Tonkrüge sind oft gebraucht), die er mit seinem Siegel sicherte.

Nicht nur die Waren, sondern erst recht die Zahlungsmittel suchte man so vor Vertauschen zu schützen. So heißt es in einem Briefe aus der Zeit Hammurabis: »Jetzt habe ich ⅓ Schekel Geldes gesiegelt und dir bringen lassen; für dieses Geld gute Fische, irgend etwas zum Essen lasse bringen!«[30] Ob das Silber in einem Beutel[31] oder in einem anderen Behältnisse untergebracht war, ist, soweit ich die Quellen kenne, nicht festzustellen. Jedenfalls glaube ich, dass dort, wo in den Urkunden »gesiegeltes« Silber genannt wird,[32] im Allgemeinen Silber in einem Beutel, der mit dem Siegel des Absenders versehen war, gemeint ist, nicht Silber, das selbst einen Stempel trug. Dagegen werden die Stempel mit dem Ortsnamen auf das Silber selbst gesetzt (der Name des Bar-Rekub steht ja auch auf dem Barren). Die Angabe der Herkunft war natürlich ein Hinweis auf die Qualität; denn das Metall ist je nach Provenienz von verschiedener Güte. Wir ersehen das ja aus altorientalischen Steuergesetzen, wo Leistung in Metall von bestimmter Herkunft verlangt wird.[33] Man kann sich vorstellen, wie aus solchen staatlichen Bestimmungen heraus das Aufdrücken des Erzeugungsortes gefördert worden ist. Aber ebenso wenig wie das Siegeln von Silber in Beuteln hat dieser Stempel einen öffentlichen Charakter. Eine Garantie im Sinne des modernen Münzstempels liegt nicht vor, und man kann Stempel dieser Art ebenso wenig wie eine Fabrik- beziehungsweise Besitzermarke der Gegenwart mit ihm in Parallele stellen. Die Annahme eines derartigen Stückes geschah auf eigenes Risiko; die Nachprüfung wurde durch den Stempel nicht ausgeschaltet in der Weise, dass nach der Annahme ein Regressanspruch nicht möglich gewesen wäre.

Das Edelmetall ist in Babylonien ein amorphes Zahlungsmittel, das heißt, es ist noch nicht in eine bestimmte Form gebracht, die seine Geldeigenschaft nach außen hin dokumentierte. Es zeigt die Formen, die rohes Metall auch sonst hat; Ringe, Barren und Draht kommen vor. Vor allem aber beweisen die zahlreichen Funde von ganz ungeformtem Silber (sogenanntes Hacksilber), dass der Trieb zur Schaffung einer spezifischen Geldform fehlt. Die altorientalische Wirtschaft zeigt die Entwicklung aus dem reinen Naturaltausch, wo die Güter ohne Dazwischentreten eines Tauschmittels unmittelbar gegeneinander ausgetauscht werden, zu der nächsten Stufe des Tausches, wo ein bestimmtes Gut die Mittlerrolle übernimmt. Aber noch ist dieses Gut ein freies Gut wie alle anderen; das heißt die Qualität unterliegt privater Vereinbarung. Auch die Annahme des Gutes als Lösungsmittel von Verbindlichkeiten geht mehr auf langdauernde Gewohnheit als staatlichen Zwang zurück.

Eine staatliche Währung kennt der alte Orient nicht. Wertgleichungen zwischen Getreide und Silber werden zwar aufgestellt; aber zu einem staatlichen Währungssystem, wie wir es in der altgriechischen Viehwährung fanden, fehlt hier die strenge staatliche Bindung des Geschlechterstaates. Trotz der nach außen hin allmächtig scheinenden Staatsgewalt reichte die Macht im Innern nicht aus, zu fester Regelung des Wirtschaftslebens zu gelangen. Die Macht der privaten Wirtschaft (dazu gehört auch die Tempelwirtschaft, die sich frei von staatlicher Bindung entwickelt), war so stark, dass sie eine staatliche Währung einfach nicht akzeptiert hätte, genauso wenig, wie sich die private Praxis um Höchstpreise und Maximallöhne kümmerte. Letzten Endes ging die Wirtschaft im alten Babylon ihren eigenen Weg, ohne sich um staatliche Maßnahmen zu kümmern. Die staatliche Bindung des Geldwesens ist ein Produkt des politischen Sinnes der Griechen. Die Entstehung der Viehwährung innerhalb der griechischen Polis haben wir gesehen; es handelt sich jetzt darum, die Schöpfung der staatlichen Münze selbst zu betrachten.

Oben war bereits gesagt worden, dass das Edelmetall vom Osten nach Griechenland kam. Die homerischen Epen zeigen die

Fürsten im Besitze von Gold und Silber, und die Ausgrabungen der homerischen Stätten haben die Schilderungen des Dichters mehr oder weniger bestätigt. In Troja und besonders in Mykene sind reiche Goldfunde gemacht worden; Silber tritt seltener auf. Teils sind es Grabbeigaben (vor allem in Mykene), teils gehören die Stücke Schätzen an. Die Palastanlagen zeigen, dass die Fürsten zur Aufbewahrung des Metalls besondere Schatzkammern hatten. Die Quellen, aus der ein solcher griechischer Königsschatz gespeist wurde, war einmal der Geschenkaustausch; er ist unter den homerischen Fürsten ebenso geübt wie bei den orientalischen Königen. Nur sind die Ausmaße natürlich bescheidener. Der Nachahmungstrieb war zwar lebendig, aber die Macht beschränkter. Große Expeditionen auszurüsten, wie die königlichen Kollegen im Osten, dazu waren diese Duodezfürsten nicht stark genug.

Um seine Wünsche zu befriedigen, musste man jedenfalls Gegengaben mitbringen. So fährt der Taphierfürst Mentes mit einer Ladung Eisen nach Temesa, um dafür von dort Erz zu holen (Od. 1, 181).[34] Der »königliche« Handel ist auch in homerischer Zeit bekannt. Es hat ein Austausch von Rohmaterial, Werkzeugen und Arbeitern existiert, von dem wir uns heute kaum noch eine rechte Vorstellung machen können; die Kunst der Zeit (vor allem die Architektur) ist ohne diese Annahme unmöglich. Das Vorgehen Salomos beim Tempelbau muss man sich in kleinen Maßstab umsetzen, und man wird das richtige Bild gewinnen, wie die Paläste der kretisch-mykenischen Kultur zustande gebracht sind. Mag auch Tausch von Gütern und Leistungen stattgefunden haben, er ist auf die Fürsten beschränkt und ist individuell, nicht normativ.

Ein festes Maß- und Gewichtssystem fehlt durchaus. Wohl ist die Wage bekannt, und es ist gewogen worden; aber man muss sich hüten, in den homerischen *τάλαντα* [Waagschalen] eine feste Gewichtsnorm im Sinne des späteren Talentes sehen zu wollen.[35] Es ist Gold in Form einer Waage, aber nicht mit der Waage abgewogenes Gold von bestimmtem Gewicht. Wer die Gleichsetzung der homerischen *τάλαντα* mit den kleinen goldenen Waagen, die

Svoronos verdankt wird, nicht billigt,[36] dem bleibt nur noch eine Möglichkeit übrig; er kann *τάλαντον* im Sinne von Waagschale deuten und in *χρυσοῖο τάλαντα* dann Waagschalen voll Gold sehen.

Wie man damals den Gegenwert eines solchen *χρυσοῖο τάλαντον* festgestellt hat, ist nicht mehr zu erkennen. Jedenfalls wird man sich den Modus des Gegeneinanderabwägens sehr einfach vorzustellen haben. In primitiven Verhältnissen bedeutet vielfach Gewichtsgleichheit auch Wertgleichheit.[37] Vor allem hat sich dieser Gedanke im sakralen Tausch lange gehalten; der Mensch kauft sich durch eine seinem Eigengewicht entsprechende Metallmenge frei.[38] Die gleiche Methode des Aufwiegens durch Metall findet bei der Lösung von Gefangenen statt.[39] Aus diesem Milieu stammt nun auch der Begriff, mit dem die Griechen den Wert bezeichnen: *Ἄξιος* [würdig, von gleicher Schätzung] hängt mit *ἄγειν* [wägen, schätzen] zusammen und bedeutet ursprünglich »was ziehen wird«[40]; zu ergänzen ist natürlich die Waage.

Also *ἑνὸς βοῦς ἄξιος* [eines Rindes würdig, einem Rind entsprechend] ist ein Gegenstand, der dem Gewicht eines Rindes entspricht. Wie man ein Rind gewogen, und ob man es wirklich gewogen hat, das wage ich nicht zu entscheiden. Im alten Orient hat man mit Tierbildern gewogen. Auf dem bekannten Wägebild[41] erscheint auf der einen Waagschale ein Rinderkopf (ein anderer Kopf und ein liegendes Tier befinden sich am Boden), offenbar in Metall nachgebildet. Dass man dann das, was auf der anderen Waagschale lag, als »ein Rind ziehend« bezeichnen konnte, leuchtet ein. Nun erscheinen auch in kretisch-mykenischen Funden Ochsenköpfe. Evans hat in dem schon genannten Aufsatz eine Anzahl davon als Gewichte angesprochen.[42] Es ist durchaus möglich, dass solche Stücke aus Ägypten importiert oder auch auf Kreta selbst nachgebildet worden sind. Aber bevor wir nicht sehr viel mehr Material haben, halte ich es für sehr bedenklich, diese Stücke als bestimmte Gewichtsnormen beziehungsweise als Glieder eines fixierten Gewichtssystems zu betrachten. Das schließt natürlich nicht aus, dass mit den Ochsenköpfen gewogen worden ist, und dass so der Gegenwert des *βοῦς* [Rind] festgestellt worden ist. Nur die Existenz eines exakten Gewichtssystems scheint mir in den Charakter der Zeit, wie er uns aus den homerischen Epen entgegentritt, nicht zu passen.

Das Edelmetall befindet sich in homerischer Zeit im Besitz der Fürsten. Sie benutzen es zur Herstellung von Geschirr, tragen es als Körperschmuck und zieren damit Werkzeuge, Waffen und Wohnung. Was die Fürsten im Leben genossen, das wollen sie im Tode nicht entbehren. Ihnen wird auch Gold mit ins Grab gegeben. Im Götterkult fehlt das Edelmetall; nur wenige späte *Odyssee*-Stellen berichten von goldenen Weihegaben an die Götter.[43] Das ist eigentlich auffällig; denn im Götterolymp ist Edelmetall viel verbreiteter als auf Erden. Der Dichter schildert die Wohnungen der Götter als von Golde strahlend, sie selbst, ihre Rosse, Wagen und Waffen sind mit edlem Metall verziert. Hephaistos versteht sich auf Arbeit in edlem Metall, Edelmetalltechnik ist eine göttliche Kunst. Man sieht hier deutlich, wie der Mythus dem Kult vorangeht. Dort kann die dichterische Fantasie sich nach Herzenslust auswirken, hier hält die starre Tradition die Entwicklung auf. Rinder und andere Tiere werden den Göttern als Opfer geschlachtet, Darbringungen von Edelmetall fehlen noch.

Erst die nächsten Jahrhunderte verpflanzen den Olymp auf die Erde. Die Götter bekommen ihre Häuser und ihren Haushalt. Der Stil des königlichen Haushaltes wird auf den Tempelhaushalt übertragen, wie der griechische Tempel ja in Wirklichkeit die Ablösung des Herrscherpalastes ist. Wo früher das Haus des Königs, da erhob sich, nachdem die königliche Macht gestürzt war, der Tempel des Gottes. Wie der König, so hatte auch der Gott seinen Schatz; die Schatzkammer war ein integrierender Teil des Tempels. Nicht nur in der Form, auch in Bezug auf den Inhalt entsprachen sich die königlichen und die sakralen Thesauren. Auch der Tempel sammelte Metallvorräte. Die Ausgrabungen der archaischen Tempel haben immer wieder einen großen Reichtum an Metallen ergeben, und für die spätere Zeit bezeugen es die Inventare. Zunächst ist es Bronze, dann Silber und Gold. Wir dürfen uns die Schatzhäuser der alten griechischen Heiligtümer, wie Ephesos, Milet, Delos, Delphi und andere mehr, schon früh mit Metallschätzen gefüllt denken.

Was geschah mit diesen Reichtümern? Man ist zunächst geneigt anzunehmen, dass alles, was dem Gott geweiht wurde und daher heiliges Gut war, dauernd im Tempel verblieb, dass es verboten war, heiliges Gut aus dem Tempel zu entfernen. Die Annahme trügt. Wenigstens für das 6. und die folgenden Jahrhunderte wissen wir, dass die Heiligtümer die Güter, die ihnen als Weihegaben zuflossen, wirtschaftlich nutzten. Man verpachtete die heiligen Ländereien, um die Einkünfte für Opfer oder sonstige Bedürfnisse der Tempelgemeinschaft zu verwenden. Auch die beweglichen Güter wurden angelegt. Wir wissen aus Inschriften, dass der Tempel von Delos verschiedenen griechischen Staaten Anleihen zur Verfügung stellte.[44] Von anderen Heiligtümern ist das ebenfalls vorauszusetzen. Aus dieser wirtschaftlichen Ausnutzung der Tempelgüter ergeben sich bankartige Geschäfte. Man hat die Tempel die ersten Bankinstitute genannt; wenngleich diese Behauptung auch nicht ganz gerechtfertigt ist,[45] das Vorhandensein einer Tempelwirtschaft steht außer jedem Zweifel. Wir finden sie in Babylonien, in Ägypten und in den griechischen Tempeln vom 5. Jahrhundert ab; sie wird auch in den archaischen Tempeln Griechenlands nicht gefehlt haben, obwohl wir Einzelheiten nicht mehr nachweisen können.

Aus dieser Tempelwirtschaft erklärt sich ungezwungen die Entstehung der Münze. Metall war in der Tempelschatzkammer genügend vorhanden. Woher stammt nun der Stempel, und welchen Sinn hat er? Es ist heute ein Dogma, dass der Münzstempel Gewicht und Feingehalt der Münze garantiere. Die ursprüngliche Bedeutung scheint es nicht zu sein. Diese gewinnen wir, wenn wir Stempel und Stempelbild der Münzen in einen größeren Zusammenhang rücken; denn zunächst gilt es, die allgemeine Bedeutung der Stempelung überhaupt festzustellen, und dann erst fragt es sich, ob die Bedeutung, die der *Münz*stempel hat, notwendig eine andere sein muss und aus welchen Gründen.

Der Münzstempel ist ursprünglich mit dem Siegel identisch;[46] die Bildnisse auf Gemmen und Münzen zeigen weitgehende Übereinstimmungen, daher muss der Sinn des Münzstempels und des Siegels zunächst derselbe sein. Das Siegel leitet seinen Ursprung aus totemistischen Vorstellungen her. Das Totem (bestehend aus Tieren, Pflanzen, Geräten, Waffen)[47] ist der äußere Ausdruck einer »mystischen Partizipation«, um mit Levy-Brühl[48] zu sprechen; wer das totemistische Zeichen trägt, steht in magischer Kommunion mit der totemistischen Gemeinde, das Zeichen ist eine Legitimation der Stammeszugehörigkeit. Ob unter griechischen Stämmen der Totemismus einmal geherrscht hat, und wie weit er in den Namen der Geschlechter und den Schildzeichen noch zum Ausdruck kommt, ist, soviel ich weiß, noch nicht untersucht.[49]

Das Siegel ist also genauso wie das totemistische Zeichen in der magisch-religiösen Sphäre verwurzelt; beide sind Träger magischer Kräfte. Daher ist das Siegel ursprünglich Amulett.[50] Die Siegelbilder selbst bestätigen das, sie sind durchaus religiöser Natur. Die Geschichte des Siegels (Entstehung im alten Orient[51] und Verbreitung nach Griechenland[52]) kann hier nicht dargestellt werden. Wir haben nur noch die Bedeutung des Siegels darzulegen.

Das totemistische Zeichen drückt die Zugehörigkeit zur totemistischen Gemeinschaft aus; der Träger ist ein Stück der Gemeinschaft, ist ihr Eigentum. So ist auch das Siegel Eigentumszeichen: Das heißt, die Dinge, denen das Siegel aufgedrückt ist, treten in magische Relation zum Siegel beziehungsweise dessen Träger; sie werden sein Eigentum.[53] Gegenständen also, die einer als Eigentum erklären will, drückt er sein Siegel auf. Speziell sind bewegliche Objekte (Sklaven, Vieh, Pferde und andere mehr) mit dem Zeichen des Besitzers versehen worden.[54] Diese Sitte ist vor allem von Königen und Heiligtümern geübt worden. Uns interessiert besonders das Letztere. Die altorientalischen Tempel pflegten das Eigentum der betreffenden Gottheit durch Aufdruck des heiligen Siegels zu bezeichnen.[55] Die gleiche Sitte ist für griechische Tempel ebenfalls belegt; um nur eines zu nennen, so war an einem Felsen, der die Grenze des heiligen Besitztums bezeichnete, das Zeichen

Apollos, der Dreifuß eingemeißelt. Oft ist das Tempelinventar mit dem Wappenbild der Gottheit versehen.[56]

Nun ist das Wappen, das zur Bezeichnung des Eigentums benutzt wird, nicht verschieden von dem, das auf die Münzen geprägt wird. Das Münzzeichen von Athen, Samos, Syrakus[57] erscheint als Sklavenmarke wieder, und der Dreifuß, der in Delphi als Grenz-, das heißt als Eigentumsmarke verwendet wird, ist zugleich auch Münzstempel. Mich dünkt, der Schluss ist bindend: Das Münzbild ist in seiner ursprünglichen Bedeutung nichts weiter als ein Eigentumszeichen. Der Stempel gibt zu erkennen (*σημαίνει* [bezeichnen]; daher das Münzwappen *σῆμα* [Zeichen] genannt wird),[58] dass das Stück Metall dem Gotte gehört, dass es ihm heilig ist.[59] Warum hat nun die Priesterschaft gerade das Edelmetall mit Zeichen versehen? Die Notwendigkeit des Stempelns ergibt sich aus der wirtschaftlichen Verwertung, das heißt dem Verleihen des Rohmetalles; wenigstens scheint mir das eine Hauptursache für die Entstehung des Metallsiegelns zu sein. Um sich zu versichern, dass man die gleiche Menge und Güte des ausgeliehenen Metalles zurückerhielt, mit anderen Worten, um den Besitz des Gottes sicherzustellen, drückte man das Bild des Gottes auf. Der Münzstempel ist also zunächst ein Eigentumszeichen. Vielleicht hat aber das Prägebild noch einen weiteren Zweck.

Eine bekannte Gemme in Breslau[60] trägt die Aufschrift: *Θέρσιός εἰμι σᾶμα μή με ἄνοιγε*, das heißt »Ich bin das Zeichen des Thersis; öffne mich nicht«. Aus der Inschrift folgt, dass das Siegel auch diente, um den Verschluss zu sichern. In der Tat hat das Siegel in hohem Maße diesem Zwecke gedient. Der ägyptische Priester versah die Tür der Kapelle jedes Mal, nachdem er dem Götterbilde Gaben dargebracht hatte, mit einem Siegelabdruck, um einen Einbruch zu verhüten.[61] Die Anbringung von Siegeln, um den Inhalt von Häusern, Gefäßen, Kisten und andere mehr zu sichern, ist vor allem im alten Babylonien sehr verbreitet gewesen. Die Siegelung von Urkunden knüpft hier unmittelbar an; denn »die Siegelung dieser Tontafelhülle ist sachlich ebenso zu beurteilen wie die der Tonverschlussklumpen«[62].

In Griechenland ist die Sitte, Behältnisse durch Siegel vor Einbruch zu bewahren, ebenfalls bezeugt; »σημειοῦν ist eine gründlichere Art des ἀποκλείειν [verschließen]«.[63] Vor allem ist das Siegel von der Tempelverwaltung häufig in diesem Sinne verwendet worden; man versiegelte die Schatzkammer des Tempels und andere mehr.[64]

Kann der Münzstempel auch diesen Sinn haben, mit anderen Worten will das Münzbild wie die Aufschrift der Thersisgemme sagen: »Öffne mich nicht!«? Obwohl auf Münzstempeln niemals eine ähnliche Inschrift vorkommt, so scheint trotzdem eine solche Deutung für den Münzstempel treffend, ja, wenn man die Methode der Münzfälschung ins Auge fasst, so erhält der Stempel erst durch diese Erklärung einen prägnanten Sinn. Der Münzfälscher betrachtete die Münze gewissermaßen als ein Gehäuse, aus dem er das edle Metall fortnahm; in den entstehenden Raum verbarg er dann unedles Metall.[65] Der Münzstempel will also dieses Eindringen in das Innere verhindern, er ist letzten Endes ein Apotropaion. Da die Münze durch den Stempel zum Eigentum des Gottes erklärt wird, so ist Münzfälschung Vergehen an heiligem Gut. Von hier aus begreift man, dass Fälschen von Münzen ein sakrales Verbrechen ist und in allen griechischen Staaten mit dem Tode bestraft wird.[66]

Auf diesem Wege ist der Stempel nun wirklich auch zu einer Garantie geworden; solange die Scheu vor dem religiösen Bild lebendig war, blieb das Stück Metall unangetastet. Aber der Stempel hinderte nur, dass nachträglich keine Verfälschung vorgenommen wurde. Eine Garantie für die ursprüngliche Qualität des in der Münze enthaltenen Metalls ist damit nicht ausgesprochen. Hat die Priesterschaft mit der Stempelung eine derartige Bürgschaft ausdrücken wollen?

Wir wollen sehen, ob das Siegel diese Bedeutung gehabt hat. Im alten Ägypten hängt der Priester dem Stier, nachdem er ihn untersucht und als zum Opfer geeignet befunden hat, ein Siegel an sein Horn und erklärt ihn so für rein.[67] In Griechenland ist diese Sitte ebenfalls bekannt. So erscheint in der Mysterieninschrift von

Andania die Verordnung, dass die Priester die auserlesenen Opfertiere mit einem Zeichen versehen sollen.[68] Das Opfertier muss bestimmte Eigenschaften haben; ist das am Opfertier angebrachte Siegel wirklich eine Bescheinigung, dass die erforderlichen Eigenschaften vorhanden sind, so wird der Stempel dadurch auch zu einer Garantie für die Qualität. Implizite mag der Stempel diesen Sinn gehabt haben; aber die ursprüngliche Bedeutung ist hier wie sonst die der Weihung; das Siegel bringt das Tier in magische Relation mit der Gottheit, die Opfergabe wird der Gottheit durch die Anbringung ihres Symbols geweiht.[69]

Das Resultat aus diesen Darlegungen ist, dass der Münzstempel ursprünglich keine Garantie weder für die Qualität noch für die Quantität des Metalls bedeutet; das Prägebild ist ein heiliges Symbol, und darin liegt ursprünglich der Kredit begründet, den die Münze genießt. Wie stellen sich zu dieser Deutung die Münzbilder selbst?

Auf den ältesten Münzen begegnen vornehmlich Nachbildungen von Naturalgütern (Getreide, Vieh, Fische und andere mehr). Wir hatten oben bereits gesehen, dass man diese Tatsache als Erinnerung an den Naturaltausch, die Münze also als Stellvertreter des dargestellten Naturalgutes im Tauschverkehr fasste. Dass diese Deutung unmöglich ist, das beweist, wie ich glaube, die Form, in der das Naturalgut im Münzbild auftritt. Warum erscheint zum Beispiel, wenn Tiere dargestellt sind, gerade auf den ältesten Stücken nicht das ganze Tier, sondern nur der Kopf?[70] Man wird zunächst versuchen, die Tatsache einfach aus künstlerischen Erwägungen zu erklären; der Kopf war eben die gegebene Abbreviatur. Aber, da sich auf Kyzikener Stateren auch der Schwanz des Fisches findet, so wird man diese Deutung schwerlich aufrechterhalten können. Aus der Kultsphäre erhält diese Abbreviation eine ungezwungene Erklärung. Ein anderes Moment kommt bestätigend hinzu.

Auf Münzen von Euboea[71] ist der Stierkopf mit einer Binde geschmückt, die das Tier deutlich als heiliges Opfertier charakterisiert. Diese Opferbinde an Stierköpfen erscheint auch auf Münzen von Polyrhenium auf Kreta[72] und auf phokischen Münzen[73]. Bekanntlich meldet die literarische Überlieferung, dass auch die ältesten Münzen Athens ein Rind als Prägebild getragen hätten.[74] Vielleicht ist das nur so zu erklären, dass in Athen die alten euboeischen Didrachmen mit dem Stierkopf umliefen. Der mit einer Girlande geschmückte Stier, welcher auf samischen Münzen erscheint, kann ebenfalls hier eingereiht werden.[75] Nicht nur Rinder, auch Fische erscheinen auf Münzen im Schmuck der Binden. Die Boeoter brachten Aale aus dem Kopaiosee mit Binden geziert als Opfer dar.[76] Es kann nicht zweifelhaft sein, dass auch der »mit einer Wollbinde geschmückte« Thunfisch auf Stateren von Kyzikos[77] eine Opfergabe darstellt. Das gilt nicht etwa bloß für das vereinzelte Exemplar, das dort abgebildet ist. Der untere Abschluss der Wollbinde besteht aus einer Lotosblüte. Ist es ein Zufall, dass die Thunfischköpfe auf den alten Stateren gewissermaßen als Beizeichen eine Lotosblüte zeigen? Ich glaube nicht; es liegt vielmehr das Rudiment der gleichen sakralen Binde vor. Ist die Beobachtung richtig, so wird dadurch bewiesen, dass der Thunfisch auf Münzen ursprünglich ganz allgemein ein Opfer war, und weiter zeigt sich darin, wie früh dieser sakrale Charakter bereits im Schwinden ist.

An Orten, wo die Entwicklung weniger rasch fortschreitet, ist die Beziehung länger lebendig. Das zeigen die sogenannte Bronzefischchen von Olbia. Es sind kleine Nachbildungen von Delphinen, die wie die Inschrift *ΘΥ* [THY] anzudeuten scheint, an die Stelle von Thunfischen getreten sind. Die Marken stammen aus dem 4. Jahrhundert vor Christus;[78] das zeigen die Fundumstände, die auch den sakralen Charakter deutlich offenbaren. Es sind bildliche Ablösungen ursprünglicher Naturalopfer. Das Delphinbild, das an die Stelle des Thunfisches, der nur in der Aufschrift noch weiterlebt, getreten ist, stellt bereits eine höhere Form der Symbolik dar; vermutlich geht es auf den Apollon Delphinios, der in Olbia Verehrung genoss.[79] Wichtig sind diese Marken aus Olbia, weil sie uns die Vorstufe des Münzbildes sinnfällig vor Augen stellen. Die großen Kupfermünzen von Olbia übernehmen Bild und Aufschrift. Wir sehen also hier ganz deutlich, wie der Weg vom Naturalopfer zu den ältesten Münzbildern über die oben eingehend besprochenen Ablösungsformen führt.

Und noch an einer anderen Stelle können wir diesen Übergang feststellen. Metapont hatte Getreide in natura nach Delphi zu liefern; es löst diese Gabe (vgl. oben S. 111) durch Stiftung einer goldenen Ähre an das Heiligtum ab. Die Form der Ähre ist kultisch bedingt; denn bevor der Getreideschnitt begann, wurde der Getreidegottheit eine »Handvoll«[80] Ähren als *ἀπαρχή* [Erstlingsopfer] dargebracht. Aus dieser Verbindung stammt die Ähre als Devise der Prägung von Metapont. Dass in der Heuschrecke, die auf der Ähre sitzend erscheint (die Heuschrecke ist der gefürchtetste Getreideschädling) die sakrale Bedeutung der Münze noch speziell zum Ausdruck kommt, hat bereits Head betont.[81] Die Münze ist eine Opfergabe an die das Getreide schützende Gottheit; was sie fernhalten soll, wird auf der Gabe selbst bildlich angedeutet.

Die Münze ist Stellvertreter des Originalopfers. In Ägypten stellte »das Siegel, mit welchem die Opfertiere bezeichnet wurden, einen knieenden Mann dar, der mit auf den Rücken gebundenen Händen an einen Pfahl befestigt ist, und dem das Messer an der Kehle sitzt«.[82] Darin kommt zum Ausdruck, dass das Vieh Stellvertreter des Menschen ist; das Siegel stellt die Verbindung her zwischen dem Original- und dem Ersatzopfer. Die gleiche Idee liegt den ältesten Münzbildern zugrunde. Die angeführten Belege sollen noch um einige weitere Beispiele vermehrt werden.

Himera auf Sizilien hatte berühmte Heilquellen. Die Kranken, welche hier Heilung fanden, brachten zum Dank dem Asklepios ein Opfer dar. Das typische Opfertier für Asklepios ist der Hahn. Nun erscheint auf den Münzen der Stadt als stehende Devise der Hahn.[83] Natürlich kann der Hahn als einfaches Wappentier gefasst werden, etwa wie der Adler auf Münzen von Akragas. Aber dass er hier das Opfertier des Asklepios ist, das beweist die gelegentliche Beischrift *IATON*. Man kann das Wort wohl nicht anders als Gen. Plur. von *ἰατός* [der Geheilte] erklären;[84] zu ergänzen ist dann *ἀνάθημα*, sodass also die Münze eine »Weihegabe der Geheilten« ist. Wohin sie geweiht wurde, das deutet die Quelle auf der Rückseite an. Nun erst verstehen wir, warum so zahlreiche antike Münzfunde gerade in Brunnen und Quellen gemacht worden sind;[85] es sind Opfergaben, die nach erfolgter Heilung der Quellgottheit dargebracht wurden.

In Himera liegt also die Entwicklung deutlich vor uns. Zunächst erhält Asklepios einen wirklichen Hahn als Opfer, dann das Abbild eines Hahnes, und dies Symbol wird dann auf Edelmetall geprägt. Die Leistung des Heilgottes wird also zunächst durch ein Naturalgut, dann durch die Münze abgegolten; man kann also auch beim Opfer von einer Stufenfolge: Naturalwirtschaft–Geldwirtschaft sprechen.

Ein ähnlicher Übergang vollzieht sich bei den Agonen. Wir hatten oben S. 112 f. bereits dargestellt, wie die materiellen Preise ersetzt werden durch die ideelle Ehre, die in einem Symbol ihren Ausdruck findet. Auf Münzen sehen wir diese Ablösung vor Augen. Es gibt eine ganze Anzahl frühgriechischer Stücke, die die agonale Bestimmung in Bild oder Aufschrift andeuten. Eine alte Prägung von Metapont trägt die Aufschrift: *ΑΧΕΛΩΙΟΥ ΑΕΘΛΟΝ* [Kampf(preis) des Achelōus]. »The remarkable inscription shows that games were celebrated in his honour at which these coins were prizes«.[86]

Auf Tetradrachmen von Kos ist die Beziehung zu Wettkämpfen bildlich angedeutet. Dort erscheint ein Diskuswerfer und im Hintergrund ein Dreifuß;[87] offenbar ist ein Preisdreifuß gemeint; die Münze ist also nichts anderes als Ablösung des ursprünglichen Preises.[88]

Nun liegt es nahe zu sagen: Gewiss hat es Weihemünzen gegeben, und natürlich hat man auf berühmte Agone auch Erinnerungsmünzen geschlagen, aber diese Stücke beweisen nicht die generelle Herkunft der Münze aus dem religiösen Milieu. Es ist ohne Weiteres zuzugeben, dass die Münzbilder, die die Anknüpfung an die ursprüngliche Opfergabe unmittelbar dokumentieren, nicht eben häufig sind. Aber das beweist nicht, dass die Verbindung nur selten vorhanden war; sondern der Grund liegt lediglich darin, dass das Münzbild bereits früh eine entwickeltere Symbolik zeigt; nicht das Opfergut ist dargestellt, sondern ein der Gottheit geweihtes Sinnbild, zum Beispiel die Schildkröte auf Münzen von Aegina, die Eule auf athenischen Prägungen; jene ist der Aphrodite, diese der Athena heilig. Wohl sind auch jene Symbole Anatheme, aber es sind nicht Ablösungen ursprünglicher Natural-, das heißt genießbarer Opfer (wie Rind, Schaf und andere mehr). Jene höhere Form der Symbolik,[89] die das Wesen der Gottheit interpretiert, stammt aus dem Osten und ist von dort nach Griechenland gekommen. Deswegen finden wir sie vornehmlich auf Münzen östlicher Prägestätten.

Stier und Löwe auf den frühesten Münzen von Milet gehen offenbar auf das altorientalische Schema des Stier-Löwen-Kampfes zurück. Löwen- und Greifenköpfe, die zahlreichen Fabeltiere und anderes mehr auf den Münzen zeigen den östlichen Einfluss. Dass auf dem Festlande gerade Korinth und Aegina auf ihren Münzen derartige Typen haben, das geht auf die enge Berührung, die diese Städte mit dem Orient infolge des Handels hatten, zurück.[90] An sich ist es ja durchaus verständlich, dass mit der Technik des Stempelns auch die Stempelbilder selbst nach Westen wandern.[91] Und doch ist der orientalische Einfluss auf die altgriechische Münzprägung, wenn man die Einwirkung des Orients auf die sonstige griechische Kunst des 7. Jahrhunderts vergleicht, sehr gering.

Der älteste Prägetypus wird mit großer Zähigkeit beibehalten. Auf den Münzen von Kyzikos zum Beispiel bleibt der Thunfisch durch die ganze Periode der Entwicklung hindurch erhalten, in Metapont die Ähre und so fort. Man hat diesen Konservatismus mit dem Kredit in Verbindung bringen wollen; um das Vertrauen zu erhalten, das zum Beispiel die athenische Münze im Handel genoss, habe Athen den Typus unverändert beibehalten. Das hat im 5. und den folgenden Jahrhunderten sicherlich eine Rolle gespielt; aber ebenso stark haben, besonders in der frühen Zeit, religiöse Gründe an der Erhaltung des alten Typus mitgewirkt. Nun ist Starrheit der griechischen Kunst fremd; auch die Münzkunst zeigt die Beweglichkeit des griechischen Geistes in glänzendem Lichte. Zwar behält man das ursprüngliche Symbol bei, aber es wird mannigfachem Wechsel und den verschiedensten Kombinationen unterworfen. Ursprünglich nimmt das alte Bild die ganze Fläche der Münze ein; allmählich kommen andere Zeichen auf und werden mit dem Grundtypus in mannigfachen Variationen verflochten.

Das lässt sich gut auf Kyzikener Stateren verfolgen, weil die frühe Prägung in Kyzikos besonders reich gewesen ist.[92] Der Thunfisch, das erste und ursprünglich einzige Symbol, bleibt dauernd erhalten, zuletzt als Ornament. Neue Bilder verdrängen erst allmählich die alten. Solange die Rückseite der Münze *incus* [Amboss = ungeprägt] ist, vollzieht sich der Kampf auf der Vorderseite. Als man beide Seiten zu prägen beginnt, da wird das neue Bild auf die Vorderseite gesetzt, das alte muss sich mit der Rückseite begnügen.

An die Stelle der ursprünglichen Einheit tritt eine oft verwirrende Mannigfaltigkeit der Symbole; man spürt das Ringen des griechischen Geistes um die äußere Gestaltung der von ihm verehrten Gottheiten. Wohl können wir den Prozess der Menschwerdung auch auf anderen Kunstwerken verfolgen, aber nirgendwo steht die Entwicklung der Göttergestalt von niedrigen Formen zu anthropomorpher Auffassung in klarerer Bildhaftigkeit vor uns als auf den Münzen. Stiere mit menschlichen Gesichtern und andere Zwischenbildungen erscheinen. Das gegenständliche Symbol der Gottheit wird schließlich abgelöst durch die Darstellung des Gottes in Menschengestalt.

Nur schüchtern wird die menschliche Gottheit eingeführt. Auf den Münzen von Metapont erscheint in der zweiten Periode der Kopf der Gottheit auf der Rückseite, während auf der Vorderseite die Ähre bestehen bleibt. Erst auf der nächsten Stufe kehrt sich das Verhältnis um. Die Gottheit ziert von nun an immer die Vorderseite; für die Rückseite bleibt die Ähre auch weiterhin als Devise bestehen. Die Götter erscheinen zunächst vielfach als Opfernde. So wird das Eppichblatt von Selinus abgelöst durch den opfernden Flussgott Selinus; Herakles erscheint opfernd auf Münzen von Metapont, Zeus Ammon eine Spende darbringend auf Prägungen von Kyrene. Oder aber der Gott wird in engste Verbindung mit seinem Symbole dargestellt. Auf den Stateren von Kyzikos erscheinen Menschen mit Thunfischen in der Hand; von Fritze hat diese Darstellungen bereits mit den »durch Monumente oder literarische Überlieferung bekannten altertümlichen Götterbildern, die ihre heiligen Tiere auf den Händen tragen oder an den Beinen halten«[93], verglichen und die Figuren als Götter gedeutet. Taras, der Stadtgott von Tarent, auf dem Delphin reitend, ist eine Parallele dazu.

In Tarent ist diese Verbindung fest geblieben. Wo sie sonst vorhanden, löst sie sich. Gottheit und Symbol werden selbständig. Die Gottheit (meist nur der Kopf) erscheint auf der Vorderseite; alle anderen Darstellungen, die mannigfach wechseln, stehen auf der Rückseite. Alle Münzen tragen ein Götterbild oder wenigstens ein sakrales Symbol. Die Verknüpfung der Münze mit der Religion ist evident. »Greek coin-types at this early period were always chosen, or rather sprang naturally, from the popular or state religion«, sagt Head.[94] Trifft das nur für die besprochenen Perioden zu? Oder gilt die Behauptung auch für die Stufe, wo die Herrscherbildnisse auf den Münzen erscheinen?

Wir sind gewohnt, in dem Herrscher auf Münzen den Vertreter der staatlichen Münzhoheit zu erblicken, das heißt, das Bild des Fürsten auf den Münzen versinnbildlicht nach allgemeiner Annahme die staatliche Garantie. Diese Deutung trifft den ursprünglichen Sinn des Herrscherbildes auf Münzen nicht. Der Herrscher erscheint auf den Münzen als Gottheit, der sakrale Charakter der Münze wird durch sein Bild nicht geändert. Nur aus dem Herrscherkult heraus begreift man das Erscheinen des Herrschers auf den Münzen. Die Anknüpfung an die vorhergehende Stufe ist unmittelbar gegeben; die Herrscher erscheinen nämlich in der Maske von Göttern. Alexander trägt das Löwenfell des Herakles mit den Widderhörnern des Ammon. Die Diadochen identifizieren sich gelegentlich mit Zeus; deswegen erscheint zum Beispiel Ptolemaios II. mit der Blitzkrone auf seinen Prägungen. Wird der Herrscher als Gott gefasst, so nimmt der weibliche Regent die Gestalt einer Göttin an. Arsinoe wird auf den Münzen als Demeter, Kleopatra als Isis dargestellt. Die Rückseite enthält auch eine religiöse Darstellung. Fast alle Diadochenmünzen haben auf dem Revers den thronenden Zeus, und dies Bild ist als Symbol des Königs gefasst; denn zu dem Königsnamen im Genitiv, der auf den Seiten des Kultbildes geschrieben steht, ist *σῆμα* [Zeichen] zu ergänzen, und eben das Zeusbild ist Zeichen der königlichen Macht. Die Rückseite bleibt, auch als das Königsbild auf der Vorderseite längst die Maske der Gottheit abgelegt hat und Porträt geworden ist.

Die Säkularisation schreitet weiter. Der weltliche Herrscher auf der Vorderseite nimmt auch die Rückseite für politische Zwecke in Anspruch. So hat zum Beispiel Demetrios Poliorketes den Revers einer Tetradrachme dazu benutzt, um einen Seesieg zu verherrlichen. Und wenn er auch rein äußerlich die sakrale Form gewahrt hat (die Göttin Nike auf dem Vorderteil eines Schiffes kündet den Sieg), diese Sitte, die Münze in den Dienst der Politik zu stellen, wäre in früher Zeit jedenfalls unmöglich. Erst in hellenistischer Zeit ist die Münze zu einem profanen Instrument des Staates geworden, dessen religiöse Form nur noch leere Hülle ist.

Es ist nicht leicht, in einer kurzen Skizze das sakrale und politische Element in der römischen Münze gegeneinander abzugrenzen und zur Darstellung zu bringen. Dass die Barren religiöser Natur sind, ist nicht zu bestreiten; die Darstellungen zeigen das mit aller Deutlichkeit. Es kann hier die Frage nicht behandelt werden, ob die Barren ausschließlich sakrale Funktionen gehabt haben. An sich wäre möglich, dass diese Stücke Ablösungen von Originalopfern darstellen; dass das Gewicht der einzelnen Stücke nicht fixiert ist, könnte diese Deutung vielleicht befürworten.[95]

Nun tritt bei der Vergleichung des ältesten griechischen und italischen Geldes ein Unterschied sofort deutlich zutage. In Italien ist dem in Münze geformten Metall lange Zeit formloses Metall als Geld vorangegangen. Rohkupfer ist in Italien in großen Mengen gefunden worden.[96] Zwei Funde aus mehreren hundert Stücken befinden sich in der bekannten Sammlung Haeberlin (Frankfurt am Main). Die Rohmetallwährung teilt Rom mit dem alten Orient (Ägypten und Babylonien); die Verwendung von Rohmetall als Zahlungsmittel hat die Waage zur Voraussetzung. In Ägypten und Babylonien wird diese Tatsache durch zahlreiche Wägeszenen illustriert; in Rom lebt sie in der begrifflichen Terminologie, vor allem der Rechtssprache, weiter. Diese Tatsache ist oft und eingehend besprochen worden[97] und kann deshalb hier übergangen werden.

In Griechenland ist eine Rohmetallwährung, die der Münzwährung vorangegangen wäre, nicht nachzuweisen. Die wenigen Tatsachen, die man dafür anführt, reichen zum Beweis nicht aus.[98] Die kleinen Silberplätzchen, die in knossischen Magazinen und in Gräbern von Enkomi gefunden worden sind,[99] tragen vielfach Marken, sind also kein eigentliches Rohmetall mehr. Ebenso wenig kann man die in den untersten Schichten des ephesischen Artemistempels gefundenen Schrötlinge, die mehr einem Silberklumpen als einer geprägten Münze gleichen,[100] oder etwa die frühesten lydischen Münzen mit der Strichelung Rohsilber nennen. Man braucht nur römisches Rohkupfer oder Hacksilber danebenzustellen, um den Unterschied zu erkennen. Funde von eigentlichem Rohsilber fehlen; also hat eine Rohmetall-Währung in Griechenland nicht existiert.[101] Der Unterschied zwischen griechischem und römischem Metallgeld besteht. Den Griechen treibt der Drang zur Form; ihm ist das Metall nicht Nutzgegenstand, sondern Mittel zum Zweck, Materie, die in Form gebracht wird. Die Form selbst ist bestimmt durch die Religion. Kupfer dagegen ist dem Italiker Gebrauchsgegenstand; er hat es zur Herstellung von Werkzeug und Waffe notwendig.

Deswegen war für den Römer die Quantität von besonderer Bedeutung; daher das Wiegen des Rohmetalls und die genaue Justierung der Münze, die in der Anbringung des Gewichtes beziehungsweise der Stückelung auf den einzelnen Nominalen ihren äußeren Ausdruck findet.[102] Dem praktischen Römer ist es wichtig, dass die einzelnen Stücke bequem unterschieden werden können; daher versieht er die Münzen mit Wertzeichen. Aber noch auf anderen Wegen sucht er die Unterscheidung der Nominale zu erleichtern, und nichts zeigt den grundsätzlichen Gegensatz zwischen altgriechischer und altrömischer Münze deutlicher als die Methode, die der Römer zu diesem Zwecke anwendet. In Griechenland setzt die prägende Stadt das Symbol beziehungsweise Porträt der Stadtgottheit und nur dieses auf die Münzen. Alle Stücke tragen dasselbe Bild; in Athen haben alle Nominale vom Dekadrachmon bis zum Tetartemorion auf der Vorderseite den Kopf der Stadtgöttin, auf der Rückseite Eule, Ölzweig und abgekürzten Stadtnamen. Das Verfahren ist in ganz Griechenland im Wesentlichen dasselbe. Rom geht einen anderen Weg. Jedes Nominal der Asreihe erhält einen bestimmten Götterkopf, und zwar vor allem zu dem Zweck, die Unterscheidung der einzelnen Stücke zu erleichtern. Also der Römer benutzt religiöse Bilder zu praktischen Zwecken; das wäre in Griechenland unmöglich.

Der sakrale Inhalt der Münze tritt in Rom ganz zurück. Zeigen die Vorderseiten wenigstens noch ein Götterbild, so ist die Rückseite von vornherein rein profan. Die Prora ist aus rein politischen Gründen als Devise gewählt;[103] sie deutet wohl einen Seesieg an. Man bezieht die Prora in der Regel auf die Wegnahme der Flotte von Antium 338 vor Christus.[104] Vielleicht ahmt Rom einfach die Sitte hellenistischer Herrscher nach, die Siege zur See ähnlich verherrlicht haben. In der Form jedoch besteht ein charakteristischer Unterschied. Auf den hellenistischen Münzen steht die Siegesgöttin auf dem Schiffe; auf römischen fehlt sie. Auch dieser Unterschied zeigt in dieselbe Richtung. Der Grundcharakter der römischen Münze ist mehr politischer als religiöser Natur; die Staatsräson bestimmt letzten Endes die Auswahl der Bilder. Anspielungen auf Siege, Triumphe und andere politische Ereignisse kommen auf republikanischen wie kaiserlichen Prägungen sehr häufig vor. Während daneben in republikanischer Zeit die Verherrlichungen des Geschlechtes der staatlichen Münzmeister auf den Münzen einen breiten Raum einnehmen, treten in der Kaiserzeit an deren Stelle Preis und Ehre des Kaisers und der kaiserlichen Familie in Bild und Wort. Zwar werden für diesen Zweck immer wieder religiöse Bilder verwendet, doch der politische Charakter der Münzen wird dadurch nicht berührt.

Die Münze ist in Rom ein profanes Instrument des Staates. Sie wird vom Staat für Zwecke des Staates geprägt; nicht für den Handel, sondern hauptsächlich für innerstaatliche Zwecke wird gemünzt.[105] Münzemissionen sind ausschließlich durch staatliche Bedürfnisse veranlasst. Löhnung der Truppen war ein dauernder Posten im Budget; der Truppensold war der hauptsächlichste Anlass zur Münzprägung (die zahlreichen rein militärischen Bilder auf den Münzen, besonders der Kaiserzeit, zeigen ihren Ursprung deutlich). Dazu kamen die Münzen, die aus Anlass von Triumphen geprägt und als Festgeschenke verteilt wurden.[106] – Es ist natürlich, dass die Münze auch in der Tempelwirtschaft eine Rolle spielte. Große Münzfunde stammen aus Tempeln,[107] und mehrere Asse tragen die Weihung an eine Gottheit eingeprägt.[108] Auch die Prägung selbst steht noch unter dem göttlichen Schutze der Juno Moneta; aber dass die römische Münze aus sakraler Sphäre entstamme, lässt sich nicht behaupten; darin unterscheidet sie sich wesentlich von der griechischen. Überhaupt scheint die römische Münze kein organisch gewachsenes Gebilde wie die griechische Münze zu sein. Die hellenistische Auffassung der Münze ist von Rom übernommen; die Säkularisation, die dort begonnen, hat Rom konsequent zu Ende geführt. Die römische Münze ist ein Geschöpf der staatlichen Rechtsordnung, das seinen sakralen Ursprung nur noch in schwachen Reminiszenzen offenbart.

Zum Schlusse verbleibt uns noch die Aufgabe, das substanzielle und funktionelle Element in der antiken Münze gegeneinander abzugrenzen. Wie verhalten sich Substanz und Funktion beim Geld des Altertums zueinander? Schon Simmel hat die steigende Bedeutung der Geldfunktion auf Kosten der Geldsubstanz aus dem sakralen Untergrund des Geldes heraus erklärt.[109] Tatsächlich erfolgt die Erschaffung funktioneller Entgeltungsmittel in der sakralen Sphäre, indem hier wirtschaftlich wertvolle Güter durch wertlose Symbole ersetzt werden, die die gleiche Geltung haben. Das Zeichengeld ist im Kult entstanden. Das zeigt deutlich das spartanische Eisengeld, der Prototyp des antiken Zeichengeldes. Form und Stoff des spartanischen Eisengeldes sind nur aus kultischem Zusammenhang heraus zu erklären; die Sichelform ist kultlich bedingt, und dass man am Eisen zäh festhielt, als man in den anderen griechischen Staaten längst Edelmetall als Geld verwendete, das kann zunächst kaum anders erklärt werden als die Beibehaltung von Ton oder Eisen bei Kultgeräten; im sakralen Milieu hielt man an dem ursprünglichen Stoff fest, während man im profanen Leben längst Werkzeuge aus anderem Material benutzte. Solange dem aus Eisen geformten Geld bei den Spartanern die religiöse Ehrfurcht einen hohen Wert beilegte, war die Annahme dieses Geldes, das heißt seine »Absatzfähigkeit« sichergestellt, trotzdem es an sich wertlos war.

Natürlich reichte seine Geltung nicht über die Grenzen der religiösen Gemeinschaft hinaus; da die religiöse Gemeinschaft mit der politischen zusammenfiel, so war das Eisengeld selbstverständlich innerstaatliches Geld; aber es war nicht Binnengeld, weil es aus schlechtem Metall bestand, sondern weil die religiöse Scheu ihm hier hohe Geltung verlieh. Solange das Eisengeld dieses sakrale Fundament hatte, besaß es den erforderlichen Kredit; als dieses schwand, da musste der Staat zum Zwange greifen und für die Beibehaltung eine andere Begründung geben. Von da an ist das Eisengeld der Spartaner ein politisches Mittel, um den Staat gegen die bösen Einflüsse der Außenwelt abzuschließen. Symbolgeld wird ein Instrument der politischen Ethik in dem Sinne, wie Plato es für seinen Idealstaat verlangt.[110] In die Praxis umgesetzt ist die Idee des reinen *νόμισμα ἐπιχώριον* [einheimische Münze] nur selten worden. Im pseudo-platonischen Dialog *Eryxias* stehen einige Beispiele.[111] Vielleicht gehören die lesbischen Billonmünzen des 6. Jahrhunderts hierher; ob auch die Eisenmünzen von Tegea und Argos,[112] ist wahrscheinlich, da sie offenbar in Anlehnung an das spartanische Eisengeld geprägt worden sind. Eisenmünzen aus Sparta sind nicht nachzuweisen.

Liegt dieser Art Zeichengeld letzten Endes ein religiöses Motiv, das seinen Wert bedingt, zugrunde, so tritt in hellenistischer Zeit ein funktionelles Geld auf, das, aus rechnerischen Erwägungen entsprungen, seine Geltung allein in der Autorität des Staates findet, der seine Annahme zu bestimmtem Kurs den Staatsangehörigen aufzwingt. Die pseudo-aristotelische Ökonomik bringt eine Anzahl von Beispielen dieser Art. Der Staat (in der Regel ist es ein Monarch) zieht gutes Geld ein, um es für außenpolitische Zwecke zu verwenden. Die Inhaber erhalten Eisenmünzen, deren Nennwert auf bestimmte Silbermengen lautet (*εἰς ἀργυρίου λόγον* [in Silbermaß]). Die Surrogate werden später gegen Silber wieder eingelöst. Die Wertgrundlage des Zeichengeldes liegt in ihrer Eigenschaft als gesetzliches Zahlungsmittel und in dem Einlösungskredit des betroffenen Herrschers.[113] Die Funktion dieses Geldes ist nicht anders als die unseres Papiergeldes. »Jede solche Prägung ist bis zu einem gewissen Grade eine Staatsanleihe ... und man schritt im Altertum dazu in den Fällen, wo die modernen Staaten Papier mit Zwangskurs in Umlauf setzen«.[114]

Rom ist auch auf diesem Gebiete der gelehrige Schüler und Nachahmer hellenistischer Staatsgewohnheiten. Was dort nur sporadisch geübt wurde, das hat Rom mit einer gewissen Systematik weiterentwickelt. Die allmähliche Verminderung des Gewichtes der Asreihe (die sogenannte Asreduktion) steht am Anfang, und am Schluss dann die Entwertung des Silberdenars durch mehr und mehr gesteigerte Beimischung unedler Metalle; zunächst 5 bis 10 Prozent, seit Septimius Severus 50 bis 60 Prozent. Unter Diokletian ist der Höhepunkt erreicht. Die hellenistischen Herrscher versprachen wenigstens die Einlösung des »Papiergeldes«; ob sie ihre Zusage halten konnten, ist eine andere Frage. Der römische Staat hat es nie für nötig gehalten, die Einlösung zu versprechen. Aus diesem Nominalismus reinster Form spricht ein staatliches Machtbewusstsein sondergleichen. Aber selbst die Macht Roms reichte nicht aus, die Idee des rein nominellen Geldes zu verwirklichen.

Man wird bei dem römischen Zeichengeld keinerlei sakrale Motivierung finden; das würde in das Bild, das wir vom römischen Münzwesen entwarfen, nicht passen. Aber diese Tatsache besagt nicht, dass die Idee der Stellvertretung, auf der jeder Nominalismus fußt, letzten Endes nicht doch aus der religiösen Sphäre stammt. Sie ist lediglich im Laufe der Entwicklung säkularisiert und für rein profane Staatszwecke benutzt worden. Der Hellenismus macht damit den Anfang, und Rom hat die begonnene Entwicklung vollendet. Ihnen ist die Münze ein Geschöpf des Staates, das vornehmlich den staatlichen Interessen dienstbar ist.

SCHLUSS

Die Ergebnisse unserer Untersuchungen sollen hier in kurzen Sätzen zusammengefasst werden:

1. *Der Ursprung des Geldes liegt im Kultus.* Das profane Austauschen beziehungsweise Entgelten von Gütern und Leistungen ist zunächst frei und ungebunden. Tauschen beziehungsweise Entgelten zwischen Göttern und Menschen wird am frühesten durch bestimmte Normen geregelt; die Kultordnung schafft normaltypische Entgeltungs- beziehungsweise Tauschmittel. Definiert man Geld als ein in Art und Größe bestimmtes Entgeltungsmittel, so ist der Kult Schöpfer des Geldes.

2. *Das Geld ist ein Geschöpf der Rechtsordnung.* Das älteste Recht ist das Recht der Götter. Folglich ist auch das durch den sakralen Nomos geschaffene Geld ein Geschöpf der Rechtsordnung. Die Normen des sakralen Geldes sind in das profane Recht übernommen. Die Geschichte des Geldes ist letzten Endes die Geschichte der Säkularisation der kultlichen Formen.

3. *Die Zahlungsmitteleigenschaft des Geldes ist historisch älter als die Tauschmittelfunktion.* Die ökonomische Theorie scheidet bekanntlich diese beiden Funktionen. Geld ist nach ihr Tauschmittel, soweit es den Gütertausch vermittelt; als Zahlungsmittel dient es zur Abgeltung rechtlicher Verbindlichkeiten. Nimmt man diese Scheidung der Theoretiker an, so ist die Zahlungsmittelfunktion die frühere.[1]

4. *Die Funktion des Wertmessers ist ebenfalls im Kult entstanden.* Wird das Opfergut durch ein anderes ersetzt, so wird der Wert des ablösenden Gutes an dem abgelösten gemessen; letzteres wird Wertmesser für das erstere. Aus der Stellvertretung des einen Gutes durch ein anderes erwächst der Wertmesser. Auch er wird durch die sakrale Rechtsordnung geschaffen, wie ja jede Stellvertretung beziehungsweise Vertretbarkeit rechtliche Norm voraussetzt.

5. *Das »chartale« Geld ist nur aus der sakralen Sphäre zu begreifen.* Im Kult hat der Ersatz des wertvollen Realgutes durch das wertlose Symbol seinen Ursprung und seinen Sinn; denn in der Magie gab es keinen Unterschied zwischen Objekt und Nachbildung; Realgut und Symbol waren in Wirkung und Geltung gleich. Dass das Zeichen als Entgelt dienen kann, ist religiös bedingt; die Rechtssymbolik hat ja gleicherweise einen religiösen Hintergrund. Die Übertragung der sakralen Formen in den profanen Verkehr hat erst den Streit um das substanzielle und funktionelle Element des Geldes hervorgerufen; auf primitiver Stufe gab es diese Unterscheidung nicht.

6. *Der Staat ist Schöpfer des Geldes geworden, weil er Träger des Kultus war.* Weil es in Griechenland Staatsgottheiten gab, deren Verehrung öffentliche Angelegenheit war, deswegen ist die griechische Polis Schöpferin des staatlichen Geldes. Der alte Orient kennt nur privates Geld, weil jeder Kult dort private Angelegenheit war.

Das Resultat dieser historischen Untersuchung weicht beträchtlich ab von der Ansicht, die die Theoretiker sich über den Ursprung des Geldes gebildet haben.[2] Die Gegenüberstellung der theoretischen Lehre und der historischen Ergebnisse würde die Abweichung vor aller Augen stellen.[3] Wir wollen diese Konfrontation unterlassen, um nur noch zum Schluss die Frage, wie weit die Geltung unserer Ergebnisse reicht, kurz zu beantworten.

Der Theoretiker nimmt für seine deduktiven Sätze, weil ihre Ergebnisse auf »exaktem« Wege gewonnen wurden, allgemeine Gültigkeit in Anspruch. Der Historiker ist bescheidener. Er wird nicht behaupten, dass Mengers Theorie nie und nirgends in der Realität verwirklicht gewesen sein könne (wäre der »homo oeconomicus« der Gegenwart vor 3000 Jahren auf der Welt erschienen, er würde das Geld sicherlich Mengers rationalistischen Grundsätzen entsprechend erfunden haben). Nur das behaupte ich, dass der historische Ursprung des Geldes der Theorie nicht entspricht. Ob dagegen die Ausbildung des Geldes überhaupt so und nicht anders vor sich gegangen sein müsse, wird nicht behauptet. Zwar ließen sich mit Leichtigkeit eine Fülle von Analogien bei anderen Völkern anführen;[4] aber damit würde höchstens Gleichartigkeit, niemals aber Gleichheit der Entwicklung bewiesen.

Also nicht die Allgemeingültigkeit wird für die gewonnenen Erkenntnisse in Anspruch genommen, sondern nur behauptet, dass die Entstehung der modernen Geldformen in der dargelegten Art und Weise erfolgt ist, und eben darin liegt die große Bedeutung der Ergebnisse. Die Anfänge des Geldes der Gegenwart gehen in die Antike zurück; daran kann kein Zweifel sein; denn die Entwicklung lässt sich in stetiger Kontinuität verfolgen. Man mag die Eigenentwicklung der einzelnen Kulturen (der angelsächsischen, germanischen, keltischen und so fort) noch so hoch einschätzen (man neigt ja in letzter Zeit dazu), die Münze ist unter allen Umständen ein unmittelbar aus der griechisch-römischen Welt herübergenommenes Kulturgut. Der Ursprung unserer Geldformen liegt im Bereich der Antike.

Dass die Entstehung des Geldes nicht in rein wirtschaftlicher Sphäre erfolgt ist, wird zunächst sehr überraschen. Das Geld ist heute in so hohem Maße ein Instrument der Wirtschaft, dass seine außerökonomische Bedeutung vielfach vergessen wird. Georg Friedrich Knapp hat den Weg zu einer anderen Auffassung vom Wesen des Geldes gebahnt. Dies Buch weist, obwohl es methodisch auf einem anderen Standpunkt wie Knapp steht, in die gleiche Richtung. Das Geld ist nach unseren Untersuchungen ein Geschöpf der religiös-staatlichen Rechtsordnung.

Es ist natürlich, dass jeder Forscher den Trieb hat, das neugewonnene Resultat möglichst scharf herauszustellen. Das ist auch hier geschehen. Dies Vorgehen ist ungefährlich, solange man das Ergebnis nicht als Dogma betrachtet. Die historische Wissenschaft kann ihrer Natur nach nicht zu absoluten Sätzen gelangen; historische Ergebnisse haben nur problematischen Charakter. Auch ich bin mir bewusst, dass das gewonnene neue Resultat nicht letzte Wahrheit bedeutet, dass die Religion nicht allein Schöpfer des Geldes ist, sondern weiß sehr wohl, dass, vor allem in einem späteren Stadium, profane (wirtschaftliche und fiskalische) Momente neben den religiösen die Entwicklung des Geldes mitbestimmt haben.[5] Jedoch ist es sehr schwer, die Wirkung jener beiden Sphären gegeneinander abzugrenzen. Es ist ja eine Tatsache, die der Historiker immer wieder feststellen kann, dass die verschiedenen Lebensäußerungen eines Volkes oder einer Epoche sich nicht scharf trennen lassen, dass jede Scheidung und Sonderbetrachtung eigentlich Vergewaltigung bedeutet.

Das gilt für alle Seiten des Lebens (Politik, Religion und so fort). Auch die Wirtschaft ist durch ungezählte Fäden mit dem außerökonomischen Leben verknüpft. Die isolierende Theorie vergisst diese Tatsache häufig; die historische Betrachtung wird sie ihr immer wieder in Erinnerung bringen müssen. Ein so universaler Geist wie Max Weber, der die gesamte Kultur in allen ihren Äußerungen und Epochen umspannte, der Theoretiker und Historiker zugleich war, hat das Verwurzeltsein der Wirtschaft mit der Gesamtheit der Lebensäußerungen immer wieder hervorgehoben. In seinen religionssoziologischen Untersuchungen hat er gerade den Einfluss der Religion auf die Formen der Wirtschaft an einem Paradigma dargestellt. Wer die Wirtschaft der Vergangenheit betrachtet, hat auch »mit Elementen außerökonomischer Art zu rechnen« [6]. Gerade im Aufdecken der Verknüpfung des ökonomischen mit dem übrigen Leben, in der Darstellung der lebendigen Wirkung, die von der Wirtschaft ausgeht und die sie aus anderen

Lebenskreisen empfängt, scheint mir die hohe Bedeutung der Wissenschaft, die man als Wirtschaftsgeschichte bezeichnet, begründet zu sein. In diesem, mehr universalistischen, Sinne gefasst ist sie ein ausgleichendes Gegengewicht gegen die rein isolierende Theorie, ist sie auch praktische Volkswirtschaftslehre erster Ordnung.

ÜBER URSPRUNG UND FRÜHGESCHICHTE DES BEGRIFFES »KAPITAL«

In der wirtschaftswissenschaftlichen Fachsprache gibt es keinen Begriff, der mehr umstritten ist als der Begriff »Kapital«. Eugen Böhm von Bawerk spricht diesbezüglich von einem »Zankapfel der Theoretiker«, Carl Menger von einem »Bild geradezu beispielloser Verwirrung«. Otto von Zwiedineck-Südenhorst, der sich mit dem Kapitalbegriff eingehend und wiederholt befasst hat, bedauert, »wie unheitlich auch heute noch die Meinungen der Nationalökonomen über den Grundbegriff ›Kapital‹ sind«[1]. Angesichts dieser Meinungsverschiedenheit erhebt sich die Frage, ob die beklagte Unheitlichkeit dem Begriffe selbst inhärent ist, das heißt von jeher vorhanden war oder ob dem ursprünglich einheitlichen Begriff im Verlauf seiner Entwicklung andere Sinngehalte zugekommen und subsumiert worden sind, die seine Einheit gesprengt und ihn zu eben jenem Mixtum compositum gemacht haben, das dem gegenseitigen Verstehen unter den Nationalökonomen so große Schwierigkeiten bereitet.

Verfolgt man die Entwicklung des Kapitalbegriffes nach rückwärts und versucht auf historischem Wege die Herkunft des Begriffes und seinen ursprünglichen Sinngehalt zu eruieren, so ergibt sich sehr bald die Notwendigkeit, sich über den Unterschied zwischen Wort und Begriff Klarheit zu verschaffen; denn am Anfang der Entwicklung steht das Wort, nicht der Begriff.

1. Vorbemerkung über das Verhältnis zwischen Wort und Begriff

Wir drücken einen Begriff durch ein Wort aus; eine andere Möglichkeit, Begriffe, die wir bilden, sichtbar zu machen und mitzuteilen, besteht nicht. Zwar wird der Begriff immer durch ein Wort ausgedrückt; umgekehrt aber ist nicht jedes Wort auch Begriff. Wort und Begriff sind nicht identisch.

Der Unterschied zwischen beiden ist in der Art, wie sie entstehen, begründet. Das Wort stammt aus dem unmittelbaren Sinneseindruck; es wird ohne Reflexion gebildet. Das Wort ist ursprünglich nichts anderes als Name, der ein wirklichkeitsgetreues Abbild des geschauten Dinges vermitteln will. Die Bildung von Begriffen hat ein Erwachen des Bewusstseins zur Voraussetzung. Der Mensch erkennt nunmehr die Umwelt als ein Gegenüber, ein Entgegenstehendes, dessen er sich durch begreifendes Denken, das heißt durch Zergliedern, Unterscheiden, Einordnen zu bemächtigen versucht. Einzeldinge werden aufgrund bestimmter Merkmale, die er bei ihnen feststellt, zu einer gedanklichen Einheit zusammengefügt; der konkrete Gegenstand verliert seine Körperlichkeit, die in dem abstrakten Begriff aufgehoben wird. Und auch die andere Art des Abstrahierens, das übersteigernde Hervorheben eines bestimmten Merkmales an einer Einzelerscheinung zieht Distanzierung von der Wirklichkeit nach sich. Das Wort als solches aber bleibt der Wirklichkeit nahe, die es nur abbilden will; als Name haftet es am Ding. Bild-wort und Begriffs-wort unterscheiden sich durch ihr verschiedenes Verhältnis zur Wirklichkeit.

Das Bildwort ist älter als das Begriffswort. Das Benennen der Dinge ist mit der Menschwerdung selbst gegeben. Die Fähigkeit zum logischen Denken, zum Bilden abstrakter Begriffe steht in Wechselwirkung mit der Entwicklung der menschlichen Kultur. Von den Naturvölkern darf man, wenn man sie als Einheit fasst, behaupten, dass sie die Fähigkeit des Abstrahierens nicht besitzen. Um statt vieler einen typischen Beleg anzuführen: Die Hirtenvölker Afrikas haben Dutzende von Einzelwörtern geprägt, die sie benutzen, um die feinsten Nuancen in der Färbung ihrer Herdentiere auszudrücken; aber den Begriff Farbe, in dem die Mannigfaltigkeit der Einzelfarben zu einer Einheit zusammengefasst würde, kennen sie nicht.

Was die Kulturvölker anbetrifft, so wird man sich bewusst bleiben müssen, dass allemal eine Unterschicht im Zustand eines Naturvolkes verharrt. Die Oberschicht ist Trägerin und Gestalterin der Kultur, die die Fähigkeit des logischen Denkenkönnens und der abstrahierenden Begriffsbildung – sei es als Ursache oder Folge – miteinschließt. Die Tiefenwirkung hängt wesentlich ab (auch Bildungsfähigkeit und Aufnahmebereitschaft spielen mit) von der Strahlungskraft, die einer Kultur innewohnt. Lässt diese nach, so geht auch jene zurück. Das Absterben einer Kultur ist von dem Wiederaufleben der der Unterschicht eigenen Denkweise begleitet. Um einen typischen Beleg, der für das hier zu erörternde Problem des Kapitalbegriffs von besonderer Wichtigkeit ist, anzuführen: Der Niedergang der antiken Kultur an der Wende vom Altertum zum Mittelalter löst einen Verfall der Abstraktionsfähigkeit aus; das Denken kehrt zur konkreten Anschauung, zum Namengeben zurück.

Erst im Hochmittelalter beginnt dann, in unmittelbarer Anknüpfung an die logischen Schriften des Aristoteles, das Denken in Begriffen wieder aufzuleben. Der Drang nach Deuten und Erkennen der Welt und ihrer Rätsel, der damals einsetzt, führt zur Ausbildung einer systematisierenden Wissenschaft, die ihre Methoden bis in unsere Gegenwart hinein immer weiter ausbaut und verfeinert. Grundlage und Wesenselement ist das abstrahierende Verfahren nach den Denkregeln der Logik. Die Sublimierung der Abstraktion ist freilich in den einzelnen Wissenschaftszweigen verschieden. Selbst innerhalb ein und derselben Wissenschaft bleibt der Abstraktionsgrad nicht dauernd der gleiche. Dafür ist ein charakteristisches Beispiel die nationalökonomische Wissenschaft, in der die Valuten der rein abstrakten Theorie und der konkreten Wirklichkeitserfassung je nach der Zeitströmung ein verschiedenes Gewicht haben.

Den reinen Theoretiker pflegt am »Baum der Erkenntnis« nur die Krone, nicht der Stamm zu interessieren. Je höher er die Abstraktion aufgipfelt, umso weiter entfernt er sich vom Boden, in dem der Stamm wurzelt. So kann es geschehen, dass heterogene Bestandteile in den Urbegriff einfließen, wie es in typischer Form gerade beim Begriff »Kapital« der Fall ist.

Um die in einen Begriff eingeflossenen fremden Bestandteile zu erkennen (und gegebenenfalls aussondern zu können), gibt es nur den einen Weg: nach der ursprünglichen Bedeutung des Wortes zu fragen, mit dem der betreffende Begriff bezeichnet wird. Und wenn das Stammwort erkannt und seine Wurzeln freigelegt sind, dann gilt es das Wort in seinem Wandel vom Bildwort zum Begriffswort durch die Geschichte zu verfolgen. Heinrich Brunner hat einmal in einem schönen Bild die Wörter die Geburtsscheine der Begriffe genannt. Das Entziffern dieser Geburtsscheine stellt die verbindende Brücke zwischen Wort und Begriff her. Diese Brücke für Wort und Begriff »Kapital« herzustellen ist die Aufgabe, die wir uns in diesem Aufsatz gestellt haben.

2. Der jüngste Erklärungsversuch des Wortes »Kapital«

Es ist nicht das erste Mal, dass den Verfasser Wort und Begriff »Kapital« beschäftigen. Bereits vor Jahren sind von mir Herkunft des Wortes und Bildung des Begriffes kurz behandelt worden.[2] Die damals gegebene Interpretation hat weitgehend Zustimmung gefunden. Ja, es ist ihr sogar die Ehre zuteilgeworden, von maßgebender Seite als gelungener Versuch, das Verhältnis zwischen historischer Wortforschung und theoretischer Begriffsbildung zu klären, bezeichnet zu werden.[3] Es bestünde also an sich keine Veranlassung für mich, das Problem erneut aufzurollen. Wenn es gleichwohl, und zwar diesmal auf einer breiteren Grundlage, hier geschieht, so hat den Anstoß dazu der Umstand gegeben, dass unlängst in diesem Archiv[4] eine von den bisherigen Deutungen völlig abweichende Erklärung des Wortes »Kapital« vorgetragen worden ist.

Und zwar hat Paul Kehl im Zusammenhang mit einer neuen Auslegung der altrömischen Geldbezeichnung *pecunia* auch eine neue Herleitung des Wortes *capital* versucht. Er bringt das Wort mit den Köpfen (*capita*), die die Vorderseite der römischen Münzen trugen, zusammen und kommt zu dem Schluss: »Alle Münzen Roms waren mit Köpfen = *capita* geziert, eine Handvoll dieser *capita* war nach dem Kaufmannsjargon ein *capitale*.« Allerdings sei – so führt Kehl aus – die Redewendung *capitalis pars debiti* = Hauptstamm der geliehenen Geldsumme, aus der das Wort hergeleitet zu werden pflege, zwar mittelalterlichen Ursprungs, »jedoch das Wort selbst ist viel älter und wird schon von Schriftstellern der römischen Kaiserzeit in der Bedeutung von Geldsumme verwendet«.

Dass das Wort *capitale* schon in älterer, das heißt vormittelalterlicher Zeit begegnet, kann nicht geleugnet werden; ja, selbst das substantivierte Adjektiv *capital* ist bereits für diese Zeit bezeugt. Es stimmt aber nicht, wenn Kehl behauptet, *capitale* habe schon in der römischen Kaiserzeit die Bedeutung »Geldsumme« gehabt. Es gibt nicht *eine* Stelle in römischen Quellen, wo das Wort in diesem Sinne gebraucht wird. Ein Überblick über Wortgebrauch und Wortbedeutung des Substantivs *caput* und des von ihm abgeleiteten Adjektivs *capitalis, capitale* wird diese Tatsache klarstellen.

3. Die Wörter *caput, capitalis, capitale* im römischen Sprachgebrauch

Caput ist der Kopf, das Haupt von Menschen und Tieren. Die ursprüngliche Bedeutung ist – darin sind die Etymologen einig – »Gefäß, Behältnis«. Die deutschen Analoga Kopf und Haupt gehen auf die gleiche Vorstellung zurück. »Kopf« ist, wie ital. *coppa*, engl. *cup* zeigen, der Becher, das Trinkgefäß.[5] Und wenn der germanischen Form »Haupt« die konkrete Anschauung des »Schalenförmigen« zugrunde liegt, so wird man mit einiger Sicherheit sagen dürfen, dass sowohl *caput* wie »Kopf« und »Haupt« zufrühest die Hirnschale, aus der getrunken wurde, bedeutet haben.[6] Der Ursprung des Wortes liegt also in jener animistischen Vorstellungswelt, wo der Sieger aus der Hirnschale des besiegten Feindes trank; und zwar in dem Glauben, damit dessen Lebenskraft, die im Kopf wie in einem Gefäß eingeschlossen gedacht wurde, sich anzueignen.

Dass der Kopf als Sitz des Lebens gefasst zu werden pflegte, spiegelt auch der lateinische Sprachgebrauch deutlich wider. Der Mensch wird, weil in diesem seinem Körperteil die Existenz schlechthin inkarniert gedacht wird, *caput* genannt. Und zwar sowohl als Einzelperson wie gerade auch als Glied der staatlichen Gemeinschaft. Der Civis als Inhaber politischer Rechte und bürgerlicher Ehre ist *caput*; daher eine Minderung des Rechtes und der Ehre als *capitis deminutio* bezeichnet wird. Vielfach wird die Gleichsetzung von *caput* und *vita* in adjektivischer Form ausgedrückt. Eine das Leben bedrohende Krankheit heißt *morbus capitalis*, ein Feind, der nach dem Leben trachtet, *inimicus capitalis*, ein Verbrechen gegen das Leben *crimen capitale*.

Eine andere Bedeutungsnuance hängt mit der genannten eng zusammen. Als Sitz des Lebens ist der Kopf der wichtigste Teil des Körpers. Als »Haupt«-teil wird er zum Stellvertreter des Ganzen. Die Verwendung als *pars pro toto* begegnet uns überall dort, wo eine größere Menge »kopftragender« Wesen zahlenmäßig festgestellt wird. Ob es sich dabei um Menschen oder Tiere, um Bürgergemeinden oder Soldatenverbände, um Kriegsgefangene oder Herdenvieh handelt, ist gleichgültig; immer werden sie nach »Köpfen« gezählt. Wir werden sehen, dass dieses Zählen nach Köpfen für die Geschichte des Wortes »Kapital« von erheblicher Bedeutung gewesen ist.

Als Stellvertreter für das Ganze[7] hebt der Kopf sich von den anderen Teilen des Körpers ab; eben weil in ihm das Leben inkarniert ist, ist er wichtiger als die übrigen. Er ist die »Haupt«-sache, die anderen sind »Neben«-sache. Die am Körper konkret gemachte Unterscheidung wird in andere Bereiche übertragen und dort dann das dem Körper entlehnte Wort in analogem Sinne gebraucht. So wird beispielshalber in einer Menschengemeinschaft der führende »Kopf« als *Capitalis* (scil. *homo*; vgl. Capitain, Häuptling) bezeichnet. Und in der Rechtssphäre werden besonders schwere Vergehen durch das Beiwort *capitalis, capitale* von den leichteren abgehoben. Natürlich ist es nicht möglich, im Einzelnen genau anzugeben, ob und wieweit in den genannten Fällen noch konkrete Vorstellungen mitschwingen[8] oder bereits Akte logischen Unterscheidens vorliegen.

Mag auch im Strafrecht die Alternative zweifelhaft sein, wo sonst im Rechtsleben die Ausdrücke begegnen, da werden sie im letzteren Sinne verwendet. Das gilt nicht zuletzt für das Vertragsrecht. Und ein Spezialfall für die Verwendung in dieser Bedeutung ist die Geldleihe. Hier wird unterschieden zwischen der Hauptsumme, dem dargeliehenen Betrag, und der Nebensumme, dem zu zahlenden Zins. Diese Gegenüberstellung ist in der Welt des klassischen Altertums durchaus bekannt. Sowohl die Griechen wie auch die Römer haben diese Unterscheidung vorgenommen. Aber es besteht ein bemerkenswerter Unterschied zwischen beiden, der gerade für die Frage, die hier zur Debatte steht, von entscheidender Bedeutung ist. Die Griechen gebrauchen zur Bezeichnung der Hauptsumme die adjektivische Form; sie sprechen von *κεφαλαιον* (vom Substantiv *κεφαλη*). Die Römer dagegen benutzen, wo das Wort erscheint, nur das Substantiv *caput*[9], niemals dagegen das Adjektiv *capitale*.

In beiden Sprachen ist das Neutrum des Adjektivs auch als Substantivum gebraucht worden. Und zwar bezeichnet im Griechischen eben diese substantivierte Form *το κεφχλαιον* die Leihsumme. Wo aber im Lateinischen das Adjektiv als Substantiv verwendet wird (und zwar nimmt es dann typischerweise die substantivische Form *capital* an), da hat es die Bedeutung »Kopfbedeckung« oder auch Mordverbrechen; niemals jedoch wird es im Sinne von »Geldsumme« verwendet.

Die Geldleihe ist im alten Rom wohlbekannt, das Zinsnehmen selbstverständlich, die Zinshöhe unbeschränkt. Man hätte also allen Grund, anzunehmen, dass sich hier die Unterscheidung zwischen Leihsumme und Zins mit besonderer Deutlichkeit zeige. Prüft man die Stellen, wo das Leihen gegen Zins erwähnt wird, ergibt sich, dass diese Unterscheidung zwar gemacht, die entliehene Summe aber *niemals capitale* genannt wird. Da heißt es beispielshalber bei Martial: »Debitor usuram pariter sortemque negabit.« Und bei Sueton lesen wir: »Pecunias levioribus usuris mutuatas graviore fenere collocare«[10]. Geld, das gegen Zins ausgeliehen wird, pflegt sowohl in der Geschäfts- wie in der Gerichtssprache als *sors* bezeichnet zu werden.[11] Das Herleihen gegen Zins aber wird – vom Darlehensgeber aus gesehen – »pecuniam sub usuris mutuam dare« genannt; das Suchen und Aufnehmen eines Darlehens als »mutuum argentum quaerere« oder »exorare«, »mutuas pecunias sumere« bezeichnet. *Mutuum* aber ist die geborgte Summe.[12]

Die Ausdrücke *mutuum* und *sors* sind in der Rechtssphäre heimisch, von wo sie in die allgemeine Umgangssprache übergegangen sind.[13] Während sie hier (aus Gründen, die wir nachher darlegen werden) allmählich verdrängt werden, bleiben sie in der Tradition der römischen Rechtslehre beibehalten. Dass noch die mittelalterlichen Glossatoren die überlieferten Ausdrücke weiter verwenden, ist überraschend; denn, wie Walter Taeuber dargelegt hat, »traten diese an die römischen Rechtsquellen heran als Zeitgenossen eines von der römischen Geldwirtschaft verschiedenen Naturalverkehrs«[14]. Die juristische Fachsprache verliert an Exaktheit.

War der römische Jurist durch Bildung und Verwendung scharf umrissener Begriffe ausgezeichnet, so verwischen sich bei den Glossatoren die Grenzen der von ihnen gebrauchten Ausdrücke. Vor allem tritt »die Unsicherheit des Sprachgebrauchs in Bezug auf das ›Darlehen‹ zutage«. Es ist, wie Taeuber sich ausdrückt, als ob der Sprachgebrauch in Bezug auf das Wort für Darlehen »über die Ufer getreten sei«[15]. Man hätte also allen Grund anzunehmen, dass diese »Aus-Uferung« sich auch auf die Namen, mit denen das Gelddarlehen (denn nur über solche, nicht etwa über Naturaldarlehen debattieren die Glossatoren) bezeichnet wird, ausgewirkt hätte. Das ist nicht der Fall. Das Gelddarlehen wird von ihnen mit den gleichen Ausdrücken bezeichnet (*sors, mutuum, fenus*), die sie in den Texten ihrer Meister vorfanden. Nicht an einer einzigen Stelle erscheint das Wort *capitale*. Bezeichnenderweise auch dort nicht, wo über das Verhältnis zwischen Darlehen und Zins diskutiert wird, wo es also besonders nahe gelegen hätte, *caput* oder *capitale* im Sinne von »Hauptsumme« zu verwenden.

Das Ergebnis ist in zweifacher Hinsicht wichtig: Einmal zeigt es, dass von einer *allgemeinen* Verwendung des Wortes *capital* selbst im Mittelalter nicht die Rede sein kann; zum Zweiten aber beweist es, dass der Ursprung des Wortes nicht in der Begriffswelt gelehrter Juristen, sondern in einer anderen Umwelt zu suchen ist. Bevor wir aber diese festzustellen versuchen, ist noch eine weitere kritische Bemerkung zu der Herleitung des Wortes aus den *capita* auf den Münzen vonnöten.

Natürlich haben die Römer die Köpfe auf ihren Münzen – die Gründe stehen hier nicht zur Debatte – wohl beachtet. Man ist geneigt, als Beleg dafür auch das Glücksspiel *capita aut navia* (benannt nach den Köpfen auf der Vorder- und der Schiffsprora auf der Rückseite) anzuführen, das darin bestand, eine oder mehrere Münzen in die Luft zu werfen und je nach dem Bild, das nach Aufschlagen auf dem Boden zuoberst lag, Gewinn oder Verlust zu bestimmen.[16] Also *capita* als Name für Münzbilder ist dem Römer geläufig. Wie aber ist der Übergang von den *capita* auf den Münzen zu *capitale* in der Bedeutung »Leihsumme« erfolgt? Hätte nicht, um die Ableitung glaubhaft zu machen, gerade der Auffindung des Verbindungsweges, der von dort nach hier führt, besondere Aufmerksamkeit geschenkt werden müssen? Das wäre umso notwendiger gewesen, als die Wörter *capita* und *capitale* aus einer verschiedenen Geistesschicht herkommen. Ersteres stammt aus der Anschauung des Münzgepräges her, ist also ein typisches Bild-wort, Letzteres ist aber ein aus logischer Unterscheidung (der Unterscheidung von Hauptsumme und Zins) hervorgegangenes Begriffs-wort. Die Frage, wie aus dem Bildwort das Begriffswort geworden ist, hätte einer eingehenden Erörterung bedurft, um der aufgestellten Behauptung eine solide Beweisunterlage zu geben.

Es hat sich uns also ergeben, dass der Ausdruck *capitale* nicht, wie Kehl gemeint hat, bereits in der römischen Kaiserzeit zur Bezeichnung der Leihsumme verwendet worden ist. Das Wort ist vielmehr erst im Mittelalter in diesem Sinne verwendet worden. Und zwar stammt es nicht aus der Geldwirtschaft, sein Ursprung geht vielmehr in die Zeit der frühmittelalterlichen Naturalwirtschaft zurück. Dabei wird sich zeigen, dass der Kapitalbegriff allerdings von Köpfen, *capita*, seinen Ausgang genommen hat, dass aber nicht Münzen, mit Menschen- beziehungsweise Götterköpfen verziert, sondern Vieh-häupter die älteste Form des Kapitals sind.

4. Die englischen Wörter *fee* und *cattle*

Dem englischen Volke ist bekanntlich ein besonders lebendiger Sinn für Tradition eigen. Er zeigt sich nicht nur in dem zähen Festhalten an überliefertem Brauchtum. Auch die Sprache hat manchen altertümlichen Zug konserviert. Ein typisches Beispiel dafür sind die Wörter *fee* und *cattle*. Während das deutsche Wort »Vieh« nur noch das Tier selbst bezeichnet, hat engl. *fee* einen allgemeineren Sinngehalt; es bedeutet »movable property in general; goods, possession, wealth« sowohl wie auch *remuneration*, *salaire*, Gehalt.[17] Das Wort konserviert den ursprünglichen Bedeutungsinhalt; es spiegelt den altertümlichen Zustand wider, als Vieh das typische Vermögen und Zahlungsmittel war. »Nirgends hat das Wort *fehu* eine so frühe und konsequente Neigung bekundet, Geld, Lohn, Honorar, Gut zu bedeuten, wie im Angelsächsischen«; so Krawinkel.[18]

Eigentum, Vermögen wird auch als *cattle* bezeichnet. Dass *cattle* und *fee* bedeutungsgleich sind, das heißt auch unter *cattle* Vieh zu verstehen ist, wird auf den ersten Blick deutlich. *Cattle* ist gleich »beast held in possession, live stock«; es wird als Kollektivbezeichnung für »live animals held as property, or reared to serve as food, or for the sake of their milk, skin, wool etc.«[19] gebraucht. Was die Wortform anbetrifft, so ist *cattle* erst an der Wende vom 17. zum 18. Jahrhundert in Aufnahme gekommen. Bis dahin schrieb man *catell, cattell* und gebrauchte die Phrase »goods and catells«. Dass *cattle* durch Zusammenziehung aus *capitale* entstanden ist, wird allgemein anerkannt. Dann wäre also im englischen Kulturbereich das Vieh die älteste Form des Kapitals gewesen. Dass dem wirklich so ist, wird durch Urkunden der englischen Frühzeit bestätigt.

Die Belegstellen sind von Ducange in seinem *Glossarium mediae et infimae latinitatis* verzeichnet. Die wichtigsten seien hier angeführt. »Captale pro pecude diserte usurpant Leges Inae regis Wests, cap. 42 pp, ›Fur inventus in Capitali‹ id est re mobili aut pecuaria.« Unter dem Stichwort *Capitale Vivens* wird dargelegt, dass zur Zeit Aethelstans (etwa um 930 nach Christus) *Vivens Capitale* und *mortui fructus terrae* einander gegenübergestellt wurden. Und zur Erläuterung wird hinzugefügt: »Ubi Vivens Capitale idem est, quod Vivens Pecunia in Legibus Guilelmi I l«[20].

Diese letztere Bemerkung ist nicht nur deshalb wichtig, weil sie die Identität von *capitale* und *pecus* mit aller Deutlichkeit ausspricht; sie ist auch deswegen für uns von besonderem Interesse, weil hier der Rückfall von der Geld- in die Naturalwirtschaft mit besonderer Klarheit sichtbar wird. Das Wort *pecunia* behält sprachlich die gleiche Form wie bisher bei; aber der Sinngehalt wird ein anderer. Hatte das Wort in der geldwirtschaftlichen Periode das Metallgeld, die Münze, bezeichnet, so kehrt es jetzt wieder zu seinem Ursprungswort, aus dem es entstanden war, zu *pecus* (= Vieh) zurück. Aber da nunmehr ein und dasselbe Wort *pecunia* zwei Inhalte deckt, wird, um beide voneinander zu unterscheiden, das Adjektiv *vivens* hinzugefügt, wenn es sich um lebendes Vieh und nicht um totes Münzgeld handelt.

Der Gebrauch des Wortes *pecunia* im oben genannten Sinne ist nicht etwa auf England beschränkt. Wir begegnen ihm auch auf dem Festland. In den Statuten der Abtei Korvey an der Weser (822 gegründet) heißt es beispielshalber in einer Verordnung über die Nutzung von Viehweiden »pascua suae pecuniae, scilicet cum vitulis duobus et suis dominicis bobus«. Die Benennung der Weide selbst als *capitum* ergibt ein gleiches Zeugnis.[21]

Das deutsche Korvey ist eine Tochtergründung einer der ältesten und berühmtesten französischen Benediktinerabteien, nämlich Corbie im Departement Somme.[22] Dass die uns interessierenden Bezeichnungen von dorther übernommen worden sind, wird durch die Tatsache nahegelegt, dass auch im mittelalterlichen Frankreich die Verwendung des Wortes *capitale* im Sinne von *pecus* weit verbreitet ist. In den französischen Gewohnheitsrechten wird, wo von einer Viehherde gesprochen wird, dem Wort *grex* nicht selten erläuternd *seu capitale* hinzugefügt.[23]

Das Ergebnis wird man also mit Ducange wie folgt feststellen können: »Capitale, Captale dicitur bonum omne, quod possidetur, praesertim vero bonorum species illa, quae in pecudibus consistit, quam Forenses nostri catallum vocant, voce a Capitale et Captale deducta … quidquid boni in armentis et pecudibus est, Capitale, Captale, Catallum appellatum est.«[24]

5. Die Vulgarisierung der ursprünglichen Wortform

Wie die aus Ducange angeführten Stellen zeigen, hat die ursprüngliche Wortform Veränderungen erfahren; aus *capitale* ist *captale* und *catallum* geworden. Es fragt sich, wie diese Nebenformen entstanden und zu erklären sind. Zersetzungen dieser Art entstehen in der gesprochenen Sprache; sie pflegen vor allem in den Fällen einzutreten, wenn ein unverstandenes Fremdwort in die Volkssprache eindringt. Dann werden lange Wörter zu vulgären Kurzformen zusammengezogen. Auf diesem Wege ist aus dem viersilbigen *capitale* das einsilbig gesprochene *cattle* geworden.

Nicht selten ist das Absinken eines Wortes in die Volksschicht begleitet von einer Änderung des Wortsinnes; in der Weise, dass ein ursprünglich abstrakter Sinngehalt von der Vorstellung konkreter Bildhaftigkeit verdrängt wird. Das trifft in unserem Falle nicht zu. *Capitale* ist nicht als Unterscheidungsmerkzeichen (»Haupt«- und Neben-sache) gedacht, sondern nach dem Kopf als einem sichtbaren Ding, vermittelst dessen abgezählt werden konnte, gebildet worden. »Caput dicitur, quodcumque in recensione numerum efficit … praecipue ea vox usurpatur in armentis ac gregibus«.[25] Das Vieh heißt also *capitale*, weil es nach Köpfen abgezählt wurde. Wir Deutsche pflegen bei der Viehzählung als Einheit das Wort »Stück« zu gebrauchen. Aber in englisch *cattle* lebt die ursprüngliche Zähleinheit noch weiter. Karl Marx hat (sarkastisch kontrastierend, aber sachlich richtig) festgestellt: »In England ist's Sprachbrauch, die Arbeiter als ›Hände‹ zu bezeichnen, während Schafe und Ochsen nach ›Köpfen‹ gezählt werden.[26]

Der römische Sprachgebrauch kennt diesen Wortsinn von *capitale* (die nach Köpfen zu zählende Viehherde) nicht, er taucht erst im mittelalterlichen Latein auf. Wer das Wort geschaffen, das heißt es in diesem Sinngehalt zuerst verwendet hat, ist nicht schwer zu sagen. Einen Fingerzeig gibt die Herkunft der Urkunden, in denen der Ausdruck vornehmlich erscheint. Unter ihnen finden sich besonders oft Texte, die kirchliches Vermögen, dessen Nutzung und Verwaltung, betreffen. Was die Größe dieses Vermögens in den Jahrhunderten des Frühmittelalters angeht, so ragt vor allen anderen der Besitz der großen Klöster hervor. Da geistliches Eigentum stets von weltlichen Eingriffen bedroht war, so ist verständlich, dass die Sicherung des Besitzes und seiner Einkünfte ein wichtiges Anliegen der Klöster gewesen ist. Aus diesem Bestreben erklärt es sich nicht zuletzt, dass gerade sie sich die Fixierung und Stabilisierung des Rechtes haben angelegen sein lassen. Es ist kein Zufall, dass vielfach die Volksrechte durch Klöster ihre Kodifizierung erfahren haben.[27] Und diese Kodifizierung ist natürlich in lateinischer Sprache abgefasst worden. Infolgedessen sind die Rechtsbegriffe, wie auch die Bezeichnungen für die Vermögen und ihre Bestandteile und so fort lateinisch konzipiert worden. In diesen Zusammenhang gehört auch die Bildung des Wortes *capitale*.

Das Wort ist von dort dann in die Volkssprache eingedrungen. Da aber das einfache Volk den Sinn des Wortes nicht verstand, geht die ursprüngliche Form immer mehr verloren. Es wäre von hohem Reiz, diesen Zersetzungsprozess sowohl in seinem chronologischen Fortschreiten wie in seiner landschaftlichen Verschiedenheit zu verfolgen.[28] Wir müssen uns hier begnügen, eine Anzahl der zersetzten Formen anzuführen, damit der Leser eine Vorstellung von der Auflösung, die bis zur Unkenntlichkeit des Ursprungswortes geht, erhält; es ist ein Schrumpfungsprozess, in dessen Verlauf die viersilbige Form bis zur Einsilbigkeit komprimiert wird.

Da begegnen uns die dreisilbigen Formen *captale, cabale, cavedal*; es folgt die große Zahl der zweisilbigen *captal, capdal, caudal, caudum, cabal, cabau, caber, cabo, chatel, chastel, cheptel*; und am Ende steht dann, zwar zweisilbig geschrieben, aber einsilbig gesprochen, das englische *cattle*. Es liegt hier ein analoger Kürzungsprozess vor wie bei *fiscalis, fiscus*, das nach Krawinkels Feststellung[29] in der Volkssprache zu *feu, feus* oder ähnlichem zusammengezogen worden ist. Und eine weitere Analogie besteht zwischen beiden: Die vulgarisierte Form dringt in die amtliche Kanzleisprache ein und wird gewissermaßen ins Lateinische, aus dem sie herstammt, rückübersetzt; dem Wort *feudum* dort entspricht *catallum* hier.[30]

6. Verwendung und Bedeutung der Wörter *caput, capitalis, capitatio* im spätrömischen und frühmittelalterlichen Steuersystem

Das Steuerwesen der Frühzeit pflegt nach politischen Gesichtspunkten ausgerichtet zu sein. Der Fürst nimmt als Oberhaupt der Staatsgemeinschaft die öffentlichen Steuern für sich in Anspruch; wie denn andererseits die unterste Schicht der Bevölkerung, weil und insofern sie keine politischen Rechte besitzt, eine besondere Steuer auferlegt erhält. In den Namen, mit denen diese Steuern belegt werden, kommt die Stellung des Empfängers dort und des Zahlers hier zu sichtbarem Ausdruck. In beiden Fällen werden

Bezeichnungen verwendet, die der Wortsippe *caput* entnommen sind.

Als Beispiel für ersteres sei der *capitalis solidus* erwähnt, der »ex pretio rei venditae *domino* exsolvitur«[31]. Dieser *capitalis solidus* (vulgarisierte Formen: *capsolidus, capsol, chapsall*), der in die Kategorie der »Handänderungsgebühren bei Veräußerungen« gehört,[32] wird auch als »Ehrschatz« oder »Laudemium« bezeichnet. In dieser Umschreibung wird offenbar, dass der dem Herrn zu entrichtende Solidus weniger als materielle Steuer denn als »Anerkennungszins«, der dem Empfänger als Oberhaupt (*capitalis*) zukam, aufgefasst wurde. Dass es sich um ein Vorrecht handelt, scheint in einer Urkunde des 13. Jahrhunderts (abgedruckt bei Ducange) ausgesprochen zu sein; es heißt dort: »Volumus ... quod ipsi libere possint emere et vendere, cuicumque voluerint, bona sua ... salvo nostro chapsall«; demzufolge wird also volle Verkehrsfreiheit von der Obrigkeit gewährt, vorausgesetzt, dass der ihr zustehende *capitalis solidus* erlegt wird.

Was die den Nichtbürgern auferlegte Sondersteuer anbetrifft, so muss man sich, um deren Benennung zu verstehen, an das Kriegsrecht erinnern, das dem Sieger das Leben der Gefangenen in die Hand gab. Zunächst war das Erschlagen die Regel. Aber mehr und mehr trat an die Stelle der Tötung die Ablösung durch Auflage bestimmter Leistungen. Diese Ersatzleistungen bestanden entweder in Arbeitsverrichtungen oder Abgabenzahlung. Es handelt sich also um ein Lösegeld, mit dem das Leben freigekauft wurde. Die ihren Kopf in dieser Weise Freikaufenden bildeten eine Sondergruppe, deren Mitglieder, weil sie »censum de capite debent«, als *homines capitales* bezeichnet werden.[33] Die Steuerschuld selbst aber hieß *capitale debitum*.

Diese »Kopf-steuer« spielt in den Jahrhunderten des Überganges vom Altertum zum Mittelalter eine große Rolle. Sie begegnet sowohl im römischen Imperium wie im byzantinischen Reich. Als im Westen das Imperium zusammenbricht, bleibt die Steuer in den dort neu entstehenden Staatsgebilden erhalten. Und zwar vor allem in der ehemaligen Provinz Gallien. Sie ist hier eine typische

Sklavensteuer, deren Zahlung allerdings bei einer eventuellen Freilassung nicht ohne Weiteres entfällt. Man sprach von einer *condicionalis manumissio* (Gegensatz zu *plena*); und die Bedingung bestand in der Weiterzahlung der jährlichen Abgabe; die Freigelassenen verblieben in der Gruppe der *capitales homines*.

Das Belegen mit der Kopfsteuer wurde als *capitatio* bezeichnet. Der Sinn des Wortes ist zunächst kein anderer als *capitis census* beziehungsweise *tributum capitis*. Vom 4. Jahrhundert ab tritt ein Bedeutungswandel ein, der mit der diokletianischen Steuerreform zusammenhängt. Die Kopfsteuer wird auf alle Reichsbewohner ausgedehnt, verliert also ihren ursprünglichen Charakter als Lösegeld für den Freikauf des Lebens. Sie verwandelt sich in eine Steuer, die vom Eigentum zu zahlen ist; und zwar von Besitzgütern jedweder Art, sowohl von Mobilien wie Immobilien.

Die Umbildung der Kopfsteuer von einer Klassensteuer zur Allgemeinsteuer wird veranlasst durch die Notwendigkeit, das Steueraufkommen zu erhöhen. Je mehr die Finanzschwierigkeiten infolge des politischen und ökonomischen Niedergangs anwachsen, umso größer wird das Bemühen, die Mittel der Steuererfassung zu verfeinern. Wir haben eine eindrucksvolle Schilderung der steuerlichen Zwangsmaßnahmen und ihrer Folgen, die unmittelbar aus der Regierungszeit des Diokletian stammt und gegen 300 nach Christus niedergeschrieben sein dürfte. Zwar hat ihr Verfasser Lactantius seine Darstellung rhetorisch überspitzt, der Wahrheitsgehalt der angeführten Tatsachen aber wird dadurch nicht berührt. Während früher nach Siegerrecht »pecuniae pro capitibus pendebantur, et merces pro vita dabatur«, so jetzt »agri glebatim metiebantur, vites et arbores numerabantur, animalia omnis generis scribebantur, hominum capita notabantur«[34].

In dieser Umwelt, wo gemessen, nummeriert und notifiziert wird, beginnt *caput* seinen konkreten Sinngehalt mehr und mehr abzustreifen, es wird allmählich zu einer abstrakten Zähleinheit. Capita sind jetzt nicht mehr *têtes de personnes*, sondern *unités fiscales*, *unités d'estimation*, wie zuletzt Ferdinand Lot in einer ausgezeichneten Untersuchung der spätrömischen Finanzwirtschaft nachgewiesen hat.[35]

Damit verschwindet die Abgrenzung zwischen Kopfsteuer und Grundsteuer. Das Joch (*jugum*), mit dem das Maß an Bodeneigentum bezeichnet wurde, und der Kopf (*caput*), nach dem der bewegliche Besitz gezählt wurde, sind gleicherweise Einheiten zur Bestimmung des Steuersolls. Jugatio und Capitatio sind dadurch »auf denselben Nenner gebracht«, *jugum* und *caput* zu einer begrifflichen Einheit geworden. »Le jugum – caput est donc bien une unité conventionnelle, une cote fiscale«, wie Lot sich ausdrückt.[36]

Durch Constantin wird diese Entwicklung zum Abschluss gebracht. Die Ausdrücke *capitatio* und *jugatio* sind jetzt ausschließlich auf den Bereich der Grundsteuer beschränkt; sie werden verwendet je nach der Art der Güter, aus denen sich Grundeigentum zusammensetzt. Menschen und Tiere werden nach der Einheit »Kopf« gezählt; man spricht von *capitatio*; der Grund und Boden aber wird nach der Einheit »Joch« bestimmt, was als *jugatio* bezeichnet wird. Innerhalb der *capitatio* aber wird unterschieden zwischen der *capitatio humana*, die Sklaven, Kolonen und sonstige bodenverbundene Hörige eines Gutes betrifft, und der *capitatio animalium*, die alle auf einem Grundeigentum vorhandenen und zu versteuernden Tiere umfasst.

Das System der *jugatio-capitatio* ist nicht in allen Teilen des Reiches gleichförmig. Der Osten zeigt ein geschlosseneres Bild als der Westen.[37] Und als das Imperium im 4. Jahrhundert auseinanderbricht, bleibt nur im Osten das zentralistische Steuersystem erhalten, während im Westen sich ein allmählicher Wandel vollzieht, unter dessen Einwirkung die Begriffseinheit von *jugatio-capitatio* abgebaut wird und eine Rückentwicklung zu konkreter Anschaulichkeit erfolgt. Was aber den Wandel selbst anbetrifft, so wird er durch das Eindringen junger Völker ausgelöst. Die einheitliche Verwaltung zerfällt; innerhalb der alten Reichsgrenzen entstehen neue Staatsgebilde, die aber zunächst in der gewachsenen Ordnung des Stammesgefüges verbleiben, auf dem sie gründen.

Dieser gewachsenen Ordnung entspricht ein natürliches Verhältnis der dinglichen Umwelt gegenüber. Die Sachen werden in unmittelbarer Anschauung konkret erfasst, nicht durch Abstraktion zu Begriffen verflüchtigt. Was den Bereich der Abgabenwirtschaft betrifft, so ist in dieser Übergangszeit das Verhaftetsein mit dem Konkreten durch zwei Umstände bestärkt worden. Einmal durch das Wiederaufleben der Naturalwirtschaft als Auswirkung der Zerrüttung des römischen Geldwesens.[38] Wird bei der Steuerzahlung an die Stelle der Münze ein Naturalgut gegeben, so bedeutet dies die Ersetzung eines künstlich geschaffenen, allgemein gültigen Zahlungsmittels durch ein naturgegebenes, nur von Fall zu Fall geltendes Einzelding, also die Ersetzung eines Abstractum durch ein Concretum.

Ein Zweites, das in die gleiche Richtung wirkt, ist der Umstand, dass mit dem Zerfall der Reichseinheit die staatliche Größenordnung zu kleineren Maßstäben zurückkehrt. Die einheitliche Organisation eines Großreiches verlangt ein höheres Maß abstrakten Denkens als die Verwaltung eines kleinräumigen Staatsgebildes. Hier ist die »Überschaubarkeit« gegeben, die dort notwendig verloren geht. Hier unmittelbare Nähe zu den Dingen, dort ein größerer Abstand. Dieser Unterschied spiegelt sich auch in der mehr oder minder großen Raumgebundenheit der Steuerwirtschaft wider. Die in Naturalgütern bestehenden Abgaben müssen dort verbraucht werden, wo sie anfallen. Es ist charakteristisch für das Finanzwesen dieser Zeit, dass der Fürst, in seinem Lande herumreisend, die Naturalgefälle an Ort und Stelle verzehrt. Was die Abgaben, die die Hintersassen ihrem Grundherrn zu leisten haben, betrifft, so versteht sich diese Ortsgebundenheit von selbst.

Dass Art und Maß der Abgaben sich nach überliefertem Brauch richteten, vervollständigt das Bild, das wir von der Denk- und Lebensform des Frühmittelalters gewinnen. Auf die *consuetudines* berufen sich die zinsenden Bauern, wenn die Herren versuchen, Art und Höhe der Abgaben zu ändern. Was aber die Abgaben selbst anbetrifft, so begegnen Naturalgüter der mannigfachsten Art.[39] Unter ihnen spielt Vieh eine besondere Rolle. Dass in diesem Milieu die Bezeichnung: *caput, capitale* im Sinne von Vieh-haupt uns entgegentritt, ist nicht verwunderlich.

Das Wort wird vor allem dann verwendet, wenn es sich um eine aus besonderem Anlass zu leistende Viehabgabe handelte. So hatte der Herr beim Tode des Zinsbauern Anspruch auf das beste Stück aus dessen Viehbesitz. Dieses Besthaupt wurde *caput melius* oder auch *melius catallum* genannt.[40] In Frankreich wurde von *droit de meilleur catel* gesprochen. Eine solche Lieferung wurde nicht nur im Todesfall, sondern nicht selten auch aus Anlass der Hochzeit von Töchtern des Zinsbauern gefordert; vor allem dann, wenn Mädchen nach auswärts heirateten; man sprach dann von einem zu zahlenden *capitalicium*.

Das gleiche Wort begegnet uns auch im religiösen Bereich. Die Opfergabe, die einer Kirche zur Erlangung einer Fürbitte dargebracht wurde, hieß so.[41] Und der Kirchenzehnt pflegte außer in Ackerfrucht auch *in vivente Capitali* gegeben zu werden.[42]

7. Die Institutionen des Viehlehens und der Viehverstellung

Wir haben gesehen, dass in der Naturalwirtschaft des Frühmittelalters das Wort *capitale* in der Bedeutung »Vieh« verwendet worden ist. Vom Hochmittelalter ab erfolgt ein Bedeutungswandel; das Wort wird in die Geldsphäre übernommen und bezeichnet nunmehr eine Summe Geldes. Soll unsere Behauptung stimmen, dass der Ausdruck zuvor im Bereich der Viehwirtschaft verwendet worden ist, dann muss es eine verbindende Brücke geben, die den Übergang des Wortes aus der Naturalwirtschaft in die Geldwirtschaft herstellt. Diese Brücke gilt es nunmehr zu suchen. Der Übergang lässt sich, wie ich glaube, gewinnen, wenn man von der Art der Viehnutzung ausgeht.

Vieh war das typische Vermögen der indogermanischen Frühzeit.[43] Dieses Vermögen hat seine Vermehrungskraft in sich selbst; »pecude nihil genuit natura fecundius« meint Cicero.[44] Um den Eigentümern den vollen Nutzen zu gewähren, bedürfen die Tiere der Pflege und Aufsicht. Nur bei einem kleineren Bestand wird der Besitzer die Betreuung selbst übernehmen. Eigentümer größerer Herden bedürfen der Wärter. Als solche benutzen die großen Herren, die zugleich auch die größten Herden in Besitz haben, die Sklaven, von denen sie ebenfalls eine große Zahl besitzen. Die Betreuung des herrschaftlichen Viehes durch Sklaven erwähnt bereits Varro in seinem Werk über den Landbau.[45] Er bemerkt auch, dass der Herr die viehhütenden Sklaven als Belohnung für aufmerksame Wartung an dem Zuwachs habe teilhaben lassen, sodass sie ein Sondereigentum an Vieh, eben ein *peculium*, ein Vieheigen, erwerben konnten,[46] mit dessen Hilfe sie dann ihre Freiheit zu erkaufen in der Lage waren.

Als Freie gewannen die Tierpfleger eine größere Selbständigkeit gegenüber ihren Partnern. Das Abhängigkeitsverhältnis verwandelte sich in ein paritätisches Vertragsverhältnis. Neben das Viehlehen trat die Viehverstellung. Die Viehverstellung erfolgte in der Form eines Vertrages, der »darin bestand, dass jemand einem anderen eine Anzahl von Tieren übergab mit der Bedingung, davon einen gewissen Gewinn zu ziehen. Pferde, Rindvieh, Esel, Schafe, Ziegen, Schweine werden als vorzugsweise geeignet angeführt. Es handelt sich dann um Gemeinsamwerden der Jungen, der Milch, Butter, Wolle, Felle und anderer Erträgnisse einer- sowie der Kosten der Unterhaltung und Verluste andererseits. Solche Verträge wurden … meist auf fünf oder drei Jahre geschlossen«[47].

Die Rechtsform dieser Verträge ist (aus Gründen, die wir nachher zu betrachten haben werden) vor allem im 16. Jahrhundert Gegenstand lebhafter juristischer Kontroversen gewesen. Man hat sich hauptsächlich darum gestritten, ob hier ein Gesellschaftsverhältnis vorliege und um welche Art von Sozietät es sich in diesem Falle handele[48] oder ob die Viehhergabe ein zwischen Kauf und Miete schwankendes Rechtsverhältnis begründe oder ob Verträge dieses Inhalts unter der Kategorie des Darlehens zu subsumieren seien.

Ein geschichtlicher Überblick über die Verbreitung der Viehverstellung ergibt folgendes Bild.[49] Die ältesten Nachrichten liegen in römischen Rechtsquellen, den Digesten, vor. Sehr früh begegnet diese Art der Viehnutzung in altgermanischen Quellen, wo von *animalia sociata* oder *dare in socium* gesprochen wird. Ob die Institution von Rom übernommen oder bodenständig gewachsen ist, kann nicht festgestellt werden; wahrscheinlich ist Letzteres. Von besonderem Interesse ist ein Paragraf in den Gesetzen des Langobardenkönigs Rothari (636–652), der unfreien Güteraufsehern die Erlaubnis gewährt, unter Verwendung ihres *peculium* Vieh in Gemeinschaftsnutzung zu geben und zu nehmen.[50]

Was die Partnerschaft betrifft, so scheinen insbesondere geistliche Anstalten, vornehmlich Klöster, ihren Viehbesitz in dieser Weise fruktifiziert zu haben. Jedenfalls war das im Hochmittelalter der Fall. Aber sie fehlt auch im weltlichen Bereich nicht. Und besonders in der Neuzeit muss die Institution eine weite, allgemeine Verbreitung gehabt haben; denn die Gesetzbücher beschäftigen sich eingehend mit der Viehverstellung. Noch der Code Civil und die deutschsprachigen Landrechte des 18. Jahrhunderts enthalten eine spezielle Ordnung dieser Materie. Um die Mitte des 19. Jahrhunderts kommt dann die Institution zum Erliegen, nachdem sie (worüber weiter unten zu sprechen sein wird) zu einem Mittel wucherischer Ausbeutung entartet ist. »Das Halten von Stellvieh soll abgeschafft und durch die Errichtung örtlicher Hülfs- und Leihkassen entbehrlich gemacht werden«, wie eine königliche württembergische Verfügung von 1823 fordert.[51]

Unter den Ländern, in denen die Viehverstellung verbreitet war, ragt Frankreich hervor. »Am vollständigsten und ausführlichsten über unseren Gegenstand ist das französische Recht und darunter insbesondere die Coutumes, aus denen auch der Code Civil seine diesbezüglichen Bestimmungen genommen hat«.[52] Die Arten, die unterschieden werden – ein Jurist, der zu Beginn des 17. Jahrhunderts die Consuetudines Burgunds bearbeitet hat, zählt deren sieben auf –, sind für uns weniger wichtig als der Name, mit dem die Viehverstellung als solche bezeichnet wird. Die stehende Bezeichnung ist *cheptel*. Dass dieses Wort eine Vulgärform von *capitale* ist, braucht nach unseren Darlegungen auf S. 197 f. nicht mehr bewiesen zu werden.[53]

Es bedarf auch keiner näheren Darlegung, dass der Ausdruck auch hier in der Bedeutung »Vieh« benutzt wird beziehungsweise auf »Vieh« bezogen ist. Das geht aus Urkunden, die von Ducange angeführt werden, klar und eindeutig hervor. In einem Text ist von einem Viehnutzungsvertrag die Rede, der geschlossen wird »ea condicione, ut *grex seu capitale* in suo numero restituatur, reliquum autem sit commune«. In einem anderen Text wird die Frage behandelt, wer von den beiden Partnern für den Verlust durch Abgang krepierter Tiere aufzukommen hat; da heißt es: »dictus nutritor non tenetur de morte ipsorum animalium, sed duntaxat restituere domino praedicto medietatem[54] sui cabal (= capitale). Si autem ob culpam ipsius nutritoris ... dictus nutritor domino animalium tenebitur totum cabal«[55].

Nicht nur in der Sprache der Urkunden ist das Wort auf Vieh bezogen; es scheint, dass auch den gelehrten Juristen des 16. Jahrhunderts in ihren diesbezüglichen Erörterungen dieser konkrete Wortinhalt noch vorgeschwebt habe. Man könnte etwa auf die Disputatio 411 des Molinaeus[56] hinweisen, wo er von *Capatale* spricht, »ut quando unus apponit pecora, quae sint ipsius solum, et alius pastum et industriam ad commune lucrum quoad fructus«. Aber es besteht kein Zwang, den Sinn des Wortes hier so zu fassen. Die größere Wahrscheinlichkeit ist die, dass *capitale* an dieser Stelle als Gegenüber von *lucrum* beziehungsweise *fructus* gemeint ist, also das Stammgut, das Hauptgut vom Zuwachs, vom Ertrag zu unterscheiden bestimmt ist. Diese Unterscheidung war ja gerade beim Vieh so offenkundig wie bei keinem anderen Leihobjekt. Es nimmt nicht wunder, dass in den Urkunden, die Viehverstellungen zum Inhalt haben – zahlreich sind vor allem die Belege aus dem 14. bis 16. Jahrhundert –, die Antithese immer wieder erscheint.

Was den Ertrag betrifft, so ist hervorzuheben, dass er als natürlicher Zuwachs empfunden und dementsprechend auch benannt wird; man spricht von *foetus*[57], nur sehr selten von *lucrum*. Und was die Bezeichnung des Hauptgutes angeht, so wird statt *capitale* häufiger auch *caput* gesagt, wodurch die Bedeutung »Hauptgut« eindeutig festgelegt wird. Um einen Beleg für die Verwendung von *caput* anzuführen, sei eine Stelle aus einem Florentiner Statut von 1415 angeführt, wo von »Locationes bestiarum ad caput salvum« die Rede ist.[58] Dass bis zum Ablauf der Vertragszeit das hingegebene Vieh in seinem Bestand erhalten bleibe, ist das selbstverständliche Begehren des Verstellers. Dabei ist er, falls das Vertragsverhältnis für ihn günstig ist, nicht selten bestrebt, die Vertragsdauer über das normale Maß von drei bis fünf Jahren hinaus auszudehnen.

So kommt es zu der Form des ewigwährenden Vertrages, der von Chassenaeus[59] folgendermaßen beschrieben wird: »... quando quis dat bovem rustico, et semper remanente capitali salvo, inde quod nunquam moritur, hinc dicitur Boves deserti, Les boeufs deserts, tenetur rusticus singulo anno dare certum quod domino bovis, puta duas mensuras frumenti, vel plus vel minus.« Auch in Deutschland ist diese Sitte, Vieh auf unbeschränkte Dauer zu verstellen, nicht unbekannt. Man sprach von »Immerkühen«. Solche »Immerkühe« begegnen uns vom 13. Jahrhundert ab.[60] Der Nutzende hatte dem Versteller als Entgelt eine jährliche Abgabe aus den Produkten zu liefern, die er aus der Tierhaltung gewann (in den bezeugten Fällen erscheint Käse als Gegenleistung). Umgekehrt konnte eine laufende jährliche Zinspflicht durch die einmalige Gestellung eines Rindes, das heißt also eines Immerrindes abgegolten werden.

8. Der Übergang des Ausdrucks »Kapital« von der Natural- in die Geldwirtschaft

Die Institution der Viehverstellung ist in der Naturalwirtschaft verwurzelt und aus ihr heraus entstanden. Das in die Gemeinschaft eingebrachte Vieh wurde aus dem eigenen Viehbestande gestellt und alle Leistungen, die aus der Verstellung erwuchsen, in naturalen Gütern, das heißt zumeist aus Erträgen der Viehnutzung selbst, erfüllt. Wie wirkt sich nun das Vordringen der Geldwirtschaft im Hochmittelalter auf dieses naturalwirtschaftliche Institut aus? Dass diese Form der »Kapital«-nutzung von dorther Einflüsse erfahren muss, leuchtet ohne Weiteres ein; es kann sich nur darum handeln, Ausmaß und Richtung festzustellen.

Eine unmittelbare Einwirkung zeigt sich einmal darin, dass der Wert der verstellten Tiere in Geld geschätzt wird. Eine solche Schätzung ergab sich vor allem im Hinblick auf eine eventuelle Restitutionspflicht als nützlich. Denn wenn die Rückgabe des originalen Tieres nicht möglich war (infolge Eingehens oder Abhandenkommens), so musste ein Ersatz, der dem verlorenen wertmäßig gleich war, gegeben werden. Das führte dahin, dass die hineingegebenen Tiere taxiert wurden. Die Taxierung wird schon in den römischen Digesten besprochen und dort bereits genau geregelt, wer von den Partnern, wenn »pecus aestimatum datum sit«, entstehende Verluste zu tragen hat.[61] Die Taxierung der verstellten Tiere in Geld wird dann in der Geldwirtschaft des Hochmittelalters zur Regel.

Die vorherige Abschätzung erleichterte vor allem den Ausgleich bei Lösung des Vertragsverhältnisses. Das Statut über die Viehsozietät, das Ferrara 1556 erließ, bestimmte diesbezüglich Folgendes: »Finita socida dominus possit pro capitali suo ac aestimatione capitalis detrahere et habere de socida illa corpora, quae elegerit, aestimanda per communes amicos, si concordes de aestimatione partes esse non possent«[62]. Man erkennt, wie schwer es gewesen sein muss, bezüglich des geschätzten Wertes eine Übereinstimmung zwischen den Vertragspartnern zu erzielen. Noch im 18. Jahrhundert ist dieses Problem akut. Um Streit zu vermeiden wird angestrebt, die Schätzung den Kontrahenten selbst zu entziehen und sie durch Sachverständige vornehmen zu lassen. Als Beispiel mag ein badisches Generalrescript von 1770 angeführt werden: »So verordnen wir, dass jedes zu verstellende Stück Vieh, ehe es übernommen wird, sowohl beim Verstellen selbst, als auch hernachmals bei Bestimmung des Gewinnsts oder Verlusts jederzeit durch die geschwohrne Viehschäzere geschäzt, alle andere Schäzung aber vor nul erklärt werden sollen«[63].

Das Abschätzen seinerseits bedeutet nichts anderes als eine Gleichordnung von Geld- und Naturalwert des abgeschätzten Tieres. Damit ist den Vertragspartnern die Möglichkeit gegeben, zwischen den beiden Werten zu wählen, Gewinn oder Verlust in natura oder in Geld auszugleichen. Das bedeutet weiterhin, dass die Partnerschaft selbst eine andere wird. Während früher der Versteller Vieheigentümer war, der Tiere aus seinem Überfluss an andere in Pflege und Nutzung gab, kann jetzt auch der Geldeigentümer Vieh verstellen, indem er es käuflich erwirbt und das gekaufte dann einem Bauern in Wartung gibt. Die Viehverstellung wird so zu einer Form der Geldanlage, die vor allem im 18. Jahrhundert sehr in Aufnahme gekommen ist.[64]

Schließlich wird ein reines Gelddarlehen daraus, bei dem nur zum Schein die äußere Form der Viehverstellung noch beibehalten wird. Aus einer Stelle der württembergischen Landesordnung ist zu entnehmen, dass hier der Darlehensgeber nicht etwa eine »stähelin«, das heißt also »Immerkuh« zur Verfügung stellte, »sondern oft auch nur eine gemalte Kuh oder einen Stotzen in den Stall stellt, um einen höheren jährlichen Kuhzins an Geld oder Naturalien zu erheben«[65].

Man erkennt, wie Geldleihe und Viehstellung sich nahe berühren, ja ineinander übergehen. Die Verzahnung, die sich hier zeigt, ist für die Geschichte des Begriffes »Kapital« von besonderer Wichtigkeit; denn hier wird die Verbindungsbrücke sichtbar, über die das Wort *capitale* aus der Naturalwirtschaft in die Geldwirtschaft hinübergewechselt ist. In der Viehverstellung kann das Wort noch zweierlei Sinngehalte haben; es kann sowohl Bild- wie Begriffswort sein. Indem es von der Viehverstellung in die Geldleihe eindringt, streift es den konkreten Wortsinn ab; es wird zu einem abstrakten Begriff. *Capitale* bedeutet nun nicht mehr »was nach Köpfen gezählt wird«, sondern wird ausschließlich als »Hauptgut«, »Stammgut« verstanden. Ob Vieh verstellt oder Geld verliehen wird oder beide miteinander gekoppelt werden, wie es im

18. Jahrhundert weitgehend Brauch gewesen ist, allemal wird das dargeliehene Objekt Stammgut oder Kapital genannt.

Was nun die Wahl unter diesen beiden Leihobjekten anbetrifft, so hat dabei die Eigenart des Leihgutes und speziell des aus ihm hervorgehenden Zuwachses eine wichtige Rolle gespielt. Wir müssen im Folgenden zunächst das Verhältnis zwischen Hauptstamm und Zuwachs klarstellen, bevor wir die Auswirkungen, die von dort auf die Verwendung der beiden Kapitalarten ausgehen, näher ins Auge fassen.

9. Entstehung und Benennung des Kapitalzinses

Das Vieh ist der »Urtypus des Kapitals«, die Viehleihe die älteste Form des Darlehens; was durch die natürliche Vermehrungskraft hinzukommt, der Nachwuchs also, ist in der Viehwirtschaft das, was wir Zins nennen. Dass das Jungtier als Zins angesehen worden ist, dafür ist die Sprache der ältesten Kulturvölker ein untrügliches Zeugnis. Das Wort, mit dem in Altbabylonien und im klassischen Altertum der Geldzins bezeichnet wird, bedeutet entweder direkt »Jungtier« oder entstammt jedenfalls der Vorstellung des »Gebärens«.[66]

Auch in der Pflanzenwelt erfolgt wie im Tierreich die Vermehrung, das Hinzuwachsen auf natürlichem Wege. Dem Wort jedoch, mit dem der vom Boden stammende Zuwachs bezeichnet worden ist, liegt eine andere Vorstellung zugrunde. Der Römer beispielshalber spricht von *reditus* und verstand darunter zunächst rein konkret das, was bei der Ernte vom Feld »zurückkehrte«, beziehungsweise was der Boden »wiedergab« (*reddere*); erst später hat der Ausdruck dann den allgemeinen Sinn »Ertrag« angenommen. Ich exemplifiziere an lat. *reditus, reddere*, weil aus ihm über rom. *rendere*, ital. *rendita*, mlat. *renda, renta* das franz. *rente* sich entwickelt hat.

Verfolgt man den Gebrauch des Wortes »Rente«, so zeigt sich, dass es bereits im Hochmittelalter seinen ursprünglichen Anwendungsbereich (Ertrag aus dem Boden) überschreitet und auch zur Bezeichnung des Gewinns aus Handelsgeschäften gebraucht wird, von den Hansen zum Beispiel. Und hier wird das Wort auch geradezu im Sinne von Zins für ein Darlehen benutzt (»den hovetstol myt der rente«)[67]. Andererseits ist das Verhaftetbleiben in seinem ursprünglichen Geltungsbereich nicht zu übersehen. Es kann hier nicht im Einzelnen dargelegt werden, wie vor allem in England der Begriff »Rente« mit dem Boden und den bodenverbundenen Nutzungsobjekten (*ground-rent* und *house-rent*) in Konnex geblieben ist.

Was die bisher angeführten Ausdrücke für »Zins« anbetrifft, so entstammen sie der Vorstellung des natürlichen Zuwachsens (gr. *tokos*, lat. *fructus, reditus*; auch *fenum* und *fenus*)[68]. Eine aktive Mithilfe dessen, dem der Ertrag zufällt, ist in den betreffenden Wörtern nicht ausgedrückt. Diese findet sich erst in lat. *usura*, das Gebrauch, Nutzung einer Sache bedeutet. Dieses Wort wird nun speziell für die geschäftsmäßige Kapitalnutzung verwendet. In diesem Bereich bezeichnet es nicht nur die Benutzung beziehungsweise Ausnutzung eines geliehenen Kapitals, sondern metonymisch auch den für die Nutzung zu zahlenden Zins. Dieses Wort ist, wie wir nachher sehen werden, jahrhundertelang mit einem Makel behaftet gewesen.

Doch bevor wir den Gründen dafür nachgehen, sei die Liste der zur Bezeichnung des Zinses benutzten Wörter abgeschlossen. Unser deutsches Wort »Zins« geht auf lat. *census* zurück, das Abschätzung des Vermögens zum Zweck der Steuerfestsetzung, dann das steuerbare Vermögen und schließlich auch die steuerliche Abgabe selbst bedeutet. Im Sinne von besteuertem Objekt und zu zahlender Abgabe ist es dann übernommen worden. Im Französischen zum Beispiel heißt der Acker, von dem eine Abgabe zu zahlen ist, *terre sujette au cens*, das Getreide, das als Steuer auferlegt ist, *blé de cens*, das Zinshuhn *poul de cens*. Die Übernahme in die deutsche Sprache erfolgt etwa im 7. Jahrhundert; und zwar glauben die Etymologen aus sprachlichen Tatsachen schließen zu können, dass das Wort auf dem Verwaltungswege übernommen worden ist.[69]

Der Ausdruck wird für jedwede Abgabe gebraucht. Um welches Nutzungsobjekt es sich auch handelt, die Abgabe vom Ertrag heißt Zins. Es ist auch gleichgültig, an wen die Abgabe gezahlt wird. Und wie im Französischen finden wir auch hier den Brauch, die als Abgabe verwendeten Gegenstände durch Beifügung dieses Wortes als solche zu kennzeichnen. »Der Zins-hahn zum Beispiel ist ein Hahn, der zur Abgabe an den Grundherrn verwendet wird«[70]. Dem Wort selbst gesellen sich Nebenformen zu; Abgaben leisten wird »zinsen« genannt, der Abgabenpflichtige ist der »Zinser« oder »Zinsbauer«, der Empfänger der »Zinsherr«.[71] Was die Weiterverwendung des Wortes »Zins« in der ursprünglichen Bedeutung anbetrifft, so erweist sich der Süden Deutschlands konservativer als der Norden. Hier sind die Ausdrücke Boden-, Haus-, Pacht- und Mietzins bis in die Gegenwart hinein gebräuchlich geblieben.

Wir stellten soeben fest, dass jede Art von Zins, sei es dass er aus Sach- oder Geldkapital herstammt, in Naturalgütern oder Geldsummen besteht, unterschiedslos mit dem gleichen Wort, eben mit Zins, bezeichnet wird. Einzig im Plural wird eine Unterscheidung gemacht, indem dort »Zinse«, hier aber »Zinsen« gesagt wird. Diesbezüglich weicht der deutsche Sprachgebrauch charakteristisch von der französischen und englischen Terminologie ab; denn hier werden die beiden Zinsarten durch besondere Namen unterschieden. Zwar ist die Unterscheidung nicht in voller Schärfe durchgeführt. Immerhin wird man so viel sagen dürfen, dass der Ausdruck »Rente« vornehmlich vom Zins, der aus Sachkapital anfällt, gebraucht wird; der Zins vom Geldkapital jedoch wird durch ein besonderes Wort, *interest, intérêt* abgehoben. Auch im Deutschen wird der Ausdruck »Interesse« im Bereich des Wirtschaftslebens verwendet; man spricht von Geschäftsinteresse, Interessengemeinschaft, Interessent; aber eine direkte Bezugnahme auf den Geldzins selbst fehlt hier.

Was nun die Verwendung des Wortes »Interesse« zur Bezeichnung des Kapitalzinses betrifft, so hat Endemann in einer umfassenden Untersuchung nachgewiesen,[72] dass sie sich unmittelbar aus den Diskussionen über die kirchliche Wucherlehre herleitet.

Die Frage, die in diesem Zusammenhang Theologen und Kanonisten gleicherweise beschäftigte, betraf den Schutz der Gläubigerinteressen. Sollte »Ersatz des Interesses, den Begriff schlechtweg nach dem römischen *id quod interest* genommen« gestattet sein, wenn ein Verlust eintrat? Sollte in einem solchen Falle der Gläubiger nicht berechtigt sein, einen Zuschlag zum Schuldbetrag zu fordern? War man bereit, *diese* Frage zu bejahen, so herrschte größere Zurückhaltung gegenüber dem Wunsche des Gläubigers, auch Ersatz für einen entgangenen Gewinn zu erhalten; denn in dieser Forderung lag nicht nur die Anerkennung des Gewinnprinzips als solches, sondern hier wurde auch die Grenze zwischen dem reinen Darlehenszins und dem Schutz des Gläubigerinteresses verwischt. Dass der entgangene Gewinn schließlich neben dem aufgetretenen Verlust auch in Anschlag gebracht wurde, zeigen die aufgestellten Definitionen; *damnum emergens* und *lucrum cessans* fehlt in keiner.

Was nun die Verwendung des Wortes in der Praxis anlangt, so begegnet es uns vom 13. Jahrhundert ab in den Statuten italienischer Städte.[73] Hier wird es im gleichen Sinne wie *proficuum* und *lucrum* benutzt[74] und wie diese dem *Capitale* gegenübergestellt. Interesse wird schließlich, nachdem die Strenge des kirchlichen Zinsverbotes sich gelockert hat, in der Bedeutung von Zins gebraucht; denn als man dazu übergegangen war, das Interesse, das der Gläubiger beanspruchen zu können glaubte, in Prozenten zu taxieren, war jedweder Unterschied zwischen Interesse und *usura* entfallen. Dass man nun nicht einfach den Ausdruck *usura* verwendet, sondern das Wort Interesse beibehielt, erklärt sich aus der Diffamierung der *usurae* durch das kirchliche Zinsverbot. »Der Name der *usurae* musste vermieden werden. Darauf kam es der schematischen Wissenschaft vor allen Dingen an. Konnte sie dem Ding einen anderen Namen geben, so war geholfen« [75]. Gleiches gilt naturgemäß für die Praxis.

10. Das Verbot des Zinsnehmens und seine Begründung

Die vorstehende Erörterung über die Anwendung des Wortes »Interesse« zur Bezeichnung des Kapitalzinses hat uns in den Problemkreis des kirchlichen Zinsverbotes geführt. Diesem Verbot muss im Folgenden noch einige Aufmerksamkeit gewidmet werden, weil es im Hochmittelalter und den ersten Jahrhunderten der Neuzeit auf den Kapitalverkehr einen tiefgehenden Einfluss ausgeübt hat. Gehen wir von der Vorstellung aus, die im Wort »Interesse« lebendig ist. »Interesse« ist Vorteil, Nutzen; und zwar aus der Sicht des Einzelnen gesehen. Der »Interessent« ist ichbezogen. Diese Bezogenheit auf den Einzelnen tritt schon im römischen Sprachgebrauch deutlich zutage; es ist sehr bezeichnend, dass nur der Ausdruck »mea, tua, sua interest« begegnet, niemals jedoch »nostra, vestra«. Die einzige Ausnahme, wo vom Interesse einer Gemeinschaft die Bede ist, betrifft den Staat, das öffentliche Wohl.

Auch im neuzeitlichen Sprachgebrauch besteht die gleiche Ausrichtung; wenn der Engländer das Wort *interest* verwendet, so meint er in aller Regel *self-interest*, nur selten *common-interest*. Und Ähnliches gilt, wenn der Franzose den Ausdruck *intérêt* gebraucht. In beiden Fällen ist der Eigennutz, der Egoismus gemeint. »Regard to one's own profit or advantage; selfish pursuit of one's own welfare«, wie Murray interpretiert.[76]

Der Eigennutz wirkt sich im Wirtschaftsleben in einem übermäßigen Gewinnstreben aus, das sich vor allem im Preis- und Zinswucher äußert. Wegen der negativen Auswirkungen des wucherischen Ausbeutens auf das Gemeinschaftsleben wird die Preis- und Zinsfrage zum Problem der Sozial- beziehungsweise Staatslehre. Bereits in der antiken Staatsphilosophie beginnen die Erörterungen über den »gerechten« Preis. Und was den Leihzins anbetrifft, so wird nicht etwa die Höhe des Zinses diskutiert. Man geht darüber hinaus und bestreitet die Berechtigung des Zinsnehmens überhaupt. Als erster hat Aristoteles das Verdikt über den Geldzins ausgesprochen. Hören wir, wie er es begründet.

In dem berühmten Kapitel 10 des ersten Buches seiner Politik unterscheidet er zwei Erwerbsarten, die des Hausvaters und des Händlers. Der Erstere erwirbt, um die Bedürfnisse seiner Familie zu decken; die ihm von der Natur zugewiesene Unterhaltspflicht erfüllt er, indem er naturale Unterhaltsmittel beschafft. Diese Erwerbsart ist also »notwendig und löblich«. Anders dagegen verhält es sich mit der Erwerbskunst des Händlers. Sie verdient »gerechten Tadel, weil sie nicht bei der Natur bleibt, sondern den einen Menschen vom anderen sich bereichern lässt«. Vor allem aber ist das Gewerbe des Wucherers »mit vollstem Recht eigentlich verhasst, weil es aus dem Gelde selbst einen Gewinn zieht. ... der Zins weist dem Gelde die Bestimmung an, sich durch sich selbst zu vermehren«. Aus diesem Grunde »widerstreitet diese Erwerbsweise unter allen am meisten der Natur«[77].

Wird hier die Ablehnung des Geldzinses mit dessen Widernatur begründet, so bekämpfen die Religionsgemeinschaften den Zinswucher vornehmlich aus ethischen Erwägungen. »In fast allen ethischen Lebensreglementierungen kehrt auf ökonomischem Gebiet als Ausfluss dieser zentralen Gesinnung die Verwerfung des Zinses wieder«[78]. Das Zinsverbot der christlichen Kirche ist ein Korrelat zum Gebot der Nächstenliebe. Ist der Nächste in Not, so ist der Christ zur Hilfe verpflichtet. Bei Notdarlehen Zinsen zu fordern galt als Verletzung der Nothilfepflicht. Schon die Rückgabe des Entliehenen war für den Entleiher oft schwierig, da das als Darlehen Empfangene zumeist dem unmittelbaren Konsum diente.

Bei der Rückgabe freiwillig eine Zugabe zu geben (etwa ein gestrichenes Maß an entliehenem Saatgetreide mit einem gehäuften bei der Ernte zu vergelten), lag im Belieben des Darlehensnehmers, der sich dadurch die Geneigtheit des Gebers für zukünftige Notfälle erhielt. Aber dieses Mehr sollte nicht gefordert und erst recht nicht überhöht werden.

Während des Frühmittelalters herrscht jenes gegenseitige Aushelfen mit zinslosen Darlehen. »Bis um die Mitte des 11. Jahrhunderts ist das Darlehen fast durchweg naturalwirtschaftlicher

Notkredit. Von diesem Zeitpunkt an mehrt sich zunächst ganz allmählich, dann gegen Mitte des 12. Jahrhunderts stärker und stärker das Gelddarlehen«.[79]

Der Grund liegt in dem Aufleben des Handelsverkehrs, der eine Verstärkung des Geldumlaufs und des Geldbedarfs nach sich zieht. Geldeigentümer drängen sich darnach, ihr Geld in Handelsgeschäfte einzuschießen. Beliebt ist vor allem die Anlage in dem aufblühenden Seehandel; denn hier ist die Gewinnmöglichkeit am größten. Je mehr die Gewinnsucht ansteigt, das Streben nach möglichst hohem Zinsertrag wächst, umso mehr verschärft von Jahrhundert zu Jahrhundert die Kirche ihren Kampf gegen den Geldwucher. »Fast genau parallel mit dem Beginn der Entwicklung wirklich kapitalistischer Verkehrsformen und speziell des Erwerbskapitals im Überseehandel entstand und setzte immer schärfer die kirchliche Verfolgung des Darlehenszinses ein«[80].

Der Begründung des Zinsverbotes durch Theologen und Kanonisten im Einzelnen nachzugehen, ist hier nicht der Ort. Werden zunächst rein ethische Motive angeführt (Pflicht zur Nächstenliebe und Vermeidung der Sünde der Habsucht), so tritt im Hochmittelalter, als mit dem Aufschwung des Handelsverkehrs und der Ausdehnung der Geldwirtschaft ein erneutes und schärferes Bemühen um eine rationale Begründung einsetzt, der Gesichtspunkt der kommutativen Gerechtigkeit in den Vordergrund; die Frage wird erörtert, ob und wie »ein Ausgleich auch im Darlehensverkehr rein nach Tauschwerten« möglich sei. Im Zusammenhang damit erwacht das Bestreben, sich über Natur und Wesenheit des Geldes Aufklärung zu verschaffen.

Man vergleicht das Geld mit naturalen Gütern; spricht den Letzteren Fruchtbarkeit und Nutzenwirkung zu, während sie dem Ersteren abgestritten werden. Im Rahmen dieser »naturrechtlichen« Beweisführung wird auch die aristotelische Lehre wieder herangezogen. Ob Aristoteles, wie gewöhnlich behauptet wird, »als *Urheber* des mittelalterlichen Beweisstückes von der Unfruchtbarkeit des Geldes« bezeichnet werden kann, ist freilich[81] umstritten. In jedem Falle ist Aristoteles, auch wenn er erst im späteren

Verlauf der Zinsdebatte herangezogen wurde, ein willkommener Bundesgenosse für die Vertreter des Standpunktes, dass der Geldzins unerlaubt sei.[82]

11. Die Auswirkungen des Zinsverbotes auf Kapitalverkehr und Kapitalnutzung

Dass das kirchliche Zinsverbot in den Jahrhunderten des Hochmittelalters und der beginnenden Neuzeit auf das Wirtschaftsleben einen tiefen Einfluss gehabt hat, daran kann kein Zweifel sein. Die kirchliche Zinsdoktrin und das neu aufkommende Verkehrsrecht des späteren Mittelalters stehen in einem scharfen Gegensatz zueinander. Dort ein energisches Festhalten an den Normen der Wuchertheorie: »Das Geldkapital ist und soll sein unproduktiv, daher das Zinsennehmen in Darlehen und sonstigem Kreditgeschäft prinzipiell unstatthaft, aller Gelderwerb ohne ›rechte Arbeit‹ sündhaft.« Auf der anderen Seite das wachsende Verlangen nach mühelosem Gelderwerb und raschem Reichwerden, das durch Ausnutzen der sich bietenden hohen Gewinnchancen am leichtesten befriedigt werden konnte. Um aber das kirchliche Zinsverbot, das – bei der starken religiösen Bindung des mittelalterlichen Menschen eine Selbstverständlichkeit – in voller Geltung stand, nicht zu verletzen, gleichwohl aber zum Ziel zu gelangen, wurde der Ausweg »verkünstelter Gestaltungen« gewählt; das verzinsliche Darlehen »versteckt sich unter den mannigfachen Verhüllungen«[83].

Aus der bestehenden Spannung erklärt sich beispielsweise die große Beliebtheit und weite Verbreitung des Rentenkaufs im Mittelalter. Unter den Realwerten, die gegen Zahlung einer jährlichen Rente einem anderen überlassen wurden, interessiert uns vor allem die Gestellung von Vieh. »Es kam nicht selten vor, dass Herdenbesitzer ihr Vieh einem Kloster übergaben gegen eine jährliche Rente, die unter Umständen bei Vermehrung der Herde wuchs, jedenfalls aber auch nach deren gänzlichem Untergang lebenslänglich weiter zu zahlen war.« Die Theologen und Kanonisten, die diesen Fall behandeln, sehen darin einen »Verkauf der Tiere und Ankauf einer Rente auf Lebenszeit (*census vitalicius*)« oder einen »Eintausch der Rente gegen die Tiere«. Infolgedessen wurden gegen solche Geschäfte keine Einwendungen erhoben.[84]

Von besonderer Wichtigkeit ist in diesem Zusammenhang die Tatsache, dass auch die Form der Kapitalnutzung selbst, das heißt die Wahl unter den möglichen Formen, von dem Druck, der vom kirchlichen Zinsverbot ausgeht, beeinflusst worden ist. Dieser Einfluss ist vor allem im Seehandelsgeschäft, das mit dem Beginn des Hochmittelalters in Italien wieder aufzublühen beginnt, festzustellen. Nicht das verzinsliche Darlehen, sondern die *Kommenda* ist die typische Form der Kreditierung von Seehandelsunternehmungen.

Innerhalb der Kommenda[85] haben sich zwei Formen entwickelt; die eine besteht darin, dass A an B eine bestimmte Geldsumme übergibt mit der Absicht, sie gewinnbringend anzulegen. Von dem erzielten Gewinn fällt B eine bestimmte Quote zu. Bei der anderen schießt auch B außer seiner Arbeit einen Geldbetrag ein; und zwar verteilen sie die Quoten der einzuschießenden Summe untereinander in der Weise, dass B ein Drittel und A zwei Drittel übernimmt. Der Gewinn wird sodann zwischen den beiden Partnern halbiert. Zwar ist die erstere Form *die* Kommenda im eigentlichen und ursprünglichen Sinne; die zweite Form jedoch (*societas, collegantia, rogadia* genannt) übertrifft die erstere an Häufigkeit bei Weitem; sie bildet in der Blütezeit des Kommendageschäfts die Norm. Über die Gründe wird nachher noch zu sprechen sein.

Geld in Form eines Darlehens für Seehandelsgeschäfte herzugeben war bei den »Kapitalisten« vor allem wegen des hohen Zinsgewinnes (bis zu 50 Prozent und mehr sind bezeugt) besonders beliebt. Wo und wann immer der überseeische Handelsverkehr sich auf geldwirtschaftlicher Grundlage entfaltet, begegnen wir dem verzinslichen Seedarlehen, von Indien angefangen über Griechenland, Rom, Byzanz hin bis zu den italienischen Seehandelsstädten des hohen Mittelalters. Was die Kommenda anbetrifft, so »hat das Mittelalter sie zwar nicht erst erfunden, wohl aber sie mit dem eigentümlichen wirtschaftlichen Inhalt erfüllt«.[86]

Was nun das Verdrängtwerden des verzinslichen Darlehens durch die Kommenda anbetrifft, so haben gewiss auch praktische Gründe mitgesprochen. Die Kommenda hatte zum Beispiel den »Vorzug unvergleichlich größerer Beweglichkeit«, aber nicht weniger fiel der Vorzug »der steten kanonischen Unanfechtbarkeit« ins Gewicht.[87] Dieser Gesichtspunkt erfährt eine außerordentliche Verschärfung durch eine (zwischen 1227 und 1234 erlassene) päpstliche Verordnung, in der das verzinsliche Seedarlehen ausdrücklich verboten wird. Unter dem Einfluss des kanonischen Wucherverbotes wird »das tractare gegen *bestimmten* Zins vollständig verdrängt durch unsere Commenda«[88].

Uns interessiert hier zuvor die Frage, ob und wieweit der Unterschied zwischen Zinsdarlehen und Kommenda eine Verschiedenheit in der Terminologie bedingt beziehungsweise nach sich gezogen hat. Diesbezüglich ergibt sich, dass das Wort *capitale* in beiden Fällen benutzt wird. Bezeichnet es dort die auf Zins geliehene Summe, so hier die in die Sozietät kommendierte Einlage. In den älteren Urkunden finden sich statt *capitale* noch *caput* und gelegentlich auch Vulgärformen. So gleich in dem ältesten der erhaltenen Kommendaverträge aus Venedig vom Jahre 1073, wo der Ausdruck *capetanea* gebraucht wird.[89]

Ähnliche Vulgarismen begegnen auch bei den Wörtern, mit denen der erzielte Gewinn, der Nutzen (dass man ihn nicht *usura* nennt, bedarf keiner Hervorhebung) bezeichnet wird. In der genannten Urkunde wird er *prode* genannt; man spricht von »ad prode dare vel per mare mittere«[90]. Besonders oft begegnet *prode* in Verbindung und Gegenüberstellung mit Kapital (*caput, capitale cum suo prode* und andere).[91]

Die genannten Missbildungen verschwinden in der Folgezeit mehr und mehr. Man benutzt jetzt korrekt lateinische Formen: *capitale* (sehr selten noch *caput*) für die Einlage und *proficuum* für den Gewinn; statt *proficuum* wird gelegentlich auch *lucrum* gesagt.[92] Diese Rückkehr zu reinen Formen hängt einmal mit dem erwachenden Interesse an der lateinischen Sprache, das durch die Bewegung der Renaissance ausgelöst wird, zusammen. Zum anderen aber hat sie gewiss auch darin ihren Grund, dass die Fragen der Kapitalnutzung jetzt verstärkt Gegenstand wissenschaftlicher Erörterungen werden, die ihrerseits natürlich in korrektem Latein gefasst sind. Moralisten und Juristen (zumeist in einer Person verbunden, wie es dem Charakter der Wissenschaft in dieser Zeit, die noch wenig spezialisiert ist, entspricht) interpretieren die kirchliche Wucherlehre und stellen Normen für die Praxis auf. So kommen die Praktiker mit den Theoretikern in Fühlung, deren Sprache sie dann – seien es nun die Seehandelsstädte in ihren Statuten oder die Kommendapartner in ihren Vertragstexten – übernehmen.

12. Die wissenschaftlichen Disputationen der Kanonisten über die Kapitalgesellschaften

Unter den Gelehrten, die sich mit diesbezüglichen Fragen beschäftigten, ragen die spanischen Jesuiten Azorinus und Molinaeus hervor. Jeder von diesen beiden, Theologe und Jurist zugleich und zu gleicher Zeit schreibend,[93] hat in eingehenden Untersuchungen mit Hilfe subtilster Distinktionen auch das Problem der Kapitalgesellschaft erörtert. Uns interessiert in diesem Zusammenhang vor allem, dass im Rahmen der diesbezüglichen Darlegungen die Viehgesellschaft (*societas animalium*) einen »verhältnismäßig bedeutenden Raum« einnimmt, dass sie bei den Kanonisten »nicht nur eine Sozietät, sondern auch eine praktisch sehr wichtige Art derselben war«[94].

Der Grund für diese besondere Beachtung lag darin, dass »auch hier die Wucherlehre ein bedeutendes Wort mitzusprechen hatte.« Die Rechtsmäßigkeit der Viehsozietät wurde im Allgemeinen nicht bezweifelt. Die Genossen teilten sich, wie es auch bei anderen Arten der Kommenda üblich war, den erzielten Gewinn und trugen gemeinsam das Verlustrisiko. Bei Molinaeus wird diesbezüglich die folgende Norm aufgestellt: »Socii inter se dividerent fructus et lucrum, ita quod juxta proportionem capitalis, quod unusquisque apponit ad capitale aliorum, contribuerent ad expensas et dividerent fructum et lucrum susciperentque in se periculum capitalis.«[95]

Zweifel über die Rechtmäßigkeit entstanden in dem Falle, wenn die Tiere zu einem bestimmten Taxwert eingebracht wurden. War dann nicht das in Geld abgeschätzte Tier dem Geld selbst gleichzusetzen, sodass ein Gelddarlehen vorlag, für das dann das Prinzip der Unfruchtbarkeit ebenso galt als für jedwedes Gelddarlehen?

Ein weiterer Streitpunkt bildete die Frage der Gefahrenübernahme. »Wie, wenn der Herdenbesitzer von dem Anderen die Gefahr übernehmen ließ? War das nicht gegen das Wuchergesetz?« Beim Gelddarlehen war es selbstverständlich, dass dem Darlehensgeber die entliehene Summe vom Entleiher zurückzuerstatten war. Erhielt nicht, wenn die gleiche Rückerstattungspflicht für hergegebenes Vieh aufgestellt wurde, die Hergabe den Charakter eines Darlehens, sodass für die Viehverstellung das gleiche Verbot wirksam würde wie für eine Geldeinlage? In dieser Zweifelsfrage waren selbst Kanonisten, die den Vorbehalt unbedingter Rückerstattung bei Sozietätseinlagen, die in Geld bestanden, für unerlaubt hielten, zum Entgegenkommen bereit, wenn es sich um Vieh handelte.

Dass die Kanonisten bei der Viehkommenda geneigter waren, dem Kommendator den Anspruch auf volle Rückerstattung zuzubilligen, und den das Vieh in Pflege und Obhut nehmenden Kommendatar mit der Gefahrenübernahme zu belasten, zeigt beispielshalber eine Stelle bei Molinaeus, wo gesagt wird, dass »periculum capitalis reicitur in apponentem operas et industriam, tradi ei possunt animalia aestimata, ut constet, quantum pro unoquoque solvere debeat, si pereant«[96]. Wie aus dieser Stelle hervorgeht, war bezüglich der Gefahrenübernahme der Gesichtspunkt wichtig, ob die Tiere *aestimatae* oder *inaestimatae* übergeben wurden. Daneben sind, wie die von den Städten erlassenen Statuten zeigen,[97] noch weitere Momente berücksichtigt worden. Das Ausmaß der Gefahrentragung war zum Beispiel verschieden je nach der

Tierart; sie war bei Schafen anders als bei Schweinen und wieder anders bei Rindern, Pferden und Eseln.

Sodann war wichtig, ob die Verluste während der Laufzeit des Vertrages oder erst nach Beendigung eingetreten waren; wichtig weiterhin auch, ob ein rechtmäßiger Pakt abgeschlossen war oder nicht. Vor allem aber wurde die Frage der Schuld in Rechnung gesetzt. Je nachdem, ob Tod oder Qualitätsminderung der verstellten Tiere auf natürlichem Wege oder durch einen unglücklichen Zufall (*naturaliter vel casu fortuito*) eingetreten oder aber auf eine Handlung und ein Verschulden (*factum et culpa*) zurückzuführen waren, wurde der *accipiens* verantwortlich gemacht oder nicht. Beim »Eisern-Vieh«-Vertrag war die Frage, wer von den beiden Kontrahenten *periculum* und *damnum* zu tragen hatte, eindeutig zuungunsten des Einstellers entschieden; er hatte jedes Tier, das verloren ging, durch ein gleichwertiges zu ersetzen. Es ist kein Zufall, dass dieser Vertragstyp besonders lebhaft umstritten gewesen ist; denn hier lag de facto ein nach außen verkleidetes, getarntes Zinsgeschäft (man sprach von *palliata usura*) vor.

Mit Recht bemerkt Endemann, dass »auf solche Weise in Gestalt der Übergabe von Vieh zu einem ästimierten Preis und gegen Gewinnbeteiligung, vielleicht sogar in Gestalt fester Prozente, die verbotene Kapitalnutzung erzielt werden konnte«[98]. Die Viehverstellung wurde so zu einem Mittel, das kirchliche Zinsverbot zu umgehen. Sie wurde »geradezu benutzt, um das Darlehen zu ersetzen. Man gab die Tiere darlehensmäßig hin und zog von dem Geldwert (den die ästimierten Tiere darstellten) eine Geldrente«.

Es ist naturgemäß schwierig, im Einzelnen auszumachen, wieweit von dieser Möglichkeit, das kirchliche Zinsverbot zu umgehen, Gebrauch gemacht worden ist. Schwer auch zu sagen, ob dem (oben S. 207 bereits erwähnten) Weiterleben der Viehverstellung bis weit in die Neuzeit hinein wirtschaftliche Motive zugrunde liegen oder aber die unter dem Druck des Zinsverbotes eingerissene Übung hier weiter tradiert wird. Jedenfalls bestand sowohl bei der Viehverstellung wie bei der Geldkommenda die Möglichkeit, den schwächeren Partner auszubeuten, in gleicher Weise. Gegen solche Versuche wendet sich die Kirche. Mit besonderer Schärfe hat der »eiserne« Papst Sixtus V. in seiner berühmten Bulle *Detestabilis* von 1586, die in der Geschichte des kirchlichen Zinsverbotes einen wichtigen Markstein bildet, derartige Bestrebungen verurteilt.

Die entscheidende Stelle, in der die Frage der Gefahrentragung und Verlustdeckung im Kommendaverhältnis geregelt wird, sei hier im Wortlaut angeführt (auch aus dem Grunde, weil hier die Gleichordnung der Vieh- und Geldkommenda, die wir oben S. 206 f. als Basis für den Übergang des Begriffes »Kapital« von dort nach hier festgestellt hatten, mit besonderer Deutlichkeit sichtbar wird)[99]. In der Bulle werden alle die streng verurteilt, »qui pecunias suas vel alias res societatis nomine conferunt, vel greges, armenta aut certa animalia agricolis, pastoribus aliisque rusticis dant ad societatem sive ad soccidam, ea condicione, ut sors ipsa seu caput tam pecuniarum quam animalium salvum semper et integrum existat pro eo, qui non industriam aut operas, sed pecunias, animalia aut res hujusmodi in societatem confert, omne periculum et damnum ab altero socio recipiente sustineatur.«

13. Der Kapitalzins als »arbeitsloser« Gewinn

Dieser päpstliche Erlass ist in doppelter Hinsicht bedeutsam. Einmal wegen der sozialen Gesinnung, die aus ihm spricht. Der Schutz der Armen und Bedrängten vor den Übergriffen der Reichen und Mächtigen gehört – in Konsequenz des Gebotes der Nächstenliebe – zu den vornehmsten Christenpflichten. Ein schwerer Druck lastete vor allem auch auf der Schicht der abgabepflichtigen Hörigen. Es stand im Belieben des Grundherrn, Art und Höhe der Abgaben zu verändern. Da der Grundherr nicht nur wirtschaftlich, sondern zumeist auch politisch unabhängig war, war seiner Willkür keine Grenze gesetzt. Hier versuchte die Kirche mäßigend und regelnd einzugreifen. Schaub hat in seinem Buch über den

Zinswucher zahlreiche Belege aus den Jahrhunderten von Karl dem Großen bis Papst Alexander III. (Ende des 12. Jahrhunderts) zusammengestellt, die das bezeugen. Die Bulle Sixtus' V. beweist, dass der gleiche Geist auch im 16. Jahrhundert und gerade damals, als der Kampf der Kirche gegen den Zinswucher seinen Höhepunkt erreicht, noch voll lebendig war.

Ein anderer Punkt in der Bulle ist nicht minder bemerkenswert. Der Papst bezeichnet es als ungerecht und verdammenswert, dass der Partner, der *nicht* Arbeit und Fleiß übernimmt, sondern nur den Geldbetrag beziehungsweise eine Anzahl Tiere hergibt, Gefahr und Schaden auf den anderen überwälzt. Hier wird also eindeutig der die Arbeitsleistung auf sich nehmende Partner geschützt vor dem Kapitalgeber, der nur auf Gewinn abzielt und um dessentwillen die Übernahme beziehungsweise Mitbeteiligung an *periculum* und *damnum*, die ja eine Minderung des Gewinnes bewirken könnte, zurückweist. In diesem Eintreten für den arbeitenden gegenüber dem nichtarbeitenden Partner liegt zugleich die Ablehnung des arbeitslosen Einkommens, die ein Korrelat des kirchlichen Zinsverbotes ist, ausgesprochen. Nur aus Arbeit entsteht nach christlicher Lehre berechtigter Anspruch auf Eigentum; »wer nicht arbeitet, soll auch nicht essen«.

Als Arbeit im eigentlichen Sinne hat das Mittelalter nur die Bodenbearbeitung angesehen. Das Wort *labor* und seine Ableitungen (*laborare, laboratio, laborantia, laboragium, laborator*). werden ausschließlich im Bereich des Ackerbaues verwendet.[100] Es ist bemerkenswert, dass die Pflege und Betreuung von Vieh nicht als *labor* bezeichnet wird; man verwendet hier die Ausdrücke *opera* und *industria*. Die Verschiedenheit der Bezeichnungen hier und dort macht deutlich, dass Viehzucht und Ackerbau noch nicht zu einer Einheit zusammengewachsen sind; und zum anderen, dass die »Arbeit« selbst nicht in beiden Fällen als gleich betrachtet wurde. *Labor* ist die körperliche Anstrengung, *opera* dagegen bedeutet Mühe im Sinne von Sorge, Sorgfalt; *industria* (Fleiß) wird nur zur Verstärkung hinzugefügt. Arbeit im eigentlichen Sinne war in der Viehwirtschaft nicht vonnöten, da das Futter nicht durch Feldbau gewonnen, sondern vom natürlichen Aufwuchs genommen wurde. Umso wichtiger war der Schutz der Tiere vor dem Geraubtwerden, vor dem Entlaufen und Sichverirren und die notwendige Sorgfalt in Fällen des Krankwerdens und Gebärens. Darin ist der Grund zu suchen, dass in den Verträgen über Viehverstellung *opera* et *industria* eingeschärft wird.[101]

Und wie verhält es sich mit dem Geld, das in eine Seehandelskommenda eingeschossen wird? Zwar gilt Geld an und für sich als unfruchtbar, sodass aus Geld selbst kein Gewinn kommen kann. Aber wie, wenn mit dem Geld »gearbeitet« wird, verliert dann der Gewinn aus Geldkapital nicht seinen Makel? Über diese Frage haben sich die beiden gelehrten Mönche des 15. Jahrhunderts Bernhardinus von Siena und vor allem Antoninus von Florenz eingehend geäußert.[102]

Die Antwort hing im Wesentlichen davon ab, ob auch die Leistung des die Geschäfte über See tätigenden Kommendatars als »Arbeit« angesehen werden konnte oder nicht. In der Praxis ist sie als solche genommen worden, wie die Texte der Kommendaverträge beweisen. Dort lesen wir an zahlreichen Stellen, dass der Kommendatar die ihm vom Kommendator übergebene Geldsumme mit sich trägt, mit ihr an einen dritten Ort reist, »um zu arbeiten« (*portare, ire, proficisci, vadere laboratum*)[103]. In dem Vertrag, den die Partner miteinander abschließen, verspricht der Kommendatar, »mit allem Eifer zu arbeiten« (*laborare et procertare*)[104].

Ob der Ausdruck *laborare* hier zu Recht gebraucht wird oder nicht (die körperlichen Strapazen des Reisens in damaliger Zeit sind dabei wohl zu berücksichtigen), ob er nur als Tarnung benutzt wird, um sich gegenüber dem Wucherverbot abzudecken, (die Arbeitslast ruhte ja nur auf dem Kommendatar), ist hier im Einzelnen nicht zu untersuchen. Jedenfalls, »wenn die frühere Warenkommende in der Tat vorwiegend Arbeitsgeschäft war, so kann man das von der Geldkommende nicht mehr behaupten«[105]. Sie ist eine typische Kapitalanlage, die keine Übernahme von Arbeit involviert, sondern auf ein arbeitsloses Einkommen abzielt.

Verfolgt man die Sprache der Urkunden, so scheint sich selbst in den Ausdrücken, die verwendet werden, der Wandel zum reinen Kapitalgeschäft abzuzeichnen. In den Verträgen aus der zweiten Hälfte des 16. Jahrhunderts verschwindet mehr und mehr der Ausdruck *laboratum* und an seine Stelle tritt *negotiare* und (besonders eindeutig in einem Stadtstatut) *collocare ad proficuum*.[106] Dieser Wandel aber ist begleitet von einer Gewichtsverlagerung im Verhältnis der Kontrahenten zueinander, der ebenfalls in der Sprache, das heißt in der Namengebung der Partner sichtbar wird. Der auf Fahrt gehende Kommendatar heißt *partitor, tractator, tractans*, der am Ort verbleibende Kommendator wird als *stans* bezeichnet; aber häufiger erscheint jetzt als Name für den Letzteren der Ausdruck *capitaneus*. Man kann den Namen zwiefach deuten, einmal als den »Hergeber des Kapitals«, den »Kapitalisten« also, und zum Zweiten als den »führenden Kopf« in der Partnerschaft.[107]

Wie immer man *capitaneus* interpretiert, das Auftauchen dieser Bezeichnung ist kennzeichnend für das Übergewicht, das das Kapital über die Arbeit gewinnt. Silberschmidt bemerkt diesbezüglich: »Bei der Societas zeigt sich mehr ein abhängiges Verhältnis des Commendatars vom Commendator, da hier nicht mehr der Erstere der Herr des Geschäftes, der selbständige Unternehmer, sondern viel eher der Letztere, welcher den größeren Teil des Societätsgutes beigesteuert hatte. Dies abhängigere Verhältnis zeigt sich selbst in dem Namen *capitaneus*, den der *stans socius* in Pisa, Marseille und sonst führt.«[108] Mehr und mehr gewinnt nunmehr das Kapital die Überhand, geht der Kapitalist in Führung. War im Mittelalter entsprechend der kirchlichen Doktrin, die das Geld für unfruchtbar erklärte und demzufolge den Zins verbot, das Geld »größtenteils schatzweise aufbewahrt und nicht kapitalisiert worden«[109], so setzt mit dem Beginn der Neuzeit ein grundlegender Wandel ein.

14. Das Zins verbot fällt, der Kapitalverkehr wird frei

Es wäre nicht richtig anzunehmen, dass dieser Wandel plötzlich und mit einem Male eingetreten sei. In der Praxis wird ein neuer Geist bereits in den Jahrhunderten des ausgehenden Mittelalters sichtbar. Die Kaufleute empfinden Zinsverbot und Wucherlehre als lästiges Hemmnis, sie suchen mit allen Mitteln nach einem Ausweg. Die Theorie (wenn der Ausdruck in dieser Verbindung gebraucht werden darf) ist der Praxis nur zögernd gefolgt, die Anschauung vom Wesen des Kapitals hat sich nur langsam gewandelt. Selbst die Reformation bewirkt keineswegs, wie man erwarten könnte, einen plötzlichen Umbruch. Man hielt zunächst noch durchaus an der Wucherlehre fest,[110] und noch im 17. Jahrhundert fehlt es auf protestantischer Seite nicht an Zeugnissen der Ablehnung.[111] Dass die katholische Kirche sehr viel länger an den überlieferten Lehrsätzen festgehalten hat, ist wesentlich in dem Unterschied begründet, der zwischen den beiden Konfessionen bezüglich des Verhältnisses des Menschen zu Gott besteht.

Dort steht der isolierte Einzelne, hier die verbundene Gemeinschaft Gott gegenüber. Dort ist die Freiheit für den Einzelnen, hier die Bindung an die Gemeinschaft größer. Und aus diesem Eingebundensein in die Gemeinschaft folgt ein größeres Maß an Rücksichtnahme auf den anderen, der nicht überfordert und ausgebeutet werden darf. Auch hat die stärkere Traditionsgebundenheit des katholischen Lehrsystems bei dem Festhalten an der Zinsdoktrin eine nicht unwesentliche Rolle gespielt. Nur zögernd und schrittweise hat die Kirche ihre Anschauung von der Berechtigung des Zinses unter der Einwirkung der sich wandelnden Wirtschaftspraxis geändert. Erst das kirchliche Rechtsbuch von 1917 gibt das Zinsnehmen völlig frei und empfiehlt sogar ausdrücklich, kirchliches Vermögen zinsbar anzulegen.[112]

Was nun die Einstellung der Reformatoren anbetrifft, so hat Luther (und wie er auch Zwingli und Melanchthon) die überlieferte Lehre nicht geändert, sondern den Wucher in zwei Sonderschriften aufs Heftigste bekämpft.[113] Ein grundlegender Wandel der Anschauung über die Rechtmäßigkeit des Zinsnehmens tritt erst durch Calvin ein; er ist der Führer der Gegenbewegung; er ist es, der »an dem Kern der Wucherlehre, am Zinsverbot, volle Kritik übt; und wenn er auch mancherlei Beschränkungen der Zinsen aufrechterhalten will, entscheidet er sich doch prinzipiell ... für die Zulässigkeit des Zinsennehmens«[114].

Mit der Annahme der Lehre Calvins ist naturgemäß die Emanzipation vom kirchlichen Zinsverbot verknüpft. So erklärt es sich, dass gerade in Ländern, deren Wirtschaft auf Kaufmannschaft und Außenhandel ausgerichtet ist, der Calvinismus Eingang findet. Und eine weitere Folge ist dann die, dass hier das Bemühen, die Erlaubtheit des Zinses wissenschaftlich zu begründen, besonders groß ist. Beides aber trifft für Holland zu. »Von den Niederländern ist die erfolgreiche doktrinelle Bekämpfung der Wucherlehre ausgegangen.« [115] Am Anfang steht der Begründer der Völkerrechtslehre, Hugo Grotius, der in seinem berühmten Werk *de jure belli et pacis* (1625) die Berechtigung des Zinsnehmens verteidigt. Auf der Grundlage eines umfassenden Beweismaterials hat dann der Leidener Professor Salmasius in mehreren Büchern[116] die Frage eingehend behandelt. Die Freigabe des Zinses, die hier wissenschaftlich fundiert wird, ist von entscheidender Bedeutung für die weitere Entwicklung des Wirtschaftslebens; das Kapital durchdringt und bestimmt mehr und mehr den gesamten Wirtschaftsablauf. Von da ab datiert der Aufstieg der Wirtschaftsform, die wir die »kapitalistische« zu bezeichnen pflegen.

Der kapitalistische Wirtschaftsgeist hat, wie das Werner Sombart in seinem berühmten Werk im Einzelnen aufgezeigt hat, die Führung im Wirtschaftsleben immer mehr an sich gerissen, sich aber gleichwohl nicht völlig durchsetzen können. Eine breite Unterschicht, das Bauerntum vor allem, bleibt in seiner traditionellen Wirtschaftsweise verhaftet. Natürlich versuchen die »Kapitalisten«, denen der Zinswucher nunmehr freigegeben ist, auch diese Schicht zum Objekt der Ausbeutung zu machen. Das gelingt ihnen bei der Unerfahrenheit, die hier bezüglich der neuen

Methode herrscht, nur zu gut. Wege und Mittel dieser Ausbeutung können hier im Einzelnen nicht besprochen werden.

Uns interessiert in diesem Zusammenhang lediglich die Tatsache, dass unter den Mitteln, die angewendet werden, just die Viehverstellung besonders beliebt gewesen ist. Erinnern wir uns, dass das diesbezügliche Vertragsverhältnis ursprünglich darin bestand, dass ein Vieheigentümer, der Überfluss an Vieh hatte, einem anderen, der Mangel hatte, eine Anzahl Tiere gegen gewisse Leistungen auf Zeit überließ. Die Partnerschaft wird jetzt eine andere. Huck führt diesbezüglich Folgendes aus: »Die Viehverstellung kam und kommt (Bezug genommen wird vornehmlich auf die Zeit von 1750–1850) weniger zwischen Bauern und sonstigen auf dem Lande lebenden Beisitzern und Miethlingen, als zwischen Bauern und mit barem Geld versehenen Städtern und Juden vor ... Bei den Verabredungen neigte sich der größere Vorteil immer auf die Seite des reichen und deshalb mächtigen Verstellers, weshalb auch aus allen Gesetzen das Bestreben ersichtlich ist, den armen Einsteller gegen Übervorteilungen zu schützen, während man auch nicht die geringste Spur antrifft, dass ähnliche Vorschriften zum Vorteil des Verstellers jemals nötig geworden wären.«[117]

Die Machinationen, die von den Verstellern angewendet werden, grenzen, vor allem dann, wenn der Bauer sich in akuter Geldbedrängnis befand oder schon verschuldet war, an Erpressung. In solchen Fällen kam es nicht selten vor, dass der Versteller nicht einmal von seinem eigenen Vieh einstellte, sondern dem geldbedürftigen Einsteller sein Vieh abkaufte (vielfach nur zum halben Preis) oder nur ein Darlehen auf ein Stück Vieh vorschoss oder aber, wenn der Einsteller kein geeignetes, das heißt dem Versteller gefallendes Stück Vieh besaß, ihm dann eine stählerne oder gemalte Kuh in den Stall stellte.

Gerade diese letztere Praktik beweist eindeutig, dass es dem Geldgeber nur darum ging, den Kredit an den Bauern in die Form einer Viehverstellung zu verkleiden; und zwar aus keinem anderen Grunde als dem, weil hier die Gegenleistung in ihrer Höhe wie in ihrer Art (Naturalentgelte, wie Milch, Käse, Butter, Wolle und nicht selten auch das Kalb bestimmten Alters, oder Geld oder beides nebeneinander) nach Belieben festgesetzt werden konnte. War das Institut der Viehverstellung früher missbraucht worden, um das kirchliche Zinsverbot zu umgehen, so wird es jetzt, nachdem der Zins als solcher erlaubt ist, zu einem Mittel, über die normale beziehungsweise staatlicherseits fixierte Zinshöhe[118] hinaus einen zusätzlichen Wuchergewinn zu erzielen. Dabei spielt außer dem Druck, der auf dem verschuldeten Bauern lastet, auch die Mentalität der Bauern, die nicht in Geld denken und ihre Leistungen nicht in Geld zu verrechnen gewohnt sind, eine wichtige Rolle.

Das zeigen vor allem die Manipulationen der städtischen Viehaufkäufer. Sie »wenden nämlich, wenn sie Vieh in großer Zahl eingekauft haben, wofür sie weder Stallung noch Futter besitzen, den Kunstgriff an, dasselbe bei den Verkäufern *über* die verabredete Zeit stehen zu lassen, oder es in der Nähe ihres Wohnsitzes bei den Bauern, insbesondere solchen, die ihnen irgendetwas schulden, auf kurze Zeit einzustellen.« Auch diese Zeit wird dann überschritten und das Vieh auf fremde Kosten so lange durchgefüttert, bis die Aufkäufer es endlich mit Vorteil zu verkaufen Gelegenheit finden. Für Wartung und Fütterung eine Vergütung zu verlangen, wagen die Bauern, die sich in deren Schuld befinden, nicht.[119]

Diese wucherische Ausbeutung versucht nun, nachdem die religiöse Bindung beziehungsweise die moralischen Hemmungen nicht mehr bestehen, der Staat von sich aus einzudämmen und zu verhindern. In den Landesordnungen, die in der Zeit von 1750 bis 1850 in den verschiedenen Ländern, in der Schweiz, Deutschland und Frankreich vor allem, erlassen worden sind, finden sich immer wieder Gesetze, die sich mit dieser Materie beschäftigen und sich um die Abstellung der eingerissenen Ausnutzung bemühen. Schließlich greift die Behörde selbst unmittelbar in den privaten Vertragsabschluss ein. In der württembergischen Landesordnung von 1747, die hier als Beispiel angezogen werden mag, wird den »Amptleuten und Gericht« befohlen, dass sie »dieweil der arme Mann etwan eines Kühlins, seiner Kindlin und Gütlins halb nottürftig, und aber des Vermögens nicht ist, dass er eines selbst kauffen mög«, behilflich sein sollen, »wie also die armen Leuth zu solchen Kühlin, füglicher weiß, ohn einichen wucherlichen Contract kommen mögen«[120].

Wie dann um die Mitte des 19. Jahrhunderts der bäuerlichen Kreditnot durch die Einrichtung örtlicher Hilfs- und Leihkassen abgeholfen, die Bewucherung dadurch ausgeschaltet wird und infolge davon dann auch das Institut der Viehverstellung zum Erliegen kommt, das gehört nicht mehr in den Umkreis unseres Themas. Wohl aber interessiert uns abschließend noch die Frage, ob und wieweit im Bereich der Viehverstellung dieser Zeit der Begriff »Kapital« noch verwendet worden ist. Es ergibt sich, dass im Code Napoléon von 1804 die alte Bezeichnung *cheptel* übernommen worden ist.[121] In den diesbezüglichen deutschsprachigen Urkunden dagegen begegnet der Ausdruck »Kapital« nicht. Hervorzuheben ist, dass hier auch die Gegenüberstellung: Leihgut – Ertragszuwachs fehlt. Zwar wird von »Stamm-Vieh« gesprochen; aber damit wird das »Eiserne Vieh« bezeichnet, das dauernd in der Nutzung eines anderen steht, nicht aber verstelltes Vieh im Gegensatz zum Nutzen. Hier in der bäuerlichen Welt herrscht die konkrete Anschauung. Ein anderes Bild bietet uns der Bereich des Geld- und Handelsverkehrs. Hier, wo der Ausdruck »Kapital« seit dem Beginn der Neuzeit sich eingebürgert hatte, gelangt er auch im deutschen Sprachraum in Aufnahme. Dass er nur ganz allmählich sich durchgesetzt und die sinnentsprechenden deutschen Bezeichnungen verdrängt hat, ist aus den Wörterbüchern noch deutlich zu ersehen. So lesen wir in dem im 18. Jahrhundert verbreitetsten Wörterbuch, dem von Adelung,[122] unter dem Stichwort »Kapital« Folgendes: »Kapital: Eine Summe Geldes, soweit sie dazu bestimmt ist, Gewinn zu bringen, im Gegensatz dieses Gewinnes oder der Interessen; der Hauptstamm, das Hauptgeld, das Hauptgut, der Hauptstuhl, welche Benennungen ehedem üblich waren und es zum Teil noch sind. Daher heißt eine jede Summe, die man auf Zinsen ausleiht, Kapital.« Die Wortbedeutung ist also die gleiche geblieben, wie sie sich in der Geldleihe seit dem Wiederaufleben des Welthandelsverkehrs eingebürgert hatte.

Dieser Begriffsumfang wird dann im 19. Jahrhundert gesprengt und erweitert. Diesen Prozess im Einzelnen darzustellen, liegt außerhalb der diesem Aufsatz gesetzten Grenzen. Nur die Grundlinien dieser Ausweitung sollen im folgenden Abschnitt, der die Etappen der Wortgeschichte und Begriffsentwicklung zusammenfasst, mit berücksichtigt werden.

15. Zusammenfassung und Schlussbetrachtung

a. Der Ursprung des Wortes »Kapital« geht in die Naturalwirtschaft des Frühmittelalters zurück; und zwar wird in den lateinisch abgefassten Urkunden dieser Zeit das Vieh *capitale* genannt; der Name stammt von dem Abzählen des Viehes nach Köpfen (lat. *capita*).

b. Dem Vieh eignet eine natürliche Fruchtbarkeit; es vermehrt sich aus sich selbst. Zuwachsen, Ertragbringen ist also in der Vorstellung, die mit dem Wort *capitale* verbunden ist, von Anfang an vorhanden. Das wird deutlich darin sichtbar, dass der Name für den Zins aus der Umwelt des Gebärens herstammt; die älteste Form des Zinses ist das Jungtier.

c. Viehhaltung und Viehnutzung kann in zwei Formen geschehen: Entweder nutzt der Eigentümer sein Vieh selbst in eigener Regie oder er gibt die ihm gehörigen Tiere ganz oder Teile davon an andere zur Betreuung und Fruktifizierung.

d. Das Überlassen an andere zur Nutzung bedingt entweder ein Abhängigkeitsverhältnis (Grundherrn geben aus ihren Viehbeständen an Hörige gegen Abgabe bestimmter Erträgnisse) oder es erfolgt auf der Grundlage einer freien Vereinbarung, deren wesentlicher Inhalt die Verteilung des Ertrages und die Haftung für entstehende Schäden ist. Die erstere Form, die man als Viehlehen bezeichnen kann, begegnet vor allem in den

Frühkulturen; die andere, die im französischen Recht *cheptel*, in der deutschen Rechtssprache »Viehverstellung« genannt wird, fehlt zwar in der Frühzeit nicht ganz, hat aber ihre weite Verbreitung und typische Ausprägung erst vom Beginn der Neuzeit an gewonnen.

e. In den lateinischen Urkunden, die das Verstellen von Vieh zum Inhalt haben, wird das Wort *capitale* in zwiefachem Sinne verwendet; es bezeichnet einmal das verstellte Vieh selbst (also das hingegebene »Kapital«), zum anderen das »Hauptgut« (zum Unterschied vom Ertrag). In dem französischen *cheptel* hat das Wort bis ins 19. Jahrhundert hinein (Code Napoléon) die ursprüngliche Bedeutung bewahrt; der deutsche Sprachgebrauch dagegen verwendet den Ausdruck bei der Viehverstellung nicht.

f. Die Institution der Viehverstellung ist in der Naturalwirtschaft verwurzelt, das heißt, die Erträgnisse der verstellten Tiere werden in natura verteilt, eventuelle Verluste in natura ersetzt. Die eindringende Geldwirtschaft wirkt sich dahin aus, dass die verstellten Tiere nunmehr in Geld abgeschätzt, Ertrag und Verlust entweder in natura oder in Geld oder in beidem nebeneinander angesetzt und abgegolten werden. Diese Gleichordnung von Natural- und Geldwert vermittelt den Übergang des Wortes *capitale* aus der Viehleihe in die Geldleihe. Der Umstand, dass bei beiden die gleiche Rechtsform der Sozietät in Übung ist, hat bei der Übernahme von dort nach hier gleichfalls mitgewirkt.

g. Naturgemäß verschwindet im Bereich der Geldsphäre der ursprüngliche, konkrete Sinngehalt (*capitale* = Viehhäupter), das Wort hat jetzt nur noch die abstrakte Bedeutung: *summa capitalis* = Hauptsumme, Stammgut im Unterschied vom Zinsertrag. Dass, wo immer das Wort *capitale* in den Urkunden erscheint, der entstehende Nutzen (*prode, proficuum* und andere) nie zu erwähnen vergessen wird, zeigt, dass auch in der Geldwirtschaft das Sichvermehren, Hinzuwachsen als zum Wesen des Kapitals gehörig angesehen wird.

h. Dieses Zuwachsen galt freilich nur bei der Viehleihe als natürlich, bei der Geldleihe wurde es als wider die Natur des Geldes sowohl wie gegen die Grundsätze der Moral verstoßend aufgefasst. Das kirchliche Zinsverbot wirkt vom ausgehenden Mittelalter bis weit in die Neuzeit hinein auf die Kapitalnutzung in der Weise ein, dass die Geldleihe als Viehleihe getarnt wird.

i. Die Zueinanderordnung von Kapital und Arbeit hat gleichfalls in der christlichen Ethik ihre tiefste Wurzel. Gewinnen ohne eigene Arbeit und auf Kosten anderer galt als unchristlich. Die durch die religiöse Wertung geweckte Arbeitsintensität erhöht den Arbeitsertrag. Die Folge ist, dass der Ertrag vielfach den Eigenverbrauch übersteigt. Den Überschuss jedoch werbend anzulegen, das heißt als Mittel der Produktionssteigerung zu verwenden, liegt dem mittelalterlichen Menschen, der sein Wirtschaften auf Bedarfsdeckung abstellt, noch fern. Auch die Überschüsse werden dem Konsum zugeführt. Freilich nicht dem Eigenkonsum, dem durch den christlichen Grundsatz des Maßhaltens Grenzen gesetzt sind; er wird – dem christlichen Gebot der Nächstenliebe entsprechend – den Armen und Notleidenden, die ihren lebensnotwendigen Bedarf nicht selbst decken können, zugewendet.

j. Mit dem Heraufkommen der Neuzeit wird die Bedarfsdeckungswirtschaft, die auf die Versorgung aller ausgerichtet ist, mehr und mehr verdrängt durch die Erwerbswirtschaft, die die Steigerung des individuellen Gewinns zum Grundsatz erhebt. Die Aufhebung des Zinsverbotes gibt die Bahn frei zur vollen Ausnutzung aller Gewinnchancen. Der Güterkonsum tritt in den Hintergrund. Alles Interesse konzentriert sich auf *die* Wirtschaftsbereiche, in denen das Streben nach Gewinn seine Erfüllung findet, auf den Handel und die Produktion.

k. Die erzielten Überschüsse dienen nur zum Teil der Deckung des eigenen Konsumbedarfs; ein anderer Teil wird in Gewinn versprechende Unternehmungen eingebracht; sei es, dass sie im Handel Verwendung finden oder für Zwecke der Produktion benutzt werden. Angesammeltes Geldvermögen in Handelsgeschäften anzulegen, das ist ein Brauch, der so alt ist wie die Ausbildung des Metallgeldes selbst; denn der Handel bot die besten Chancen hoher Gewinne. Neu dagegen ist die Investition von Geldkapital in Anlagen, die der Güterproduktion zu dienen bestimmt sind. Je stärker die Produktion sich entfaltete, umso mehr wuchs auch die Menge des für produktive Zwecke erforderlichen Kapitals.
Die natürliche Folge ist, dass auch in der Vorstellung vom Wesen des Kapitals nunmehr eine Umschichtung eintritt. Im Industriezeitalter, wo das Investitionskapital zu einem Produktionsfaktor ersten Ranges aufrückt, wird eben die Verwendung in der Produktionssphäre zum typischen Merkmal für den Begriff »Kapital«. Kapital wird infolgedessen als Produktionsmittel definiert. Ob nur »produzierte« Produktionsmittel oder auch natürliche (wie Grund und Boden), ob neben den materiellen auch die immateriellen Produktivkräfte in dem Begriff aufzunehmen sind, diese in der Kapitallehre des 19. und 20. Jahrhunderts viel erörterten Fragen können hier, wo nur die großen Linien der Begriffsentwicklung gezogen werden sollen, übergangen werden.

l. Die Definition des Kapitals als Produktionsmittel entnimmt das begriffsbestimmende Merkmal der ökonomischen Sphäre; außerökonomische Tatsachen sind dabei ausgeschaltet. Die sozialen Auswirkungen zum Beispiel, die sich ergeben, werden nicht berücksichtigt. Wer der Eigentümer der Produktionsmittel ist, wie das Verhältnis zwischen den Eigentümern der Produktionsmittel und der Lohnarbeiterschaft sich gestaltet, diese Gesichtspunkte sind in dem besagten Begriff nicht einbegriffen. Diese Fragen aber sind es, die die Sozialisten in den Mittelpunkt rücken und die sich bei Karl Marx zu einer

Definition verdichten, die zwar jene andere zur Voraussetzung hat, aber von ihr wesenhaft verschieden ist. Marx sieht in dem Kapital nichts anderes als ein Mittel der Ausbeutung, das von den Eigentümern der Produktionsmittel, eben den Kapitalisten, benutzt wird, um den Lohnarbeitern den ihnen zustehenden Mehrwert vorzuenthalten.

m. Beide Definitionen, die der »bürgerlichen« Theoretiker wie die des Sozialisten Marx, sind gleicherweise Ergebnisse abstrahierender Wissenschaft. Als *solche* sind sie dem einfachen Volk unverständlich; die *lingua communis* hat sie nicht rezipiert. Dabei ist freilich bezüglich der marxistischen Definition eine Einschränkung zu machen. Sie steht der Vorstellung, die das Volk mit dem Worte »Kapital« verbindet, näher als jene. Die Umgangssprache verwendet den Ausdruck »Kapital« im Sinne einer Geldsumme, die, auf Zins hergegeben, einen Gewinn einbringen soll; das heißt, es wird »werbend angelegtes Vermögen« darunter verstanden. Dabei schwingt aber im Volksempfinden seit je und bis heute die Vorstellung mit, dass der sein Geld werbend Anlegende von einem übermäßigen Gewinnstreben beherrscht sei. Die im Volke lebendige Animosität gegen den Wucher – Sombart hat das kirchliche Zinsverbot sehr richtig als »Ausdruck der Volksstimme« bezeichnet – ist es, die der Ausbeutungstheorie von Marx eine stärkere Resonanz verleiht, während jene andere auf die Kreise der Fachwissenschaft beschränkt geblieben ist; sich nicht nur nicht durchgesetzt hat, sondern, indem sie das Wort, mit dem die Umgangssprache eine in langer Tradition fest eingewurzelte Bedeutung verband, mit einem völlig anderen Begriffsinhalt füllte, erst die Verwirrung geschaffen hat, über die sich die Kapitaltheoretiker (und nicht nur sie) so lebhaft beklagen. Das Verdikt, das der Theoretiker Carl Menger über dieses Vorgehen gefällt hat, wird auch der Historiker (und gerade er) als vollberechtigt anerkennen. »Ein nicht genug zu tadelnder Missgriff ist es, wenn eine Wissenschaft Ausdrücke des gemeinen Lebens nicht etwa nur begrifflich genauer begrenzt, sondern für vollständig neue Begriffe Worte gebraucht, mit denen der Volksmund bereits eine wesentlich verschiedene, auch für die betreffende Disziplin bedeutsame Kategorie von Erscheinungen richtig und zweckmäßig bezeichnet.«

n. Wer dieses negative Urteil unterschreibt, darf andererseits eine positive Seite der neuen Begriffsfassung nicht übersehen. Im Volksmund ist der Gebrauch des Wortes und seiner Sippe affektgeladen. »Kapital« ist Wuchergeld; wer Geld werbend anlegt, wird als »Kapitalist« verschrien; der »Kapitalismus« gilt als Teufelswerk. Dieser affektive Gehalt ist in dem anderen Begriff ausgeschaltet. Fasst man »Kapital« als Produktionsmittel beziehungsweise als »Inbegriff von Finanzierungsmitteln für Investitionen«, als »Geld für Investitionszwecke«, dann verschwindet der Unterschied zwischen dem freiheitlichen und gebundenen Wirtschaftssystem; dann ist auch die zentralgeleitete Planwirtschaft eine »kapitalistische« Wirtschaft; denn »das Problem der Finanzierung von Investitionen ist auch in einer sozialistischen Verwaltungswirtschaft, ja in jeder gelenkten Wirtschaft akut«[123].
Würde es gelingen, diesem Begriff zu allgemeiner und ausschließlicher Anerkennung und Verwendung zu verhelfen, wäre dem Wort »Kapital« der Makel genommen, der ihm anhaftet. Aber nur ein Utopist kann diese Erwartung hegen. Denn einmal wird das Volk, das nicht in Zusammenhängen denkt, sondern an der konkreten Einzelheit haftet, diesen aus der Interdependenz des Wirtschaftsgeschehens abstrahierten, rationalen Begriff nicht übernehmen, da er seinem Auffassungsvermögen nicht adäquat ist. Zum anderen aber wird die sozialistische Bewegung sich nicht bereitfinden, den gesellschaftlichen Begriffsinhalt durch den ökonomischen zu ersetzen, weil sie sich damit eines Kampfmittels begeben würde, das wie kein anderes ihre Anhängerschaft zu aktivieren vermag. Man wird sich damit abzufinden haben, dass der affektive und rationale Kapitalbegriff nebeneinander bestehen bleiben.

Nachtrag: Der vorstehende Aufsatz steht in engem Zusammenhang mit drei anderen, die das Finanzarchiv in den Jahren 1950 und 1951 veröffentlicht hat.[124] Diese drei Aufsätze (vor allem der erste) enthielten eine kritische Auseinandersetzung mit Thesen, die Paul Kehl »Über Ursprung und Anfänge von Geld, Kapital und öffentliche Finanzwirtschaft« im *Finanzarchiv* aufgestellt hatte.[125] Inzwischen hat Kehl mit einer Antikritik geantwortet.[126]

Es gab zwei Möglichkeiten (wenn man von der dritten, auf eine Fortsetzung der Diskussion ganz zu verzichten, absieht) auf diese Replik zu erwidern. Einmal die am nächsten liegende: Die Entgegnung Kehls selbst Punkt für Punkt vorzunehmen und mit Gegengründen zu entkräften. Das hätte mich an sich sehr gelockt, zumal Kehl seine Antikritik in den Rahmen eines für die Geldgeschichte sehr wichtigen Problems hineinstellt. Aber diese Form der Erwiderung hätte einen breiten Raum verlangt, da bei einer Duplik ein eingehendes Interpretieren der einzelnen Tatsachen und Argumente nicht zu umgehen ist. Doch ist es eine alte Erfahrung, dass Diskussionen sich, je länger sie fortgeführt werden, umso mehr auf Einzelheiten versteifen und dann für Unbeteiligte uninteressant werden. Und dazu kommt, dass sie nur in den seltensten Fällen in eine Einigung ausmünden. Ich entschloss mich also, einen anderen Weg einzuschlagen. Die bisherige Diskussion zwischen Kehl und mir drehte sich um die Anfänge des Geldes. Nun hat sich Kehl in dem genannten Aufsatz auch mit dem Ursprung des Kapitalbegriffes beschäftigt. Es lag angesichts der engen Verbindung, die zwischen Geld und Kapital besteht, nahe, das Ergebnis, zu dem Kehl bezüglich des Kapitals gekommen ist, gleichfalls einer kritischen Prüfung zu unterziehen. Diese Überprüfung wird in dem vorstehenden Aufsatz vorgelegt. Es ist nicht zu leugnen, dass die Zurückführung des Kapitalbegriffes auf die *capita*, die die römischen Münzen als Prägebilder zeigen,[127] auf den ersten Blick sehr einleuchtet. Der Eindruck ändert sich jedoch, wenn man beginnt, nach der quellenmäßigen Begründung Umschau zu halten. Dann zeigt sich, dass die These, eine Handvoll Münzen sei im römischen Kaufmannsjargon als *capitale* bezeichnet worden, weil sie als Prägebild *capita* aufwiesen, hingesetzt wird, ohne dass der Nachweis der Richtigkeit aus den überlieferten Quellen geführt wird.

Gewiss mag und wird es in Bezug auf die Ausdeutung der Quellenzeugnisse Meinungsverschiedenheiten unter den Interpreten geben; keine Uneinigkeit aber sollte bestehen über die Notwendigkeit der exakten quellenmäßigen Begründung aufgestellter Behauptungen. Dass Kehl es diesbezüglich an Sorgfalt sowohl bei seinen Untersuchungen über die Anfänge des Geldes wie über den Ursprung des Kapitalbegriffes hat fehlen lassen, das haben – so glaube ich – meine kritischen Darlegungen deutlich gemacht.

Mit dem vorstehenden Aufsatz wird die Diskussion von mir aus abgeschlossen. Zuvor aber meine ich dem Leser der Antikritik noch eine Aufklärung schuldig zu sein, die ihrerseits vielleicht dazu beitragen kann, der Disputation einen versöhnlichen Ausklang zu geben. Kehl glaubt zwischen uns »eine toto coelo *verschiedene Grundeinstellung* zu dem wirtschaftlichen Geschehen« feststellen zu sollen und imputiert mir »die von den Klassikern überkommene *materialistische* Anschauung, die den *Stoff*[128] für das im Wirtschaftsleben entscheidende Moment hält«.

Das Porträt, das hier gezeichnet wird, bestätigt die Erkenntnis, die der feinsinnige Wilhelm von Kügelgen aus seiner praktischen Erfahrung als Porträtmaler gewonnen hatte; die Erkenntnis nämlich, wie schwer die dem Porträtisten gestellte Aufgabe zu lösen ist, »das Individuelle charakteristisch zu fassen und auf eine Weise darzustellen, die nicht beleidigt, sondern erfreut«[129]. Das gilt nicht nur für die bildenden Künstler, sondern auch für die Porträtisten, die sich der Sprache als Werkzeug bedienen. Und was die Letzteren anbetrifft, so ist gerade im Bereich der Wissenschaft ein beide Partner, den darstellenden wie den dargestellten, gleicherweise befriedigendes Ergebnis äußerst selten.

Das hat seinen Grund darin, dass sich hier ausgeprägte Individualitäten begegnen, deren jede in einer bestimmten Vorstellungswelt lebt und aus ihr heraus ihre Urteile fällt. Wille und Vermögen, sich in die Anschauungen und Auffassungen des anderen einzufühlen, sind Ausnahme, nicht Regel. Regel ist vielmehr, wie Blaise

Pascal einmal treffend bemerkt hat, dass »man durch die Gründe, die man selbst gefunden hat, besser überzeugt wird als durch die, die aus dem Geist eines anderen hervorgegangen sind«[130].

Diese in der Eigenständigkeit und Selbstbehauptung der wissenschaftlichen Persönlichkeit gegründete Spannung, die latent immer besteht, pflegt sich zu verschärfen, wenn Meinungsverschiedenheiten offen ausgetragen werden. Dann wächst die Gefahr, dass die eigene Ansicht in so überspitzter Weise von der des anderen abgehoben und distanziert wird, dass der Eindruck einer abgrundtiefen, unüberbrückbaren Kluft entsteht.

Diesen Eindruck muss auch der Leser der Antikritik Kehls gewinnen; denn wenn er dort behauptet, es bestehe eine totale Verschiedenheit der Grundeinstellung, (wobei dahingestellt bleiben mag, ob diese Feststellung überhaupt zutrifft), dann gibt es für einen Dritten kaum eine andere Möglichkeit, als daraus den Schluss ziehen, der Gegensatz sei ein absoluter, der alle Kontakte aufhebe und ausschließe. So ist die Situation nun keineswegs. Es gibt nicht wenige Berührungspunkte zwischen uns, und zwar nicht etwa in nebensächlichen, sondern auch in grundsätzlichen Fragen. So sind in einem für die Frühgeschichte des Geldes entscheidend wichtigen Punkte unsere Meinungen gleich. Unsere Geldforschungen haben uns beide – und zwar völlig unabhängig voneinander – zu der Erkenntnis geführt, dass für die Entstehung eines geordneten Geldwesens der sakralen Sphäre eine besondere Wichtigkeit zukommt, dass (um einige Einzelergebnisse, in denen wir übereinstimmen, hier anzuführen) das Wertverhältnis, in dem die Metalle anfänglich zueinander standen, sakralen Ursprungs ist, das heißt nach den Umlaufzeiten der dem jeweiligen Metall zugeordneten Gestirne bestimmt worden ist, sodann, dass sich an den großen Kultstätten wegen der zahlreichen Opfergaben, die hier zusammenkamen, ein lebhafter Güterverkehr entwickelt hat, und weiterhin, dass die Ersetzung der Naturalopfer durch bestimmte Metallmengen eine wichtige Vorstufe für die Ausbildung des Metallgeldes gewesen ist, und schließlich, dass das Tauschverfahren, wie es sich an den sakralen Stätten entwickelt hatte, in die profane Sphäre des Austausches von Gütern und Leistungen übernommen worden ist.

Die Liste könnte noch erweitert werden; aber sie zeigt auch so bereits, dass die Übereinstimmung sehr weit reicht. Und gerade deswegen ist der Gegensatz bezüglich einzelner Ergebnisse – ein Gegensatz übrigens, der weniger im Sachlichen als im Methodologischen seinen Ursprung hat – so bedauerlich, weil er die Einigkeit in grundwesentlichen Fragen überschattet. Aber solange die Jünger der Wissenschaft sich der Erforschung der Wahrheit verpflichtet fühlen, hat der Satz seine volle Geltung, dass »Plato mihi amicus, veritas mihi amicitior«.

NACHWORT
Von Eske Bockelmann

Als ich selbst vor einiger Zeit an einer größeren historischen Studie arbeitete, wollte ich in einem bestimmten Zusammenhang kurz und nur nebenbei darauf verweisen, wie Geld entstanden sei. Für meine Argumentation hatte die Sache keine weitere Bedeutung, wie ich meinte, sondern sollte lediglich als etwas Selbstverständliches angesprochen werden. Mir war bewusst, trotz einiger Kenntnisse auf diesem Gebiet nichts Genaues davon zu wissen, kaum Genaueres jedenfalls als etwa das gängige Märchen vom Warentausch, zu dessen Erleichterung die Menschen einmal Geld erfunden hätten. Dass dies selbst pure historische Erfindung ist, wiewohl es jedem augenblicklich einleuchtet, der sich die Sache erklären will, hatte bereits jemand festgestellt. Gleichwohl ging ich sicher davon aus, die historische Entstehung von Geld sei längst irgendwo ausführlich beschrieben, und gedachte rasch fündig zu werden. Mir war klar, dass die wohl berühmteste Stelle zu dieser Frage, die von Marx so genannte »Genesis« des Geldes, als solche nicht zu brauchen war. In der Geld-Herleitung, mit der er das *Kapital* beginnen lässt, verfährt Marx so offen und für einen historischen Materialisten geradezu peinigend ahistorisch, dass Marxisten übereingekommen waren, sie als bloß »logische« zu werten und die historische Nullnummer auf diese Weise zu rechtfertigen. Doch auch wenn Marx dort also ausdrücklich *nicht* die geschichtliche Herleitung des Geldes gegeben hatte, würde sie sich bei ihm gewiss an anderer Stelle finden, so war ich überzeugt. Mir war nicht erinnerlich, dass er die Frage, wie Geld aufkam, überhaupt je als eine Frage behandelte, die noch zu klären wäre: Musste sie sich ihm also nicht geklärt haben? Ich begann zu suchen – und tatsächlich, wo immer sich Marx zu den historisch frühesten Gegebenheiten des Geldes äußerte, tat er es mit einer Sicherheit, die schlechterdings ausschloss, es könnte für ihn in dieser Beziehung irgendwelche Unklarheiten geben. Aber nun mochte ich sein Werk durchforsten, wie ich wollte: Wie das Geld historisch aufkam, wurde nirgends gesagt. Wo immer es darum ging, setzte Marx jeweils nur implizit voraus, *dass* Geld bereits entstanden sei, aber *wie*, *wann* und *wodurch* bedingt, schien ihm nicht fraglich zu sein, so wenig bot er darauf irgendeine Antwort.

Das erstaunte mich, aber zugleich stieß es mich mit der Nase auf den eigenen Fehler: Die Selbstverständlichkeit, mit der Marx diese historische Frage für geklärt ansah, ohne doch etwas von einer Antwort zu wissen, es war die gleiche Selbstverständlichkeit, mit der ich die Frage ebenfalls trotz Unkenntnis für geklärt gehalten hatte. Und als ich bei anderen Autoren suchte, gewahrte ich die gleiche Selbstverständlichkeit, mit der auch sie die Art der Geldentstehung als bekannt voraussetzten, ohne je etwas Gewisses von ihr sagen zu können oder auch nur sagen zu wollen. Wie Geld aufgekommen war, schien jedem, der nichts Klares davon wusste, trotzdem selbstverständlich klar zu sein. Ein seltsamer Kontrast: Eine Frage von allergrößter Bedeutung bleibt unbearbeitet liegen und keiner will sie überhaupt als Frage erkennen – eine Frage, die nicht drängender sein könnte, die alles betrifft, was heute unmissverständlich »eine Frage des Geldes« ist, angefangen von dem Elend, das Menschen massenweise zur Flucht treibt, bis zu einem die Welt bedrohenden Umgang mit dem Klima.

Und dann ist es Bernhard Laums *Heiliges Geld* aus dem Jahr 1924, das ich wieder zur Hand nehme und das mich nun anders staunen lässt. Denn Laum hatte ebendies offenbar als Erster erkannt und in Sätzen beschrieben, deren Brisanz mir bei einer früheren Lektüre entgangen sein musste. Jetzt stachen sie mir sofort ins Auge: »Gerade in der Gegenwart ist die Emanzipation von den Tatsachen größer als je« – von den historischen Tatsachen nämlich, von einer »historischen Betrachtung«, die aufgrund solcher Tatsachen entwickeln würde, was Geld ist. Von einer solchen

Betrachtung habe sich die »Theorie«, wie Laum sie kurzerhand nennt, losgesagt – und augenscheinlich mit dem besten Gewissen der Welt. Aktueller Anlass für Laums verhaltenes Entsetzen und »Höhepunkt der rein theoretischen Einstellung« ist ihm nämlich Gottfried Knapp, dessen hoch angesehene *Staatliche Theorie des Geldes* 1923 gerade in vierter Auflage erschienen war. Laum fasst zusammen: »Knapp steht auf dem Standpunkte, dass die Form, in der das Geld historisch erscheint, nicht entscheidend sei für die Erkenntnis seines Wesens. Werkzeug der Wesenserkenntnis ist nach ihm lediglich das logische Denken; was auf logischem Wege als Geld erkannt wird, ist Geld, ob es in der Wirklichkeit vorhanden war, ist oder sein wird, ist Nebensache«. Das ist kaum zu glauben – und doch gilt ja: Auch heute bekennt sich mancher Wirtschaftswissenschaftler ausdrücklich dazu, von seinen ökonomischen Modellen interessiere ihn nicht, ob irgendetwas davon in der Wirklichkeit vorkommt. Und nicht zu vergessen: Den Verzicht auf eine historische Herleitung des Geldes zugunsten einer bloß logischen übt auch Marx, ganz ohne dass er sich dazu bekennen würde. Laum aber sieht zu Recht den Zusammenhang, dass die ahistorische *Herleitung* notwendig mit einer ahistorischen *Bestimmung* des Geldes einhergeht, mit einer bloß logischen und die historischen Tatsachen ignorierenden »Erkenntnis seines Wesens«. Hier geht es also, was das Geld anbelangt, ums Ganze.

»Das vorliegende Buch«, so sagt Laum und so können wir mit dieser Neuauflage wieder sagen, »steht methodisch in Opposition zu den dort ausgesprochenen Grundsätzen.« Und nicht nur methodisch steht es zu ihnen in Opposition, sondern mit seinem ganzen Gehalt, mit dem Gegenstand, den es in den Blick nimmt: das Geld, wie es wirklich ist. »Von den Tatsachen, von den historischen Geldformen ausgehend sucht dies Buch die Erkenntnis des Wesens des Geldes zu fördern.« Es will sie fördern und wird sie noch nicht erlangen. Aber es soll endlich einmal gelingen zu verstehen, was Geld ist und was Geld ausmacht, dafür hat Bernhard Laum seine historische Untersuchung angestrengt: um die erste große Schwierigkeit auf dem Weg dorthin zu meistern und den »Ursprung des Geldes« zu entdecken. Allein dieser Wagemut verdient höchste Anerkennung. Denn so stellt sich Laum explizit der Klärung dessen, was sonst alle beharrlich im Unklaren gelassen und, wenn überhaupt, nur in eben jenem nebulösen Nebenbei berührt haben, dessen auch ich im Begriff war mich schuldig zu machen.

Laum unternimmt es, den Ursprung des Geldes zu erklären, aber er hat ihn nicht erklärt. Unmissverständlich: In dieser Hinsicht ist Laums Wagemut nicht belohnt worden. Und trotzdem hat er die erhoffte Erkenntnis so weit vorangebracht wie keiner vor ihm – paradoxerweise, indem er den *Ursprung* des Geldes verfehlt, weil er das *Geld* verfehlt. Er versammelt historische Tatsachen, die recht besehen das schiere Gegenteil dessen belegen, was Laum durch sie belegt sehen will. In einem begeisternden Reichtum an Details führen sie vor, dass *nicht* Geld war, wovon sie handeln, und so machen sie zum ersten Mal den Weg frei für die Erkenntnis, auf welche grundlegend *andere* Weise es zum Geld gekommen sein muss. Der schöne Titel *Heiliges Geld* müsste eigentlich heißen: *Heiliges, NICHT Geld*. Erst wenn wir Laums großartige Studie in diesem Sinne gegen ihn verstehen, wird sie wahrhaft fruchtbar in eben dem Sinn, den sie für Laum haben sollte. Das gilt es hier zu zeigen.

Eigentlich müsste sofort auffallen – und hätte auch Laum auffallen müssen –, wie sehr sein genauer Blick auf die historischen Tatsachen im Widerspruch steht zu der Nachlässigkeit, mit der er den Gegenstand seiner Untersuchung behandelt, das Geld. »Homer kennt die Münze noch nicht. Was dient in homerischer Zeit als Geld? Dass die Münze Geld ist, folgt unter anderem daraus, dass sie noch heute eine typische Geldform ist.« Mit diesen drei Sätzen eröffnet Laum sein erstes Kapitel und mit diesen drei Sätzen hat er die Frage, was Geld ist, bereits vollständig aus der Hand gegeben. Von der Tatsache, dass Münzen *heute* Geld sind, lässt sich der Historiker zu der ahistorischen Folgerung verleiten, Münzen wären *als solche* Geld und damit *schon immer* Geld gewesen. Und wenn es Münzen bei Homer »noch nicht« gibt, zieht er daraus noch verwegener den wiederum historisch blinden Schluss, in homerischer Zeit müsste *etwas anderes* Geld gewesen sein – nur *Geld* in jedem Fall. Ein mögliches Ergebnis der historischen Untersuchung ist damit so offen zirkulär wie nur möglich zu ihrer Voraussetzung gemacht: Zur Zeit Homers hätte es Geld gegeben – und wir müssten nur noch untersuchen, in welcher Form. Laum kommt zu seinen »historischen Geldformen«, indem er sie ahistorisch als Formen von *Geld* voraussetzt. Von vornherein untersucht er etwas *als Geld*, ohne zu wissen und ohne historisch feststellen zu wollen, worum es sich bei Geld genau handelt und ob es sich also dort und damals wirklich um Geld gehandelt hat.

So schwerwiegend und offensichtlich der Fehler aber auch sein mag, er ist Laum nicht anzulasten. Es geht ihm damit nicht anders als den Vielen, die es bei ihm lesen und denen nichts daran auffallen wollte. Und mehr noch, es geht ihm damit wie uns allen, denen die Tatsache genügt, dass Münzen *heute* Geld sind, um Münzen *für alle Zeiten* als Geld anzusehen – als dasselbe Geld, von dem man im Übrigen leider nicht sicher zu sagen weiß, was es ist. Wüsste man es, so wäre man in der Lage, die Bestimmungen von Geld direkt anzugeben, und sähe sich nicht in der Verlegenheit, aus der Existenz von Münzen auf die Existenz eines Geldes schließen zu müssen, das gleichwohl noch vor den Münzen bestanden haben soll. Wie groß die Verlegenheit ist, zeigt sich, wenn Laum am Ende der Einleitung diesen logischen Ausgangspunkt seiner Untersuchung ins Kleingedruckte einer Fußnote verbannt: »Dass die Münze eine typische Geldform sei, darin sind nicht nur die Historiker, sondern auch die Theoretiker, sowohl Metallisten als Nominalisten, einig.« Und wenn es alle sagen, sagen wir es einfach nach? Und ist denn damit festgestellt, dass Münzen, auch als »eine typische Geldform«, von jeher, nämlich *von ihrem Ursprung her*, eine typische Form von Geld gewesen sein müssten? Nein – aber wir glauben es. Niemand fragt weiter danach und selbst Laum tut es nur pro forma: »Welches sind die Merkmale, an denen wir ein Ding als Geld erkennen?« Die Antwort, die er findet, ist keine: »Die Definitionen, welche die Theoretiker geben, sind stark abweichend.« Gleichwohl vertraut ihnen Laum an dieser Stelle unbesehen, denselben Vertretern einer »Theorie«, zu der er sich sonst in Opposition sieht. Laum möchte sich nicht in »den Streit der Theoretiker« einmischen, aber er will doch den kleinsten und folglich ungenauesten gemeinsamen Nenner gelten lassen, auf den sie es bislang, bekanntlich wenig besorgt um die historischen Tatsachen, gebracht haben. Die Logik, zu der sich Laum dabei bekennt, kann nicht genügen: »Jedenfalls werden wir davon auszugehen haben, weil hier ein Einspruch der Theorie nicht möglich ist, hier also eine elementare Eigenschaft des Geldes vorliegt.« Elementare Eigenschaft der Sache soll sie sein, weil die Theorie, die nichts sicher von ihr weiß, hier auch nichts einzuwenden weiß. Und sie soll heißen: »Geld ist Wertmesser.«

Der Leserin und dem Leser wird es nun aber vermutlich so gehen wie Laum und sie werden an einer solchen Feststellung beim besten Willen nichts auszusetzen finden. Eher werden sie unwillig geworden sein wegen meiner Einwände gegen das Selbstverständliche: Münzen als Geld, Geld als Wertmesser, Geld oder jedenfalls Wertmesser auf irgendeine Weise schon bei und vor Homer. Aber Laum immerhin will dergleichen ja auf den Prüfstand der historischen Tatsachen stellen. Auch wenn Geld Wertmesser sein mag, müsste er daher unbedingt fragen, ob es einen Wertmesser und überhaupt Wertmessung bereits zu jenen Zeiten gegeben hat, die er untersucht: Nur dann hätten wir es dort mit Geld zu tun und nur dann ließe sich dort auch dessen Ursprung untersuchen. So müsste Laum fragen und er weiß, dass etwas in dieser Art anstünde, aber er weicht aus: »Ob wir damit die primitivste Eigenschaft des Geldes gefunden haben, das steht hier noch nicht zur Diskussion«. Wenn aber »noch nicht« hier, so bleibt das Entscheidende blindlings vorausgesetzt. Laum hat die Diskussion denn auch später nicht mehr aufgenommen.

Aber noch einmal: Das ist kein Fehler, der Laum anzulasten wäre. Denn *niemand* findet etwas fraglich daran, dass Menschen, ebenso sicher wie Geld Wertmesser sei, irgendwie schon immer Wert bemessen hätten. »Wertmesser in der homerischen Zeit ist das Rind«, so sagt es Laum und bestätigt sich so umstandslos selbst die Voraussetzung, die er macht, schon in homerischer Zeit hätte etwas als Geld gedient. Hier wäre es der »Wertmesser« Rind, an anderer Stelle sind es Spieße, sind es schließlich Münzen und neben ihnen noch viele andere Dinge, die ihren »Wert« gehabt und an deren »Wert« die Menschen den Wert von anderen Dingen bemessen hätten. Genau das ist der Punkt, worin sich wirklich alle einig sind, nicht nur Laums »Theoretiker« und sämtliche Historiker einschließlich Laum, sondern wir alle, egal, wie viel oder wie wenig wir uns je mit der Sache befasst haben, egal, wie wissenschaftlich oder wie sehr aus dem Bauch heraus wir zu unserer Meinung kommen. Und zwar sind wir uns darin einig, nicht etwa, weil es jemand schon einmal für uns überprüft und festgestellt, bestätigt und nachgewiesen hätte, sondern allein deshalb, weil uns eben nichts daran fraglich erscheint – weil niemand auch nur auf die Idee kommt zu fragen, zu prüfen, Einspruch zu erheben: So tief reicht hier unsere Gewissheit. Doch deshalb reicht ebenso tief der Irrtum, der sich ihr verdankt. Denn dass wir *Wert* unwillkürlich bei den Menschen aller Zeiten voraussetzen, ist der durchaus tiefe Grund auch dafür, dass uns die Entstehung von *Geld*, von der wir nichts wissen, immer schon geklärt erscheint.

Wert gibt es nicht in homerischer Zeit. Wert gibt es auch nicht, als Münzen aufkommen, und es gibt ihn viele Jahrhunderte lang nicht, in denen es bereits Münzen gibt. Wert gibt es nicht schon zu Urzeiten, es gibt ihn nicht in der Antike und es gibt ihn selbst zur Zeit des Mittelalters noch nicht. So sehr lange gibt es nicht Wert, gibt es weder Wertmessung noch Wertmesser. Das lässt sich historisch feststellen und historisch belegen. Und Bernhard Laum ist der Erste, der diese Feststellung in *Heiliges Geld* mit den Tatsachen zu belegen hilft, die er so akribisch gesammelt hat. Laum stellt insgesamt und an zahllosen Einzelstellen einen *falschen* Bezug her, indem er *Heiliges* dort mit *Geld* und *Wert* verbindet, aber er führt jenes Heilige in einer Klarheit vor, dass es auch für sich zu sprechen vermag. Man muss sich nur die Mühe machen, aber auch die Freude, genau genug darauf zu hören.

»Wertmesser in der homerischen Zeit ist das Rind«, so deutet Laum unrichtig, was schon sein nächster Satz richtig benennt: »Wo in der *Ilias* und *Odyssee* Güter abgeschätzt werden, da wird stets das Rind als Maßstab genommen« – und das heißt eben *nicht*: als *Wert*. Zur Schätzung eines Gutes wird da schlicht ein anderes Gut herangezogen, aber es wird nicht etwa der *Wert* des einen Gutes am *Wert* des anderen bemessen. Zwischen der Schätzung und einem solchen Wert liegen Welten. Der Wert, nach dem wir heute ohne Zweifel gewohnt sind alles zu bemessen – und so sehr gewohnt, dass wir es uns gar nicht mehr anders vorstellen können –, er käme den Gütern jeweils als eine zusätzliche Größe zu, als eine Größe, die sie irgendwie in sich tragen oder die die Menschen ihnen zuschreiben würden. Wert wäre eine Größe, die allen Gütern gemeinsam ist, eine in allen Gütern gleichförmig gedachte Größe, ihr gemeinsames Drittes, in dem sie verglichen werden, ja, *das* an ihnen verglichen wird. Wenn der Wert eines Gutes bemessen wird, wird ja genau genommen sein Wert *anstelle* des Gutes bemessen. Auch wenn er einem Gut bloß zugeschrieben wird, Wert ist etwas, das jedes Gut »haben« würde und »haben« müsste, er ist nicht das Gut für sich. Wo dagegen etwa in der *Ilias* und der *Odyssee* Güter abgeschätzt werden, sind die Güter nicht nur jeweils *für sich* Maßstab, sondern auch für ein anderes. Sie sind *einander* Maßstab, ein Gut dem anderen. Sie »haben« keinen Wert, kein Mensch misst ihren Wert und kein Mensch kennt die Vorstellung eines Wertes, den es woran auch immer zu messen gäbe. Dort werden die Güter selbst geschätzt, die Güter und, wohlgemerkt und unabdingbar, zugleich die Menschen, denen sie zukommen.

Gut an Gut statt Wert gegen Wert: Zwischen beidem einen Unterschied zu machen, sei »natürlich Unfug«. So beharrt ein Fachmann, der mein Buch zu diesem Thema kennt, ausdrücklich darauf, Wert wäre wie üblich ahistorisch vorauszusetzen, und so wie er wird vermutlich auch mancher Leser empfinden. Ich dagegen nenne es ein Unheil, dass der Unterschied so lange unentdeckt geblieben ist. Denn an ihm hängt viel: Ohne Wert nämlich gibt es kein Geld; und wo wir Wert voraussetzen, haben wir unvermerkt schon immer Geld vorausgesetzt: weil die Vorstellung von Wert überhaupt erst mit dem Geld aufkommt.

Zunächst: Dass jener Unterschied besteht und dass also Wert in jenen frühen Zeiten bedeutsamerweise wirklich fehlt, das finden wir schon bei Laum und finden wir mit seiner Hilfe am schönsten. Man lese, was er aus der *Ilias* und *Odyssee* und was er sonst aus der Antike zitiert, nirgends wird man einen Begriff für »Wert« finden, kein Wort, das ihn meint, keine Vorstellung, die ihn voraussetzt. Nirgends wird man dergleichen finden außer zuweilen in den modernen Übersetzungen, die Laum verwendet. Auch deshalb haben wir im Text verlässlichere Übersetzungen der griechischen Begriffe und Zitate eingefügt, in denen der so folgenreiche Fehler vermieden ist, den alten Griechen mit dem Wort auch die Vorstellung von »Wert« zu unterstellen. Es ist eben kein Zufall, dass sie einen Dreifuß einen »zwölfrinderigen« nennen, statt »an Wert zwölf Rinder« zu sagen. Es hat seine Bedeutung, dass dem Odysseus als Sühnezahlung eine »hundertrindserige Schätzung« in Erz und Gold versprochen wird und nicht Erz und Gold »im Wert von hundert Rindern«. Nicht umsonst schätzt Homer die so unterschiedlichen Rüstungen, die Glaukos und Diomedes miteinander tauschen, als »goldene gegen eherne, hundert Rinder gegen neun« und nicht »die einen hundert Rinder wert, die anderen neun«. Stets sind die Güter, die da füreinander einstehen, die gegeneinander getauscht oder die aneinander gemessen werden, nur *als solche* genannt, nur sie, die Güter, niemals etwas gemeinsames Drittes, *in dem* sie allesamt verglichen würden. Dreifuß und Rind, Sühne und Metalle, Spieß und Fleischanteil: Das eine steht nur jeweils für das andere. Die *Schätzung* sagt, dass das eine das andere aufwiegt, ihm entspricht, seiner würdig ist – nicht aber dass beide gleichen Wert hätten. Deshalb haben die antiken Sprachen auch kein Wort für ein solches Drittes, sie haben kein Wort für »Wert« und bezeugen so, dass es für die Menschen, die ihre Sprachen lebten, »Wert« nicht gab. Denn wie sich *uns* dieses Wort in einem fort aufdrängt, hätten etwa die Griechen mit ihrer dem Überfluss so sehr zugeneigten Sprache ohne Zweifel ebenfalls ein Wort gefunden, mindestens eines – falls es denn Wert und Wertmesser für sie gegeben hätte.

Das sind historische Tatsachen, die Laum übersieht. Diejenigen Tatsachen jedoch, die er sieht und die er ausführlich betrachtet, haben tatsächlich auch das größere Gewicht. In welchem genauen Zusammenhang wird etwas geschätzt wie zwölf, wie zwanzig oder wie hundert Rinder? Wofür genau steht der Spieß, der genau wem aus dem Gemeinwesen zukommt? Welche genaue Bedeutung hat die Münze, für die sich genau welche Verbindung mit dem Opferwesen belegen lässt? Laum entwickelt vor unseren Augen in wohl konturierten Zügen eine Art des Zusammenlebens, die uns entschwunden ist und die hier neu wahrnehmen zu können wir dankbar annehmen sollten. Bestimmt ist dieses Zusammenleben von umfassenden Verpflichtungen, die zwischen den Menschen bestehen sowie zwischen Menschen und Göttern. Laum spricht von einer »Verkehrsform, die aus der *societas humana* in die sakrale Sphäre übertragen worden ist«: grundlegend für die damaligen Gemeinschaften von Menschen und ihnen heilig und so übertragen auch auf die gedachte Gemeinschaft mit den Göttern. Jene Verpflichtungen aber verlangen es allenthalben, dass jemandem etwas mit Gütern vergolten wird, zumindest *auch* mit Gütern: seine Teilhabe am Gemeinwesen, die Ausführung des Opfers, Dank für dieses, Sühne für jenes, Abgabe für irgendetwas sonst. So umfassend und so weitreichend sind diese Verpflichtungen, dass kein Gemeinwesen damals umhinkommt sie zu normieren, also Normen vorzugeben, an denen sich für alle bemessen lässt, wem welche Güter bei welcher Gelegenheit in welcher Menge zustehen. Laum hat für Güter, die in dieser Weise verwendet werden, die sehr treffende Bezeichnung »Entgeltungsmittel« gefunden und nennt diejenigen, die dabei zur Norm erhoben werden, ebenso treffend »normierte«. Dass sie als Norm dienen, bedeutet nicht, dass ausschließlich sie zur Entgeltung übergeben werden dürften, an ihnen soll sich nur jeweils die Schätzung der im einzelnen Fall zu übergebenden Güter bemessen können. Wenn jemand dem Odysseus eine »hundertrinderige« Sühne verspricht, besteht sie eben nicht aus hundert Rindern, sondern aus Erz und Gold in einer Menge, die von den aktuell Beteiligten diesen hundert Rindern in etwa gleich geschätzt wird. Was jeweils an Gütern überreicht oder zugestanden, aber auch getauscht oder gehandelt wird, es hat nach Schätzung der Beteiligten einem normierten »Entgeltungsmittel« bloß zu *entsprechen*, falls eines vorgesehen ist: Es hat seiner *würdig* zu sein – nicht etwa von gleichem »Wert«.

Was für uns inzwischen ohne Unterschied als dasselbe gilt, sodass wir es für Unfug halten müssen, wenn »einer Sache würdig sein« nicht dasselbe heißen soll wie »den gleichen Wert haben wie sie«, es macht einen allergrößten Unterschied: den Unterschied zwischen einer Zeit ohne und einer Zeit mit Geld. Wie fremd der Antike Berechnungen sind, dass irgendwo Geld oder Geldes Wert herausspringen müsste, lässt sich Laums Ausführungen und Überlegungen über weite Strecken hin wunderbar klar entnehmen. Und auch wer als Leser in historischen Belangen dieser Art völlig unbewandert ist, wird wahrnehmen, wie gewaltsam und unvermittelt Laum dann doch immer wieder in Richtung Geld und Wertmessung hinbiegt, was so lange von etwas ganz anderem sprach. Auf dieses andere zu horchen, macht die Lektüre seines Buches so reizvoll. Und dieser Reiz verdient auch die Anstrengung, die es macht, dem Reflex einer »Wert und deshalb Geld«-Deutung Widerstand zu leisten: dem eigenen Reflex und demjenigen, der Laum wie uns alle zwingt eine historisch falsche Voraussetzung zu machen.

Denn ein Reflex ist es. Wie Geld aufgekommen ist, scheint uns allen, auch wenn wir nichts Klares davon wissen, trotzdem selbstverständlich klar zu sein: weil ein Reflex es uns vorgibt. Für uns, die wir mit Geld und unter seiner Herrschaft leben, versteht es sich heute von selbst, dass alles und jedes seinen Wert hat. Um diesen Wert haben wir es zu kaufen, können wir es verkaufen, seinen Wert müssen wir bezahlen. Wir können uns freuen, wenn wir einmal weniger zahlen müssen, als wir Wert in einer Sache sehen, oder uns ärgern, wenn es einmal mehr ist. In jedem Fall aber sehen wir Wert in allem und jedem und wir sehen ihn *not-*

wendig in allem und jedem: weil wir *gezwungen* sind *Geld* für alles und jedes zu zahlen. Wir müssen Wert in Form von *Geld* für den *Wert* zahlen, den wir in Form einer Ware vor uns haben. Aber wir haben diesen Wert auch nur deshalb in der Ware vor uns, weil wir *Geld* dafür zu zahlen haben – und daher tatsächlich erst, seitdem es überhaupt *Geld* ist, was wir dafür zu zahlen haben. Eine Zahlung von einem Gut gegen ein Gut brauchte und ergab keinen Wert, ergab keine Äquivalenz und ergab auch keine Vorstufe von Geld. Wir aber sehen Wert in den Dingen, müssen ihn, für unser alltägliches Leben mit Geld, reflexhaft in sie hineinsehen. Und so sehen wir ihn reflexhaft auch bei einem Tausch von Gut gegen Gut, Ding gegen Ding, wir sehen ihn in den Dingen *als solchen*, egal, ob in gegenwärtigen, mittelalterlichen, antiken. Wir müssen keine Sekunde darüber nachdenken, sondern »wissen« einfach, dass es, wann auch immer, auf jeden Fall mit Wert zugegangen wäre. Wir setzen ihn reflexhaft voraus, weil wir ihn heute reflexhaft in den Dingen sehen müssen, für die wir mit dem Wert unseres Geldes zahlen. Geld *ist* Wert, Geld ist nicht bloß »Wertmesser«: Es selbst ist der *Wert*, an dem wir Waren *als Wert* bemessen – und den wir deshalb in die Waren und Dinge hineinsehen, weil wir sie für jeden Kauf mit eben dem Geld-Wert gleichsetzen, den wir für sie zu zahlen haben. Ohne Geld, das heißt, bevor es historisch zum Geld gekommen ist, hatte keine Ware Wert, wie sehr sie auch geschätzt werden mochte. Wo wir also Wert voraussetzen, setzen wir notwendig Geld voraus.

Eine jede Erklärung, wie Geld entstanden sei, hat bislang Wert vorausgesetzt. Jede dieser Erklärungen ist von Wert ausgegangen und musste dann nur noch finden beziehungsweise erfinden, wie sich dieser Wert einmal zu Geld verfestigt hätte. So tut es das gängige Märchen vom Neandertaler-Warentausch, so tut es Marx, so tut es Laum. Er jedoch hat dabei archäologische Schichten gehoben und Spuren freigelegt, die fern vom Wert und der Logik des Geldes verliefen. Diesen Spuren bin ich gefolgt und über verwachsene Pfade und unwegsames Gelände haben sie mich schließlich zum Ziel geführt. Der Ursprung des Geldes, jetzt ist er gefunden, beschrieben in meinem Buch *Das Geld – Was es ist, das uns beherrscht*. Diesem Buch lässt der Verlag hier in Ehrerbietung die Neuausgabe von *Heiliges Geld* folgen.

EDITORISCHE NOTIZ

Die vorliegende Ausgabe von Bernhard Laums Habilitationsschrift *Heiliges Geld* basiert auf der Erstausgabe von 1924 des J. C. B. Mohr Verlags. Um Laums Abhandlung möglichst originalgetreu wiederzugeben, wurden nur wenige editorische Eingriffe in den Text vorgenommen. Der Text wurde lediglich zugunsten der Neuen Rechtschreibung modernisiert und die Literaturnachweise nach den aktuellen Standards der Matthes & Seitz Berlin-Publikationen überarbeitet. Die im Original im Fließtext befindlichen Quellenangaben wurden diesem entnommen und als mit einem Blockzeichen (▪) gekennzeichnete Endnoten gesetzt. Die zahlreichen griechischen Begriffe und Zitate wurden jeweils dort mit einer Übersetzung versehen, wo sie nicht dem Text zu entnehmen ist oder von Laum diskutiert wird. Sie erfolgt in eckigen Klammern im Fließtext oder in den mit Sternchen (*) markierten Fußnoten. Für einzelne Wörter wurde dabei eine Grundbedeutung gewählt, die von der im spezifischen Zusammenhang passendsten Übersetzung abweichen kann. Die Endnoten sind frei von solchen Zusätzen.

An einigen Stellen verwendet Laum Begriffe, die aus heutiger Sichtweise problematisch erscheinen. Aus Gründen der Texttreue und im Sinne der Historizität des Textes haben wir uns entschieden, diese beizubehalten.

ANMERKUNGEN

Vorwort

1 Georg Simmel, *Philosophie des Geldes*, Leipzig ^{2}1907, S. 99.
2 Bernhard Laum, *Heiliges Geld. Eine historische Untersuchung über den sakralen Ursprung des Geldes*, Berlin, 2022.
3 Elias Canetti, *Masse und Macht*, Bd. 1, München/Regensburg 1960, S. 205.
4 Laum, *Heiliges Geld*, S. 41.
5 Ebd., S. 24.
6 Ebd., S. 47.
7 Ebd., S. 107.
8 Emil Reisch, *Griechische Weihgeschenke*, Prag 1890, S. 9, zit. n. Laum, *Heiliges Geld*, S. 108.
9 Alfred Kallir, *Sign and Design. The Psychogenetic Sources of the Alphabet*, London 1961; Deutsch: *Sign and Design. Die psychogenetischen Quellen des Alphabets*, Berlin 2002.
10 Laum, *Heiliges Geld*, S. 138.
11 Ebd., S. 143.
12 Kallir, *Sign and Design*, S. 40.
13 Laum, *Heiliges Geld*, S. 110.
14 Simmel, *Philosophie des Geldes*, S. 185.
15 Ebd., S. 425.
16 Ebd., S. 489.
17 Laum, *Heiliges Geld*, S. 112.
18 Ebd., S. 122.
19 Ernst Curtius, »Der religiöse Charakter der griechischen Münzen«, in: *Monatsberichte der Königlich Preußischen Akademie der Wissenschaften zu Berlin (1869)*, Berlin 1870, S. 466 f.
20 Laum, *Heiliges Geld*, S. 130.
21 Jochen Hörisch, *Brot und Wein. Die Poesie des Abendmahls*, Frankfurt/M. 1992.
22 Laum, *Heiliges Geld*, S. 136.
23 Ebd., S. 160.

24 Ebd., S. 169.
25 Ebd., S. 173.
26 Ebd., S. 170.
27 Ernst H. Kantorowicz, *Die zwei Körper des Königs. Eine Studie zur politischen Theologie des Mittelalters*, München 1990.
28 Ebd., S. 286 f.
29 Ebd., S. 197.
30 Laum, *Heiliges Geld*, S. 166.
31 Ebd., S. 102.
32 Ebd., S. 101.

Einleitung

1 Die Geldliteratur ist sehr groß. Nach C. Menger umfasste sie 1909 (die Notiz steht in: Ludwig Elster / Adolf Weber / Friedrich Wieser (Hg.), *Handwörterbuch der Staatswissenschaften*, 8 Bde., Jena ^{3}1909–1911, s. v. Geld) weit über 5000 selbständige Schriften, sodass eine vollständige Bibliografie des Geldwesens einen Oktavband von mehreren Hundert Seiten füllen würde. Knapps *Staatliche Theorie des Geldes* und vor allem das wachsende Interesse am Geldproblem während und nach dem Kriege haben die Literatur weiter stark vermehrt. Eine Zusammenstellung der wichtigsten Werke gibt Herbert Döring, *Die Geldtheorien seit Knapp*, Greifswald ^{2}1922.
2 · Georg Friedrich Knapp, *Staatliche Theorie des Geldes*, München ^{4}1923.
3 · Eberhard Gothein, *Erster Wirtschaftsarchivtag 17. und 18. Oktober 1913*, Köln 1914, S. 74.
4 Wir werden sogleich sehen, dass Gothein eine Mittelstellung einnimmt.
5 Vgl. darüber Richard Hildebrand, *Recht und Sitte auf primitiven Kulturstufen*, Jena ^{2}1907, S. 80, 82.
6 Max Weber, *Gesammelte Aufsätze zur Religionssoziologie*, Bd. 1., Tübingen 1920, S. 30.
7 · Vgl. Gothein, *Erster Wirtschaftsarchivtag*, S. 73 f.
8 Was Max Weber natürlich nicht sagen will, wohl aber Richard Hildebrand u. a.
9 Jacob Burckhardt hat diese Forderung so ausgedrückt: »Scharfe Begriffsbestimmungen gehören in die Logik, aber nicht in die Geschichte, wo alles schwebend und in beständigen Übergängen

und Mischungen existiert. Philosophische und historische Begriffe sind wesentlich verschiedener Art und verschiedenen Ursprungs; jene müssen so fest und geschlossen als möglich, diese so flüssig und offen als möglich gefasst werden.« Jacob Burckhardt, *Weltgeschichtliche Betrachtungen*, Berlin 1905, S. 81.

10 • Gothein, *Erster Wirtschaftsarchivtag*, S. 74.

11 • [Siehe Editorische Notiz bezüglich der Verwendung problematischer Begriffe].

12 Dass die Münze eine typische Geldform sei, darin sind nicht nur die Historiker, sondern auch die Theoretiker, sowohl Metallisten als Nominalisten, einig.

I. Kapitel
Der Kult als Schöpfer normierter Entgeltungsmittel

1 Vgl. Albert Bernhard Büchsenschütz, *Besitz und Erwerb im klassischen Altertum*, Halle 1869, S. 357 und besonders 465 für die homerische Zeit; für Indien und Persien vgl. Heinrich Zimmer, *Altindisches Leben. Die Cultur der vedischen Arier nach den Saṁhitā*, Berlin 1879, S. 257 und Friedrich Spiegel, *Eranische Altertumskunde*, Leipzig 1871, S. 661. Außerdem bezeichnen Barclay V. Head, *Historia Numorum. A Manual of Greek Numismatics*, Oxford ²1911, S. 309 und William Ridgeway, *The Origin of Metallic Currency and Weight Standard*, Cambridge 1903 an vielen Stellen das Rind als »medium of exchange« bzw. als »barter-unit«. Auch Wilhelm Wundt, *Völkerpsychologie. Eine Untersuchung der Entwicklungsgesetze von Sprache, Mythus und Sitte*, Bd. 6, Leipzig ²1915, S. 114 f. spricht von dem »allgemeinen Tauschmittel Vieh«.

2 Wie z. B. Kurt Regling in August Pauly / Georg Wissowa / Wilhelm Kroll (Hg.), *Realenzyklopädie der klassischen Altertumswissenschaft*, 83 Bde., Stuttgart, München 1890–1978, s. v. Geld, Bd. 5 das Rind bezeichnet. Stellen wie Od. 1, 431, Il. 22, 57; 21, 79 sprechen ohne Weiteres dafür.

3 Friedrich von Wieser, *Theorie der gesellschaftlichen Wirtschaft*, Tübingen 1924 (= Grundriss der Sozialökonomik, Bd. 1), S. 242 ff. hat das besonders stark betont.

4 Ridgeway, *The Origin of Metallic Currency*, S. 52 f. hat bereits betont, dass erst die Dampfschifffahrt die Beförderung technisch gelöst hat.

5 Die beste sachliche Darstellung des homerischen Handels steht bei Karl Friedrich von Nägelsbach, *Homerische Theologie*, Nürnberg [3]1884, S. 280 ff.

6 *βοηλασίαι* z. B. Il. 11, 672 ff.

7 Für die nicht philologisch gebildeten Leser sei bemerkt, dass unter Scholien die erklärenden Bemerkungen am Rande des Textes verstanden werden; A B, T usf. bezeichnen die Handschriften, aus denen die Erklärungen stammen.

8 ▪ Vgl. Büchsenschütz, *Besitz und Erwerb im klassischen Altertum*, S. 458, Anm. 3.

9 Vgl. H.-Schol. zu Od. 9, 42: »παράγγελμά ἐστι στρατηγικὸν τὰ λάφυρα ἐξ ἴσου διανέμειν· ἡ γάρ πλεονεξία ὑποτέμνεται τὴν προθυμίαν«.

10 Vgl. z. B. B-Schol. zu Il. 9, 475, wo dies als Grund des Austauschens direkt angegeben wird.

11 Das galt noch in römischer Zeit als Regel, wie Sall. Iug. 44 beweist.

12 ▪ Vgl. Karl Bücher, *Die Entstehung der Volkswirtschaft*, Tübingen [13]1919, S. 62 ff.

13 *ἔμπορος*, womit später der Kaufmann bezeichnet wird, ist der Mann, der mit fremden Schiffen fährt. Die Güter, die ein solcher *ἔμπορος* ein- bzw. austauscht, werden *ὀδαῖα* genannt; es sind also Dinge, die einen Weg gemacht haben; daher stammt *ὀδάω*, das wir mit »verkaufen« übersetzen; für »verkaufen« findet sich *περάσσειν* (Il. 21, 102, 454; 22, 45; vgl. πέρνασκε z. B. 24, 751), das nichts anderes als *πέρην ἁλός* (»übers Meer«) bringen heißt; vgl. T-Schol. zu Il. 22, 40 *εἰς πέραν ἀποδόσθαι*.

14 Vgl. Büchsenschütz, *Besitz und Erwerb im klassischen Altertum*, S. 359.

15 Vgl. ebd., S. 356: »Die wirtschaftlichen Verhältnisse des griechischen Volkes, wie sie uns in den homerischen Gedichten entgegentreten, lassen ein großes Bedürfnis nach Handel nicht voraussetzen«; vgl. S. 359 und 364. Auch bei den übrigen indogermanischen Stämmen scheint der Handel ganz unentwickelt gewesen zu sein; für die Perser des Awestas betont das Wilhelm Geiger, *Ostiranische Kultur im Altertum*, Erlangen 1882, S. 397 f., für das frühe Indien vgl. Zimmer, *Altindisches Leben*, S. 255 f. Die Frage, ob diese Abneigung gegen den Handel eine typische Eigenschaft der Indogermanen ist, steht hier nicht zur Debatte.

16 Voß übersetzt: Hundert zierliche Quäst' aus lauterem Gold geflochten / Hingen daran, und vom Werte der Hekatombe war jeder.

17 Voß übersetzt: Erst dem Sieger ein groß dreifüßig Geschirr auf dem

Feuer / Welches an Wert zwölf Rinder bei sich die Danaer schätzten / Doch dem Besiegeten stellt' er ein blühendes Weib in den Kampfkreis / Klug in mancherlei Kunst, und geschätzt vier Rinder an Werte.

18 Dem widerspricht auch nicht der Tausch der Rüstungen zwischen Glaukos und Diomedes (Il. 6, 230 ff.). Vgl. S. 80.

19 Vgl. Karl Friedrich Hermann, *Lehrbuch der griechischen Privataltertümer*, Heidelberg [2]1870, S. 105, Anm. 1.

20 Die Theorie nimmt zwar an, dass auch der isolierte Wirt, der weder kauft noch verkauft, Produktionsmittel und Produktionsergebnis abschätzen, d. h. eine Kostenrechnung aufstellen müsse. Ein derartiges Vergleichen von Aufwendung und Ergebnis würde auch in dieser frühen Zeit das Vorhandensein von Wertungsmaßstäben bedingen, sodass also Wertmesser jenseits allen Tausches an sich möglich wären. Das mag theoretisch stimmen; dagegen steht historisch fest, dass der geschlossenen Hauswirtschaft dieser Zeit jene rationalistische Wirtschaftsmethode durchaus gefehlt hat. Sie passt nicht in den Geist der Epoche. Natürlich kennt man in der Palastwirtschaft der frühgriechischen Zeit Inventarisation der Vorräte; das beweisen die in kretischen Palästen gefundenen Täfelchen (ein Beispiel bei Diedrich Fimmen, *Die kretisch-mykenische Kultur*, Leipzig 1921, S. 121, Abb. 113 und bei Engelbert Drerup, *Homer. Die Anfänge der hellenischen Kultur*, Mainz 1915, S. 100, Abb. 80) mit Schriftzeichen, die kaum etwas anderes als Verzeichnisse der in den Thesauren aufbewahrten Gegenstände sein können. Wirtschaftliches Rechnen in unserem Sinne kommt darin keineswegs zum Ausdruck. Mit unseren Haushaltungsbüchern haben sie nichts gemein; es sind Aufzeichnungen, die letzten Endes mit den an den Palast zu leistenden Tributzahlungen zusammenhängen.

21 Drerup, *Homer*, S. 85, wo die Abbildungen gegeben sind; vgl. Franz Winter / Georg Dehio, *Kunstgeschichte in Bildern*, Bd. 3, Leipzig 1913, S. 80, 87 ff.

22 Die neue Deutung der »horns of consecration« als Bergsymbole, die Wilhelm Gaerte, »Die Bedeutung der kretisch-minoischen Horns of Consecration«, in: *Archiv für Religionswissenschaft* 21 (1922), S. 72–98 vorträgt, ist in dieser Allgemeinheit sicherlich nicht richtig; dass unter den hörnerartigen Gegenständen auch Bergsymbole sein können, ist durchaus möglich. Im Hebräischen und Arabischen ist ja »Horn« synonym mit »Berg«. Aber das mit dem Doppelbeil verbundene Hornsymbol geht auf den vorderasiatisch-kretischen Stiergott zurück, ist sicherlich kein Bergsymbol.

23 Vgl. Reichel, in: *Mitteilungen des Deutschen Archäologischen Instituts*, Athenische Abteilung, Bd. 34, Athen 1909, S. 94 f. und Gerhart Rodenwaldt, *Tiryns. Die Ergebnisse der Ausgrabungen des Instituts*, Bd. 2, Athen 1912, S. 93.

24 · Karl Friedrich Hermann, *Lehrbuch der gottesdienstlichen Altertümer der Griechen*, bearbeitet von Karl Bernhard Stark, Heidelberg [2]1858, S. 149.

25 Mehrere Belege bei Hermann, *Lehrbuch der gottesdienstlichen Altertümer der Griechen*, S. 154, Anm. 16 und bei Wilhelm Heinrich Roscher, »Über Ursprung und Bedeutung des boõs hebdomos«, in: *Archiv für Religionswissenschaft* 7 (1904), S. 419–436, hier S. 425, Anm. 2; Vgl. Wilhelm Dittenberger, *Sylloge inscriptionum Graecorum*, Leipzig [2]1905, S. 281, 9 und Paul Stengel, *Die griechischen Kultusaltertümer*, München [3]1920, S. 119.

26 Über das sakrale Gastrecht vgl. Burkard Wilhelm Leist, *Graeco-italische Rechtsgeschichte*, Jena 1884, S. 211 ff.

27 Ein Vieropfer, allerdings nicht bloß von Rindern, erwähnt Xen. an. II 2, 9. Die Zahl 4 hat natürlich ebenso wie 9, 12, 20 als heilige Zahl gegolten; vgl. Wundt, *Völkerpsychologie*, Bd. 6, S. 339 f.

28 Ulrich Wilamowitz-Moellendorff, *Geschichte der Griechischen Religion*, Frankfurt/M. 1904 (= Jahrbuch des freien Deutschen Hochstifts zu Frankfurt am Main), S. 7. Sehr gut hat Anton Thomsen diese Tatsache hervorgehoben: »So wahr das Religiöse nicht Stimmung, Poesie oder Philosophie ist, sondern der harten Not des täglichen Kampfes ums Leben entsprungen, so sicher müssen auch die Götter etwas wirken können, sei es nun Gutes oder Böses; warum sollten sich die Menschen sonst um sie kümmern? … Nur auf die Hilfe oder auf den Schaden kommt es an, auf die Spannung zwischen dem positiven und negativen Pol.« Ders., »Orthia«, in: *Archiv für Religionswissenschaft* 9 (1906), S. 397–416, hier S. 411 f. Auch die Beinamen der Götter zeigen deutlich die materiale Auffassung; Zeus *κτήσιος* ist der Gott, der den Besitz schützt und vermehrt, und Apollon sowie Hermes heißen *νομιοι*, weil sie das Gedeihen der Herden fördern; Belege gibt Otto Gruppe, *Griechische Mythologie und Religionsgeschichte*, München 1906 (= Handbuch der klassischen Altertumswissenschaft in systematischer Darstellung, Bd. 5) im Index. Übrigens auch im Christentum »geben die materiellen Bedürfnisse und irdischen Vorteile den bei weitem größten Teil des Inhalts aller Gebete ab«. (So Adolf Franz, *Die kirchlichen Benediktionen im Mittelalter*, Bd. 2, Freiburg im Breisgau 1909, S. 438.) Ähnlich auch

Richard Andree, *Votive und Weihegaben des katholischen Volkes in Süddeutschland*, Braunschweig 1904, S. 8.

29 Hermann, *Lehrbuch der gottesdienstlichen Altertümer der Griechen*, S. 36 f.

30 • Wilamowitz-Moellendorff, *Geschichte der Griechischen Religion*, S. 5.

31 »Δῶρα θεοὺς πείθει, δῶρ αἰδοίους βασιλῆας«, sagt Hesiod (frg. 272 Rzach); vgl. auch 10, 497 ff. der *Ilias*.

32 • Wundt, *Völkerpsychologie*, Bd. 6, S. 53 f.

33 • Vgl. Bücher, *Die Entstehung der Volkswirtschaft*, S. 23 ff.

34 Viele Belege bei Paul Stengel, *Opferbräuche der Griechen*, Leipzig 1910, S. 136 ff.

35 • Vgl. Bücher, *Die Entstehung der Volkswirtschaft*, S. 18 ff.

36 • Vgl. ebd., S. 23 ff.

37 • Vgl. Friedrich Pfister in Pauly u. a. (Hg.), *Realenzyklopädie der klassischen Altertumswissenschaft*, s. v. Kultus, Bd. 9, Sp. 2189.

38 Hdt. 2, 52 ff. scheidet zwei Stufen:
»1. ἔθυον δὲ πάντα πρότεροι οἱ Πελασγοὶ ... ἐπωνυμίην δὲ οὐδ' οὔνομα ἐποιεῦντο οὐδενὶ αὐτῶν.
2. ἀπο μὲν δὴ τούτου τοῦ χρόνου ἔθυον τοῖσι οὐνόμασι τῶν θεῶν χρεόμενοι ... καὶ τοῖσι θεοῖσι τὰς επωνυμίας δόντες καὶ τιμάς τε καὶ τέχνας διελόντες καὶ εἰδέα αὐτῶν σημήναντες« (Letzteres geht auf die dichterische Tätigkeit des Homer und Hesiod).
Die Darstellung des Herodot deckt sich im Wesentlichen mit unseren Ausführungen.

39 • Hermann, *Lehrbuch der gottesdienstlichen Altertümer der Griechen*, S. 6.

40 Apollon hat daher den Beinamen *δεκατηφόρος* gelegentlich erhalten; vgl. Gruppe, *Griechische Mythologie und Religionsgeschichte*, S. 1233, Anm. 6.

41 Über das sakramentale Essen handelt jüngst Friedrich Preisigke, *Vom göttlichen Fluidum*, Berlin 1920 und Ders., *Die Gotteskraft der frühchristlichen Zeit*, Berlin 1922 (= Schriften des Heidelberger Papyrusinstituts, Bd. 1 und 6).

42 • Vgl. Hermann, *Lehrbuch der gottesdienstlichen Altertümer der Griechen*, S. 148.

43 Im homerischen Kult ist diese Tendenz sehr stark. Dass die Unifizierung gerade der frühen Zeit eigen ist, beweisen die Funde von Olympia; dort wurden dieselben Tiergattungen (Pferd und später überwiegend das Rind) ganz verschiedenen Gottheiten dargebracht; man nimmt also auf den Charakter der Gottheit keine Rücksicht

(Adolf Furtwängler, *Die Bronzefunde aus Olympia und deren kunstgeschichtliche Bedeutung*, Berlin 1879 (= Abhandlungen der Königlichen Akademie der Wissenschaften zu Berlin), S. 26 ff.). Erst im 6. und den folgenden Jahrhunderten »certain deities preferred certain animals ... local and special rules prescribed certain victims for certain places and times. But sheep and oxen were always welcome« (William Henry Denham Rouse, *Greek Votive Offerings. An Essay in the History of Greek Religion*, Cambridge 1902, S. 297). Das Rind steht trotz der größeren Mannigfaltigkeit der Opfergaben immer an erster Stelle. In der Opferprozession wird das Rind vor den übrigen Tieren zum Altar geführt und geschlachtet; ja es scheint, dass die kleineren Tiere z. B. innerhalb der Hekatombe nur Ersatz für Rinder sind; vgl. Hesych. s. v. *βούπρωρον* mit Dittenberger, *Sylloge inscriptionum Graecorum*, S. 281, 8.

44 · Stengel, *Die griechischen Kultusaltertümer*, S. 151.

45 Über die Farbe der Opfertiere handelt eingehend Stengel, *Opferbräuche der Griechen*, S. 187 ff.

46 · Stengel, *Die griechischen Kultusaltertümer*, S. 152.

47 Vgl. über das Geschlecht der Opfertiere Stengel, *Opferbräuche der Griechen*, S. 191 ff.

48 Vgl. für den israelitischen Kultus Malachias 1, 7 ff.

49 · Stengel, *Die griechischen Kultusaltertümer*, S. 121.

50 · Eingehend darüber ebd., S. 153 f., und Hermann, *Lehrbuch der gottesdienstlichen Altertümer der Griechen*, S. 149 ff.

51 Eine Aufzählung der Eigenschaften gibt Poll. 1, 29.

52 Vgl. *δαμαλίς κριτά* bei Joan de Prott, Ludwig Ziehen, *Leges Graecorum sacrae e Titulis Collectae*, 2 Bde., Bd. 1: Fasti sacri, Leipzig 1896, Nr. 6, 5 f. (Cos), *ἔγκριτοι ›ἄρνες‹* ebenda Nr. 88, 7 (Euboea).

53 · Stengel, *Die griechischen Kultusaltertümer*, S. 106.

54 Stellen bei Hermann, *Lehrbuch der gottesdienstlichen Altertümer der Griechen*, S. 137, Anm. 4.

55 Dass *νόμος* mit *νέμειν* zusammenhängt, ist natürlich längst ausgesprochen; zuletzt darüber Victor Ehrenberg, *Die Rechtsidee im frühen Griechentum. Untersuchungen zur Geschichte der werdenden Polis*, Leipzig 1921, S. 114 f., wo andere Hinweise gegeben werden. Leist, *Graeco-italische Rechtsgeschichte*, S. 518 meint, dass *νόμος* von der Aufteilung des Bodens seinen Namen habe; das ist unwahrscheinlich, da die typische Bezeichnung für dieses *δασμός*, *ἀναδασμός* ist.

56 Über Staatskult und Kultgesetze sehr treffend Friedrich Pfister in

Pauly u. a. (Hg.), *Realenzyklopädie der klassischen Altertumswissenschaft*, s. v. Kultus, Bd. 9, Sp. 2120 ff.

57 Anders Stengel, *Opferbräuche der Griechen*, 59 ff., der m. E. zu stark den Gelegenheitscharakter der homerischen Opfer betont, im Übrigen aber ihre Geschäftsmäßigkeit gut charakterisiert.

58 Z. B. Il. 2, 412 ff., wo Zeus Agamemnons Opfer zwar annimmt, aber die Bitte nicht erfüllt.

59 Vgl. Karl Joël, *Geschichte der antiken Philosophie*, Tübingen 1921, S. 136. Anders Karl Friedrich von Nägelsbach, *Nachhomerische Theologie des Griechischen Volksglaubens bis auf Alexander*, Nürnberg 1857, S. 195.

60 Joël, *Geschichte der antiken Philosophie*, S. 136.

61 So Stengel, *Die griechischen Kultusaltertümer*, S. 8. Die Göttergaben sind *ἀμοιβαί* für die Opfer der Menschen, wie Plato im *Gastmahl* 202e f. ausführt; Inschriften geben die Bestätigung (vgl. z. B. Weihinschriften von Korinth in Hermann Röhl, *Inscriptiones Graecae antiquissimae. Praeter Atticas in Attica Repertas*, Berlin 1882, 20, 62 ff.; 108 a; *ἀνταπόδοσις* ebd. 551). In Kultlegenden ist diese Auffassung ebenfalls oft zu finden; man vgl. etwa Schol. zu Aristoph. equ. 729 und Diod. 1, 17. Der Tauschcharakter der griechischen Opfer ist von Gelehrten oft betont worden; ich nenne einige Namen (die Zahl wäre mit Leichtigkeit zu vermehren): Georg Kaibel, *Sophokles Elektra*, Leipzig 1896, S. 282; Gruppe, *Griechische Mythologie und Religionsgeschichte*, S. 983; Heinrich Schmidt, *Veteres philosophi quomodo iudicaverint de precibus*, Giessen 1907 (= Religionsgeschichtliche Versuche und Vorarbeiten, Bd. 4, Heft 1); Nägelsbach, *Nachhomerische Theologie*, S. 193. Am treffendsten hat Théophile Homolle in Charles Victor Daremberg / Edmond Saglio (Hg.), *Dictionnaire des Antiquités Grecques et Romaines*, Paris 1873, s. v. Donarium, S. 364 den Handelsgeist im Kult charakterisiert, weshalb ich ihn wörtlich zitiere: »On ne peut guère douter que la pensée des hommes, en faisant aux dieux des présents, n'ait été à l'origine un calcul et que l'offrande n'ait été conçue d'abord comme un marché. Les dieux, faits à l'image de l'homme, se décident comme lui par l'intêret; ils donnent à qui leur donne, et si l'on a reçu d'eux quelque chose, il faut, par un juste retour, leur en payer le prix.« (Auf die interessanten Ausführungen von Gerardus van der Leeuw, »Die do-ut-des-Formel in der Opfer-Theorie«, in: *Archiv für Religionswissenschaft* 20 (1920), S. 241–253 kann ich in diesem Zusammenhang nicht eingehen.)

Natürlich ist die Auffassung nicht etwa spezifisch griechisch; sie findet sich auch in anderen Religionen. Ich nenne als Beleg eine Bemerkung von Max Weber (*Gesammelte Aufsätze zur Religionssoziologie*, Bd. 1, Tübingen 1920, S. 309), der das Verhältnis der Menschen zu ihren Schutzgeistern in China so beschreibt: »Mit ihnen verkehrte man ganz urwüchsig auf dem Tauschfuß; soundso viele rituelle Leistungen für soundso viele Wohltaten. Zeigte sich dann, dass ein Schutzgott nicht stark genug war, die Menschen trotz aller Opfer und Tugend zu schützen, so musste man ihn wechseln.« Auch primitive Völker fassen das Opfer als »Vorausbezahlung für eine zu erwartende Leistung«; vgl. John Gottlieb Ernestus Heckewelder, *Nachricht von der Geschichte, den Sitten und Gebräuchen der Indianischen Völkerschaften*, Göttingen 1821, S. 367, 405, 411 (zitiert von Bücher, *Die Entstehung der Volkswirtschaft*, S. 65, Anm. 27).

62 • Vgl. z. B. *Inscriptiones Graecae*, herausgegeben von der Preußischen Akademie der Wissenschaften, 49 Bde., Bd. 4, Berlin 1873–, Nr. 955, 20; Nr. 951, 56 ff.

63 • Ebd., Nr. 951, 69 ff.

64 • Ebd., Nr. 951, 37 ff.

65 • Ebd., Nr. 952, 7.

66 • Joan de Prott / Ludwig Ziehen, *Leges Graecorum sacrae e Titulis Collectae*, 2 Bde., Bd. 2: *Leges Graecia et insularum*, Leipzig 1906, Nr. 65.

67 • Vgl. ebd., Z. 26 ff.

68 Georg Wissowa, *Religion und Kultus der Römer*, München ²1912 (= Handbuch der klassischen Altertumswissenschaft, Bd. 5, Abt. 4), S. 318.

69 Vgl. Théophile Homolle in Daremberg/Saglio (Hg.), *Dictionnaire des Antiquités Grecques et Romaines*, s. v. Donarium, S. 364: »Ce caractere contractuel est particulierement remarquable dans la religion romaine, qui n'est, son nom meme l'indique, qu'un ensemble d'obligations.«

70 • Hermann, *Lehrbuch der gottesdienstlichen Altertümer der Griechen*, S. 40.

71 Es scheint mir schon übertrieben zu sein, wenn Hermann, *Lehrbuch der gottesdienstlichen Altertümer der Griechen*, S. 45 die Opfer schuldige Leistungen nennt, »auf welche die Gottheit ein Zwangsrecht hat«. Die angeführten Belege sind spät (Diodor und Plutarch) und besagen das nicht, was Hermann behauptet. Selbst wenn H. recht

hat, so hat nur die Gottheit ein Zwangsrecht, nicht der Staat, und darin liegt der Unterschied gegen Rom.

72 • Wissowa, *Religion und Kultus der Römer,* S. 331.

73 Ludwig Deubner, *Magie und Religion. Rede gehalten bei der Jahresfeier der Freiburger Wissenschaftlichen Gesellschaft am 29. Oktober 1921*, Freiburg 1922, S. 16.

74 Hermann Oldenberg, *Die Religion des Veda*, Stuttgart, Berlin ^{2}1917, S. 34, Anm. 2: »Es ist kein Zweifel, dass das vedische und das griechische Opfer zahlreiche und tiefgreifende Berührungen aufweisen.«

75 • Zimmer, *Altindisches Leben*, S. 257.

76 • Oldenberg, *Die Religion des Veda*, S. 311 ff.

77 • Ebd., S. 298, vgl. S. 434 f.

78 • Ebd., S. 289.

79 Natürlich lauter materieller Güter; »von seelischen, sittlichen Gütern ist nicht die Rede«. Ebd., S. 434.

80 Zahlreiche Belege bei Zimmer, *Altindisches Leben*, S. 221 ff., vgl. S. 173.

81 • Vgl. ebd., S. 227 f.

82 • Oldenberg, *Die Religion des Veda*, S. 353.

83 Vgl. ebd., S. 99 und Joël, *Geschichte der antiken Philosophie*, S. 131 f.

84 • Vgl. Zimmer, *Altindisches Leben*, S. 72.

85 • Ebd., S. 74.

86 »Das zweifüßige unter den Tieren ist in der Opfersprache feste Bezeichnung des ›Menschen‹ wie das einhufige unter den Tieren des ›Rosses‹.« Ebd., S. 73. Zimmer hat 75 f. die gleiche Klassifikation der Tiere nach den Zähnen bei Griechen und Italikern nachgewiesen und kommt zu dem Schlusse, dass »schon in der indogermanischen Urzeit die fünf Opfertiere in zwei Klassen eingeteilt wurden.«

87 Alfred Hildebrandt, *Ritualliteratur. Vedische Opfer und Zauber*, Straßburg 1901 (= Grundriss der indo-arischen Philologie und Altertumskunde, Bd. 3, Heft 2), S. 83; vgl. auch Oldenberg, *Die Religion des Veda*, S. 183.

88 • Vgl. Hildebrandt, *Ritualliteratur,* S. 121.

89 Eugen Mogk, »Ein Nachwort zu den Menschenopfern bei den Germanen«, in: *Archiv für Religionswissenschaft* 15 (1912), S. 422–434, hier S. 425. Vgl. auch Andreas Heusler, »Die altgermanische Religion«, in: *Die Religionen des Orients und die altgermanische Religion*, Leipzig ^{2}1923 (= Die Kultur der Gegenwart, Bd. 1, Abt. 3), S. 261.

90 Jacob Grimm, *Deutsche Mythologie*, Bd. 1., Göttingen ^{3}1854, S. 26 ff.

hat das wenige zusammengestellt (die 4. Aufl. mir unzugänglich). Die Überreste altgermanischer Opfer, die in den Volksbräuchen weiterleben, hat Ulrich Jahn, *Die deutschen Opferbräuche bei Ackerbau und Viehzucht*, Breslau 1884 (= Germanistische Abhandlungen, Bd. 3) eingehend behandelt.

91 Vgl. Otto Schrader, *Reallexikon der indogermanischen Altertumskunde. Grundzüge einer Kultur- und Völkergeschichte Alteuropas*, Straßburg 1901, s. v. Opfer, S. 596.

92 · Friedrich Kluge, *Etymologisches Wörterbuch der deutschen Sprache*, Bd. 7, Straßburg 1883.

93 · Ebd.

II. Kapitel
Übertragung der im Kult ausgebildeten Normen in das profane Leben

1 · Ulrich Kahrstedt, *Griechisches Staatsrecht*, Bd. 1, Göttingen 1922, S. 374.

2 · Schrader, *Reallexikon der indogermanischen Altertumskunde*, S. 639.

3 · Zimmer, *Altindisches Leben*, S. 196 f.

4 Ebd., S. 168 ff. und 195 hat diese Verhältnisse eingehend dargestellt.

5 · Oldenberg, *Die Religion des Veda*, S. 375.

6 Ebd., S. 373: »Das vedische Indien kannte keine sacra publica; natürlich gab es auch keine sacerdotes publici. Insonderheit fehlte erklärlicherweise durchaus der Typus des priesterlichen Kollegiums etwa nach der Art der römischen Pontifices oder Salier; eine solche staatlich autorisierte Kontinuität der Inhaber eines bestimmten priesterlichen Wissens und Könnens hätte eine Organisiertheit des öffentlichen Lebens vorausgesetzt, wie sie dem vedischen Volke fremd war.«

7 · Ebd., S. 372.

8 · Eingehend darüber Zimmer, *Altindisches Leben*, S. 197 ff.

9 · Ebd., S. 171.

10 · Hildebrandt, *Rituallliteratur*, S. 140.

11 · Vgl. ebd., S. 141.

12 · Wilhelm Geiger, *Ostiranische Kultur im Altertum*, S. 396; vgl. auch Spiegel, *Eranische Altertumskunde*, S. 581.

13 · Vgl. Spiegel, *Eranische Altertumskunde*, S. 576 f., 580 und 700; Geiger, *Ostiranische Kultur im Altertum*, S. 473 f.

14 · Vgl. Zimmer, *Altindisches Leben*, S. 170.

15 * Vgl. Hildebrandt, *Ritualliteratur*, S. 147.

16 1000 Rinder, eine *χιλιόμβη* opfert Xerxes am Hellespont (Hdt. VII 43; vgl. Eusth. pag. 1454 ed. Stallbaum).

17 * Oldenberg, *Die Religion des Veda*, S. 329.

18 Daher heißt die Gottheit bisweilen *ἐπιδαϊτίς*, z. B. Aphrodite in Ephesos; vgl. Joseph Keil, »Aphrodite Daitis«, in: *Jahreshefte des Österreichischen Archäologischen Institutes in Wien* 17 (1914), S. 145–147.

19 Vgl. Plut. Symp. 642 E: »ὅτε τὴν ἐπώνυμον ἀρχὴν ἦρχον οἴκοι, τὰ πλεῖστα τῶν δείπνων δαῖτες ἦσαν ἐν ταῖς θυσίαις ἑκάστῳ μερίδος ἀποκληρουμένης κτλ.«

20 * Vgl. Zimmer, *Altindisches Leben*, S. 271.

21 * Vgl. Varro ling. V 31, 28.

22 * Vgl. das von Poseidonius geschilderte keltische Gastmahl bei Ath. IV pag. 151.

23 Vgl. Karl Friedrich von Nägelsbach, *Anmerkungen Zur Ilias*, Nürnberg 1864, S. 161 zu A 468.

24 Eine mechanische Gleichheit im Sinne des modernen Kommunismus steckt in *εἴση-ἴσος* nicht; *εἴση* heißt »passend, gehörig, von der angemessenen Beschaffenheit«. Die Angemessenheit ist durch Vergleich festgestellt, d. h. der Anteil ist *εἴση*, wenn er der Stellung, der Ehre, der Leistung entspricht. Die *ἴσοτης* bezeichnet also ursprünglich Übereinstimmung, Gleichheit von Ehre und Anteil, nicht Gleichheit der Teile unter sich; nur in diesem Sinne kann man *ἴση μοῖρα* mit *ἀγαθὴ μερίς* gleichsetzen, wie es Hesych tut; vgl. »ἰσαία· μερίς· οἱ δὲ ἀγαθὴ καὶ ἴση μοῖρα«. Später tritt natürlich (z. B. in den Verbindungen *ἴση καὶ ἔννομος πολιτεία* oder *ἐπὶ τῇ ἴσῃ καὶ ὁμοίῃ*) diese anfängliche Bedeutung in den Hintergrund.

25 Vgl. Schol. zu Od. 17, 419: »τῷ μὲν εὐγενεῖ λαμπρά, τῷ δὲ ταπεινῷ τὰ ἐοικότα«.

26 Eingehend darüber Nägelsbach, *Homerische Theologie*, S. 253 f.

27 Auch das Mahl für Gastfreunde ist ein sakraler Akt; vgl. Julius Jolly / Georg Bühler, *Recht und Sitte*, Straßburg 1896 (= Grundriss der indo-arischen Philologie und Altertumskunde, Bd. 2, Heft 8), S. 153, 157.

28 * *Inscriptiones Graecae*, Bd. 4, Nr. 914, 8 ff.

29 Die Wachmannschaften erhalten außer dem Schinken noch die Eingeweide.

30 Die Einzelheiten sind noch umstritten (vgl. Bruno Keil, *Anonymus Argentinensis*, Straßburg 1902, S. 53 ff.).

31 Die eingehendste Darstellung der Verteilungsorganisation gibt Friedrich Puttkammer, *Quo modo Graeci victimarum carnes distribuerint*, Diss., Königsberg 1912. Vgl. auch Stengel, *Die griechischen Kultusaltertümer*, S. 115 ff.

32 • Ebd.

33 • Prott/Ziehen, *Leges Graecorum sacrae*, Bd. 2, Nr. 29, 10 ff.

34 Vgl. Schol. zu Aristoph. equ. 301: »ἔθος γὰρ τὰς δεκάτας τῶν θυομένων τοῖς πρυτάνεσιν οἱ μάγειροι διδόναι«.

35 • Prott/Ziehen, *Leges Graecorum sacrae*, Bd. 2, Nr. 29, 15.

36 • Prott/Ziehen, *Leges Graecorum sacrae*, Bd. 1, Nr. 5, 55.

37 Diese Profanierung, die zugleich eine Vergeudung von Staatsgut war, tadelt der Verfasser der Schrift Ath. pol. II 9. Sparmaßnahmen finden sich nicht; wohl werden dem Priester gelegentlich bei Opferung mehrerer Tiere die Anteile herabgesetzt, so in Milet und Jasos (Dittenberger, *Sylloge inscriptionum Graecorum*, S. 627, 1 und 602, 1). Das ist aber auch alles.

38 • Vgl. Puttkammer, *Quo modo Graeci victimarum carnes distribuerint*, S. 56 ff.

39 • Vgl. Prott/Ziehen, *Leges Graecorum sacrae*, Bd. 2, Nr. 29, 25 ff.

40 Vgl. August Mommsen, *Feste der Stadt Athen*, Leipzig 1898, S. 139 ff. und Ernst Pfuhl, *De Atheniensium pompis sacris*, Berlin 1900, S. 22 f. und 61.

41 Die einzelnen Nachweise sind von Puttkammer, *Quo modo Graeci victimarum carnes distribuerint*, S. 57 zusammengestellt.

42 Im alten Ägypten erhielten die Priester vom Opfertier vielfach auch den Schenkel (vgl. Alfred Wiedemann, *Das alte Aegypten*, Heidelberg 1920 (= Kulturgeschichtliche Bibliothek, I. Reihe: Ethnologische Bibliothek, Bd. 2), S. 68); das Einsammeln der Schenkel ist auf ägyptischen Wandbildern oft dargestellt (z. B. Carl Richard Lepsius, *Denkmäler aus Ägypten und Äthiopien*, Bd. 2, Berlin 1849, S. 52 und sonst).

43 So in dem Dekret über die Getreideabgabe an Eleusis bei Prott/Ziehen, *Leges Graecorum sacrae*, Bd. 2, Nr. 4, 52; vgl. ferner Nr. 11 B 8; Nr. 12, 23; Nr. 13, 28; Nr. 14, 9. Vgl. über das Amt der Kolakreten die allgemeinen Bemerkungen von August Boeckh, *Die Staatshaushaltung der Athener*, Berlin ^{3}1886, S. 213 ff.

44 Vgl. Hesych. s. v. und Prott/Ziehen, *Leges Graecorum sacrae*, Bd. 2, S. 65. Plut. Symp. II 10, 2, 644 B interpretiert: »δαιτροὺς δὲ τοὺς τραπεζοκόμους ἀπὸ τοῦ διαιρεῖν καὶ διανέμειν«. Dazu Kahrstedt, *Griechisches Staatsrecht*, S. 221, 225.

45 Vgl. Poll. VI, 34. »κρεωδαίτης δὲ ὁ διατέμνων, ὅν καὶ μάγειρον καὶ ἄρταμον ἔνιοι καλοῦσιν· ἔστι δὲ καὶ παρὰ Λακεδαιμονίοις ἀρχή τις κρεωδαίτης«.

46 In Indien bezeichnet »Day«, das mit dem griechischen *δαΐζειν, δαΐς* aufs Engste verwandt ist, die Zuteilung des zustehenden Anteils; vgl. *Zeitschrift der Deutschen Morgenländischen Gesellschaft* 41 (1887), S. 673.

47 Das war vor allem beim Schenkel wichtig, und so finden wir sowohl in ägyptischen wie in griechischen Kultinschriften die Vorschrift, dass der Schenkel am Gelenk abzuschneiden sei: (*σκέλος εἰς κοτυληδόνα τετμημένον*); vgl. Puttkammer, *Quo modo Graeci victimarum carnes distribuerint*, S. 10, Anm. 5, wo auch die Stelle aus Herond. mim. 4, 88 *καλῶς τεμοῦσα μέμνεο τὸ σκελύδριον* angeführt ist.

48 Eine Illustration gibt Od. 14, 437, wo der Text das ältere System, das Scholion die spätere Methode zeigt (*κατ› ἐξαίρετον αὐτὸν ἐτίμα δίχα τῶν μερίδων*).

49 Man beachte, dass *μερίζειν* finanztechnischer Ausdruck geblieben ist.

50 Z. B. in Methymna auf Lesbos *Inscriptiones Graecae*, Bd. 12, 2 Nr. 498, 15 (= Wilhelm Dittenberger, *Orientis Graeci inscriptiones*, Leipzig 1903–1905, 78) und Nr. 505, 20; vgl. Xen. rep. Lac. XV 4. Hdt. VI 57 drückt das Gleiche durch *διπλήσια* aus. Weitere Belege bei Puttkammer, *Quo modo Graeci victimarum carnes distribuerint*, S. 15, Anm. 2.

51 Die Belege bei Prott/Ziehen, *Leges Graecorum sacrae*, Bd. 2, S. 81, 298.

52 Die Einzelheiten hat Puttkammer, *Quo modo Graeci victimarum carnes distribuerint* S. 6, Anm. 3, S. 15, Anm. 2 und S. 27, Anm. 4 zusammengestellt, wo auch über den Unterschied von *σάρξ* und *κρέας* gehandelt wird.

53 • Vgl. Puttkammer, *Quo modo Graeci victimarum carnes distribuerint*, S. 9, Anm. 1 und S. 13.

54 • Vgl. Dittenberger, *Orientis Graeci inscriptiones*, S. 78, 16.

55 • *Inscriptiones Graecae*, Bd. 12, 7, Nr. 515, 63.

56 • Vgl. *Wiener Sitzungsberichte* 132, II 23, 6.

57 • Prott/Ziehen, *Leges Graecorum sacrae*, Bd. 2, S. 94, 12.

58 Vgl. darüber Hans Beer, *Ἀπαρχή und verwandte Ausdrücke*, Diss., Würzburg 1914, der S. 60 ausdrücklich betont: »Es geht nicht an, zu glauben, dass jedesmal wie mit einer Feinwaage gewogen, genau das Zehntel der Gottheit zum Geschenk gemacht wurde.«

59 · Vgl. Puttkammer, *Quo modo Graeci victimarum carnes distribuerint*, S. 59 ff.

60 Das Verbot wird negativ durch *οὐκ ἀποφορά* usf. (vgl. z. B. Prott/Ziehen, *Leges Graecorum sacrae*, Bd. 1, Nr. 6, 4; Prott/Ziehen, *Leges Graecorum sacrae*, Bd. 2, Nr. 48, 10; 125) positiv durch *δ(α)[ι]νύσθων αὐτοῦ sc. ἐν τῷ ἱερῷ* (Prott/Ziehen, *Leges Graecorum sacrae*, Bd. 1, Nr. 4, 29) ausgedrückt.

61 Vgl. Georg Friedrich Schömann / Justus Hermann Lipsius, *Griechische Alterthümer*, Bd. 2, Berlin 1902, S. 582, 2 und Puttkammer, *Quo modo Graeci victimarum carnes distribuerint*, S. 61, Anm. 3.

62 Stellen im Aristophanes, Xenophon u. a. m. zeigen das.

63 Vgl. Franz Kuypers, *Spanien unter Kreuz und Halbmond. Eine Wanderfahrt durch Geistes- und Wirtschaftsleben, Land und Literatur von einst und heute*, Leipzig 1917, S. 201.

64 Vgl. z. B. Eduard Gerhard, *Auserlesene Griechische Vasenbilder*, 4 Bde., Berlin 1840–1858, Taf. 155.

65 Dieses Gericht wird auch in griechischen Gasthöfen serviert.

66 Viele Belege dafür gibt Gustav Billeter, *Die Anschauungen vom Wesen des Griechentums*, Berlin 1914, S. 212 ff.

67 Vgl. Gruppe, *Griechische Mythologie und Religionsgeschichte*, S. 984.

68 Die Fälle sind einzeln aufgezählt bei Puttkammer, *Quo modo Graeci victimarum carnes distribuerint*, S. 44 f.

69 Vgl. Suidas s. v. *ταυροφαγόν* und Schol. zu Theokr. 7, 106.

70 Hier schimmert, wie ich glaube, der ursprüngliche Sinn des Agons noch durch. Die Parallelen bei primitiven Völkern führen zu der Vermutung (für Griechenland ist die Deutung, soweit ich das Material überschaue, quellenmäßig nicht zu beweisen), dass der Agon seiner ältesten Bedeutung nach nichts anderes als ein Gottesurteil war, und zwar wählte sich die Gottheit im Agon das ihr genehme Opfer aus. Wer siegte, offenbarte sich durch den Sieg als Opfer. Das Selbstopfer wird abgelöst durch den Preis, an Stelle des Siegers wird der Siegespreis geopfert. Daher stiftet auch späterhin der Sieger seinen Preis meist der Gottheit, und die Weihung des Selbstbildnisses ist zunächst nichts anderes als die Ablösung des Eigenopfers; vor allem ist das Rind Ersatz für das Menschenopfer. Wo es als Preis im Wettkampf erscheint, wird es der Gottheit geopfert.

71 Z. B. bei den Kelten und Israeliten; vgl. Max Löhr, *Israels Kulturentwicklung*, Straßburg 1911, S. 81.

72 Die ursprüngliche Bedeutung des Rüstungstausches hat Deubner, *Magie und Religion*, S. 8 dargelegt: »In Marokko tauschen zwei

Häuptlinge, die ein Bündnis schließen, ihren Burnus aus. Bricht der eine sein Wort, so hat der andere das Recht, dessen Burnus zu verbrennen, was nach primitivem Glauben den Tod des vormaligen Besitzers zur Folge haben muss. Die Bündnistreue wird also dadurch garantiert, dass man sich gegenseitig Gewalt über das eigene Leben einräumt. Auch der Waffentausch des Glaukos und Diomedes hat im letzten Ende diesen Hintergrund.« Wundt, *Völkerpsychologie*, Bd. 2, 2, S. 50 ff. und Bd. 4, 1, S. 135 ff. hat ebenfalls ausgesprochen, dass Tausch der Kleider Tausch der Seelen bedeutet. Für das Judentum ist der Rüstungstausch vor allem durch 1. Samuel 18,4 bezeugt; vgl. den Kommentar von Alf. Schulz I 279, wo weitere Belege.

73 Ich erinnere an den bekannten Goldring aus Mykene, abgedruckt bei Winter/Dehio, *Kunstgeschichte in Bildern*, Bd. 3, S. 92, Nr. 2; vgl. Wolfgang Helbig, *Das Homerische Epos aus den Denkmälern erläutert. Archäologische Untersuchungen*, Leipzig [2]1887, S. 313. Mehr bei René Dussaud, *Les Civilisations préhelléniques dans le bassin de la mer égée*, Paris 1910, S. 412 f. Besonders oft findet sich der Schild in Boeotien als Weihgeschenk; vgl. Paus. I 25 und IX 34. Votivschilde sind vor allem bei den Ausgrabungen im Heraion in großer Zahl gefunden; vgl. Charles Waldstein, *The Argive Heraeum*, 2 Bde., Bosten, New York 1902–1905, Taf. 99 ff. Über die späteren Schildweihungen spricht Rouse, *Greek Votive Offerings*, S. 114 f.

74 Vgl. dazu Karl Bücher, *Beiträge zur Wirtschaftsgeschichte*, Tübingen 1922, S. 56.

75 Il. 6, 234: »Doch den Glaukos erregete Zeus, dass er ohne Besinnung / Gegen den Held Diomedes die Rüstungen, goldne mit ehrnen, / Wechselte, hundert Farren sie wert, neun Farren die andern [(genauer:) goldene gegen eherne, hundert Rinder gegen neun Rinder].«
(Übersetzung von Voß).

76 • Vgl. Zimmer, *Altindisches Leben*, S. 53.

77 • Vgl. ebd., S. 208.

78 Im *Avesta* begegnet das Rind als Wertmesser nicht; aber er ist auch bei den Iraniern sicher vorauszusetzen. Es wird nachdrücklich Gewicht darauf gelegt, dass der Lohn der Priester in Viehstücken entrichtet werde; Ersetzung durch anderes bewegliches Hab und Gut war möglich, also war auch Wertung nach Vieh notwendig (vgl. Geiger, *Ostiranische Kultur im Altertum*, S. 396).

79 • Vgl. Hildebrandt, *Ritualliteratur*, S. 141.

80 • Vgl. ebd., S. 140 f.

81 • Vgl. ebd., S. 149.
82 • Ebd.
83 • Ebd.
84 • Vgl. ebd., S. 108.
85 • Ebd., S. 126.
86 • Ebd.
87 • Vgl. ebd., S. 153.
88 Jolly/Bühler, *Recht und Sitte.*
89 So Wundt, *Völkerpsychologie.*
90 Wilhelm Eduard Wilda, *Das Strafrecht der Germanen*, Halle 1842 (= Geschichte des deutschen Strafrechts, Bd. 1).
91 Wenn am Grabe des Philopoimen gefangene Messenier gesteinigt werden (Plutarch Phil. 21), so liegt derselbe Gedanke zugrunde.
92 Vgl. Theodor Mommsen, *Zum ältesten Strafrecht der Kulturvölker*, Leipzig 1905, S. 47 u. ö.; Ders., *Römisches Strafrecht*, Leipzig 1871, S. 172, 175; Ders., *Römisches Staatsrecht,* Leipzig 1877, Bd. 2, Teil 1, S. 49; vgl. auch Leist, *Graeco-italische Rechtsgeschichte,* S. 387. Was Wissowa, *Religion und Kultus der Römer,* S. 388, 11 gegen Mommsen anführt, ist nicht entscheidend. Dass die Todesstrafe auch im germanischen Altertum ein Opfer war, hat zuerst Karl von Amira, *Über Zweck und Mittel der germanischen Rechtsgeschichte*, München 1876, 58 ff. erkannt und ausgesprochen; vgl. neuerdings, vielfach von Amira abweichend, Eugen Mogk, *Sitzungsberichte der Sächsischen Gesellschaft der Wissenschaften*, Bd. 17, S. 639 ff.
93 • Hans von Prott, »Buphonien«, in: *Rheinisches Museum für Philologie* 52 (1897), S. 187, 202.
94 Über diese Ablösung handelt eingehend Stengel, *Opferbräuche der Griechen*, S. 30, 206 f., 217 ff. usf.
95 Andere Beispiele gibt Stengel. Ebd., S. 194 f.
96 Es ist bezeichnend, dass gerade den *βιαιοθάνατοι* Stiere geschlachtet wurden, während im sonstigen Totenkult andere Tiere gebräuchlicher waren (vgl. ebd., S. 81, 123, 128, Anm. 1). Als die anderen Toten nur noch *χοαί* empfangen, da dauern die blutigen Opfer an den Gräbern der fürs Vaterland gestorbenen Helden fort (ebd., S. 143, 158 f.). Der Staat bringt das Opfer für seine Gefallenen dar, und weil es Staatsangelegenheit ist, besteht es in einem Stier. Der Stier ist also staatliches Entgeltungsmittel nicht nur für die Götter, sondern auch für die Toten (die privaten Totenopfer bestehen aus kleineren Tieren bzw. *χοαί*; vgl. ebd., S. 140 ff.).
97 • Burkard Wilhelm Leist, *Altarisches Jus gentium*, Jena 1889, S. 303.

98 • Jakob Grimm, *Die deutschen Rechtsaltertümer*, 2 Bde., Bd. 2., Göttingen [4]1899, S. 214.

99 Vgl. Adolf Soetbeer, »Beiträge zur Geschichte des Geld- und Münzwesens in Deutschland«, in: *Forschungen zur deutschen Geschichte* 1 (1860), S. 205–300, hier S. 211 ff., wo Normen aus deutschen Rechtsbüchern aufgeführt sind.

100 • Grimm, *Die deutschen Rechtsaltertümer*, S. 124 f.

101 • Ebd., S. 237.

102 • Ebd., S. 237, Anm. 1.

103 Eine Schwierigkeit verbleibt bei der sakralen Deutung der Farbe, deren Lösung ich den Germanisten überlassen muss. Der Stier, der den Mörder ersetzte, war ursprünglich ein Totenopfer; man würde also dunkle, schwarze Farbe erwarten; denn der Unterwelt war schwarze Farbe eigentümlich (Grimm, *Deutsche Mythologie*, S. 760 ff.); ob man die fahle bzw. rote Farbe, die bei den Wergeldtaxen erscheint, mit dem Höllenfeuer (Muspilli) in Verbindung bringen darf, weiß ich nicht.
Die wenigen Nachrichten über Farbe der Opfertiere stellt Grimm, ebd., S. 44 und 48 zusammen.

104 Vgl. Nägelsbach, *Homerische Theologie*, S. 267 ff. und Thaddäus Zielinski, »Die Orestessage und die Rechtfertigungsidee«, in: *Neue Jahrbücher für das klassische Altertum, Geschichte und deutsche Literatur und für Pädagogik* 3 (1899), S. 81–100, hier S. 94 f. Treffend auch Eduard Williger, *Hagios. Untersuchungen zur Terminologie des Heiligen in den Hellenisch-Hellenistischen Religionen*, Gießen 1922 (= Religionsgeschichtliche Versuche und Vorarbeiten, Bd. 19, Heft 1), S. 51 f.

105 Vgl. Poll. 9, 61 *ἀποτίνειν δεκάβοιον* mit den analogen Wendungen in Epen, z. B. Od. 1, 431. Münzen mit Stierköpfen sind natürlich nicht gemeint. August Boeckh, *Metrologische Untersuchungen über Gewichte, Münzfüße und Maße des Altertums*, Berlin 1838, S. 122 dürfte recht haben, dass man diese Stelle nicht als Beweis für Stiermünzen anführen darf.

106 Vgl. z. B. Lothar Dargun, *Mutterrecht und Raubehe und ihre Reste im germanischen Recht und Leben*, Breslau 1883, S. 78 ff.

107 Vgl. Wilda, *Strafrecht der Germanen*, S. 341.

108 Vgl. Dargun, *Mutterrecht und Raubehe*, S. 143 ff. Im nordischen Altertum stand auf Frauenraub Tod oder Ablösung mit vollem Wergeld; vgl. Karl Weinhold, *Altnordisches Leben*, Berlin 1856, S. 249.

109 • Vgl. Dargun, *Mutterrecht und Raubehe*, S. 145.

110 • Vgl. ebd., S. 149; Kaufpreis der Braut ist einfaches Lösegeld; vgl. Nägelsbach, *Homerische Theologie*, S. 235.

111 Vgl. Jolly/Bühler, *Recht und Sitte*, S. 51 f.

112 • Schrader, *Reallexikon der indogermanischen Altertumskunde*, S. 110.

113 • Ebd., S. 743.

114 Stengel, *Die griechischen Kultusaltertümer*, S. 128 ff.; Mogk, »Ein Nachwort zu den Menschenopfern bei den Germanen«, S. 426 und zuletzt Friedrich Schwenn, *Die Menschenopfer bei den Griechen und Römern*, Berlin 1915 (= Religionsgeschichtliche Versuche und Vorarbeiten, Bd. 15, Heft 3). Schwenn sieht in den Menschenopfern durchgehend magische Riten; diese Deutung ist m. E. zu einseitig.

115 Über die Bedeutung und Etymologie kann hier nicht gehandelt werden; vgl. Mommsen, *Zum ältesten Strafrecht der Kulturvölker*, S. 32, Anm. 4, wo mehr Literatur.

116 *λύειν-ἀπολύειν* Il. 24, 136; vgl. 1, 12; 6, 427; 10, 378.

117 So der erschlagene Hektor durch Priamus; Il. 24, 137.

118 So Il. 2, 229 f.; 11, 133. Il. 6, 46 ff. und 10, 378 ff.; das Beiwort *ἄγλαα* (z. B. Il. 1, 23) geht wohl auf das Metall.

119 B-Schol. zu Il. 6, 46 »οὐχ ὥρισε ποσότητα, ἀλλ' ἐν ἑαυτῷ τὸν ἀριθμὸν κατέλιπεν«, vgl. B zu Il. 11, 131 »καὶ τοῦτο προσαγωγὸν ὡς ληψομένου ὅσα βούλεται.«

120 Die nach Rindern bestimmten Sklavenpreise (vgl. außer dieser Stelle noch Od. 1, 431) sind also einfache Wergeldsätze.

121 Pfister leitet in Pauly u. a. (Hg.), *Realenzyklopädie der klassischen Altertumswissenschaft*, s. v. Kultus, Bd. 9, Sp. 2128 *τιμή* von einem Stamme *qēi* = »scheuen« her. Mir scheint die in den Handbüchern und sonst (z. B. von Leist, *Graeco-italische Rechtsgeschichte*, S. 741) vertretene Etymologie, die *τίειν* und so fort eine materielle Bedeutung »sammeln, zusammenlesen« vindiziert, richtiger zu sein. An vielen Stellen der Epen tritt dieser ursprüngliche Sinn noch deutlich zutage. Od. 13, 14 ff. geben die Herrscher dem Odysseus Geschenke, die sie nachher von ihren Untertanen wieder einziehen wollen; dies Letztere heißt *τίσασθαι* (vgl. das Scholion z. d. St.); *τίμην ἄγειν* Od. 22, 57 weist in die gleiche Richtung. Die *τιμή* besteht ja zunächst durchaus in einem materiellen Gut (vgl. Od. 8, 480); *τιμή* und *γέρας* ist identisch (Il. 2, 240 mit A-Schol. und Schol. zu Od. 13, 8). Eine Ehrenbezeugung oder eine Buße, die nicht in einem Gute besteht, gibt es in dieser Zeit noch nicht.

Aus dem »Sammeln« der Güter erwächst das »Vergleichen, Abschätzen, Werten«, und endlich wird *τιμᾶν* gleich »wertschätzen, hochachten, ehren«. Darf man eine Bestätigung darin sehen, dass beim lat. »legere« eine ähnliche Entwicklung vorliegt? Walter Otto sagt in »Relegio und Superstitio«, in: *Archiv für Religionswissenschaft* 12 (1909), S. 533–554, hier S. 541: »Die Sprache kommt von der Urbedeutung des Sammelns, Auflesens zu der des Verstehens, Beachtens (vgl. intellegere), und vom Scheiden, Aussondern, Auswählen (diligere) ist doch nur ein Schritt zum Hochschätzen.«

122 • Vgl. Zimmer, *Altindisches Leben*, S. 209.

123 • Ebd., S. 181.

124 Vgl. Plin. nat. 18, 3: »multatio quoque non nisi ovium boumque inpendio dicebatur«; dazu Plut. Publ. 9; Gell. 9, I und Dion. Hal. 9, 586 und 10, 629.

125 Prott/Ziehen, *Leges Graecorum sacrae*, Bd. 2, Nr. 61.

126 »Le supplice – est à l'origine une offrande véritable. La victime est donnée et sacrifiée aux dieux qu'elle a offensés«, sagt Théophile Homolle in Daremberg/Saglio (Hg.), *Dictionnaire des Antiquités Grecques et Romaines*, s. v. Donarium.

127 Vgl. Kurt Latte, *Heiliges Recht*, Tübingen 1920, S. 48 ff., 56, Anm. 18.

128 In der Gerichtsszene des Achillesschildes kommt das deutlich zum Ausdruck; vgl. Il. 18, 507: »δύω χρυσοῖο τάλαντα, τῷ δόμεν, ὅς μετὰ τοῖσι δίκην ἰθυντατα εἴποι« mit dem T-Schol.: »ἐπὶ δικαιοσύνην παρακαλῶν τοὺς δικαστὰς ἆθλον δικαιοκρισίας φησὶν αὐτοῖς παρὰ τῶν δικαζομένων δίδοσθαι«. Zuletzt darüber Victor Ehrenberg, *Die Rechtsidee im frühen Griechentum. Untersuchungen zur Geschichte der werdenden Polis*, Leipzig 1921, S. 55, Anm. 4; bei den Germanen herrschte dieselbe Auffassung, wie Grimm, *Die deutschen Rechtsaltertümer*, S. 487 darlegt.

129 • Vgl. Theodor Mommsen, *Geschichte des römischen Münzwesens*, Berlin 1860, S. 175.

130 Od. 11, 185: »δαῖτας ἅς ἐπέοικε δικάσπολον ἄνδρ' ἀλεγύνειν«.

131 • Boeckh, *Die Staatshaushaltung der Athener*, S. 214.

132 »Die Kolakreten hatten die Speisung im Prytaneion zu besorgen, wozu die Prytaneien schon dem Namen nach bestimmt waren, als die Klagen noch im Prytaneion angenommen und eingeleitet wurden«. Ebd., S. 429.

133 • Ebd., S. 214.

134 In dieser Speisung der *πρόξενοι*, die auch in anderen Städten Anteile vom Opferfleisch bekamen (vgl. Puttkammer, *Quo modo Graeci*

victimarum carnes distribuerint, S. 43 f.), lebt Bewirtung von Gästen, wie sie in homerischer Zeit in Übung war, weiter.

135 Liv. 7, 26 und 37; 26, 48; vgl. Plin. nat. 7, 28 und Sil. 15, 258; 16, 462.

136 Man denke daran, dass im Prytaneion sich der Staatsherd, also das sakrale Zentrum des Staates befand; die öffentlichen Mahlzeiten, die dort stattfanden, waren *ἱερεύσεις* so gut wie in homerischer Zeit.

137 Die Abgaben an die staatliche Gemeinschaft bestehen natürlich in Vieh, da die Ausgaben, d. s. die Aufwendungen für Opfer, ja auch in Vieh bestehen. Viehsteuern sind für Griechenland, Rom, Germanien und sonst nachzuweisen. Die einzelnen Belege brauche ich nicht aufzuführen; nur für Rom sei die allgemeine Bemerkung Plin. nat. 18, 3 hergesetzt: »etiam nunc in tabulis censoriis pascua dicuntur omnia ex quibus populus reditus habet, quia diu hoc solum vectigal fuerat.«

138 ▪ Lexis in Ludwig u. a. (Hg.), *Handwörterbuch der Staatswissenschaften*, 5.

139 ▪ Schrader, *Reallexikon der indogermanischen Altertumskunde*, S. 469, 602.

140 ▪ *Inscriptiones Graecae*, Bd. 5, Nr. 439; vgl. Friedrich Freiherr von Gaertringen / Heinrich Lattermann, *Arkadische Forschungen*, Berlin 1911, S. 6.

141 ▪ Ridgeway, *The Origin of Metallic Currency and Weight Standard*, S. 124 ff.

142 ▪ Vgl. ebd., S. 132 ff.

143 Die Preise für Rinder, die uns aus dem Altertum überliefert sind, beziehen sich fast ausschließlich auf Opfertiere; vgl. Boeckh, *Die Staatshaushaltung der Athener*, S. 94 ff.

144 Plut. Sol. 23: »Εἰς μέν γε τὰ τιμήματα τῶν δυσιῶν λογίζεται πρόβατον καί δραχμὴν ἀντὶ μεδίμνου· τῷ δ'Ἴσθμια νικήσαντι δραχμὰς ἔταξεν ἑκατὸν δίδοσθαι, τῷ δ' Ὀλύμπια πεντακοσίας· λύκον δε τῷ κομίσαντι πέντε δραχμὰς ἔδωκε, λυκιδέα δὲ μίαν, ὧν φησιν ὁ Φαληρεὺς Δημήτριος τὸ μὲν βοὸς εἶναι, τὸ δὲ προβάτου τιμήν.« Über die Ablösung der Viehbußen durch Metall in Rom vgl. Boeckh, *Metrologische Untersuchungen über Gewichte, Münzfüße und Maße des Altertums*, S. 420 f.

III. Kapitel
Entwicklungsgeschichte der Opfergaben

1 Die Opferablösung ist literarisch oft behandelt; eingehend und in positivem Sinn (aber übertrieben) Ernst von Lasaulx, *Die Sühnopfer der Griechen und Römer*, Würzburg 1841. Nägelsbach, *Nachhomerische Theologie*, S. 353 und sonst steht der sakralen Ablösung zweifelnd gegenüber. Eine Mittelstellung nimmt Schwenn, *Die Menschenopfer bei den Griechen und Römern* ein.

2 Vgl. Albrecht Weber, *Indische Streifen*, Berlin 1868, S. 54 ff.

3 Die Stelle stammt aus einem brahmanischen Texte; vgl. ebd., S. 55.

4 Das betont Schwenn, *Die Menschenopfer bei den Griechen und Römern*, S. 113 f.

5 Griechische Kultlegenden erklären Tempeldienst vielfach als Ablösung von Menschenopfern; vgl. ebd., S. 10 f., der selbst die Hierodulie anders deuten will (S. 49 f.).

6 Die Ablösung im israelitischen Kult zeigt manche Ähnlichkeit mit dem antiken Brauch. Die männliche Erstgeburt von Menschen und Vieh war Gott verfallen (2. Mose 13, 2. 12; 22, 18; 34, 19). Zunächst ist auch der Mensch sicherlich geopfert worden. Dann löst er das Geopfertwerden durch Dienst beim Heiligtum. Dann wird auch der Dienst abgelöst. Der Erstgeborene wird nach einer Schätzung der Priester losgekauft. Die Erstgeburt von unreinen Tieren wurde gleichfalls freigekauft; die von reinen Tieren wurde, wenn ohne Fehl, binnen Jahresfrist geopfert, andernfalls den Priestern als Eigentum überschrieben.

7 Leist, *Graeco-italische Rechtsgeschichte*, S. 262; vgl. Schwenn, *Die Menschenopfer bei den Griechen und Römern*, S. 39.

8 So bei der Opferung Isaaks und Iphigeniens; vgl. ebd., S. 114.

9 »In sacrificiis simulata pro veris accipiuntur«, sagt Servius zu Verg. Aen. 2, 116.

10 Vgl. Weber, *Indische Streifen*, S. 55.

11 Eingehend über die Kuchenopfer Stengel, *Opferbräuche der Griechen*, S. 222 ff.

12 Grimm, *Deutsche Mythologie*, S. 56 hat bereits darauf hingewiesen.

13 Vgl. Schwenn, *Die Menschenopfer bei den Griechen und Römern*, S. 12, 152 f., 177. Den sog. Oscillenritus bespricht eingehend auch Leist, *Graeco-italische Rechtsgeschichte*, S. 271 ff. Literatur auch bei Gruppe, *Griechische Mythologie und Religionsgeschichte*, S. 907, Anm. 7.

14 » immer etwas geringeren Wertes ... man begnügt sich sogar mit Puppen und leeren Zeremonien«; vgl. Thomsen, »Orthia«, S. 401.

15 Adolf Furtwängler, *Olympia. Die Ergebnisse der von dem Deutschen Reich veranstalteten Ausgrabung*, 4 Bde., Bd. 4: Bronzen, Berlin 1890–1897, Textband, S. 28 ff. und Taf. X ff.

16 Vgl. die Einzelheiten bei Rouse, *Greek Votive Offerings*, S. 298 ff.

17 • Furtwängler, *Olympia*, S. 29; In den Pferdevotiven kündet sich der agonale Charakter Olympias an. Figuren von Wagenlenkern, Wagen und Rädern (als Abkürzungen ganzer Wagen) bestätigen das.

18 • Ebd., S. 28.

19 »Dem Primitiven fällt Zauberhandlung und Wirkung in eines zusammen – er denkt nicht: wie ich das Bild durchbohre, so möge N. N., den dies Bild darstellt, durchbohrt werden, sondern: dies Bild ist N. N.; indem ich es durchbohre, durchbohre ich deshalb N. N. selbst.« Karl Helm, *Altgermanische Religionsgeschichte*, Bd. 1, Heidelberg 1913, S. 45. Die letzte Zusammenfassung und Literaturnachweise zu dieser Frage *Archiv für Religionswissenschaft* 15 (1912), S. 313 ff.; vgl. auch die Literatur bei Gruppe, *Griechische Mythologie und Religionsgeschichte*, S. 883. Die Meinung von Rouse, *Greek Votive Offerings*, S. 66, dass die Idole nur Zugaben zum Realopfer, d. h. einfache Erinnerungszeichen gewesen seien, ist sicherlich nicht zutreffend.

20 Wiedemann, *Das alte Aegypten*, S. 2 ff. Dem chinesischen Brauche, Abbilder vom Eigentum des Toten zu verbrennen statt der eigentlichen Gegenstände, liegt natürlich die gleiche Vorstellung zugrunde; vgl. Pjotr Alexejewitsch Kropotkin, *Gegenseitige Hilfe in der Tier- und Menschenwelt*, Leipzig 1908, S. 90 und 289.

21 Ob diese Gleichsetzung von Bild und realem Objekt der primitiven Psyche immanent, d. h. für alle Primitiven gilt, mögen die Psychologen entscheiden. Jedenfalls ist in der vorgriechischen sog. Kykladenkultur, wie die zahlreichen Idole in den Gräbern beweisen, diese Idee bereits lebendig (Schwenn, *Die Menschenopfer bei den Griechen und Römern*, S. 66 f.). Wie weit die Höhlenzeichnungen des Diluvialmenschen und damit die Anfänge der Kunst mit dieser Identifikation zusammenhängen, ist hier nicht zu untersuchen.

22 Den Einfluss magischer Riten auf den Kultus bespricht Deubner, *Magie und Religion*, S. 17 f.

23 • Erwin Rohde, *Die Religion der Griechen*, Leipzig 1902, S. 327.

24 Die altisraelitische Religion zeigt eine ähnliche Vergeistigung der Opfer. Ihre Träger sind die Propheten; vgl. Ps 50.

25 ▪ Rohde, *Die Religion der Griechen*, S. 328.

26 ▪ Emil Reisch, *Griechische Weihgeschenke*, Prag 1890, S. 9.

27 ▪ Ebd., S. 5; Im altisraelitischen Kultus gelten die Schaubrote als Daueropfer, die Gott immer wieder an den Menschen erinnern sollen; vgl. Albert Stöckl, *Das Opfer nach seinem Wesen und nach seiner Geschichte*, Mainz 1861, S. 299.

28 Das Anathem ist nach Reisch nur ein »gedankliches Substrat« des eigentlichen Opfergegenstandes.

29 Z. B. Rouse, *Greek Votive Offerings*, S. 250.

30 Die Vertretung des Ganzen durch einen Teil (pars pro toto) ist in der Magie ungemein häufig; Beispiele bei Schwenn, *Die Menschenopfer bei den Griechen und Römern*, S. 85 f., 92.

31 60 Viehhäupter in Edelmetall (die meisten in Gold, wenige in Silber) sind von Schliemann in Mykene gefunden. Zahlreiche Funde solcher Köpfe (zumeist in Ton) sind auch auf Kreta gemacht worden; vgl. Fimmen, *Die kretisch-mykenische Kultur*, S. 121, 189. Auch wenn sie vielfach als Trinkgefäße dienten (vgl. Georg Karo, »Minoische Rhyta«, in: *Jahrbuch des deutschen archäologischen Instituts* 26 (1911), S. 249–270, hier S. 249 ff., Taf. 7–9), ihr sakraler Ursprung wird dadurch kaum in Frage gestellt. Stierköpfchen aus Goldblech gepresst, haben auf Cypern vielfach als Amulett gedient; vgl. Alexander Stuart Murray / Arthur Hamilton Smith / Henry Beauchamp Walters (Hg.), *Excavations at Cyprus. Bequest of E. T. Turner to the British Museum*, London 1900, Taf. X f.

32 Vgl. z. B. Schol. zu Od. 2, 56.

33 ▪ Vgl. *Sitzungsberichte der Königlich Preußischen Akademie der Wissenschaften zu Berlin* (1904), S. 626.

34 ▪ Reisch, *Griechische Weihgeschenke*.

35 Vgl. Hdt. 1, 13 f.; 50 ff.; 92.

36 Plut. de Pyth. or. 16; viele andere Beispiele bei Rouse, *Greek Votive Offerings*, 66 f.

37 Sehr gut hat diesen Drang zur Form, zum »Grenze setzen« (ὁρίζειν) Joël, *Geschichte der antiken Philosophie*, S. 71 ff. geschildert.

38 Vgl. BT-Schol. zu Il. 2, 402.

39 Vgl. z. B. Stengel, *Opferbräuche der Griechen*, S. 222. Armenopfer aus minder wertvollen Gaben auch im alttestamentlichen Kultus; vgl. 3. Mose 5, 11 ff.

40 Vgl. Stengel, *Die griechischen Kultusaltertümer*, S. 100.

41 ▪ Vgl. Furtwängler, *Die Bronzefunde aus Olympia*, S. 37.

42 Vgl. Karl Anton Neugebauer, *Antike Broncestatuetten*, Berlin 1921, S. 10.

43 William Roger Paton, *The inscriptions of Cos*, Oxford 1891, S. 37 und Prott/Ziehen, *Leges Graecorum sacrae*, Bd. 1, Nr. 5, 54.

44 • Dittenberger, *Sylloge inscriptionum Graecorum*, S. 293, 27.

45 In späterer Zeit hat man natürlich solche Idole gegen Münze gekauft. So wurden z. B. in Paphos Idole an die Schiffer, die vom Hafen zum Heiligtum hinanstiegen, verkauft; vgl. Athen. 676.

46 • RV 4, 24, 10, Vgl. Oldenberg, *Die Religion des Veda*, S. 84.

47 Ähnlich wie altorientalische Fürsten heilkräftige Idole gelegentlich tauschen; so sendet Tuschratta, Fürst von Assyrien (um 1400 v. Chr.) seinem kranken Schwager Amenophis III ein Bildnis der Istar als Heilmittel nach Ägypten; vgl. Bruno Meissner, *Babylonien und Assyrien*, Heidelberg 1920, S. 34, 62.

48 • Andree, *Votive und Weihegaben des katholischen Volkes in Süddeutschland.*

49 Dass die Darbringung von Votivtieren auf ursprüngliche Realopfer zurückgeht, ist auch hier evident; vgl. Jahn, *Die deutschen Opferbräuche bei Ackerbau und Viehzucht*, S. 52.

50 Vgl. die Parallelen bei Andree, *Votive und Weihegaben des katholischen Volkes in Süddeutschland*, S. 147 ff., ferner S. 74, 158 und öfter.

51 So in Kevelaer und bei den Appenzellern (ebd., S. 80). Vor allem kneten die Frauen die Figuren selbst.

52 Beim Schmied (ebd., S. 90 f., 133) oder beim Wachszieher (ebd., S. 79 f.), da hauptsächlich Wachs- oder Eisenidole in Gebrauch sind.

53 • Vgl. Andree, *Votive und Weihegaben des katholischen Volkes in Süddeutschland*, S. 58.

54 • Vgl. ebd., S. 62.

55 • Vgl. ebd., S. 65.

56 • Vgl. ebd., S. 68.

57 • Vgl. ebd., S. 87.

58 • Vgl. ebd., S. 89 f.

59 • Vgl. ebd., S. 58 ff.

60 Diese Auffassung wird bestätigt durch einen Bericht, der ebenfalls aus dem 16. Jahrhundert stammt. Nicolaus Gryse, *Spegel des Antichristlichen Pawestdoms*, Rostock 1593 schildert im VII. Gebot den Hergang: »Ja, gelyck alse ock im Jödendom de Tempelsheren thor tydt Christi im Tempel ere Kremerye und wesselye hedden, Also ock im Antichristendom, dar men hefft wassene Bilder, Arme, Knaken, Perde, Swyne, Kinder, etc. *umme Geldt tho kope gehat.*«

61 Heute herrscht die Auffassung, dass die eisernen Opfertiere nominell verkauft, eigentlich aber nur gegen Geld verliehen werden; vgl. Andree, *Votive und Weihegaben des katholischen Volkes in Süddeutschland,* S. 61.

62 • Vgl. ebd., S. 58.

63 • Vgl. ebd., S. 65 und 90.

64 • Vgl. ebd., S. 65.

65 Die Voraussetzung, nämlich eine gewisse Häufigkeit dieser Tauschvorgänge, ist sicher gegeben. Der Andrang zu den Festtagen ist an den großen religiösen Mittelpunkten sicherlich sehr bedeutend gewesen. Und wie die Bauern in Steiermark z. B. auch an Wochen- und Sonntagen Votive darbringen (vgl. ebd., S. 90), so hat in Olympia, Delphi usf. der Verkehr zwischen den Festen auch nicht geruht.

66 • Ebd., S. 37.

67 • Ebd., S. 148.

68 So hat es auch bei den Germanen Märkte »in Verbindung mit den großen heidnischen Opferfesten bei den Stammesheiligtümern gegeben« wie später in Verbindung mit kirchlichen Festen; daher 3. B. got. dulps ›Fest‹, bair. dult Jahrmarkt«. Rudolf Much in: Pauly u. a. (Hg.), *Realenzyklopädie der klassischen Altertumswissenschaft*, s. v. Germani, Bd. 3, Sp. 570.

69 Die Stellen und weitere Einzelheiten bei Büchsenschütz, *Besitz und Erwerb im klassischen Altertum*, S. 474 ff.

70 Ael. NA 10, 50; vgl. Ridgeway, *The Origin of Metallic Currency and Weight Standard*, S. 144. Beim Tempel in Jerusalem konnte der Opfernde ebenfalls die Opfertiere (Rinder, Schafe und Tauben) kaufen; vgl. 2. Joh 14.

71 • Büchsenschütz, *Besitz und Erwerb im klassischen Altertum*, S. 474.

72 Eine reizende Illustration dazu bietet Andree, *Votive und Weihegaben des katholischen Volkes in Süddeutschland*, S. 165 f. – Der hl. Wolfgang wird am Millstätter See in Kärnten als Patron der Schweine verehrt. Als Opfer bringen die Gläubigen ihm außer andern Gaben frische Sauhaxen. Diese erhält der Mesner, der Pfarrer dagegen Wolle und Flachs. »Da aber der Mesner darüber klagte, so viele Sauhaxen essen zu müssen, so wurden die Naturalopfer von nun an öffentlich versteigert und der Mesner erhielt vier Gulden Entschädigung«. Den Priestern und ihren Gehilfen im Altertum wird es nicht anders gegangen sein wie dem Mesner von Liesereck; auch sie bekamen aus den zahlreichen Opfern so viel Schinken usf., dass sie davon gern gegen andere Güter austauschten.

73 · Vgl. *Mitteilungen des Deutschen Archäologischen Instituts*, Athenische Abteilung, Bd. 21, Athen 1896, S. 322 ff. = Prott/Ziehen, *Leges Graecorum sacrae*, Bd. 2, S. 4.

74 Vgl. Hugo Herbrecht, *De sacerdotii apud Graecos emptione venditione*, Diss., Straßburg 1885.

75 Nur einmal findet sich, soweit ich die Quellen übersehe, das Verbot, die zugeteilte Sportel fortzugeben (Prott/Ziehen, *Leges Graecorum sacrae*, Bd. 2, S. 94 = Syll. 522, 38 von der Insel Keos). Es handelt sich in dem Falle um Fleischportionen, die als Siegespreise gegeben wurden. Einzelne *μερίδες* mögen aus Gründen, deren Bedeutung wir nicht kennen, dem freien Verkehr entzogen gewesen sein; vgl. Puttkammer, *Quo modo Graeci victimarum carnes distribuerint*, S. 63. Die dem Priester zustehenden Gefälle waren jedenfalls von dieser Bindung frei.

76 Vgl. ebd., S. 65 f.; Stengel, *Opferbräuche der Griechen*, S. 87 f. und Boeckh, *Die Staatshaushaltung der Athener*, Buch II, S. 107 ff.

77 · Théophile Homolle in: Daremberg/Saglio (Hg.), *Dictionnaire des Antiquités Grecques et Romaines*, s. v. Donatio, S. 368.

78 · Vgl. ebd., S. 369.

79 Poll. 1, 23 zählt eine ganze Reihe von Adjektiven auf, die sich alle auf den großen Reichtum der Tempel beziehen.

80 Vgl. Il. 5, 9 und Hom. h. Apoll. 532 ff.

81 Z. B. Tegea Anfang 4. Jh. v. Chr.; vgl. Prott/Ziehen, *Leges Graecorum sacrae*, Bd. 2, Nr. 62, 22 ff.; Eretria Mitte 4. Jh.; ebd., Nr. 88, 30 ff.; Andania etwa 93 v. Chr.; ebd. Nr. 58, 99 ff. u. a. m.

82 · Vgl. ebd., S. 195 f.

83 · Vgl. ebd., S. 256.

84 Dieser Satz gilt allgemein. Eine besonders hohe Entwicklung zeigt die Tempelwirtschaft im alten Orient. Walter Schwenzner, *Zum Altbabylonischen Wirtschaftsleben. Studien über Wirtschaftsbetrieb, Preise, Darlehen und Agrarverhältnisse*, Leipzig 1915 (= Mitteilungen der Vorderasiatischen Gesellschaft, 1914, Bd. 19, Heft 3) bemerkt: »… die Tempel … mit ihrem großen Grundbesitz und riesigen Warenbeständen aus Zehntabgaben und Opferspenden waren die damaligen Handelszentralen, die den gesamten Geschäftsverkehr monopolisierten. Sie waren die Großbanken, die stets in der Lage waren, Darlehen zu gewähren oder Beleihungen vorzunehmen. In den Geschäftsstuben der Tempel wurden die mannigfachsten Geschäfte abgeschlossen, und aus ihnen heraus drang Tempelmaß und -gewicht auch ins private Geschäftsleben, wo es als konstante

Größe besonders geschätzt war. Besonders Sippar die alte Sonnenstadt, beherrschte mit ihrem Šamašsystem vollkommen den Markt, und ihre Gewichtseinheiten wurden von Privatleuten auch bei ihren Geschäftsabschlüssen untereinander zugrunde gelegt, man rechnete und zahlte ganz allgemein … im Šamašmaße und -gewichte.« Vgl. Friedrich Delitzsch, *Handel und Wandel in Altbabylonien*, Stuttgart 1910, S. 33. Im alten Ägypten sind die Verhältnisse mutatis mutandis gleich gewesen; vgl. Adolf Erman / Hermann Ranke, *Ägypten und ägyptisches Leben im Altertum*, Tübingen [2]1923, S. 253 f.

IV. Kapitel
Die prämonetären Geldformen

1 Jakob Grimm / Willhelm Grimm, *Deutsches Wörterbuch*, 33 Bde., Leipzig 1854–1984, s. v. Geld, Sp. 2890.

2 Nach Weinhold, *Altnordisches Leben*, S. 122 ist das »Geld« aus der Buße erwachsen.

3 Grimm/Grimm, *Deutsches Wörterbuch*, s. v. Geld, Sp. 2891.

4 Vgl. ebd., Sp. 3075.

5 Man ist natürlich versucht, *χρῆμα* mit *χρέος* in Verbindung zu bringen und es als Schuldentilgungsmittel zu deuten; aber das ist, ohne den Dingen Zwang anzutun, nicht möglich.

6 Eduard Meyer in: Elster u. a. (Hg.), *Handwörterbuch der Staatswissenschaften*, Bd. 4, S. 826.

7 T-Schol. zu Il. 6, 236: »οἱ δὲ παρ' Ἀθηναίοις νόμοι εἶχον βοῦν«. In delischen Tempelinventaren erscheint *νόμος, δίνομον* und *τετράνομον* als Münzbezeichnung; ob es sich, wie Dittenberger, *Sylloge inscriptionum Graecorum*, S. 588, 215 annimmt, um italische oder sizilische Münzen handelt (die Dorer in Sizilien und Großgriechenland sagten statt *νόμισμα νόμος* bzw. *νοῦμμος*, woraus die lateinische Bezeichnung »nummus« hervorgegangen ist; vgl. Boeckh, *Metrologische Untersuchungen über Gewichte, Münzfüße und Maße des Altertums*, S. 310), scheint durch das Scholion in Frage gestellt zu werden.

8 Das A-Schol. hat a. a. O. statt *νόμοι* auch *νομίσματα*.

9 Der E-Laut der Mittelsilbe ist dem hochbetonten O-Laut der Schlusssilbe angeglichen worden; vgl. Johannes Schmidt, »Assimilationen benachbarter einander nicht berührender Vocale im Griechischen«, in: *Zeitschrift für vergleichende Sprachforschung auf dem Gebiete der Indogermanischen Sprachen* 32 (1893), S. 321–394, hier S. 322 ff.

10 Die Meinung, dass die Münze als ursprüngliches Prägebild einen *ὀβελός* gehabt und daher (nach Analogie der athenischen *γλαῦκες*, der korinthischen *πῶλοι* u. a. m.) ihren Namen empfangen habe, wird durch die Münzen nicht bestätigt, ist also abzulehnen.

11 Der Obelos wird infolgedessen einfach als Eisenbarren bezeichnet; vgl. Johannes Brandis, *Das Münz-, Maß- und Gewichtswesen in Vorderasien bis auf Alexander den Großen*, Berlin 1866, S. 60 und 78; Friedrich Hultsch, *Griechische und römische Metrologie*, Berlin 1862, S. 106 und 126; Mommsen, *Geschichte des römischen Münzwesens*, S. 160 und besonders eingehend Friedrich von Kenner, *Die Anfänge des Geldes im Altertum*, Wien 1863 (= Sitzungsberichte der Kaiserlichen Akademie der Wissenschaften, Bd. 43), S. 392 f. Auch Luschin von Ebengreuth redet in *Allgemeine Münzkunde und Geldgeschichte des Mittelalters und der neueren Zeit*, München 1904, S. 147 von Kupferbarren.

12 Georg Thilenius ist der einzige Gelehrte, der in seinem Aufsatze »Primitives Geld«, in: *Archiv für Anthropologie* 18, Heft 1 (1920), S. 1–34, hier S. 28 ff. die Frage, ob der *ὀβελός* ein Gebrauchsgut gewesen sein kann, ernstlich erwogen hat. [Erst während der Korrektur sehe ich, dass bereits Joseph Déchelette, »Les origines de la drachme et de l'obole«, in: *Revue numismatique* XV (1911), S. 1 ff. die Obeloi Pheidons unter Anführung zahlreicher Analogien als Bratspieße gedeutet hat. Die Frage aber, warum gerade der Bratspieß die typische Geldform geworden ist, hat er nicht gestellt. Der Aufsatz beschränkt sich im Wesentlichen auf technisch-formale Dinge.]

13 Der *σόλος* in der genannten *Ilias*-Stelle hat die Form eines Diskos; vgl. vor allem die Scholien in T z. d. St.

14 Vgl. Ioannis Nikolaou Svoronos (Hg.), *Journal international d'archéologie numismatique* 9 (1906), S. 197.

15 • Thilenius, »Primitives Geld«, S. 28 ff.

16 Zu *κέντρον* könnte höchstens ein mit *πλήσσειν* zusammengesetztes Adjektiv gestellt werden; vgl. *βουπλῆξ*, das ebenfalls den Rinderstachel bezeichnet.

17 *ὀβελοὶ βουπόροι* nennt Hdt. II 135; vgl. Xen. an. VII 8, 14.

18 Die Länge der im argivischen Heraion gefundenen Stücke schwankt; die längsten messen etwa 1,20 m.

19 Vgl. über den *πέλανος* Stengel, *Opferbräuche der Griechen*, S. 66 ff.

20 Vielleicht beschreibt Xen. an. VII 3, 21 ein derartiges Gericht: »ἄρτοι ζυμῖται μεγάλοι προσπεπερονημένοι ἦσαν πρὸς τοῖς κρέασιb«.

21 • Stengel, *Opferbräuche der Griechen*, S. 67.

22 ▪ Brief aus Pera vom 26. Juni 1836, zitiert nach ebd., S. 66.

23 Vgl. *ὀβελία* in der Inschrift von Kos bei Prott/Ziehen, *Leges Graecorum sacrae*, Bd. 2, Nr. 137, 3.

24 Stengel, *Opferbräuche der Griechen*, S. 71 hat mit Recht aus der Gleichsetzung von *πέλανος* mit *πέμμα* und *πόπανον* geschlossen, dass der Pelanos die verschiedensten Formen gehabt haben kann; vgl. auch Stengel, *Die griechischen Kultusaltertümer*, S. 99 und Il. 24, 281 ff.

25 Prott/Ziehen, *Leges Graecorum sacrae*, Bd. 1, Nr. 2, C 5.

26 Dieselbe Identifikation wird durch das Scholion zu Nik. Alex. 488 ed. O. Schneider bewiesen.

27 Vgl. Hesych. πέλανος· τὸ τετράχαλκον· Λάκωνες. Belege und Literatur bei Ernest Babelon, *Les Origines de la monnaie à Athènes*, Athen 1905, S. 79 und bei Svoronos, *Journal international d'archéologie numismatique*, S. 190 ff.

28 Vgl. *The Annual of British School at Athens*, Bd. 13, Athen 1906/07, S. 173.

29 In dieser Weise scheint Kurt Regling in Pauly u. a. (Hg.), *Realenzyklopädie der klassischen Altertumswissenschaft*, s. v. Geld, Bd. 5, Sp. 979 den Namen erklären zu wollen.

30 ▪ Vgl. Robert Herzog, »Aus dem Asklepieion von Kos«, in: *Archiv für Anthropologie* 10 (1907), S. 201–228 und *Zeitschrift für Numismatik* 34 (1923), S. 178.

31 Die Belege gibt Stengel, *Opferbräuche der Griechen*, S. 72.

32 Vgl. Friedrich Drexel, *Die Götterverehrung im römischen Germanien*, Frankfurt/M. 1923 (= Deutsches Archäologisches Institut. Römisch-germanische Kommission, 14/1922), S. 65, Anm. 323.

33 Vgl. Boeckh, *Die Staatshaushaltung der Athener*, Buch II, S. 66 f. und ders., *Corpus inscriptionum graecarum*, Bd. 1, Berlin 1828, S. 219.

34 Vgl. Brandis, *Das Münz-, Maß- und Gewichtswesen in Vorderasien bis auf Alexander den Großen*, S. 79; ähnlich Boeckh, *Metrologische Untersuchungen über Gewichte, Münzfüße und Maße des Altertums*, S. 51.

35 Vgl. Stengel, *Opferbräuche der Griechen*, S. 76 f. und Ulrich von Wilamowitz-Moellendorff / Paul Jacobsthal, *Nordionische Steine*, Berlin 1909 (= Abhandlungen der Preußischen Akademie der Wissenschaften, 1909, Bd. 2), S. 40.

36 Hesych sucht offenbar die Erklärung aus der Übereinstimmung der Herstellung herzuleiten. Wie der Kuchen aus fein zerriebenem Mehl, so wird die goldene *φθοῖς* aus dem feinen Goldstaub gewonnen.

37 Vgl. Etym. Gud. s. v. ὀβελός.

38 Prott/Ziehen, *Leges Graecorum sacrae*, Bd. 1, Nr. 2, C.

39 Prott/Ziehen, *Leges Graecorum sacrae*, Bd. 2, Nr. 9.

40 Ebd., Nr. 132.

41 Ebd., Nr. 1, 7 und 12. *θ[οᾶ]ν μέχ[ρι τρι]ῶν ὀβελῶν* [original statt *ω* jeweils *ο*].

42 ▪ Vgl. ebd., im Kommentar S. 5.

43 Aristoph. equ. 798 und Athen. 10, 420 b.

44 ▪ Hultsch, *Griechische und römische Metrologie*, S. 159, Anm. 30.

45 Apoll. Lex. hom. 129, 29 hat die gleiche Erklärung; desgleichen die Scholien zu Od. 3 460.

46 Eingehend besprochen von Helbig, *Das Homerische Epos aus den Denkmälern erläutert*, S. 353 ff. Mehrere Exemplare befinden sich, wenn ich mich recht erinnere, im Münchener Antiquarium.

47 Vgl. Richard Engelmann, »Das homerische Pembolon«, in: *Jahrbuch des Deutschen Archäologischen Instituts* 6 (1891), S. 173–176.

48 D. i. die *κρέαγρα*, die in Tempelfunden (vgl. *Mitteilungen des Deutschen Archäologischen Instituts*, Athenische Abteilung, Bd. 20, 314), in Tempelinventaren (z. B. in Athen, Eleusis) und als Weihegabe auch sonst erscheint (die Belege bequem zusammen im Index bei Rouse, *Greek Votive Offerings*).

49 Auch der Vergleich des *πεμπώβολον* mit dem *πτύον λικμητικόν* bei Eustathios spricht gegen Engelmann. Ich werde über diese Dinge an anderer Stelle eingehend handeln.

50 ▪ Helbig, *Das Homerische Epos aus den Denkmälern erläutert*, S. 358.

51 Hultsch, *Griechische und römische Metrologie*, S. 105, Anm. 9 stellt also die Tatsachen auf den Kopf, wenn er sagt, dass »das ganz seltene Pentobolon eine Ausnahme ist, die in eine Zeit fällt, wo die Einsicht in das ursprüngliche System nicht mehr lebendig war.«

52 Prott/Ziehen, *Leges Graecorum sacrae*, Bd. 2, Nr. 5, 53.

53 ▪ Vgl. E. L. Hicks, »A Sacrificial Calendar from Cos«, in: *The Journal of Hellenic Studies* 9 (1888), S. 323–337, hier S. 377; Eine dreizinkige Fleischgabel wird auch im Alten Testament genannt 1. Sam 2, 13.

54 *Ἁιματία* (das Et. M. paraphrasiert mit *ἀλλάντια*) wird das mit Blut bedeckte Gekröse oder auch Eingeweide sein. Diese inneren Teile waren sehr geschätzt, sodass der *ἀλλαντοποιός* dem *μάγειρος* gleichsteht (Schol. Aristoph. equ. 294); *ἀλλαντοπῶλαι* nennt Aristophanes.

55 So z. B. in einem Kultgesetz von Erythrai aus der ersten Hälfte des 4. Jahrhunderts. Bei Wilamowitz-Moellendorff/Jacobsthal, *Nord-*

ionische Steine, S. 37 und 40. Ist es möglich, dass dort Obolos in ursprünglichem Sinne verwendet ist?

56 In der genannten koischen Urkunde (Prott/Ziehen, *Leges Graecorum sacrae*, Bd. 1, Nr. 5) steht Z. 53 f. *νώτου δίκρεας*; eine *μερὶς δικρέων* erscheint in einem Kultgesetz von Chio (4. Jh. v. Chr.) bei Prott/Ziehen, *Leges Graecorum sacrae*, Bd. 2, S. 113, 4 ff. *διμοιρία* ist gleich *δίκρεας*; vgl. ebd., S. 81 und 298. Dass man beim Truppensold später noch von *διμοιρία, τριμοιρία, τετραμοιρία* redet (Xen. hell. VI 1,6), geht offenbar auf die Zeit der Naturallöhnung zurück (vgl. Boeckh, *Die Staatshaushaltung der Athener*, Buch I, S. 341 f.), die natürlich nicht nur in Fleisch, sondern in Beuteanteilen u. a. m. bestand. Beim Kult besteht dagegen die *διμοιρία* aus Fleisch; vgl. die Urkunden von Methymna, *Inscriptiones Graecae*, Bd. 12, 2, Nr. 498, 15; 502, 10; 505, 20, wo *διμοιρία* mit und ohne *μηλέα* gebraucht wird, d. h. die dort ausgesprochene Ehrung bestand in einem doppelten Anteil Schaffleisch.

57 Prott/Ziehen, *Leges Graecorum sacrae*, Bd. 2, Nr. 29, 10 ff.

58 Die *πεμπάς* findet sich in dem milesischen Kultgesetz der *μολποί* (vgl. Ulrich von Wilamowitz-Moellendorff, »Satzungen einer milesischen Sängergilde«, in: *Sitzungsberichte der Königlich Preußischen Akademie der Wissenschaften zu Berlin* (1904), S. 619–640, hier S. 623, 9 ff.). Ob die Deutung von v. Wilamowitz von ein Fünftel richtig ist, erscheint mir zweifelhaft. Kann *πεμπάς* nicht den Anteil, der aus fünf Teilen (*πέντε μερίδες*) besteht, bezeichnen?

59 • Svoronos, *Journal international d'archéologie numismatique*, S. 203 f., wo auch die anderen Erklärungsversuche.

60 Unzureichend sind auch die allgemeinen Erklärungen von Babelon, *Les Origines de la monnaie à Athènes*, S. 75 und ders., *Traité des monnaies grecques et romaines*, Bd. 1, Paris 1901, S. 514; auch Reglings Annahme (in Pauly u. a. (Hg.), *Realenzyklopädie der klassischen Altertumswissenschaft*, s. v. Geld, Bd. 5, Sp. 972 f.), es liege ein »hakenförmiges landwirtschaftliches Werkzeug« der Bezeichnung zugrunde, ist zu allgemein.

61 Die Phoeniker haben Cypern schon sehr früh und vollständig annektiert; vgl. Richard Pietschmann, *Geschichte der Phönizier*, Berlin 1889 (= Allgemeine Geschichte in Einzeldarstellungen, Bd. 4, Teil 2), S. 245 f. Die Beschriftung der ältesten kyprischen Münzen ist phönikisch (Brandis, *Das Münz-, Maß- und Gewichtswesen in Vorderasien bis auf Alexander den Großen*, S. 355 ff.).

62 Hesych und die Homerscholien ziehen die *τρίαινα* bereits als Ana-

logie heran; auch die *ἄγκυρα* hat wie diese zumeist drei Zinken (vgl. die Abbildung in Daremberg/Saglio (Hg.), *Dictionnaire des Antiquités Grecques et Romaines*, s. v.)

63 Et. M. s. v. »ὀβελίσκος· πάντων πρῶτος Φείδων ὁ Ἀργεῖος νόμισμα ἔκοψεν ἐν Αἰγίνῃ καὶ διὰ τοῦτο τὸ νόμισμα ἀναλαβὼν τοὺς ὀβελίσκους ἀνέθηκε τῇ ἐν Ἄργει Ἥρᾳ«. Wann Pheidon gelebt hat, ist sehr umstritten; ich neige dahin, ihn mit August Frickenhaus, »Die Hera von Tiryns«, in: *Tiryns. Die Ergebnisse der Ausgrabungen des Instituts*, Bd. 1, Athen 1912, S. 1–126, hier S. 119 ins 7. Jh. zu setzen. Lehmann-Haupt rückt ihn ins 8. Jh. hinauf (Alfred Gercke / Eduard Norden, *Einleitung in die Altertumswissenschaft*, Bd. 3, Leipzig 1912, S. 105).

64 • Boeckh, *Die Staatshaushaltung der Athener*, Buch I, S. 300.

65 Wo sie sonst erscheinen, sind sie offenbar von dorther entlehnt.

66 Vgl. Charles Waldstein, *The Argive Heraeum*, 2 Bde., Bd. 2, Boston, New York 1905, S. 42 und Fig. 78 ff.

67 Die Form ist auf den Abbildungen nicht zu erkennen.

68 Vgl. z. B. Waldstein, *The Argive Heraeum*, Bd. 2, S. 43, Fig. 84.

69 Abgebildet ebd., Taf. 127 ff., Nr. 2273 ff. Sie sind in so großer Menge gefunden, dass viele, ohne veröffentlicht zu werden, beiseitegelegt sind; vgl. ebd., S. 300 ff.

70 Es finden sich unter den *spits* Exemplare mit 1, 2, 3, 4 und 5 Verdickungen; vgl. ebd., Taf. 130 ff.

71 Vgl. ebd., Taf. 78 ff.

72 Ist etwa der eigenartige Gegenstand, der zusammen mit Geräten, die zum Gelage gehören, als Leichenbeigabe auf einem hellenistischen Gefäß aus Troja erscheint (vgl. Wilhelm Dörpfeld, *Troia und Ilion. Ergebnisse der Ausgrabungen in den vorhistorischen und historischen Schichten von Ilion 1870–94*, Bd. 2, Athen 1902, S. 445), auch die Nachbildung eines Obelos mit Fleisch. Die Stilisierung ist hier allerdings schon sehr stark fortgeschritten.

73 Es gibt Exemplare, die 2, 3, 4 usf. bis zu 26 Perlen haben. Ob unter den zahlreichen anderen Eisen- und Bronzegegenständen, die gefunden worden sind, sich Dinge finden, die als Geld umliefen, kann ich nicht sagen. Waldstein möchte auch die unzähligen Bronzeringe, die gefunden worden sind, als »objects of metallic value« deuten und annehmen, »that in the daily life of the people these were used in lieu of ordinary coin« (vgl. Waldstein, *The Argive Heraeum*, Bd. 1, Introduction, S. 62). Das geht sicherlich zu weit; die Bedenken, die Svoronos, *Journal international d'archéologie numismatique*, S. 201 äußert, scheinen mir berechtigt.

74 Das ganze Problem ist jetzt am bequemsten im Thesaurus zu übersehen, wo vor allem die Deutungen aus dem Altertum zusammengestellt sind. An neuen Erklärungen sind bemerkenswert die von Ridgeway, *The Origin of Metallic Currency and Weight Standard*, S. 353 f., der *as* von *asser* herleitet, und die im Thesaurus vertretene Ansicht, das Wort hänge mit *assis* = *axis* zusammen, es bedeute »tabulam sectilem quadratam«, die Bezeichnung gehe auf die viereckigen Barren zurück. Assmann versucht (Ernst Assmann, »Die babylonische Herkunft von as, aes, raudus, uncia, libra«, in: *Nomisma* V (1910), S. 1–9, hier S. 3) das Wort aus dem Sumerischen herzuleiten.

75 François Lenormant, *La monnaie dans l'Antiquité*, Bd. 1, Paris 1878, S. 33.

76 Vgl. *λέβης τρίπους* Aesch. frg. 1 Dind. dazu Hesych. s. v. *τρίποδα· λέβητα τρισκελῆ* und H-Schol. zu Od. 8, 434. Über Dreifüße handelt zuletzt eingehend Karl Schwendemann, »Der Dreifuss. Ein formen- und religionsgeschichtlicher Versuch«, in: *Jahrbuch des Deutschen Archäologischen Instituts* 36 (1921), S. 98–185.

77 Vgl. Hesych. βουχανδέα· τὸν μέγαν λέβητα.

78 Xenophon spricht an. VII 3, 21 bei der Schilderung einer Mahlzeit von »τρίποδες … κρεῶν μεστοί νενεμημένων«. George Macdonald, *Coin Types. Their Origin and Development*, Glasgow 1905, S. 33 f. führt richtig aus, dass zunächst der Inhalt der Gefäße Repräsentant des Wertes war.

79 Diese Umbildung hat eingehend Schwendemann, »Der Dreifuss. Ein formen- und religionsgeschichtlicher Versuch«, vor allem S. 126 ff., behandelt.

80 Vgl. Svoronos, *Journal international d'archéologie numismatique*, S. 217 ff.

81 Vgl. Il. 8, 290; 9, 123; Od. 13, 13; Il. 11, 700; 23, 264 ff.

82 Zuerst und entschieden ausgesprochen von Regling in Pauly u. a. (Hg.), *Realenzyklopädie der klassischen Altertumswissenschaft*, s. v. Geld, Bd. 5, Sp. 973 f.

83 Die Funde sind von H. Schmidt in: *Prähistorische Zeitschrift* 3 (1911), S. 390 verzeichnet (hinzu kommt Malta; vgl. Albert Mayr, *Die Insel Malta im Altertum*, München 1909, S. 45). Man neigt neuerdings dahin, die im Westen gefundenen Stücke nicht auf östlichen Einfluss oder gar auf Import zurückzuführen, sondern von ihnen zu trennen; vgl. Bernhard Schweitzer, *Herakles. Aufsätze zur griechischen Religions- und Sagengeschichte*, Tübingen 1922, S. 39.

84 Man wird nicht dagegen anführen, dass sie beim Bogenwettkampfe gebraucht wurden (z. B. Od. 19, 572 ff.; vgl. dazu Helbig, *Das Homerische Epos aus den Denkmälern erläutert*, S. 348 ff.).

85 · Svoronos, *Journal international d'archéologie numismatique*, Taf. II und III.

86 Ebd., S. 176, Abb. 15 illustriert das an Münzen von Epirus, die solche Metallbarren mit Tragriemen zeigen.

87 s. v. *πέλεκης* und *ἡμιπέλεκκον*.

88 ABT zu Il. 23, 851; Eusth. zu Od. 19, 573 pag. 1878, 50.

89 *πέλεκης* = *σταθμὸν ἑχάμνουν ἢ δεκάμνουν* bei Eustathios.; *ἡμιπέλεκκον* = *τριμναῖον ἢ τετραμναῖον ἢ πεντάμνουν* bei Hesych. Noch unsicherer ist die Angabe der Homer-Scholien; so sagt T: »οἵ δὲ ὄνομα σταθμοῦ ἑχάμνουν παρὰ τοῖς Βοιωτοῖς οὕτω λεγόμενον· οἵ δὲ κατά τινας τάλαντον σιδήρου, κατὰ δὲ ἐνίους ἑκατὸν μνᾶς«. Wieder anders ist A.

90 Den metrischen Systemen, die Arthur Evans, »Minoan weights and mediums of currency from Crete, Mycenae and Cyprus«, in: *Corolla numismatica* (1906), S. 336–367 für B. V. Head aus den Metallfunden auf Kreta usf. zu erschließen sucht, stehe ich sehr skeptisch gegenüber. Noch weniger gesichert sind die prähistorischen Währungssysteme von Robert Forrer, »Keltische Numismatik der Rhein- und Donaulande«, in: *Jahrbuch der Gesellschaft für Lothringische Geschichte und Altertumskunde* 16 (1904). Ablehnend auch Regling in Pauly u. a. (Hg.), *Realenzyklopädie der klassischen Altertumswissenschaft*, s. v. Geld, Bd. 5; Fimmen, *Die kretisch-mykenische Kultur*, S. 123 und Schweitzer, *Herakles*, S. 42.

91 Für Kreta plädiert Fimmen, *Die kretisch-mykenische Kultur*, S. 123; die *communis opinio* weist sie nach Cypern (z. B. Svoronos, *Journal international d'archéologie numismatique*, S. 179, der kyprische Städtenamen z. B. Soloi darauf findet). Ich neige dieser Meinung vor allem aus dem Grunde zu, weil auf Cypern die *πελέκεις* als Münznamen weiterleben (vgl. Hermann Collitz / Friedrich Bechtel, *Sammlung der griechischen Dialekt-Inschriften*, Bd. 1, Göttingen 1883, S. 60; Otto Hoffmann, *Die griechischen Dialekte*, 3 Bde., Bd. 1, Göttingen 1891, S. 135); das geht offenbar auf diese prämonetäre Geldform zurück.

92 · Svoronos, *Journal international d'archéologie numismatique*, S. 177.

93 Die wichtigsten Belege sind bei Winter/Dehio, *Kunstgeschichte in Bildern*, Bd. 1, Heft 3 abgebildet.

94 Ebd., S. 93.

95 Den Hinweis auf Schweitzers Buch verdanke ich der Freundlichkeit von Herrn Dr. F. Drexel.

96 • Schweitzer, *Herakles*, S. 45.

97 • Ebd., S. 46.

98 • Vgl. ebd., S. 34.

99 Ob die Doppelaxt als Münzbild von der Waffe des Tennes, des Eponymen der Insel, oder von dem Opferbeil des Dionysospriesters, mit dem dieser die Mänaden verfolgt, herstammt, ist umstritten; vgl. William Ridgeway, »On Mr. Wroth's Review of Ridgeway's Metallic Currency«, in: *Classical Revue* 7 (1893), S. 79–82 und gegen ihn Warwick Wroth, »Greek coins acquired by the British Museum in 1897«, in: *Numismatic chronicle and Journal of the Royal Numismatic Society* (1898), S. 113, dazu außerdem Martin Persson Nilsson, *Griechische Feste von religiöser Bedeutung mit Ausschluss der Attischen*, Leipzig 1906, S. 308. Die Münzen, welche außer denen von Tenedos noch die Doppelaxt als Wappen tragen, hat Schweitzer, *Herakles*, S. 42 zusammengestellt. Das Doppelbeil ist auf den tenedischen Münzen deutlich als Kultobjekt charakterisiert; vgl. Macdonald, *Coin Types*, S. 25 und vor allem *Zeitschrift für Numismatik* 20 (1897), S. 274 f. und Taf. X 8 u. 9.

100 • Fimmen, *Die kretisch-mykenische Kultur*, S. 122.

101 Was mir keineswegs sicher zu sein scheint. Fimmen leugnet die Identität, weil der Rand des Beiles immer konvex, die Ränder der Barren dagegen immer konkav seien. Dies Argument wäre nur dann durchschlagend, wenn das Kultsymbol die Werkzeugform unbedingt konservieren würde. Dass die sakrale Symbolisierung sie sehr oft stark verändert, ist bekannt genug. Kann etwa die konkave Gestaltung der Seitenflächen ihren Grund darin haben, dass das Doppelbeil vielfach zwischen den nach auswärts gebogenen (also konvexen) Stierhörnern als Symbol gestellt wurde?

102 Vgl. Fimmen, *Die kretisch-mykenische Kultur*, S. 121 und 123. Auf zahlreichen kyprischen Gemmen erscheint die Zusammenstellung von Stierköpfen mit diesen Barren (wozu noch Lebetes treten) ebenfalls; vgl. Max Hermann Ohnefalsch-Richter, *Kypros, die Bibel und Homer. Beiträge zur Cultur-, Kunst- und Religionsgeschichte des Orients im Alterthume*, Berlin 1893, Kypros Taf. LXXXVII 1, 2, 4, 5; XCIV 6, 18; CXVI 2 usf. Ich gebe zu, dass man in manchen Fällen stilisierte Tierhäute vor sich zu haben glaubt; aber die Form, die der Gegenstand z. B. auf Taf. CXXI hat, zeigt, dass nur Doppelbeile gemeint sein können. Beispiele dieser Zusammenstellung gibt

auch Luigi Palma di Cesnola, *Cyprus. Its ancient cities, tombs, and temples*, London 1877, z. B. Taf. XXXII ff.

103 Ebd.

104 Vortrag in der Archäologischen Gesellschaft zu Berlin; vgl. *Sitzungsberichte der Archäologischen Gesellschaft zu Berlin*, Bd. 36, Berlin 1911.

105 Frédérik Poulsen, »Fragment d'un grand vase funéraire découvert à Délos«, in: *Monuments et mémoires de la Fondation Eugène Piot* 16 (1909), S. 25–38, hier S. 33 ff.

106 Die Untersuchungen über das spartanische Eisengeld, die vor allem auch eine neue Erklärung der berühmten Steatitgefäße von Hagia Triada bringen werden, sollen anderwärts veröffentlicht werden (Beilage zum Vorlesungsverzeichnis der Akademie Braunsberg für das W. S. 1924–25).

107 Max Weber (Hg), *Wirtschaft und Gesellschaft*, Tübingen 1922 (= Grundriss der Sozialökonomik, 3. Abt.), S. 230.

108 Die enge Verbindung zwischen beiden beweist übrigens auch, dass die im Kult geschaffenen Symbole wirklich Geld darstellen.

V. Kapitel
Entstehung und Wesen der Münze

1 Vgl. Ernst Curtius, »Über den religiösen Charakter der griechischen Münzen (Monatsberichte der Akademie 1869)«, in: ders., *Gesammelte Abhandlungen*, Bd. 2, Berlin 1894, S. 443–459; vor ihm hatte bereits Thomas Burgon im *Numismatic Journal* von 1837 (mir unzugänglich) auf den religiösen Charakter der Münztypen nachdrücklich hingewiesen.

2 Besonders Ridgeway (*The Origin of Metallic Currency and Weight Standard*, S. 313 ff.), Svoronos (*Journal international d'archéologie numismatique*, S. 147 ff.) sind zu nennen. Münsterberg spricht in *Monatsblatt der Numismatischen Gesellschaft in Wien* 8 (1911), S. 357 von der »von Ernst Curtius aufgestellten, aber seither wohl fast allgemein aufgegebenen Theorie des Tempelgeldes.« Das ist nun keineswegs der Fall. Namhafte Numismatiker (z. B. Hans von Fritze, »Beitrag zur Münzkunde von Delphi«, in: *Zeitschrift für Numismatik* 20 (1897), S. 62–71, hier S. 71, Anm. 1 und Regling, ebd., S. 110, Anm. 6) betonen den sakralen Grundcharakter der griechischen Münzen nachdrücklich. Eine Mittelstellung zwischen der »religious or commercial theory« nimmt Macdonald, *Coin Types* ein.

3 Diese Deutung wird schon von antiken Erklärern ausgesprochen; vgl. B-Schol. zu Il. 15, 79.

4 »Alles hellenische Geld war einmal sakral, ebenso von der Priesterschaft ausgegangen, wie die anderen allgemeingültigen Maßbegriffe: Gewichte, Umfangsmaße, Zeiteinteilungen. Und diese Priesterschaft repräsentierte zugleich die Verbandseinheit der Landschaften, die älteren Verbände ruhten durchaus auf religiöser Grundlage, die manchmal für relativ weite Gebiete die einzige blieb. Die Heiligtümer hatten eine überpartikularistische, zentralisierende Bedeutung, und diese war es, die das Geld, das Symbol der Gottheit, auf sich tragend, zum Ausdruck brachte. Die religiös-soziale Einheit, die im Tempel kristallisiert war, wurde in dem Gelde, das er ausgab, gleichsam wieder flüssig und gab diesem ein Fundament und eine Funktion, weit über die Metallbedeutung des individuellen Stückes hinaus. Von diesen soziologischen Konstellationen getragen und nie tragend, realisiert sich die steigende Bedeutung der Geldfunktion auf Kosten der Geldsubstanz.« Georg Simmel, *Philosophie des Geldes*, Leipzig 1900, S. 161.

5 Mit gewissen Einschränkungen, die weiter unten spezifiziert werden.

6 Seriphos z. B. ist ein semitisches Wort und bedeutet »Schmelzstätte«; vgl. Otto Schrader, *Sprachvergleichung und Urgeschichte*, Bd. 2, Jena [3]1906, S. 11 und 16. Semitische Lehnwörter, die auf Metallgewinnung zurückgehen, gibt es in Griechenland mannigfach (*Ταίναρον Σίφνος*, manche Ortsnamen auf Lesbos); vgl. Heinrich Lewy, *Die semitischen Fremdwörter im Griechischen*, Berlin 1895, S. 146 f., 204 und 241.

7 Ob die großen Silbermengen, die in dieser frühen Zeit bereits im Umlauf sind, aus dem Westen stammen, ist nicht sicher; zwar weiß man ebenso wenig, woher sie sonst gekommen sein könnten (vgl. Ed. Meyer in Elster u. a. (Hg.), *Handwörterbuch der Staatswissenschaften*, Bd. 6, S. 825). Dass in Asien Silber gefunden worden ist, beweisen die großen Mengen, welche die Syrer zur Zeit des N. R. nach Ägypten brachten (vgl. Wiedemann, *Das alte Aegypten*, S. 343 f.). Möglich ist, dass Armenien bereits in dieser frühen Zeit Silber lieferte, wie Schrader, *Sprachvergleichung und Urgeschichte*, S. 52 vermutet.

8 Vgl. Wiedemann, *Das alte Aegypten*, S. 128 ff. und 143.

9 Der Glanz mag, wie Schrader, *Sprachvergleichung und Urgeschichte*, S. 31 und 39 aus den Namen schließen zu können glaubt, Ausgangspunkt gewesen sein.

10 ▪ Vgl. Alfred Jeremias, *Handbuch der altorientalischen Geisteskultur*, Leipzig 1913, S. 86 f.

11 Gold als Symbol der Sonne auch in Indien (vgl. Oldenberg, *Die Religion des Veda*, S. 185 f.) und sonst oft.

12 Vgl. zuletzt darüber Pauly u. a. (Hg.), *Realenzyklopädie der klassischen Altertumswissenschaft*, s. v. Gewichte, Supplemente, Bd. 3, Sp. 592, wo Lehmann-Haupt darlegt, dass »die babylonischen Priester die Funktionen des Astronomen, des Astrologen, der obersten Eichungsbehörde, des Finanzministeriums, des Banquiers, des Kaufmanns, des Notars usw. in sich vereinigten«. Aus dieser engen Verbindung heraus begreift man, wie die Norm für das Wertverhältnis gewissermaßen vom Himmel geholt wurde; vgl. dazu ebd., S. 598 und Schrader, *Sprachvergleichung und Urgeschichte*, S. 11.

13 ▪ Boeckh, *Metrologische Untersuchungen über Gewichte, Münzfüße und Maße des Altertums*, S. 35.

14 Vgl. Heinrich Schurtz, *Urgeschichte der Kultur*, Leipzig 1900, S. 247 ff.

15 Vgl. Edmund Hahn, *Das Alter der wirtschaftlichen Kultur der Menschheit*, Heidelberg 1905, S. 134 ff. und in anderen seiner vielen Bücher.

16 ▪ Weber, *Gesammelte Aufsätze zur Religionssoziologie*, S. 350.

17 Vgl. Rodenwaldt, *Tiryns*, S. 93. Die Stierspiele sind zum größten Teil bei Winter/Dehio, *Kunstgeschichte in Bildern*, Bd. 1, S. 88 f. abgebildet.

18 So Wundt, *Völkerpsychologie*, Bd. 8, 2, S. 160; vgl. über die Heiligkeit des Viehes bei den Indogermanen Victor Hehn, *Kulturpflanzen und Haustiere in ihrem Übergang aus Asien nach Griechenland und Italien*, Berlin [8]1911, S. 38 ff. Belege von den verschiedensten Völkern und Kulturen hat William Robertson Smith, *Die Religion der Semiten*, Freiburg im Breisgau 1899, S. 227 ff. zusammengestellt.

19 Vgl. Oldenberg, *Die Religion des Veda*, S. 144 f.

20 Gold ist bei den Indern und Chinesen Symbol, d. h. Verleiher der Reinheit und Unsterblichkeit; in diesem Sinne wird es im Kult verwendet. Für Indien vgl. Albrecht Weber, *Indische Streifen*, Berlin 1868, S. 57, 59 ff.; für China Jan Jakob Maria de Groot, *The religious System of China*, 6 Bde., Leiden 1892–1910, S. 273 ff. In China trägt der Lebende das Gold, um seine Existenz zu verlängern, dem Toten gibt man es in den Mund als Unterpfand der Unsterblichkeit. Auch das Silber hat seine geheimen magischen Kräfte; deshalb sind Amulette und Zauberinschriften oft aus Silber. Vgl. Richard Wünsch, »Deisidaimoniaka«, in: *Archiv für Religionswissenschaft* 12 (1909), S. 1–45, hier S. 25, wo mehr Literatur.

21 Delitzsch, *Handel und Wandel in Altbabylonien*, S. 26.

22 Den ägyptischen Pharao als Großkaufmann schildert Wiedemann, *Das alte Aegypten*, S. 317 f.; das große Interesse der altbabylonischen Könige am Handel betont Meissner, *Babylonien und Assyrien*, S. 53 und sonst oft.

23 Vgl. Brandis, *Das Münz-, Maß- und Gewichtswesen in Vorderasien bis auf Alexander den Großen*, S. 83 f.

24 In Ägypten ist die Getreidefrucht aus demselben Grunde von gleichbleibender Güte; vgl. Friedrich Preisigke, *Girowesen im griechischen Ägypten*, Straßburg 1910, S. 69 ff.

25 Das hat eingehend Rudolf Herzog, *Aus der Geschichte des Bankwesens im Altertum: Tesserae nummulariae*, Giessen 1919, S. 29 f. dargelegt.

26 Vgl. Meissner, *Babylonien und Assyrien*, S. 345 f.

27 Vgl. ebd., S. 356.

28 Vgl. ebd.

29 Vgl. ebd.

30 Ernst Klauber, *Keilschriftbriefe. Staat und Gesellschaft in der babylonisch-assyrischen Briefliteratur*, Leipzig 1911 (= Der alte Orient, Bd. 12), S. 12.

31 Bekanntlich wurde Gold und auch Silber in Ägypten in Beuteln aufbewahrt, wie wir es auf Reliefdarstellungen sehen; vgl. Carl Richard Lepsius, *Die Metalle in den ägyptischen Inschriften*, Berlin 1871 (= Abhandlungen der Königlichen Akademie der Wissenschaften zu Berlin), S. 27 ff., Taf. I, Nr. 7 ff.

32 Das ist ziemlich oft der Fall; vgl. Bruno Meissner, *Aus dem altbabylonischen Recht*, Leipzig 1905 (= Der Alte Orient, Bd. 7, Teil 1), S. 11.

33 Vgl. Brandis, *Das Münz-, Maß- und Gewichtswesen in Vorderasien bis auf Alexander den Großen*, S. 75.

34 Das homerische Temesa ist nach Cypern zu legen; vgl. Eugen Oberhummer, *Die Insel Cypern. Eine Landeskunde auf historischer Grundlage*, München 1903, S. 176.

35 Vgl. ABT zu Il. 23, 269, BT zu Il. 23, 833. Boeckh, *Metrologische Untersuchungen über Gewichte, Münzfüße und Maße des Altertums*, S. 33 fordert nachdrücklich die Trennung des homerischen *τάλαντον* von dem späteren und sieht wie Hultsch, *Griechische und römische Metrologie*, S. 104 in ihm eine kleine Goldmenge, deren Gewicht sich nicht bestimmen lässt und überhaupt nicht fixiert war. Die Gewichtsberechnung des homerischen Talentes, die Ridgeway, *The Origin of Metallic Currency and Weight Standard*, S. 7 und 117 gibt, entbehrt jeder sicheren Grundlage.

36 Dass die Goldscheibchen nur in Gräbern gefunden worden sind, spricht nicht, wie Fimmen, *Die kretisch-mykenische Kultur*, S. 121 annimmt, gegen ihren Geldcharakter. Und ebenso wenig muss die Durchbohrung an den Rändern auf Sarg- oder Gewandschmuck bezogen werden; sie kann ebenso gut von der Anbringung der Bänder stammen, mit denen man die Scheibchen (als Waagschalen) befestigte.

37 Vgl. Simmel, *Philosophie des Geldes*, S. 105 f.

38 Zahlreiche Beispiele dieser Art bei Andree, *Votive und Weihegaben des katholischen Volkes in Süddeutschland*, S. 79, 94 und 164. Dazu Grimm, *Die deutschen Rechtsaltertümer*, S. 245 ff. und Franz, *Die kirchlichen Benediktionen im Mittelalter*, S. 459 ff.

39 Z. B. Il. 22, 351 mit den Scholien A, B, T und Eusthatios.

40 Vgl. z. B. aus Chr. Blinkenberg (Hg.), *Die Lindische Tempelchronik*, Bonn 1915 (= Kleine Texte, herausgegeben von Hans Lietzmann, Bd. 131) die Stelle, wo das Gewicht von goldenem Schmuck angegeben wird C 88: »τὰ πάντα ἄγοντα χρυσοῦς χιλίοις κτλ«; ähnlich C 94.

41 Oft abgebildet; zuletzt bei Meissner, *Babylonien und Assyrien*, S. 356, Abb. 128 und bei Wiedemann, *Das alte Aegypten*, S. 311, Abb. 55.

42 · Evans, »Minoan weights and mediums of currency from Crete, Mycenae and Cyprus«, S. 352 f.

43 · Vgl. Stellen bei Reisch, *Griechische Weihgeschenke.*

44 Vgl. meinen Artikel »Anleihen« in Pauly u. a. (Hg.), *Realenzyklopädie der klassischen Altertumswissenschaft*, s. v. Anleihen, Supplemente.

45 Vgl. meinen Artikel »Banken im Altertum« in Ludwig Elster / Adolf Weber / Friedrich Wieser (Hg.), *Handwörterbuch der Staatswissenschaften*, 8 Bde., Jena [4]1923–1929 und in erweiterter Form in Pauly u. a. (Hg.), *Realenzyklopädie der klassischen Altertumswissenschaft*, s. v. Banken im Altertum, Supplemente.

46 Furtwängler, Adolf, *Die antiken Gemmen. Geschichte der Steinschneidekunst im klassischen Altertum*, 3 Bde., Leipzig u. a. 1900, Textband I, S. 79 betont, dass »die Siegelbilder jener Epoche (VII.–VI. Jh.) die genauen Gegenstücke der Münzbilder sind: hier hat der Staat und sein Vertreter, dort der einzelne sich ein Bild als Siegel gewählt.«

47 Vgl. Schurtz, *Urgeschichte der Kultur*, S. 101.

48 Lucien Levy-Brühl, *Das Denken der Naturvölker*, Wien 1921, S. 326.

49 Die Schildzeichen werden meist als Apotropaia oder als Symbole,

die eine Eigenschaft des Trägers ausdrücken sollen, erklärt; jedoch haben sie auch zur Bezeichnung der Volkszugehörigkeit gedient; vgl. zuletzt Franz Winter, »Griechische Schildbilder und Schildzeichen«, in: *Bonner Jahrbücher* 127 (1922), S. 244 ff. Im alten Indien lebt der Totemismus vor allem in den Priestergeschlechtern; vgl. Oldenberg, *Die Religion des Veda*, S. 82 ff.

50 Für Ägypten hat Wiedemann, *Das alte Aegypten*, S. 132 diese Tatsache hervorgehoben; für Babylonien vgl. Otto Weber, Dämonenbeschwörung bei den Babyloniern und Assyrern, Leipzig 1906 (= Der alte Orient, Bd. 7, Teil 4), S. 35: »Man darf wohl auch annehmen, dass die ungeheure Masse der Siegelzylinder, die aus allen Perioden der babylonischen und assyrischen Geschichte erhalten sind, neben dem rechtlichen Zweck gleichfalls der Abwehr böser Geister diente; ja es ist wohl sicher, dass die letztere Bestimmung die ursprüngliche ist.«

51 Vgl. zuletzt Otto Weber, *Altorientalische Siegelbilder*, Leipzig 1920 (= Der alte Orient, Bd. 17. und 18).

52 Vgl. Pauly u. a. (Hg.), *Realenzyklopädie der klassischen Altertumswissenschaft*, s. v. Ring bzw. Siegel; vor allem ist der Artikel »Signum« von Leopold Wenger ebd., 2. Reihe, 4. Halbbd., Sp. 2364 ff. wichtig. Vgl. auch Ernst Maaß, »Segnen, Weihen, Taufen«, in: *Archiv für Religionswissenschaft* 21 (1922), S. 241–286.

53 Wie wichtig die magischen Vorstellungen für die Entstehung des Eigentums überhaupt sind, das werde ich an anderer Stelle darlegen.

54 Vgl. Wilhelm Dittenberger, »ΕΛΑΦΟΣΤΙΚΤΟΣ«, in: *Hermes* 37, Heft 2 (1902), S. 298–301, hier S. 300 ff.; Otto Crusius, »Kleinigkeiten zur alten Sprach- und Kulturgeschichte«, in: *Philologus* 16 (1903), S. 125–140, und Paul Perdrizet, »La miraculeuse histoire de Pandare et d'Echédore, suivie de recherches sur la marque dans l'Antiquité«, in: *Archiv für Religionswissenschaft* 14 (1911), S. 54–129, hier S. 61 ff. Dort sind alle aus der Literatur und sonst überlieferten Beispiele der Stempelung angeführt. Babylonische Belege für Sklaven- und Tiermarken gibt Arthur Ungnad, *Aus den neubabylonischen Privaturkunden*, Berlin 1908 (= Beihefte zur Orientalischen Literaturzeitung, Bd. 2).

55 Vgl. Perdrizet, »La miraculeuse histoire de Pandare et d'Echédore«, S. 85; Wiedemann, *Das alte Aegypten*, S. 144, wo mehr Literatur.

56 Diesen Brauch, das Eigentum der Gottheit durch ein Zeichen als heiliges Gut zu bezeichnen, hat eingehend Ernst Curtius, »Wap-

pengebrauch und Wappenstil im Altertum«, in: ders., *Gesammelte Abhandlungen*, Bd. 2, Berlin 1894, S. 77–115, hier S. 82 ff. behandelt.

57 Vgl. Macdonald, *Coin Types*, S. 71.

58 Z. B. bei der Phanesmünze.

59 Der Stempel drückt dasselbe aus wie die Aufschrift *ἱερός*, die z. B. auf Gewichten und anderen heiligen Dingen (Prott/Ziehen, *Leges Graecorum sacrae*, Bd. 2, Nr. 69, 35) erscheint. Auch auf Münzen kommt bisweilen *ἱερός* vor. Die Aufschrift *HIAPON TO ΑΠΟΛ* auf Didrachmen von Kroton ist von späterer Hand eingeritzt; sie macht die Münze zum speziellen Anathem (vgl. Percy Gardner, »Votive Coins in Delian Inscriptions«, in: *The Journal of Hellenic Studies*, herausgegeben von der Society for the Promotion of Hellenic Studies, Bd. 4, London 1883, S. 243); auf einer milesischen Münze findet sich die originale Aufschrift *Η ΕΓ ΔΙΔΥΜΩΝ ΙΕΡΗ*.

60 ▪ Furtwängler, *Die antiken Gemmen*, Taf. VII 66.

61 Vgl. Adolf Erman, *Die ägyptische Religion*, Berlin 1905 (= Handbücher der königlichen Museen zu Berlin, Bd. 9), S. 48.

62 Weber, *Altorientalische Siegelbilder*, S. 3.

63 Curtius, »Wappengebrauch und Wappenstil im Altertum«, S. 81.

64 Beispiele bei Prott/Ziehen, *Leges Graecorum sacrae*, Bd. 2, Nr. 1, 2 (vgl. *Inscriptiones Graecae*, Bd. 1, 32, 15 ff.) und Nr. 80, 43 ff. mit den Bemerkungen S. 243.

65 Um die Echtheit solcher Münzen festzustellen, blieb kein anderer Weg, als durch einen Einschlag das Innere selbst offenzulegen. Die Universitätssammlung in Frankfurt besitzt eine athenische Tetradrachme des 5. Jh. (Geschenk von Hrn. Jos. Hamburger), die den Beilschlag deutlich zeigt. Eine Tetradrachme von Aineia (Makedonien) mit einem ähnlichen Einschlag ist bei Regling, *Die antiken Münzen*, Berlin, Leipzig [2]1922 (= Handbücher der staatlichen Museen zu Berlin), S. 5 abgebildet.

66 Vgl. Demosth. 24, 212. Die epigraphischen Zeugnisse bei Latte, *Heiliges Recht*, S. 85. Auch in Rom steht auf Münzfälschung der Tod, und noch in der mittelalterlichen Strafordnung rangiert Münzverbrechen unter den geistigen Vergehen.

67 Erman, *Die ägyptische Religion*, S. 180; vgl. Hdt. II 38.

68 Prott/Ziehen, *Leges Graecorum sacrae*, Bd. 2, Nr. 58, 70. »τοῖς δὲ δοκιμασθέντος σαμεῖον ἐπιβαλόντο οἱ ἱεροί«. Das Zeichen ist den Tieren, wie es scheint, eingebrannt worden; vgl. *καῦσαι*, in der Inschrift von Jos. *Inscriptiones Graecae*, Bd. 12, 5 Nr. 2, 3; vgl. über das Markieren der Opfertiere Wenger in Pauly u. a. (Hg.), *Real-*

enzyklopädie der klassischen Altertumswissenschaft, s. v. Signum, 2. Reihe, 4. Halbbd., Sp. 2364 ff.

69 Vgl. zu dieser Bedeutung des Siegels Georg Wobbermin, *Religionsgeschichtliche Studien zur Frage der Beeinflussung des Urchristentums durch das antike Mysterienwesen*, Berlin 1896, S. 144 ff. und Heitmüller, in: Friedrich Michael Schiele / Leopold Zscharnak (Hg.), *Die Religion in Geschichte und Gegenwart*, Bd. 5, Tübingen 1913, S. 1098.

70 So findet man gerade auf den primitivsten Münzen von Kyzikos nur den Kopf des Thunfisches; vgl. Hans von Fritze, »Elektronprägung von Kyzikos. Eine chronologische Studie«, in: *Nomisma* 7 (1912), S. 1–38, Taf. I, Nr. 1–18. Dass Vierfüßler (Rinder, Widder und so fort) in früher Zeit ebenfalls nur mit dem Kopfe erscheinen, ist bekannt genug.

71 Eretria, Histaia und Karystos; vgl. *A catalogue of the Greek Coins in the British Museum*, Bd. 8: Central Greece, London 1884, Taf. XVII, XIX, XXIV.

72 *A catalogue of the Greek Coins in the British Museum*, Bd. 9: Crete and the Aegean Islands, London 1886, Taf. XVI.

73 *A catalogue of the Greek Coins in the British Museum*, Bd. 8: Central Greece, Taf. III.

74 Boeckh, der in *Metrologische Untersuchungen über Gewichte, Münzfüße und Maße des Altertums*, S. 121 f. die Stellen zusammengebracht hat, hält es für gewiss, dass »das älteste Gepräge der attischen Münzen, welches wir in erhaltenen Stücken nicht mehr nachweisen können, der Stier war.« Regling in Pauly u. a. (Hg.), *Realenzyklopädie der klassischen Altertumswissenschaft*, s. v. Geld, Bd. 5, Sp. 971 lehnt die Erklärung mit Rücksicht auf die Fundtatsachen ab. Mich macht vor allem bedenklich die Notiz des Schol. A zu Il. 2, 449: »ἐνεχάραττον τῷ μὲν ἐνὶ μέρει τοῦ νομίσματος βοῦν, τῷ δὲ ἑτέρῳ τὸ τοῦ βασιλέως πρόσωπον«. Wer das schrieb, hatte hellenistische Münzen vor sich. Es liegt also keine wirkliche Überlieferung vor, sondern nur eine an *ἑκατόμβοιος* usf. anknüpfende gelehrte Spekulation. Aber wenn auch die Notiz nicht als Zeugnis für die athenische Stierprägung verwendet werden kann, eine im Prinzip richtige Beobachtung, dass die in Rindern ausgedrückten Werteinheiten in den Münzbildern weiterleben, liegt ihr gleichwohl zugrunde (vgl. auch Head, *Historia Numorum*, S. 309). Der mit Opferbinde geschmückte Stierkopf auf athenischen Münzen der Kaiserzeit (*A catalogue of the Greek Coins in the British Museum*, Bd. 11: Attica, Megaris, Aegina, London 1888,

Taf. XIX Nr. 9) beweist natürlich gar nichts; möglich, dass er durch die literarische Notiz von den Athener Stiermünzen angeregt worden ist.

75 Brandis, *Das Münz-, Maß- und Gewichtswesen in Vorderasien bis auf Alexander den Großen*, S. 333 möchte in ihm wegen des beigefügten Lorbeerzweiges eher einen Preisstier sehen, wie er dem Sieger beim dithyrambischen Wettgesang verliehen wurde. Das ist an sich möglich; aber wie auf lesbischen Münzen der Zweig zwischen den beiden Kalbsköpfen diese offenbar als Opfergabe charakterisiert, so hier ebenfalls. Aber auch die andere Deutung passt in diesen Zusammenhang sehr gut (vgl. S. 112 f.).

76 Vgl. Paul Stengel, *Opferbräuche der Griechen*, S. 201.

77 Vgl. Fritze, »Elektronprägung von Kyzikos. Eine chronologische Studie«, S. 29.

78 Der Geldcharakter dieser Stücke ist von mir eingehend in »Das Fischgeld von Olbia«, in: *Frankfurter Münzzeitung* 6 (1918), S. 439–450 behandelt; dort auch die Literatur.

79 Vgl. Gruppe, *Griechische Mythologie und Religionsgeschichte*, S. 1227, Anm. 1; die Ausführungen, die ich a. a. O. über die wirtschaftliche Verwertung des Delphins gemacht habe, werden dadurch hinfällig.

80 Diese heißt *δάργμα* – *δραχμή* von *δράσσειν* = greifen; der Erntegott bzw. sein Heiligtum heißt *Δράξων*. Hes. »Δράξων· ἐν Σικελίᾳ ἱερόν, εἰς ὃ οἱ γεωργοὶ εὐχὰς ἔπεμπον, ὅθεν καὶ [δραξόνες] ἐκλήθησαν«. Die Versuchung liegt nahe, die ›Drachme‹ als Münznamen aus diesem Milieu herzuleiten. Doch scheint mir das nicht möglich.

81 Vgl. Head, *Historia Numorum*, S. 267.

82 Stöckl, *Das Opfer nach seinem Wesen und nach seiner Geschichte*, S. 179.

83 Vgl. *A catalogue of the Greek Coins in the British Museum*, Bd. 2: Sicily, London 1876, S. 77.

84 Vgl. Karl Frederik Kinch, »Iaton«, in: *Zeitschrift für Numismatik* 19 (1895), S. 135 ff. und E. J. Seltman, »Über einige seltene Münzen von Himera«, ebd., S. 175.

85 Die Literatur über die römischen Münzfunde dieser Art bei Drexel, *Die Götterverehrung im römischen Germanien*, S. 65, Anm. 327. Münzen als Quellopfer leben noch bis in die Gegenwart hinein (Andree, *Votive und Weihegaben des katholischen Volkes in Süddeutschland*, S. 21 ff., wo mehr Literatur). Im Allgemeinen ist zu vergleichen Lenormant, *La monnaie dans l'antiquité*, S. 29 ff.

86 Head, *Historia Numorum*, S. 63; vgl. Regling, *Handbücher der staatlichen Museen zu Berlin*, Bd. 1, S. 20.

87 Vgl. Max Bernhart, *Antike Münzbilder im humanistischen Unterricht*, München 1912, Nr. 136 und 137. Die Beispiele zusammengestellt bei Edward Norman Gardiner, *Greek Athletic Sports and Festivals*, London 1910, S. 332.

88 Mehr Beispiele solcher agonaler Münztypen gibt Curtius, »Wappengebrauch und Wappenstil im Altertum«, S. 446 f.

89 Dieses Symbol ist Versinnbildlichung einer geistigen Eigenschaft der Gottheit. Hugo Prinz, *Altorientalische Symbolik*, Berlin 1915, S. 2 ff. und 7 f. legt dar, dass vielleicht eine poetische Metapher (z. B. Vergleich des obersten Gottes mit dem Löwen) Ausgangspunkt des Symbols gewesen, sodass durch das Symbol das Wesen der Gottheit charakterisiert und schließlich der Endzweck der verschiedenen Symbole die Unterscheidung der einzelnen Götter gewesen sei. – Ganz wird man von dieser mehr geistigen Symbolik auch die Auswahl der Speiseopfer nicht scheiden dürfen; denn das Opfertier steht ja auch in engster Relation zur Gottheit, der es geschlachtet wird; es ist *σύμβολον* der Gottheit, weil es durch »Vergleichen« (*συμβάλλειν*) mit dem Wesen der Gottheit zum Opfer erwählt wurde. Der Unterschied liegt vornehmlich darin, dass hier das symbolische Gut zunächst auch materiell verwertet (vorausgesetzt, dass man dem sakramentalen Essen diesen Sinn unterlegen darf, was keineswegs sicher ist), hier das Symbolon von Anfang an nur ideeller Natur ist. Diese Idealisierung wird dann von Letzteren auf Erstere übertragen; so wird aus dem Opfer das Anathem.

90 Wie Curtius, »Wappengebrauch und Wappenstil im Altertum«, S. 443 ff. dargelegt hat.

91 Dafür hat Brandis in der 1. Aufl. von Pauly u. a. (Hg.), *Realenzyklopädie der klassischen Altertumswissenschaft*, s. v. Assyria, 1907 mehrere Beispiele beigebracht.

92 Vgl. die Tafeln bei Hans von Fritze.

93 • Fritze, »Elektronprägung von Kyzikos. Eine chronologische Studie«, S. 17.

94 • Head, *Historia Numorum*, S. 93.

95 Die Aufschrift »Romanom« (vgl. Regling, *Die antiken Münzen*, S. 73) widerspricht dieser Erklärung nicht.

96 Vgl. Heinrich Wilhelm Willers, *Geschichte der römischen Kupferprägung*, Leipzig, Berlin 1909, S. 17 ff.

97 Z. B. von Willers, ebd., S. 24.

98 Die Gründe, die Willers, ebd., S. 8 vorbringt, schlagen nicht durch.

99 Vgl. Evans, »Minoan weights and mediums of currency from Crete, Mycenae and Cyprus«, S. 363 ff. und Fimmen, *Die kretisch-mykenische Kultur*, S. 121.

100 David Georg Hogarth, *Excavations at Ephesus*, London 1908, Textband, S. 88 ff.; vgl. Taf. I, Nr. 1–11. Der Charakter des lydischen »typus fasciatus« ist ähnlich.

101 Die Begriffe *τάλαντον* und *ἄξιος* (letzterer wurde von mir oben als »Ziehen der Wage« gedeutet), wird man nicht als Gegenbeweis anführen; denn aus der Benutzung der Wage ist nicht ohne weiteres Rohmetall als Tauschmittel zu erschließen; man wog ja nicht Metall allein (Il. 12, 433 ff. wägt die Heimarbeiterin die Wolle). Die römische »emptio per aes et libram« zeigt die Rohmetallwährung ganz eindeutig an. Irgendein analog zu deutender Ausdruck fehlt der griechischen Terminologie des Kaufens und Verkaufens durchaus.
Paus. III 12, 3 erzählt zwar, dass die Griechen »βοῦς καὶ ἀνδράποδα καὶ ἀργὸν τὸν ἄργψρον καὶ χρυσόν« zunächst als Geld gebraucht hätten; aber die Verbindung, in der diese Bemerkung steht, nimmt dem Zeugnis jedes Gewicht.

102 Die Justierung der griechisch-römischen Münzen habe ich behandelt in Elster u. a. (Hg.), *Handwörterbuch der Staatswissenschaften*, 4. Aufl., s. v. Münzwesen.

103 Regling hat (*Die antiken Münzen*, S. 70) darin, dass die ältesten römischen Münzen »in ihren Bildern von Anfang an auf geschichtliche Ereignisse anspielen«, einen grundsätzlichen Unterschied von den altgriechischen festgestellt.

104 So Regling, ebd., S. 70; Behrendt Pick in Elster u. a. (Hg.), *Handwörterbuch der Staatswissenschaften*, Bd. 8, S. 833.

105 Willers, *Geschichte der römischen Kupferprägung*, S. 33: »Nicht die Handelspolitik ist treibendes Element, sondern politische Umwandlungen der römischen Macht und Neuordnung der Staatsverwaltung.«

106 Man darf ganz allgemein behaupten, dass die Münze im Altertum nicht als Handelsinstrument geschaffen worden ist; der Staat bzw. sein Beauftragter prägt die Münzen zunächst und ursprünglich als Zahlungsmittel, womit er Truppen, Beamte, Bürger entlohnt. Anlass zur Münzprägung sind also Feldzüge, wo Sold gezahlt werden muss, ferner öffentliche Feste, wo die Teilnehmer eine Entlohnung erhalten. Ausgabe von Münzen an großen Festen ist ja vielfach bezeugt; vgl. Macdonald, *Coin types*, S. 165 und Hans von Fritze, »Sestos.

Die Menas-Inschrift und das Münzwesen der Stadt«, in: *Nomisma* 1 (1907), S. 1–13, hier S. 2.

107 • Willers, *Geschichte der römischen Kupferprägung*, S. 30.

108 Beispiele derartiger Asse, die der Gottheit in den Opferstock geworfen wurden, bei Willers, ebd., S. 24 und 212.

109 • Simmel, *Philosophie des Geldes.*

110 Plat. leg. pag. 742 ff.

111 • Plat. Eryx. pag. 400 f.

112 Vgl. Köhler, in: *Mitteilungen des Deutschen Archäologischen Instituts*, Athenische Abteilung, Bd. 7, S. 1 ff.

113 Die Einzelheiten dieser Emissionen sind von Kurt Riezler, *Über Finanzen und Monopole im alten Griechenland*, Berlin 1907, S. 17 ff. besprochen.

114 Mommsen, *Geschichte des römischen Münzwesens*, Einl., S. 13.

Schluss

1 Das hat ganz jüngst auch Max Weber, *Wirtschaftsgeschichte. Abriß der universalen Sozial- und Wirtschaftsgeschichte*, herausgegeben von Siegmund Hellmann und Melchior Palyi, München 1923, S. 209 hervorgehoben.

2 Carl Mengers Aufstellungen (*Grundsätze der Volkswirtschaftslehre*, Wien 1923, S. 250 ff. und *Untersuchungen über die Methode der Sozialwissenschaften*, Leipzig 1883, S. 172 ff.) sind heute noch in voller Geltung; vgl. Wieser, *Theorie der gesellschaftlichen Wirtschaft.*

3 Die Unterschiede sind noch stärker als die, welche Walter Lotz, »Die Lehre vom Ursprunge des Geldes«, in: *Jahrbuch für Nationalökonomik und Statistik* 62 (1894), S. 337–359 durch Vergleichung der Ergebnisse des Buches von Ridgeway und der Mengerschen Theorie festgestellt hat.

4 In China z. B. ist die Parallelität der Entwicklung in mancher Hinsicht überraschend (das Papiergeld im Totenkult u. a. m.; vgl. Groot, *The Religious System of China*, S. 25 f., 78 f., 154 f.; mehr im Index unter »Paper-money«). Auch bei den Primitiven findet sich manches Ähnliche; das Buch von Heinrich Schurtz, *Grundriss einer Entstehungsgeschichte des Geldes*, Weimar 1898 hat ja auch einen Abschnitt »Heiliges Geld« (S. 39 ff.).

5 Ich werde auf diese Frage in einem Beitrag zu Wilhelm Gerloff / Franz Meisel (Hg.), *Handbuch der Finanzwissenschaft*, 3 Bde.,

Tübingen 1929, der die Entstehung der öffentlichen Finanzwirtschaft zur Darstellung bringen wird, zurückkommen.

6 Vgl. Max Weber, *Wirtschaftsgeschichte*, S. 15.

Über Ursprung und Frühgeschichte des Begriffes »Kapital«

1 Vgl. *Schmollers Jahrbuch* 54 (1931), S. 1059 ff. und *Schmollers Jahrbuch* 56 (1933), S. 881 ff.

2 Und zwar in: Bernhard Laum, *Allgemeine Geschichte der Wirtschaft*, Berlin, Wien 1932, S. 152 f. Die wichtigsten Unterlagen für die Behandlung dieser Frage hatte zuvor schon Wilhelm Hohoff, »Zur Geschichte des Wortes und Begriffes ›Kapital‹«, in: *Vierteljahrsschrift für Sozial- und Wirtschaftsgeschichte* XIV (1918), S. 554–574 zusammengestellt.

3 Vgl. Otto von Zwiedineck-Südenhorst, »Theoretische Begriffsbildung und Wirtschaftsgeschichte in Festgabe für Werner Sombart zum 70. Geburtstag«, in: *Schmollers Jahrbuch* 56 (1933), Sondernummer, Heft 6, S. 48.

4 Vgl. Paul Kehl, » Über Ursprung und Anfänge von Geld, Kapital und öffentlicher Finanzwirtschaft«, in: *Finanzarchiv* 12 (1950), S. 131–148, hier S. 143 f.

5 Vgl. Walther Porzig, *Das Wunder der Sprache. Probleme, Methoden und Ergebnisse der modernen Sprachwissenschaft*, München 1950, S. 42: »So bezeichnete unser Wort Kopf eigentlich ein Gefäß, wie es das in Tassenkopf und Pfeifenkopf heute noch tut.«

6 Einzelheiten dieser etymologischen Interpretation bei Friedrich Kluge / Alfred A. W. Goetze, *Etymologisches Wörterbuch der deutschen Sprache*, Berlin 1951, S. 304 und 407; Alois Walde, *Lateinisches etymologisches Wörterbuch*, Heidelberg [2]1910, S. 126 und 129.

7 Diese Art der Stellvertretung spielt in der Kunst eine große Rolle, als »Abkürzung« des Tierganzen erscheint immer der Kopf; als Münzbilder sind solche Protome oft verwendet worden; vgl. Bernhard Laum, *Heiliges Geld*, Tübingen 1924, S. 8, Anm. und S. 144.

8 Das könnte beispielshalber bei dem Führer einer Gemeinschaft der Fall sein; denn bekanntlich wurde bei Völkern früher Kulturstufen die Wahl des Führers vielfach durch die Körpergröße bestimmt; er musste die Umgebung um Haupteslänge überragen, sodass bei Versammlungen sein Haupt sichtbar war (im Sumerischen, der ältesten schriftlich fixierten und darum historisch fassbaren Spra-

che, bedeutet nach Porzig, *Das Wunder der Sprache*, S. 331 f. das Wort für »Herrscher« (lugal) der »große Mann«). Und was die Schwerverbrechen anbetrifft, so handelt es sich zunächst auch nur um solche, die Leben zerstört haben und als Strafe »den Kopf kosten«.

9 Als Beleg seien die beiden Stellen bei Livius VI 15, 10 und VI 35, 4 genannt.

10 Die Stellen bei Reinhold Klotz, *Handwörterbuch der lateinischen Sprache*, Leipzig 1857, s. v. usura.

11 Vgl. ebd., s. v. sors unter d.

12 Vgl. ebd., s. v. mutuus.

13 Zu den Ausnahmen von der Regel gehören jene beiden soeben angeführten Stellen des Livius.

14 Vgl. Walter Taeuber, *Geld und Kredit im Mittelalter*, Berlin 1933, S. 164.

15 Vgl. ebd., S. 165 und 175.

16 Wie aus dem Namen zu ersehen, geht das Spiel in die Zeit der ältesten Münzprägung zurück, wo der Schiffsvorderteil das ausschließliche Reversbild war. Dass das Bild- und Wappenspiel in südlichen Ländern (Italien vor allem) bis auf den heutigen Tag eine beliebte Volksbelustigung geblieben ist, die freilich unter dem Vordringen des Papiergeldes zurückgeht, ist bekannt.

17 Vgl. James Murray, *English Dictionary*, Oxford 1884–1928, Bd. 4, S. 127 f.

18 Hermann Krawinkel, *»Feudum«: Jugend eines Wortes. Sprachstudie zur Rechtsgeschichte*, Weimar 1938, S. 51.

19 Murray, *English Dictionary*, Bd. 2, S. 189 f.

20 Vgl. Charles Dufresne Ducange, *Glossarium mediae et infimae latinitatis*, Paris 1840–1850, Bd. 2, S. 141 f.

21 Vgl. die betreffenden Nachweise bei ebd., Bd. 2, S. 167 und 152.

22 Gegründet im 7. Jahrhundert; der deutsche Ableger an der Weser wurde *Nova Corbeia* genannt.

23 Nachweise aus den Gewohnheitsrechten der verschiedenen Volksgebiete gibt Ducange, *Glossarium mediae et infimae latinitatis*, Bd. 2, S. 139.

24 Ebd., S. 141.

25 Ebd., S. 161 mit zahlreichen Belegen aus den Volksrechten und anderen mittelalterlichen Quellzeugnissen.

26 So in der Inauguraladresse, abgedruckt bei Karl Diehl, Paul Mombert, *Ausgewählte Lesestücke zum Studium der politischen Ökono-*

mie, Bd. 12: Sozialismus, Kommunismus, Anarchismus, 2. Abt., Jena 1920, S. 253, Anm.

27 Die Tatsache selbst und ihre Begründung hat Konrad Beyerle in der Einleitung zu seiner Ausgabe der *Lex Baiuvariorum*, München 1926 (vgl. vor allem S. 76 f.) gegeben.

28 Wie es in mustergültiger Weise Hermann Krawinkel mit dem Wort *fiscalis*, das er als Grundwort für *feudum* nachweist, getan hat; vgl. Krawinkel, *»Feudum«: Jugend eines Wortes.*

29 Vgl. ebd., insbesondere S. 49, 69 f., 136 ff.

30 Vgl. über diese »erneute, äußerliche Latinisierung« ebd., S. 21 und 138.

31 So Ducange, *Glossarium mediae et infimae latinitatis*, S. 138.

32 Vgl. Richard Schröder / Eberhard von Künßberg, *Lehrbuch der deutschen Rechtsgeschichte*, Leipzig [6]1922, S. 882.

33 Vgl. Ducange, *Glossarium mediae et infimae latinitatis*, S. 141.

34 Vgl. Lactantius, *Liber de mortibus persecutorum*, 23.

35 Ferdinand Lot, *L'impôt foncier et la capitation personnelle*, Paris 1928 (= Bibliothèque de l'École des Hautes Etudes, fasc. 253).

36 Vgl. ebd., S. 7.

37 Vgl. ebd., S. 34, Anm.

38 Vgl. dazu Bernhard Laum, »Entstehung der öffentlichen Finanzwirtschaft (Altertum und Frühmittelalter)«, in: Wilhelm Gerloff / Fritz Neumark (Hg.), *Handbuch der Finanzwissenschaft*, Bd. 1, Tübingen [2]1952, S. 231 f.

39 Vgl. etwa die Aufzählung bei Krawinkel, *»Feudum«: Jugend eines Wortes*, S. 53.

40 Belege bei Ducange, *Glossarium mediae et infimae latinitatis*, S. 164.

41 Vgl. ebd.

42 Vgl. oben S. 194 ff. Die große Rolle, die das Vieh in der naturalen Abgabenwirtschaft gespielt hat, ist in meinem Aufsatz »Viehgeld als Prototyp des Sozialgeldes«, in: *Finanzarchiv* 12 (1950), S. 462–486, hier S. 481 ff. im Einzelnen nachgewiesen worden.

43 Vgl. die Einzelnachweise ebd., S. 462 ff.

44 Cicero, *De natura Deorum*, II 64.

45 Varro, *De re rustica*, I 2, 17.

46 Vgl. ebd., I 17, 5.

47 So Wilhelm Endemann, *Studien in der romanisch-kanonistischen Wirtschafts- und Rechtslehre*, 2 Bde., Berlin 1874–1883, S. 409.

48 Man sprach von einer *societas animalium*; im italienischen Sprachgebrauch war *socida* geläufig.

49 Als Unterlage ist der Aufsatz von Huck, »Die Viehverstellung«, in: *Zeitschrift für deutsches Recht und deutsche Rechtswissenschaft* 5 (1841), S. 226–323 verwendet worden. Seitdem ist, soweit ich die juristische Literatur überblicke, die Materie nicht mehr behandelt worden. Das Werk von Robert Joseph Pothier, *Traité du contrat de louage et traité des cheptels selon les règles*, Paris 1806, ist mir nicht zugänglich gewesen. [Nachtrag:] Vgl. auch Jakob Wackernagel, *Die Viehverstellung. Eine Sonderbildung der spätmittelalterlichen Gesellschaft dargestellt auf Grund italienischer, französischer und deutscher Quellen*, Weimar 1923, der einiges neue Quellenmaterial beibringt, das unsere Ergebnisse in vollem Umfang bestätigt.

50 Die betreffende Stelle lautet: »Servus massarius licentiam habeat de peculio suo, id est bovem, vaccam, caballuna, similiter et de deminutis peculiis in socio dare et in socio recipere.«

51 Vgl. Huck, »Die Viehverstellung«, S. 251.

52 Vgl. ebd., S. 239 f.

53 Das haben auch die juristischen Interpreten, wenn zunächst auch nur vermutungsweise, ausgesprochen; vgl. ebd., S. 241, Anm. 4.

54 *Medietas* wird als *procuratio*, *administratio* paraphrasiert.

55 Vgl. Ducange, *Glossarium mediae et infimae latinitatis*, S. 139 und 2.

56 Über ihn und sein Werk vgl. weiter unten S. 220 ff.

57 Belege bei Antonio Pertile, *Storia del diritto italiano*, Bd. 4, Padova 1874, S. 601, Anm. 29 und 31; S. 602, Anm. 36; S. 604, Anm. 47.

58 Vgl. ebd., S. 601, Anm. 32.

59 Er ist der erste, der die *Consuetudines* zusammenfassend behandelt hat; das Werk erschien 1616; vgl. Huck, »Die Viehverstellung«, S. 240, Anm. 1 und Pertile, *Storia del diritto italiano*, S. 610, Anm. 74.

60 Beispiele bei Huck, »Die Viehverstellung«, S. 231 f.

61 Vgl. ebd., S. 255.

62 Vgl. Pertile, *Storia del diritto italiano*, S. 608, Anm. 61.

63 Vgl. Huck, »Die Viehverstellung«, S. 249.

64 Vgl. ebd., S. 245 f.

65 Vgl. ebd., S. 308.

66 Einzelheiten in Laum, »Viehgeld als Prototyp des Sozialgeldes«, S. 469.

67 Nachweise gibt Alfred Schirmer, *Wörterbuch der deutschen Kaufmannssprache*, Straßburg 1911, S. 160.

68 Auch das deutsche Wort »Wucher« gehört in diesen Zusammenhang (zugrunde liegt »wuchern« im Sinne des »übermäßigen Wachsens«).

69 Vgl. Kluge/Goetze, *Etymologisches Wörterbuch der deutschen Sprache*, S. 903.
70 Vgl. Hermann Paul, *Deutsches Wörterbuch*, Halle/Saale [4]1936, S. 679.
71 Einzelheiten bei Friedrich Ludwig Karl Weigand, *Deutsches Wörterbuch*, Gießen [5]1910 s. v.
72 Vgl. Endemann, *Studien in der romanisch-kanonistischen Wirtschafts- und Rechtslehre*, Bd. 2, S. 243–318.
73 Beispiele bei Pertile, *Storia del diritto italiano*, S. 554, Anm. 23, S. 567, Anm. 71 (Parma und Orvieto).
74 Die Ersetzung von *proficuum* durch *interesse* tritt uns beim Vergleich zweier Urkunden über die Geldleihe aus Oneglia, die Gustav Lastig, *Die Accomendatio*, Halle 1907, S. 32 ff. publiziert hat, entgegen. In dem Statut von 1428 erscheint *capitale* und *proficuum*, in dem Kommentar zu diesem Statut von 1721 heißt es stattdessen »del capitale pagare l'interesse«.
75 Vgl. Endemann, *Studien in der romanisch-kanonistischen Wirtschafts- und Rechtslehre*, Bd. 2, S. 312.
76 • Murray, *English Dictionary*, Bd. 5, S. 394.
77 Die wörtlich zitierten Stellen sind mit geringfügigen Änderungen der Übersetzung von Aristoteles, *Politik*, übersetzt von Eugen Rolfes, Leipzig 1912, S. 21 entnommen.
78 Max Weber, *Wirtschaft und Gesellschaft*, Tübingen 1922 (= Grundriss der Sozialökonomik, 3. Abt.), S. 334.
79 Vgl. Franz Schaub, *Der Kampf gegen den Zinswucher, ungerechten Preis und unlautern Handel im Mittelalter*, Freiburg im Breisgau 1905, S. 152.
80 Weber, *Wirtschaft und Gesellschaft*, S. 334.
81 Vgl. darüber Schaub, *Der Kampf gegen den Zinswucher*, S. 177 f.
82 Schaub spricht S. 178 von einem »hochbedeutsamen weiteren Belastungszeugen des Geldzinswuchers«.
83 Vgl. Levin Goldschmidt, *Universalgeschichte des Handelsrechts*, Stuttgart [3]1891, S. 317 f.
84 Vgl. Endemann, *Studien in der romanisch-kanonistischen Wirtschafts- und Rechtslehre*, Bd. 1, S. 410.
85 Dem Wort liegt die plastische Vorstellung des Übergebens der Summe von »Hand zu Hand« zugrunde (*commendare – mandare – manui dare* = zur Hand geben = anvertrauen, anheimgeben); vgl. Goldschmidt, *Universalgeschichte des Handelsrechts*, S. 91.
86 Wilhelm Silberschmidt, *Die Commenda in ihrer frühesten Entwicklung*, Würzburg 1884, S. 14. S. weist im Einzelnen nach, dass das

römische Recht die Kommenda kennt. Seit dem Erscheinen seines Werkes haben die altorientalischen Forschungen ergeben, dass die Institution bereits im Geschäftsverkehr des alten Babyloniens ausgebildet und angewendet worden ist.

87 Vgl. Schaub, *Der Kampf gegen den Zinswucher,* S. 159.

88 Silberschmidt, *Die Commenda in ihrer frühesten Entwicklung,* S. 133.

89 Vgl. Reinhard Heynen, *Zur Entstehung des Kapitalismus in Venedig,* Stuttgart 1905, S. 129.

90 Vgl. Silberschmidt, *Die Commenda in ihrer frühesten Entwicklung,* S. 56.

91 Beispiele bei Pertile, *Storia del diritto italiano*, S. 551, Anm. 6.

92 So in einem Genueser Statut von 1435, herausgegeben von Lastig, *Die Accomendatio*, S. 3 ff. *Finanzarchiv* N. F. 15 (1954), Heft 1.

93 Das Hauptwerk des Molinaeus *De justitia et jure* erschien 1593 ff. (ich zitiere nach der Mainzer Ausgabe von 1659, die allein mir zugänglich ist), die »Institutiones morales« des Azorinus 1600 ff.

94 Vgl. Endemann, *Studien in der romanisch-kanonistischen Wirtschafts- und Rechtslehre*, Bd. 1, S. 409.

95 • Molinaeus, *Disputatio*, S. 420, 3.

96 • Ebd., S. 420, 4.

97 Spezifizierte Bestimmungen enthalten beispielshalber die Statuten von Mailand und Florenz; vgl. Pertile, *Storia del diritto italiano,* S. 602, Anm. 36.

98 Vgl. Endemann, *Studien in der romanisch-kanonistischen Wirtschafts- und Rechtslehre*, Bd. 1, S. 411.

99 Ich zitiere den Text nach Pertile, *Storia del diritto italiano,* S. 603, Anm. 39.

100 Vgl. Ducange, *Glossarium mediae et infimae latinitatis*, Bd. 4, S. 4; dort ist auch die seltene Ausnahme verzeichnet, dass *laborare* im Sinne von *fabricare, conficere* (formen eines Rohstoffes; z. B. von Gold) gebraucht wird.

101 In den Stadtstatuten wird nicht selten der Inhalt von »opera et industria« durch Ausführung der oben genannten Fälle des Näheren erläutert; vgl. Pertile, *Storia del diritto italiano*, S. 604, Anm. 48.

102 Vgl. Antonius von Florenz, *Summa theologica,* Nürnberg 1477, Cap. 1, Nr. 11.

103 Zahlreiche Belege bei Silberschmidt, *Die Commenda in ihrer frühesten Entwicklung,* S. 70; vgl. auch Lastig, *Die Accomendatio,* S. 78 f.

104 Silberschmidt, *Die Commenda in ihrer frühesten Entwicklung,* S. 41 und Heynen, *Zur Entstehung des Kapitalismus in Venedig*, S. 129.

105 Silberschmidt, *Die Commenda in ihrer frühesten Entwicklung*, S. 29.

106 ▪ Vgl. *promovere ad proficuum* in Genuesischen Urkunden bei Goldschmidt, *Universalgeschichte des Handelsrechts*, S. 260, Anm. 88b.

107 In ersterem Sinne wird das Wort im Statut von Marseille verstanden: »capitaneus, qui res in societate vel commenda tradidit«. In letzterem Sinne begegnet das Wort bereits im 13. Jahrhundert in der Blütezeit der Champagnemessen. Die Handelsgesellschaften dieser Zeit (vor allem die provencalischen, lombardischen und toscanischen) pflegten den Mann an der Spitze, den *procurator, syndicus*, auch als *capitaneus, capitaine* zu bezeichnen; vgl. Goldschmidt, *Universalgeschichte des Handelsrechts*, S. 194 und 196 ff.

108 Silberschmidt, *Die Commenda in ihrer frühesten Entwicklung*, S. 108.

109 Schaub, *Der Kampf gegen den Zinswucher*, S. 179.

110 Vgl. Endemann, *Studien in der romanisch-kanonistischen Wirtschafts- und Rechtslehre*, Bd. 1, S. 41 und Bd. 2, S. 316.

111 Vgl. ebd., Bd. 2, S. 366.

112 Wobei zu bemerken ist, dass die kirchliche Vermögensverwaltung bereits wesentlich früher (schon im 13. Jahrhundert) Zins gezahlt und Zins genommen hat; die Notwendigkeit ergab sich aus der Verflochtenheit mit der profanen Geldwirtschaft (Einzug und Übertragung des Peterspfennigs durch Vermittlung weltlicher Bankinstitute); der Zwiespalt zwischen Lehre und Leben aber besteht; vgl. Laum, *Allgemeine Geschichte der Wirtschaft*, S. 159 f.

113 Martin Luther, *Kleiner Sermon von dem wucher* (1519) und *Großer Sermon* (1520), in: *Martin Luthers Werke. Kritische Gesamtausgabe*, Weimar 1888, Bd. 6, S. 1 ff. und 33 ff.

114 Endemann, *Studien in der romanisch-kanonistischen Wirtschafts- und Rechtslehre*, Bd. 1, S. 41.

115 Ebd., S. 65.

116 Das Hauptwerk ist die Schrift *De usuris* von 1638.

117 Vgl. Huck, »Die Viehverstellung«, S. 245 f.

118 In dem württembergischen Polizei-Strafgesetzbuch von 1839 war sie beispielshalber auf 6 Prozent begrenzt; vgl. Huck, »Die Viehverstellung«, S. 252, Anm. 3.

119 Vgl. ebd., S. 228.

120 Vgl. ebd., S. 246, Anm. 2.

121 Und zwar werden dort (Art. 1801) vier Arten unterschieden: *le cheptel simple ou ordinaire, le cheptel à moitié, le cheptel donné au fermier*

ou au colon partiaire und *espèce de contrat improprement appelée cheptel.*

122 Johann Christoph Adelung (Hg.), *Versuch eines vollständigen grammatisch-kritischen Wörterbuches der Hochdeutschen Mundart*, Leipzig 1774.

123 So jüngst Erich Preiser, »Der Kapitalbegriff und die neuere Theorie«, in: *Jahrbücher für Nationalökonomie und Statistik* 165 (1953), S. 241–262, hier S. 244.

124 • Vgl. Bernhard Laum, »Über den Ursprung der altrömischen Geldbezeichnung ›pecunia‹«, in: *Finanzarchiv* 12 (1950), S. 352–361 und ders., »Viehgeld als Prototyp des Sozialgeldes«, in: *Finanzarchiv* 12 (1950), S. 462–486; ders., »Über die soziale Funktion der Münze«, in: *Finanzarchiv* 13 (1951), S. 120–143.

125 • Vgl. Kehl, »Über Ursprung und Anfänge von Geld, Kapital und öffentlicher Finanzwirtschaft«, S. 131 ff.

126 • Vgl. *Finanzarchiv* 14, S. 701 ff.

127 Vgl. S. 702 der Replik, wo sie erneut vorgetragen wird; gleichlautend auch *Schmollers Jahrbuch* 70 (1950), S. 427.

128 Die drei Sperrungen im Original. [Hier kursive Hervorhebungen]

129 Vgl. Wilhelm von Kügelgen, *Jugenderinnerungen eines alten Mannes*, Berlin o. D., S. 247 (ich zitiere nach der im Paul Franke-Verlag – ohne Jahresangabe – erschienenen Auswahl).

130 Vgl. Friedrich Ernst Peters, *Blaise Pascal. Die Sternenbahnen eines Menschengeistes*, Hamburg 1947, S. 57.

LITERATURVERZEICHNIS

A catalogue of the Greek Coins in the British Museum, 29. Bde., herausgegeben vom British Museum, London 1873–1929.
Amira, Karl von: *Über Zweck und Mittel der germanischen Rechtsgeschichte*, München 1899.
Andree, Richard: *Votive und Weihegaben des katholischen Volkes in Süddeutschland*, Braunschweig 1904.
Antonius von Florenz: *Summa theologica*, Nürnberg 1477–1479.
Aristoteles: *Politik*, übersetzt von Eugen Rolfes, Leipzig 1912.
Assmann, Ernst: »Die babylonische Herkunft von as, aes, raudus, uncia, libra«, in: *Nomisma* 5 (1910), S. 1–9.
Babelon, Ernest: *Traité des monnaies grecques et romaines*, Bd. 1, Paris 1901.
Babelon, Ernest: *Les Origines de la monnaie à Athènes*, Athen 1905.
Beer, Hans: *Aparchē und verwandte Ausdrücke*, Diss., Würzburg 1914.
Bernhart, Max: *Antike Münzbilder im humanistischen Unterricht*, München 1912.
Beyerle, Konrad: *Lex Baiuvariorum*, München 1926.
Billeter, Gustav: *Die Anschauungen vom Wesen des Griechentums*, Berlin 1914.
Blinkenberg, Chr. (Hg.): *Die Lindische Tempelchronik*, Bonn 1915 (= Kleine Texte, herausgegeben von Hans Lietzmann, Bd. 131).
Boeckh, August: *Corpus inscriptionum graecarum*, Bd. 1, Berlin 1828.
Boeckh, August: *Metrologische Untersuchungen über Gewichte, Münzfüße und Maße des Altertums*, Berlin 1838.
Boeckh, August: *Die Staatshaushaltung der Athener*, Berlin [3]1886.
Brandis, Johannes: *Das Münz-, Maß- und Gewichtswesen in Vorderasien bis auf Alexander den Großen*, Berlin 1866.
Bücher, Karl: *Die Entstehung der Volkswirtschaft*, Tübingen [13]1919.
Bücher, Karl: *Beiträge zur Wirtschaftsgeschichte*, Tübingen 1922.
Büchsenschütz, Albert Bernhard: *Besitz und Erwerb im klassischen Altertum*, Halle 1869.
Burckhardt, Jacob: *Weltgeschichtliche Betrachtungen*, Berlin 1905.

Collitz, Hermann / Bechtel, Friedrich: *Sammlung der griechischen Dialekt-Inschriften*, Bd. 1, Göttingen 1883.
Crusius, Otto: »Kleinigkeiten zur alten Sprach- und Kulturgeschichte«, in: *Philologus* 16 (1903), S. 125–140.
Curtius, Ernst: »Wappengebrauch und Wappenstil im Altertum«, in: ders., *Gesammelte Abhandlungen*, Bd. 2, Berlin 1894, S. 77–115.
Curtius, Ernst: »Über den religiösen Charakter der griechischen Münzen (Monatsberichte der Akademie 1869)«, in: ders., *Gesammelte Abhandlungen*, Bd. 2, Berlin 1894, S. 443–459.
Daremberg, Charles Victor / Saglio, Edmond (Hg.): *Dictionnaire des Antiquités Grecques et Romaines*, Paris 1873.
Dargun, Lothar: *Mutterrecht und Raubehe und ihre Reste im germanischen Recht und Leben*, Breslau 1883.
Déchelette, Joseph: »Les origines de la drachme et de l'obole«, in: *Revue numismatique* 15 (1911).
Delitzsch, Friedrich: *Handel und Wandel in Altbabylonien*, Stuttgart 1910.
Deubner, Ludwig: *Magie und Religion. Rede gehalten bei der Jahresfeier der Freiburger Wissenschaftlichen Gesellschaft am 29. Oktober 1921*, Freiburg 1922.
Diehl, Karl / Mombert, Paul: *Ausgewählte Lesestücke zum Studium der politischen Ökonomie*, Bd. 12: Sozialismus, Kommunismus, Anarchismus, 2. Abteilung, Jena 1920.
Dittenberger, Wilhelm: »ΕΛΑΦΟΣΤΙΚΤΟΣ«, in: *Hermes* 37, Heft 2 (1902), S. 298–301.
Dittenberger, Wilhelm: *Orientis Graeci inscriptiones*, 2 Bde., Leipzig 1903–1905.
Dittenberger, Wilhelm: *Sylloge inscriptionum Graecorum*, 2 Bde., Leipzig $^{2/3}$1903–1905.
Döring, Herbert: *Die Geldtheorien seit Knapp*, Greifswald ^{2}1922.
Dörpfeld, Wilhelm: *Troia und Ilion. Ergebnisse der Ausgrabungen in den vorhistorischen und historischen Schichten von Ilion 1870–94*, Bd. 2, Athen 1902.
Drerup, Engelbert: *Homer. Die Anfänge der hellenischen Kultur*, Mainz 1915.
Drexel, Friedrich: *Die Götterverehrung im römischen Germanien*, Frankfurt/M. 1923 (= Deutsches Archäologisches Institut, Römisch-germanische Kommission, Bd. 14, 1922).
Ducange, Charles Dufresne: *Glossarium mediae et infimae latinitatis*, Bd. 2, Paris 1840–1850.

Dussaud, René: *Les Civilisations préhelléniques dans le bassin de la mer égée*, Paris 1910.

Ebengreuth, Luschin von: *Allgemeine Münzkunde und Geldgeschichte des Mittelalters und der neueren Zeit*, München 1904.

Ehrenberg, Victor: *Die Rechtsidee im frühen Griechentum. Untersuchungen zur Geschichte der werdenden Polis*, Leipzig 1921.

Elster, Ludwig / Weber, Adolf / Wieser, Friedrich (Hg.): *Handwörterbuch der Staatswissenschaften*, 8 Bde., Jena [3]1909–1911.

Elster, Ludwig / Weber, Adolf / Wieser, Friedrich (Hg.): *Handwörterbuch der Staatswissenschaften*, 8 Bde., Jena [4]1923–1929.

Endemann, Wilhelm: *Studien in der romanisch-kanonistischen Wirtschafts- und Rechtslehre*, 2 Bde., Berlin 1874–1883.

Engelmann, Richard: »Das homerische Pembolon«, in: *Jahrbuch des Deutschen Archäologischen Instituts* 6 (1891), S. 173–176.

Erman, Adolf: *Die ägyptische Religion*, Berlin 1905 (= Handbücher der königlichen Museen zu Berlin, Bd. 9).

Erman, Adolf / Ranke, Hermann: *Ägypten und ägyptisches Leben im Altertum*, Tübingen [2]1923.

Evans, Arthur: »Minoan weights and mediums of currency from Crete, Mycenae and Cyprus«, in: *Corolla numismatica* (1906), S. 336–367.

Fimmen, Diedrich: *Die kretisch-mykenische Kultur*, Leipzig 1921.

Forrer, Robert: »Keltische Numismatik der Rhein- und Donaulande«, in: *Jahrbuch der Gesellschaft für Lothringische Geschichte und Altertumskunde* 16 (1904).

Franz, Adolf: *Die kirchlichen Benediktionen im Mittelalter*, Bd. 2, Freiburg im Breisgau 1909.

Frickenhaus, August: »Die Hera von Tiryns«, in: *Tiryns. Die Ergebnisse der Ausgrabungen des Instituts*, Bd. 1, Athen 1912, S. 1–126.

Fritze, Hans von: »Beitrag zur Münzkunde von Delphi«, in: *Zeitschrift für Numismatik* 20 (1897), S. 62–71.

Fritze, Hans von: »Sestos. Die Menas-Inschrift und das Münzwesen der Stadt«, in: *Nomisma* 1 (1907), S. 1–13.

Fritze, Hans von: »Elektronprägung von Kyzikos. Eine chronologische Studie«, in: *Nomisma* 7 (1912), S. 1–38.

Furtwängler, Adolf: *Die Bronzefunde aus Olympia und deren kunstgeschichtliche Bedeutung*, Berlin 1879 (= Abhandlungen der Königlichen Akademie der Wissenschaften zu Berlin).

Furtwängler, Adolf: *Olympia. Die Ergebnisse der von dem Deutschen Reich veranstalteten Ausgrabung*, 4 Bde., Berlin 1890–1897.

Furtwängler, Adolf: *Die antiken Gemmen. Geschichte der Steinschneidekunst im klassischen Altertum*, 3 Bde., Leipzig u. a. 1900.
Gaerte, Wilhelm: »Die Bedeutung der kretisch-minoischen Horns of Consecration«, in: *Archiv für Religionswissenschaft* 21 (1922), S. 72–98.
Gaertringen, Friedrich Freiherr von / Lattermann, Heinrich: *Arkadische Forschungen*, Berlin 1911.
Gardiner, Edward Norman: *Greek Athletic Sports and Festivals*, London 1910.
Gardner, Percy: »Votive Coins in Delian Inscriptions«, in: *The Journal of Hellenic Studies*, herausgegeben von der Society for the Promotion of Hellenic Studies, Bd. 4, London 1883.
Geiger, Wilhelm: *Ostiranische Kultur im Altertum,* Erlangen 1882.
Gercke, Alfred / Norden, Eduard: *Einleitung in die Altertumswissenschaft*, Bd. 3, Leipzig 1912.
Gerhard, Eduard: *Auserlesene Griechische Vasenbilder*, 4 Bde., Berlin 1840–1858.
Gerloff, Wilhelm / Meisel, Franz (Hg.): *Handbuch der Finanzwissenschaft*, 3 Bde., Tübingen 1929.
Goldschmidt, Levin: *Universalgeschichte des Handelsrechts*, Stuttgart ^{3}1891.
Gothein, Eberhard: *Erster Wirtschaftsarchivtag 17. und 18. Oktober 1913*, Köln 1914.
Grimm, Jacob: *Deutsche Mythologie*, 2 Bde., Göttingen ^{3}1854.
Grimm, Jakob / Grimm, Willhelm: *Deutsches Wörterbuch*, 33 Bde., Leipzig 1854–1984.
Grimm, Jakob: *Die deutschen Rechtsaltertümer*, 2 Bde., Bd. 2, Göttingen ^{4}1899.
Groot, Jan Jakob Maria de: *The religious System of China*, 6 Bde., Leiden 1892–1910.
Gruppe, Otto: *Griechische Mythologie und Religionsgeschichte*, München 1906 (= Handbuch der klassischen Altertumswissenschaft in systematischer Darstellung, Bd. 5).
Gryse, Nicolaus: *Spegel des Antichristlichen Pawestdoms*, Rostock 1593.
Hahn, Edmund: *Das Alter der wirtschaftlichen Kultur der Menschheit*, Heidelberg 1905.
Head, Barclay V.: *Historia Numorum. A Manual of Greek Numismatics*, Oxford ^{2}1911.
Heckewelder, John Gottlieb Ernestus: *Nachricht von der Geschichte, den Sitten und Gebräuchen der Indianischen Völkerschaften*, Göttingen 1821.

Hehn, Victor: *Kulturpflanzen und Haustiere in ihrem Übergang aus Asien nach Griechenland und Italien*, Berlin ^{8}1911.

Helbig, Wolfgang: *Das Homerische Epos aus den Denkmälern erläutert. Archäologische Untersuchungen*, Leipzig ^{2}1887.

Helm, Karl: *Altgermanische Religionsgeschichte*, Bd. 1, Heidelberg 1913.

Herbrecht, Hugo: *De sacerdotii apud Graecos emptione venditione*, Diss., Straßburg 1885.

Hermann, Karl Friedrich: *Lehrbuch der gottesdienstlichen Altertümer der Griechen*, bearbeitet von Karl Bernhard Stark, Heidelberg ^{2}1858.

Hermann, Karl Friedrich: *Lehrbuch der griechischen Privataltertümer*, Heidelberg ^{2}1870.

Herzog, Robert: »Aus dem Asklepieion von Kos«, in: *Archiv für Anthropologie* 10 (1907), S. 201–228.

Herzog, Rudolf: *Aus der Geschichte des Bankwesens im Altertum: Tesserae nummulariae*, Gießen 1919.

Heusler, Andreas: »Die altgermanische Religion«, in: *Die Religionen des Orients und die altgermanische Religion*, Leipzig ^{2}1923 (= Die Kultur der Gegenwart, Bd. 1, Abt. 3).

Heynen, Reinhard: *Zur Entstehung des Kapitalismus in Venedig*, Stuttgart 1905.

Hicks, E. L.: »A Sacrificial Calendar from Cos«, in: *The Journal of Hellenic Studies* 9 (1888), S. 323–337.

Hildebrandt, Alfred: *Ritualliteratur. Vedische Opfer und Zauber*, Straßburg 1901 (= Grundriss der indo-arischen Philologie und Altertumskunde, Bd. 3, Heft 2).

Hildebrand, Richard: *Recht und Sitte auf primitiven Kulturstufen*, Jena ^{2}1907.

Hoffmann, Otto: *Die griechischen Dialekte*, 3 Bde., Bd. 1, Göttingen 1891.

Hogarth, David Georg: *Excavations at Ephesus*, London 1908.

Hohoff, Wilhelm: »Zur Geschichte des Wortes und Begriffes ›Kapital‹«, in: *Vierteljahrsschrift für Sozial- und Wirtschaftsgeschichte* XIV (1918), S. 554–574.

Huck: »Die Viehverstellung«, in: *Zeitschrift für deutsches Recht und deutsche Rechtswissenschaft* 5 (1841), S. 226–323.

Hultsch, Friedrich: *Griechische und römische Metrologie*, Berlin 1862.

Inscriptiones Graecae, herausgegeben von der Preußischen Akademie der Wissenschaften, 49 Bde., Berlin 1873–.

Ioannis Nikolaou Svoronos (Hg.): *Journal international d'archéologie numismatique* 9 (1906).

Jahn, Ulrich: *Die deutschen Opferbräuche bei Ackerbau und Viehzucht*, Breslau 1884 (= Germanistische Abhandlungen, Bd. 3).

Jeremias, Alfred: *Handbuch der altorientalischen Geisteskultur*, Leipzig 1913.

Joël, Karl: *Geschichte der antiken Philosophie*, Tübingen 1921.

Jolly, Julius / Bühler, Georg: *Recht und Sitte*, Straßburg 1896 (= Grundriss der indo-arischen Philologie und Altertumskunde, Bd. 2, Heft 8).

Kahrstedt, Ulrich: *Griechisches Staatsrecht*, Bd. 1, Göttingen 1922.

Kaibel, Georg: *Sophokles Elektra*, Leipzig 1896.

Karo, Georg: »Minoische Rhyta«, in: *Jahrbuch des deutschen archäologischen Instituts* 26 (1911), S. 249–270.

Kehl, Paul: »Über Ursprung und Anfänge von Geld, Kapital und öffentlicher Finanzwirtschaft«, in: *Finanzarchiv* 12 (1950), S. 131–148.

Keil, Bruno: *Anonymus Argentinensis* Straßburg 1902.

Keil, Joseph: »Aphrodite Daitis«, in: *Jahreshefte des Österreichischen Archäologischen Institutes in Wien* 17 (1914), S. 145–147.

Kenner, Friedrich von: *Die Anfänge des Geldes im Altertum*, Wien 1863 (= Sitzungsberichte der Kaiserlichen Akademie der Wissenschaften, Bd. 43).

Kinch, Karl Frederik: »Iaton«, in: *Zeitschrift für Numismatik* 19 (1895).

Klauber, Ernst: *Keilschriftbriefe. Staat und Gesellschaft in der babylonisch-assyrischen Briefliteratur*, Leipzig 1911 (= Der alte Orient, Bd. 12).

Klotz, Reinhold: *Handwörterbuch der lateinischen Sprache*, Leipzig 1857.

Kluge, Friedrich: *Etymologisches Wörterbuch der deutschen Sprache*, Bd. 7, Straßburg 1883.

Kluge, Friedrich / Goetze, Alfred A. W.: *Etymologisches Wörterbuch der deutschen Sprache*, Berlin [15]1951.

Knapp, Georg Friedrich: *Staatliche Theorie des Geldes*, München [4]1923.

Krawinkel, Hermann: *»Feudum«: Jugend eines Wortes. Sprachstudie zur Rechtsgeschichte*, Weimar 1938.

Kropotkin, Pjotr Alexejewitsch: *Gegenseitige Hilfe in der Tier- und Menschenwelt*, Leipzig 1908.

Kügelgen, Wilhelm von: *Jugenderinnerungen eines alten Mannes*, Berlin o. D.

Kuypers, Franz: *Spanien unter Kreuz und Halbmond. Eine Wanderfahrt durch Geistes- und Wirtschaftsleben, Land und Literatur von einst und heute*, Leipzig 1917.

Lasaulx, Ernst von: *Die Sühnopfer der Griechen und Römer*, Würzburg 1841.

Lastig, Gustav: *Die Accomendatio*, Halle 1907.
Latte, Kurt: *Heiliges Recht*, Tübingen 1920.
Laum, Bernhard: »Das Fischgeld von Olbia«, in: *Frankfurter Münzzeitung* 6 (1918), S. 439–450.
Laum, Bernhard: *Heiliges Geld*, Tübingen 1924.
Laum, Bernhard: *Allgemeine Geschichte der Wirtschaft*, Berlin, Wien 1932.
Laum, Bernhard: »Viehgeld als Prototyp des Sozialgeldes«, in: *Finanzarchiv* 12 (1950), S. 462–486.
Laum, Bernhard: »Entstehung der öffentlichen Finanzwirtschaft (Altertum und Frühmittelalter)«, in: Wilhelm Gerloff, Fritz Neumark (Hg.), *Handbuch der Finanzwissenschaft*, Bd. 1, Tübingen ²1952.
Leeuw, Gerardus van der: »Die do-ut-des-Formel in der Opfer-Theorie«, in: *Archiv für Religionswissenschaft* 20 (1920), S. 241–253.
Leist, Burkard Wilhelm: *Graeco-italische Rechtsgeschichte*, Jena 1884.
Leist, Burkard Wilhelm: *Altarisches Jus gentium*, Jena 1889.
Lenormant, François: *La monnaie dans l'Antiquité*, Bd. 1, Paris 1878.
Lepsius, Carl Richard: *Denkmäler aus Ägypten und Äthiopien*, 12 Bde., Berlin 1849–1859.
Lepsius, Carl Richard: *Die Metalle in den ägyptischen Inschriften*, Berlin 1871 (= Abhandlungen der Königlichen Akademie der Wissenschaften zu Berlin).
Levy-Brühl, Lucien: *Das Denken der Naturvölker*, Wien 1921.
Lewy, Heinrich: *Die semitischen Fremdwörter im Griechischen*, Berlin 1895.
Löhr, Max: *Israels Kulturentwicklung*, Straßburg 1911.
Lot, Ferdinand: *L'impôt foncier et la capitation personnelle*, Paris 1928 (= Bibliothèque de l'École des Hautes Études, fasc. 253).
Lotz, Walter: »Die Lehre vom Ursprunge des Geldes«, in: *Jahrbuch für Nationalökonomik und Statistik* 62 (1894), S. 337–359.
Luther, Martin: *Großer Sermon*, in: *Martin Luthers Werke. Kritische Gesamtausgabe*, Weimar 1888, Bd. 6.
Luther, Martin: *Kleiner Sermon von dem wucher*, in: *Martin Luthers Werke. Kritische Gesamtausgabe*, Weimar 1888, Bd. 6.
Maaß, Ernst: »Segnen, Weihen, Taufen«, in: *Archiv für Religionswissenschaft* 21 (1922), S. 241–286.
Macdonald, George: *Coin Types. Their Origin and Development*, Glasgow 1905.
Mayr, Albert: *Die Insel Malta im Altertum*, München 1909.
Meissner, Bruno: *Aus dem altbabylonischen Recht*, Leipzig 1905 (= Der Alte Orient, Bd. 7, Teil 1).

Meissner, Bruno: *Babylonien und Assyrien*, Heidelberg 1920.
Menger, Carl: *Untersuchungen über die Methode der Sozialwissenschaften*, Leipzig 1883.
Menger, Carl: *Grundsätze der Volkswirtschaftslehre*, Wien 1923.
Mitteilungen des Deutschen Archäologischen Instituts, Athenische Abteilung, 50 Bde., Athen 1876–1925.
Mogk, Eugen: »Ein Nachwort zu den Menschenopfern bei den Germanen«, in: *Archiv für Religionswissenschaft* 15 (1912), S. 422–434.
Mogk, Eugen: *Sitzungsberichte der Sächsischen Gesellschaft der Wissenschaften*, Bd. 17.
Mommsen, August: *Feste der Stadt Athen*, Leipzig 1898.
Mommsen, Theodor: *Geschichte des römischen Münzwesens*, Berlin 1860.
Mommsen, Theodor: *Römisches Strafrecht*, Leipzig 1871.
Mommsen, Theodor: *Römisches Staatsrecht*, Bd. 2, Teil 1, Leipzig 1877.
Mommsen, Theodor: *Zum ältesten Strafrecht der Kulturvölker*, Leipzig 1905.
Murray, Alexander Stuart / Smith, Arthur Hamilton / Walters, Henry Beauchamp (Hg.): *Excavations at Cyprus. Bequest of E. T. Turner to the British Museum*, London 1900.
Murray, James: *English Dictionary*, Oxford 1884–1928.
Nägelsbach, Karl Friedrich von: *Nachhomerische Theologie des Griechischen Volksglaubens bis auf Alexander*, Nürnberg 1857.
Nägelsbach, Karl Friedrich von: *Anmerkungen Zur Ilias*, Nürnberg 1864.
Nägelsbach, Karl Friedrich von: *Homerische Theologie*, Nürnberg [3]1884.
Neugebauer, Karl Anton: *Antike Broncestatuetten*, Berlin 1921.
Nilsson, Martin Persson: *Griechische Feste von religiöser Bedeutung mit Ausschluss der Attischen*, Leipzig 1906.
Oberhummer, Eugen: *Die Insel Cypern. Eine Landeskunde auf historischer Grundlage*, München 1903.
Ohnefalsch-Richter, Max Hermann: *Kypros, die Bibel und Homer. Beiträge zur Cultur-, Kunst- und Religionsgeschichte des Orients im Alterthume*, Berlin 1893.
Oldenberg, Hermann: *Die Religion des Veda*, Stuttgart, Berlin [2]1917.
Otto, Walter: »Relegio und Superstitio«, in: *Archiv für Religionswissenschaft* 12 (1909), S. 533–554.
Palma di Cesnola, Luigi: *Cyprus. Its ancient cities, tombs, and temples*, London 1877.
Paton, William Roger: *The inscriptions of Cos*, Oxford 1891.
Paul, Hermann: *Deutsches Wörterbuch*, Halle/Saale [4]1936.
Pauly, August / Wissowa, Georg / Kroll, Wilhelm (Hg.): *Realenzyklopä-*

die der klassischen Altertumswissenschaft, 83 Bde., Stuttgart, München 1890–1978.
Perdrizet, Paul: »La miraculeuse histoire de Pandare et d'Echédore, suivie de recherches sur la marque dans l'Antiquité«, in: *Archiv für Religionswissenschaft* 14 (1911), S. 54–129.
Pertile, Antonio: *Storia del diritto italiano*, Bd. 4, Padova 1874.
Peters, Friedrich Ernst: *Blaise Pascal. Die Sternenbahnen eines Menschengeistes*, Hamburg 1947.
Pfuhl, Ernst: *De Atheniensium pompis sacris*, Berlin 1900.
Pietschmann, Richard: *Geschichte der Phönizier*, Berlin 1889 (= Allgemeine Geschichte in Einzeldarstellungen, Bd. 4, Teil 2).
Porzig, Walther: *Das Wunder der Sprache. Probleme, Methoden und Ergebnisse der modernen Sprachwissenschaft*, München 1950.
Pothier, Robert Joseph: *Traité du contrat de louage et traité des cheptels selon les règles*, Paris 1806.
Poulsen, Frédérik: »Fragment d'un grand vase funéraire découvert à Délos«, in: *Monuments et mémoires de la Fondation Eugène Piot* 16 (1909), S. 25–38.
Preiser, Erich: »Der Kapitalbegriff und die neuere Theorie«, in: *Jahrbücher für Nationalökonomie und Statistik* 165 (1953), S. 241–262.
Preisigke, Friedrich: *Girowesen im griechischen Ägypten*, Straßburg 1910.
Preisigke, Friedrich: *Vom göttlichen Fluidum*, Berlin 1920.
Preisigke, Friedrich: *Die Gotteskraft der frühchristlichen Zeit*, Berlin 1922 (= Schriften des Heidelberger Papyrusinstituts, Bd. 1 und 6).
Prinz, Hugo: *Altorientalische Symbolik*, Berlin 1915.
Prott, Hans von: »Buphonien«, in: *Rheinisches Museum für Philologie* 52 (1897), S. 187–204.
Prott, Joan de / Ziehen, Ludwig: *Leges Graecorum sacrae e Titulis Collectae*, 2 Bde., Bd. 1: Fasti sacri, Leipzig 1896.
Prott, Hans von / Ziehen, Ludwig: *Leges Graecorum sacrae e Titulis Collectae*, 2 Bde., Bd. 2: Leges Graecia et insularum, Leipzig 1906.
Puttkammer, Friedrich: *Quo modo Graeci victimarum carnes distribuerint*, Diss., Königsberg 1912.
Regling, Kurt: *Die antiken Münzen*, Berlin, Leipzig [2]1922 (= Handbücher der staatlichen Museen zu Berlin).
Reisch, Emil: *Griechische Weihgeschenke*, Prag 1890.
Ridgeway, William: »On Mr. Wroth's Review of Ridgeway's Metallic Currency«, in: *Classical Revue* 7 (1893), S. 79–82.
Ridgeway, William: *The Origin of Metallic Currency and Weight Standard*, Cambridge 1903.

Riezler, Kurt: *Über Finanzen und Monopole im alten Griechenland*, Berlin 1907.

Robertson Smith, William: *Die Religion der Semiten*, Freiburg im Breisgau 1899.

Rodenwaldt, Gerhart: *Tiryns. Die Ergebnisse der Ausgrabungen des Instituts*, Bd. 2, Athen 1912.

Rohde, Erwin: *Die Religion der Griechen*, Leipzig 1902.

Röhl, Hermann: *Inscriptiones Graecae antiquissimae. Praeter Atticas in Attica Repertas*, Berlin 1882.

Roscher, Wilhelm Heinrich: »Über Ursprung und Bedeutung des boōs hebdomos«, in: *Archiv für Religionswissenschaft* 7 (1904), S. 419–436.

Rouse, William Henry Denham: *Greek Votive Offerings. An Essay in the History of Greek Religion*, Cambridge 1902.

Schaub, Franz: *Der Kampf gegen den Zinswucher, ungerechten Preis und unlautern Handel im Mittelalter*, Freiburg im Breisgau 1905.

Schiele, Friedrich Michael / Zscharnak, Leopold (Hg.): *Die Religion in Geschichte und Gegenwart*, Bd. 5, Tübingen 1913.

Schirmer, Alfred: *Wörterbuch der deutschen Kaufmannssprache*, Straßburg 1911.

Schmidt, Heinrich: *Veteres philosophi quomodo iudicaverint de precibus*, Giessen 1907 (= Religionsgeschichtliche Versuche und Vorarbeiten, Bd. 4, Heft 1).

Schmidt, Johannes: »Assimilationen benachbarter einander nicht berührender Vocale im Griechischen«, in: *Zeitschrift für vergleichende Sprachforschung auf dem Gebiete der Indogermanischen Sprachen* 32 (1893), S. 321–394.

Schömann, Georg Friedrich / Lipsius, Justus Hermann: *Griechische Alterthümer*, Bd. 2, Berlin 1902.

Schräder, Otto: *Reallexikon der indogermanischen Altertumskunde. Grundzüge einer Kultur- und Völkergeschichte Alteuropas*, Straßburg 1901.

Schräder, Otto: *Sprachvergleichung und Urgeschichte*, Bd. 2, Jena [3]1906.

Schröder, Richard / Künßberg, Eberhard von: *Lehrbuch der deutschen Rechtsgeschichte*, Leipzig [6]1922.

Schurtz, Heinrich: *Grundriss einer Entstehungsgeschichte des Geldes*, Weimar 1898.

Schurtz, Heinrich: *Urgeschichte der Kultur*, Leipzig 1900.

Schweitzer, Bernhard: *Herakles. Aufsätze zur griechischen Religions- und Sagengeschichte*, Tübingen 1922.

Schwendemann, Karl: »Der Dreifuss. Ein formen- und religionsgeschichtlicher Versuch«, in: *Jahrbuch des Deutschen Archäologischen Instituts* 36 (1921), S. 98–185.

Schwenn, Friedrich: *Die Menschenopfer bei den Griechen und Römern*, Berlin 1915 (= Religionsgeschichtliche Versuche und Vorarbeiten, Bd. 15, Heft 3).

Schwenzner, Walter: *Zum Altbabylonischen Wirtschaftsleben. Studien über Wirtschaftsbetrieb, Preise, Darlehen und Agrarverhältnisse*, Leipzig 1915 (= Mitteilungen der Vorderasiatischen Gesellschaft, 1914, Bd. 19, Heft 3).

Silberschmidt, Wilhelm: *Die Commenda in ihrer frühesten Entwicklung*, Würzburg 1884.

Simmel, Georg: *Philosophie des Geldes*, Leipzig 1900.

Sitzungsberichte der Archäologischen Gesellschaft zu Berlin, Bd. 36, Berlin 1911.

Sitzungsberichte der Königlich Preußischen Akademie der Wissenschaften zu Berlin, 2 Bde., Berlin 1904.

Soetbeer, Adolf: »Beiträge zur Geschichte des Geld- und Münzwesens in Deutschland«, in: *Forschungen zur deutschen Geschichte* 1 (1860), S. 205–300.

Spiegel, Friedrich: *Eranische Altertumskunde*, Leipzig 1871.

Stengel, Paul: *Opferbräuche der Griechen*, Leipzig 1910.

Stengel, Paul: *Die griechischen Kultusaltertümer*, München [3]1920.

Stöckl, Albert: *Das Opfer nach seinem Wesen und nach seiner Geschichte*, Mainz 1861.

Taeuber, Walter: *Geld und Kredit im Mittelalter*, Berlin 1933.

The Annual of British School at Athens, Bd. 13, Athen 1906/07.

Thilenius, Georg: »Primitives Geld«, in: *Archiv für Anthropologie* 18, Heft 1 (1920), S. 1–34.

Thomsen, Anton: »Orthia«, in: *Archiv für Religionswissenschaft* 9 (1906), S. 397–416.

Ungnad, Arthur: *Aus den neubabylonischen Privaturkunden*, Berlin 1908 (= Beihefte zur Orientalischen Literaturzeitung, Bd. 2).

Wackernagel, Jakob: *Die Viehverstellung. Eine Sonderbildung der spätmittelalterlichen Gesellschaft dargestellt auf Grund italienischer, französischer und deutscher Quellen*, Weimar 1923.

Walde, Alois: *Lateinisches etymologisches Wörterbuch*, Heidelberg [2]1910.

Waldstein, Charles: *The Argive Heraeum*, 2 Bde., Bosten, New York 1902–1905.

Weber, Albrecht: *Indische Streifen*, Berlin 1868.

Weber, Max: *Gesammelte Aufsätze zur Religionssoziologie*, 3 Bde., Tübingen 1920–1921.
Weber, Max (Hg): *Wirtschaft und Gesellschaft*, Tübingen 1922 (= Grundriss der Sozialökonomik, 3. Abteilung).
Weber, Max: *Wirtschaftsgeschichte. Abriß der universalen Sozial- und Wirtschaftsgeschichte*, herausgegeben von Siegmund Hellmann und Melchior Palyi, München 1923.
Weber, Otto: *Dämonenbeschwörung bei den Babyloniern und Assyrern*, Leipzig 1906 (= Der alte Orient, Bd. 7, Teil 4).
Weber, Otto: *Altorientalische Siegelbilder*, Leipzig 1920 (= Der alte Orient, Bd. 17. und 18).
Weigand, Friedrich Ludwig Karl: *Deutsches Wörterbuch*, Giessen [5]1910.
Weinhold, Karl: *Altnordisches Leben*, Berlin 1856.
Wiedemann, Alfred: *Das alte Aegypten*, Heidelberg 1920 (= Kulturgeschichtliche Bibliothek, I. Reihe: Ethnologische Bibliothek, Bd. 2).
Wieser, Friedrich von: *Theorie der gesellschaftlichen Wirtschaft*, Tübingen 1924 (= Grundriss der Sozialökonomik, Bd. 1).
Wilamowitz-Moellendorff, Ulrich von: »Satzungen einer milesischen Sängergilde«, in: *Sitzungsberichte der Königlich Preußischen Akademie der Wissenschaften zu Berlin* (1904), S. 619–640.
Wilamowitz-Moellendorff, Ulrich von: *Geschichte der Griechischen Religion*, Frankfurt/M. 1904.
Wilamowitz-Moellendorff, Ulrich von / Jacobsthal, Paul: *Nordionische Steine*, Berlin 1909 (= Abhandlungen der Preußischen Akademie der Wissenschaften, 1909, Bd. 2).
Wilda, Wilhelm Eduard: *Das Strafrecht der Germanen*, Halle 1842 (= Geschichte des deutschen Strafrechts, Bd. 1).
Willers, Heinrich Wilhelm: *Geschichte der römischen Kupferprägung*, Leipzig, Berlin 1909.
Williger, Eduard: *Hagios. Untersuchungen zur Terminologie des Heiligen in den Hellenisch-Hellenistischen Religionen*, Gießen 1922 (= Religionsgeschichtliche Versuche und Vorarbeiten, Bd. 19, Heft 1).
Winter, Franz / Dehio, Georg: *Kunstgeschichte in Bildern*, 3 Bde., Leipzig 1913.
Winter, Franz: »Griechische Schildbilder und Schildzeichen«, in: *Bonner Jahrbücher* 127 (1922).
Wissowa, Georg: *Religion und Kultus der Römer*, München [2]1912 (= Handbuch der klassischen Altertumswissenschaft, Bd. 5, Abteilung 4).

Wobbermin, Georg: *Religionsgeschichtliche Studien zur Frage der Beeinflussung des Urchristentums durch das antike Mysterienwesen*, Berlin 1896.

Wroth, Warwick: »Greek coins acquired by the British Museum in 1897«, in: *Numismatic chronicle and Journal of the Royal Numismatic Society* (1898).

Wundt, Wilhelm: *Völkerpsychologie. Eine Untersuchung der Entwicklungsgesetze von Sprache, Mythus und Sitte*, 10 Bde., Leipzig 1900–1920.

Wundt, Wilhelm: *Völkerpsychologie. Eine Untersuchung der Entwicklungsgesetze von Sprache, Mythus und Sitte*, Bd. 6, Leipzig [2]1915.

Wünsch, Richard: »Deisidaimoniaka«, in: *Archiv für Religionswissenschaft* 12 (1909), S. 1–45.

Zielinski, Thaddäus: »Die Orestessage und die Rechtfertigungsidee«, in: *Neue Jahrbücher für das klassische Altertum, Geschichte und deutsche Literatur und für Pädagogik* 3 (1899), S. 81–100.

Zimmer, Heinrich: *Altindisches Leben. Die Cultur der vedischen Arier nach den Saṁhitā*, Berlin 1879.

Zwiedineck-Südenhorst, Otto von: »Theoretische Begriffsbildung und Wirtschaftsgeschichte in Festgabe für Werner Sombart zum 70. Geburtstag«, in: *Schmollers Jahrbuch* 56 (1933), Sondernummer, Heft 6.

Matthes & Seitz Berlin – Batterien Neue Folge – 031
Erste Auflage 2022

Verlagsgesellschaft mbH Göhrener Str. 7 | 10437 Berlin
info@matthes-seitz-berlin.de
Die vorliegende Ausgabe ist eine durchgesehene und verbesserte Fassung der bei Mohr, Tübingen 1924 erstmals erschienenen Ausgabe.

Satz: psb, Berlin
Druck und Bindung: GGP Media GmbH, Pößneck
ISBN 978-3-95757-236-3
www.matthes-seitz-berlin.de

George Bataille

Der verfemte Teil

254 Seiten, gebunden mit Schutzumschlag

978-3-95757-795-5

Sein Leben lang befasste sich Bataille mit Fragen der Soziologie und der Ökonomie, die für ihn politische Fragen waren. Und als »Buch über politische Ökonomie« bezeichnete er auch sein 1949 erschienenes Werk »Der verfemte Teil«. In größtmöglicher Überwindung seines Widerwillens gegen die akademische Form versucht er darin, sein gesamtes Denken ausgehend von anthropologischen Befunden auf den Punkt zu bringen. »Politische Ökonomie« bedeutet für ihn immer »allgemeine Ökonomie«, und in ihr ist die Verschwendung wichtiger als die Produktion, sind ein Opfer, der Bau einer Kirche, das Geschenk eines Juwels oder der Potlach, auf den er in den Schriften von Marcel Mauss gestoßen war, wichtiger als der Kurs des Getreides. Bei Bataille wird die allgemeine Ökonomie, und dies in vollkommen rationaler Weise, zur Grundlage von Psychologie und Philosophie, von Kunst, Literatur und Poesie. In der hier vorgelegten, neu durchgesehenen Übersetzung zeigt sich, dass diese Theorie nichts von ihrer Aktualität eingebüßt hat.

Jean Baudrillard
Der symbolische Tausch und der Tod
432 Seiten, Paperback
978-3-7518-0309-0

Der symbolische Tausch und der Tod ist eine verstörende, noch immer gültige und stellenweise visionäre Zustandsdiagnose unserer Gegenwart. Baudrillard zeigt in seinem wichtigsten Buch den rapiden Verlust des Wirklichen durch die modernen Zeichenspiele und Trugbilder. Er erweist sich als theoretischer Grenzgänger, der seine Gegenwart mit ihren Vereinnahmungstendenzen als Simulation enthüllt. Baudrillards Widerstand besteht darin, die Erscheinung der Moderne zum Vibrieren und in den Taumel des Untergangs zu bringen. Ausgangs- und Endpunkt seines Denkens ist dabei der Tod, oder genauer das Sterben, als Signatur der Jetztzeit, als negative Bestimmung unserer Gesellschaft. Im Tod findet er die letzte Antwort, auf die keine Frage gefunden werden kann. Nach ausführlichen Diagnosen von Phänomenen unserer Zeit wie Mode, Körper, Katastrophen oder Unfällen kommt er zu dem Schluss, dass der Tod die letzte sinnhaltige Enklave in einer durch die universale Kapitalbewegung sinnentleerte Welt ist.

Matthes & Seitz Berlin

Eske Bockelmann

Das Geld. Was es ist, das uns beherrscht

368 Seiten, gebunden mit Schutzumschlag

978-3-95757-846-4

Geld regiert die Welt, und die von ihm regierte Welt droht in einer Katastrophe zu enden – sozial und ökologisch. Doch warum bestimmt das Geld überhaupt über den Lauf der Welt? In seiner grandiosen Schilderung, wie das Geld in die Welt kam, zeigt Eske Bockelmann entgegen den heute gängigen Überzeugungen, dass sich dieses besondere Tauschmittel erst im Europa des Spätmittelalters durchgesetzt hat – mag es davor auch Märkte und Münzen gegeben haben. Mit einem ungewöhnlich genauen Blick auf die Geschichte und Ethnologie des Wirtschaftens arbeitet er die Unterschiede zu vormonetären Gemeinwesen und ihrem sozialen Zusammenhalt ohne Geld heraus und beleuchtet die Etablierung der Marktwirtschaft in den freien Städten des späteren Mittelalters bis hin zum Platzen der ersten Finanzblase.
Seine glänzend geschriebene Untersuchung ist revolutionär, noch über Marx hinaus: Gerade indem sie uns ein neues, tieferes Verständnis der Zwänge und der Allmacht des Geldes verschafft, eröffnet sie uns eine Perspektive auf eine zukünftige Welt, in der das Geld der Vergangenheit angehören könnte.

Matthes & Seitz Berlin